权威·前沿·原创

皮书系列为

“十二五”“十三五”国家重点图书出版规划项目

河南商务发展报告（2017）

ANNUAL REPORT ON COMMERCIAL DEVELOPMENT OF HENAN (2017)

主　编／焦锦淼　穆荣国
副主编／张进才　费全发　王　军　任秀苹

社会科学文献出版社
SOCIAL SCIENCES ACADEMIC PRESS (CHINA)

图书在版编目（CIP）数据

河南商务发展报告.2017/焦锦淼，穆荣国主编
--北京：社会科学文献出版社，2017.5
（河南商务蓝皮书）
ISBN 978-7-5201-0800-3

Ⅰ.①河… Ⅱ.①焦… ②穆… Ⅲ.①商业经济-经济发展-研究报告-河南-2017 Ⅳ.①F727.61

中国版本图书馆CIP数据核字（2017）第095426号

河南商务蓝皮书
河南商务发展报告（2017）

主　　编／焦锦淼　穆荣国
副 主 编／张进才　费全发　王　军　任秀苹

出 版 人／谢寿光
项目统筹／任文武
责任编辑／丁　凡

出　　版／社会科学文献出版社·区域与发展出版中心（010）59367143
地址：北京市北三环中路甲29号院华龙大厦　邮编：100029
网址：www.ssap.com.cn
发　　行／市场营销中心（010）59367081　59367018
印　　装／北京季蜂印刷有限公司

规　　格／开　本：787mm×1092mm　1/16
印　张：27　字　数：408千字
版　　次／2017年5月第1版　2017年5月第1次印刷
书　　号／ISBN 978-7-5201-0800-3
定　　价／88.00元

皮书序列号／PSN B-2014-399-1/1

《河南商务发展报告（2017）》编辑委员会

摘要

《河南商务发展报告（2017）》是由河南省商务厅主持、河南省商业经济研究所组织编撰的，其全面总结了2016年河南商务领域的发展成效，重点反映了经济新常态下全省商务发展的最新进展，研究和分析了商务领域的理论和实践问题，科学研判了2017年全省商务发展的走势，系统性、综合性、时效性突出。

全书内容由主报告、行业篇、专题篇、案例篇、区域篇五部分组成。

主报告分为年度河南商务发展主报告和河南省自贸试验区主报告两篇，代表本书的基本观点。

主报告之一《2016～2017年河南省商务发展形势分析与展望》，全面总结了2016年河南省商务运行综合情况，并分析预判2017年商务发展态势。该报告指出，2016年，面对复杂严峻的形势，全省商务系统认真贯彻落实省委、省政府和商务部决策部署，牢固树立发展新理念，坚持稳中求进工作总基调，积极推进供给侧结构性改革，围绕大局，积极作为，凝心聚力，攻坚克难，实现了“十三五”良好开局，为全省经济稳增长保态势做出了积极贡献。2016年，全省实际利用外资169.9亿美元，同比增长5.6%；实际到位省外资金8438.1亿元，同比增长7.9%；货物进出口总值4714.7亿元，同比增长2.6%；社会消费品零售总额17618.4亿元，同比增长11.9%；对外承包工程和劳务合作完成营业额52.7亿美元，同比增长9.0%。2017年，河南商务发展机遇与挑战并存，困难与希望同在，要准确把握形势变化，牢牢把握工作主动权，实现河南商务平稳健康发展。

主报告之二《构建开放型经济新体系　加快中国（河南）自由贸易试验区建设》，重点从投资贸易新体系、“两体系、一枢纽”新格局、对外开放可持续发展新机制等角度阐述了河南省自贸试验区建设方向和着力点。该报告指出，加快实施自由贸易区战略是我国新一轮对外开放的重要内容。党的十八大、十八届三中、五中全会均提出了加快实施自由贸易区战略，形成面向全球的高标准自由贸易区网络。习近平总书记在参加十二届全国人大五次会议上海代表团审议时指出，把自由贸易试验区建设成为开放和创新融为一体的综合改革试验区，成为服务国家“一带一路”建设、推动市场主体“走出去”的桥头堡。自贸试验区的核心在于通过制度创新降低制度性交易成本，促进对外开放、引领开放型经济发展。河南自贸试验区的设立，历史性地将河南推向了改革开放的前沿阵地。河南将秉持“为国家试制度、为地方谋发展”的原则，将自贸试验区建设成为投资贸易便利、高端产业集聚、交通物流通达、监管高效便捷、辐射带动作用突出的高水平高标准自由贸易园区，引领内陆经济转型发展，推动构建全方位对外开放新格局。河南自贸试验区与郑州航空港经济综合实验区、郑洛新国家自主创新示范区、中原城市群规划一起，“三区一群”构建起河南未来发展的开放创新支柱、带动全省发展的新增长极。“雄关漫道真如铁，而今迈步从头越”，站在新的历史起点上，河南将加快推进自贸试验区建设，进一步破除体制机制障碍，加速构建开放型经济新体制，为加快中原崛起河南振兴富民强省、让中原在实现中国梦的进程中更加出彩做出新的贡献。

行业篇重点分析了2016年度河南省商务各行业发展情况，特别是重点行业发展的新亮点和新变化，结合国内外经济形势对行业发展进行研究探讨，预测2017年商务各行业态势，并提出了发展思路和对策建议。

专题篇着力分析了河南省加快内贸流通创新推动供给侧结构性改革、开放招商、贸易救济、融资租赁、典当、物流及农产品电商等商务发展的重点、难点、热点问题，并提出了应采取的措施。

案例篇重点反映了郑州经开区全力打造内陆开放新高地、郑锅股份借助电子商务实现转型升级、万邦物流城立足“三农”全力保障与服务民生、临颍致力于打造中国休闲食品产业基地等河南省商务发展史上的范例，探讨了其对商务发展的重要启示。

区域篇全面反映了2016年河南省各地商务工作取得的成效，剖析了商务工作中存在的问题和提出了针对性措施，区域特色突出，展示了河南省区域商务发展的新思路和新优势。

关键词： 河南省　商务发展　自贸试验区

Abstract

The Annual Report on Commercial Development of Henan (*2017*) is compiled under the supervision of the Henan Provincial Commerce Department and the organization by Henan Commerce Economics Institute. It has comprehensively summarized the development achievements of Henan commerce fields in 2016, mainly reflected the latest progress of Henan commercial development under the new normal of economy, researched and analyzed the issues of theory and practice in commercial fields and scientifically researched and judged the trend of commercial development of 2017. The report has high systematicness, comprehensiveness and timeliness.

The whole book is composed of five parts: Main Reports, Industry Topics, Special Topics, Cases Studies and Regional Topics.

The Main Reports include the main annual report on commercial development of Henan and the main report of China (Henan) Pilot Free Trade Zone, which show the basic viewpoints of the book.

One of the Main Reports titled *Analysis and Outlook on Commercial Development of Henan Province from 2016 to 2017* has comprehensively summarized the situation of business operation of Henan in 2016, analyzed and pre-judged the commercial development trend of 2017. According to the report, in 2016, facing the severe and complex economic situation at home and abroad, the whole commercial system of Henan has carefully implemented the decisions made by the Ministry of Commerce of the People's Republic of China and the Provincial Party Committee and the People's Government of Henan Province, firmly established the new development philosophy, insisted on the principle of making progress while keeping performance stable, actively promoted supply-side structural reform, took active actions in big-picture terms, agglomerated mental efforts to overcome obstacles, setting a good start for the "13th Five - Year Plan" and making a positive contribution to the stable economic growth of Henan. In 2016, Henan has actually used overseas funds of USD 16. 99 billion with a year-on-year growth of 5. 6% ; the actually available overseas funds was RMB 843. 81 billion with a year-on-year growth of 7. 9% ; the total import and export value was RMB 471. 47 billion with a year-on-year growth of 2. 6% ; the total retail volume of social consumer goods was RMB 1761840 million with a year-on-year growth of 11. 9% ; and the business volume of overseas contracting projects and labor service cooperation was USD 5. 27 billion with a year-on-year growth of 9. 0% . In 2017, commercial development of Henan Province will be confronted with both opportunities and challenges together with hopes and difficulties, and more attention should be paid to the change of economic situation and firmly maintain the initiative in work, achieving the stable and sound growth of commercial development.

The second report called *Establishing a New Open Economic System to Accelerate the Development of China (Henan) Pilot Free Trade Zone* has mainly illustrated the building direction and priority of Henan Free Trade Zone from such major perspectives as new system for investment and trade, new pattern of "Two Systems and One Hub" and new mechanism for opening up and sustainable development. According to the report, to accelerate the implementation of the free trade zone strategy is an important initiative to promote a new round of China opening up. The central government has put forward to accelerating implementation of the free trade zone strategy respectively at the 18th National Congress of the CPC and the third and fifth plenary sessions of the 18th CPC Central Committee, so as to form a global, high-standard network of free trade zones. The General Secretary Xi Jinping indicated at the Review Conference of Shanghai Delegation during the Fifth Session of 12th National People's Congress that free trade zones should be built into the pilot regions for comprehensive reforms integrating opening up and innovation and act as the bridgehead to serve the construction of national "Belt and Road Initiative" and promote market entities "going global" . Free trade zones are designed to reduce the institutional transaction costs, promote opening up and lead the open economy development by system innovation. The establishment of China (Henan) Pilot Free Trade Zone unprecedentedly drives Henan Province to the forefront of reform and opening up. Adhering to the principal of "taking initiative in trial implementation of national systems and promoting local economic development", Henan is committed to building the free trade zone into a high-standard area with conveniences for investment and trade, clustered high-end industries, accessible traffic and logistics facilities, efficient supervision and prominent influence on neighboring areas, to lead inland economic transformation and development and facilitate the establishment of a new pattern of opening to the outside world. The "Three Zones and One Cluster", namely, China (Henan) Pilot Free Trade Zone & Zhengzhou Airport Economy Zone, Zhengzhou – Luoyang – Xinxiang National Innovation Demonstration Zone and Central Plain City Cluster, lay a solid foundation of opening-up and innovation for Henan future development and serve as a new economic growth pole of the province. Standing at the new historical starting point with numerous potential obstacles and difficulties, Henan Province will accelerate the development of its free trade zone, further overcome obstacles in systems or mechanisms and speedily establish a new and open economic system, making new contributions to the rising of central plains, revitalization of Henan and prosperous province with well-off citizens and finally realizing the Chinese Dream of the great rejuvenation of the Chinese nation.

The volume of Industry Topics has mainly analyzed the development of all commercial industries of Henan in 2016, especially the new highlights and new changes in development of important industries. It has researched and discussed about the industrial development and forecasted the trends of all commercial industries of 2017 in combination with the overseas and domestic economic situations. It has also put forward development ideas, countermeasures and suggestions.

The volume of Special Topics has analyzed the emphasis, difficulties and hot points concerning accelerating innovation in domestic trade circulation to promote supply-side structural reform, opening up and investment attraction, trade remedy, financial leasing, pawn, logistics and e-commerce of agricultural products in Henan Province and put forward suitable measures.

The volume of Cases Studies has mainly demonstrated the examples in the history of Henan's commercial development, e. g. the construction of new highland for inland opening up by National Zhengzhou Economic and Technological Development Zone, transformation and upgrading of Zhengzhou Boiler Group in virtue of e-commerce, Wan Bang International Agricultural Products Logistics Center serving people's livelihoods and securing people's wellbeings on the three rural issues and the efforts to build China's leisure food industry base in Linying County. This volume has also discussed about the important enlightenment from these cases on commercial development.

The volume of Regional Topics has comprehensively reflected the achievements of all regions of Henan in commercial work in 2016, analyzed problems in commercial work and targeted measures with obvious regional characteristics, and demonstrated the new ideas and new advantages of regional commercial development of Henan.

Keywords: Henan Province; Commerce Development; China (Henan) Pilot Free Trade Zone

目　录

Ⅰ　主报告

Ⅱ　行业篇

Ⅲ　专题篇

Ⅳ 案例篇

Ⅴ 区域篇

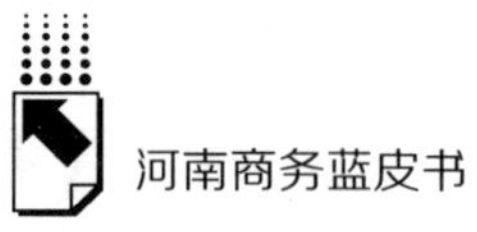

皮书数据库阅读**使用指南**

CONTENTS

Ⅰ Main Reports

Ⅱ Industry Topics

Ⅲ Special Topics

Ⅳ Case Studies

Ⅴ Regional Topics

主　报　告

Main Reports

B.1

2016～2017年河南省商务发展形势分析与展望

河南省商务厅课题组*

摘　要：　2016年，面对复杂严峻的形势，全省商务系统认真贯彻落实省委、省政府和商务部决策部署，牢固树立发展新理念，坚持稳中求进工作总基调，积极推进供给侧结构性改革，围绕大局，积极作为，凝心聚力，攻坚克难，实现了“十三五”良好开局，为全省经济稳增长保态势做出了积极贡献。2017年，河南商务发展机遇与挑战并存，困难与希望同在，要准确把握形势变化，牢牢把握工作主动权，实现河南商务平稳健康发展。

关键词：　河南省　商务发展　自贸试验区

---

* 课题组组长：焦锦森。课题组副组长：穆荣国。课题组成员：费全发、宋玉哲、张大幸、刘钊、张进才、任秀苹。执笔人：宋玉哲、任秀苹。

一　2016年河南省商务发展态势良好，动力活力明显增强

2016 年，面对复杂严峻的形势，全省商务系统认真贯彻落实省委、省政府和商务部决策部署，牢固树立发展新理念，坚持稳中求进工作总基调，积极推进供给侧结构性改革，围绕大局，积极作为，凝心聚力，攻坚克难，实现了“十三五”良好开局，为全省经济稳增长保态势做出了积极贡献。

1. 开放载体实现新突破，对外开放呈现新局面

开放载体实现突破。河南自贸试验区成功获批，郑州、开封、洛阳片区分层协调推进，是河南省改革开放历史性的重大突破，提升了河南在全国区域发展中的战略地位，有利于河南省顺应全球经贸发展新趋势，实行更加积极主动开放战略，探索对外开放的新路径和新模式，实现以开放促发展、促改革、促创新，形成可复制、可推广的经验，在服务全国发展的同时，加快建设内陆开放高地，全省改革开放站上了新的起点。中国（郑州）跨境电子商务综合试验区成功申建，各省辖市积极跟进，因地制宜出台政策，全省跨境电商蓬勃发展。

开放机制逐步完善。省商务厅报请省政府召开了全省对外开放工作电视电话会议，出台了《2016 年河南省对外开放工作行动计划》。筛选 100 个已签约重大招商引资项目重点推进，16 个省直部门制定并实施了对外开放工作专案，开放领域进一步拓宽。组织全省对外开放工作综合考核，对签约项目进行了督导检查。继续实行外商投资项目无偿代理制，外商投诉案件结案率达到 92% 以上。

重大活动圆满成功举办。第十届河南投洽会邀请到会客商 2.2 万，签约 651 个重大合作项目，签约项目总投资 4734 亿元，国家级、国际性品牌效应进一步彰显。省商务厅赴港举办了豫籍香港企业家春茗活动，承办了中欧政党高层论坛经贸对话会。组团参加了厦门投洽会、东盟博览会、亚欧博览会、深圳高交会，签约项目近 600 亿元，推动了与招商局集团、恒大集团、

协鑫集团、法国电力、碧桂园等知名企业的战略合作。举办了河南省水源区名优特产品进京推介会，豫、京两地经贸合作持续加强。

积极融入“一带一路”战略。加强与沿线国家经贸合作，全省对“一带一路”沿线国家进出口 801.8 亿元，同比增长 15.4%，其中出口 603.2 亿元，同比增长 20.4%。对捷克、保加利亚、柬埔寨等 9 个沿线国家出口增长 1 倍以上。“一带一路”沿线国家在河南新设外商投资企业 10 家，实际到位资金 15 亿美元，同比增长 111%。河南对“一带一路”沿线国家承包工程营业额 6.0 亿美元，同比增长 4.4%。对“一带一路”沿线国家中方协议投资额 4.3 亿美元。

2. 货物贸易逆势增长，首进全国十强

货物贸易首进全国前十。2016 年，全省货物贸易额自 6 月份起增幅逐月回升，全年达到 4714.7 亿元，同比增长 2.6%（见图 1），高出全国平均水平 3.5 个百分点；出口 2835.3 亿元，同比增长 5.7%；进出口、出口首次进入全国十强行列。富士康所属企业进出口 3172 亿元，同比增长 2.1%，占全省的 67.3%。分国别看，河南对欧盟和日本贸易分别同比增长 75.5% 和 29.5%。美国作为河南省最大贸易伙伴，进出口 864 亿元，同比下降 19.4%。河南对中国香港、东盟和韩国进出口分别同比下降 25%、2.7% 和 27.8%。河

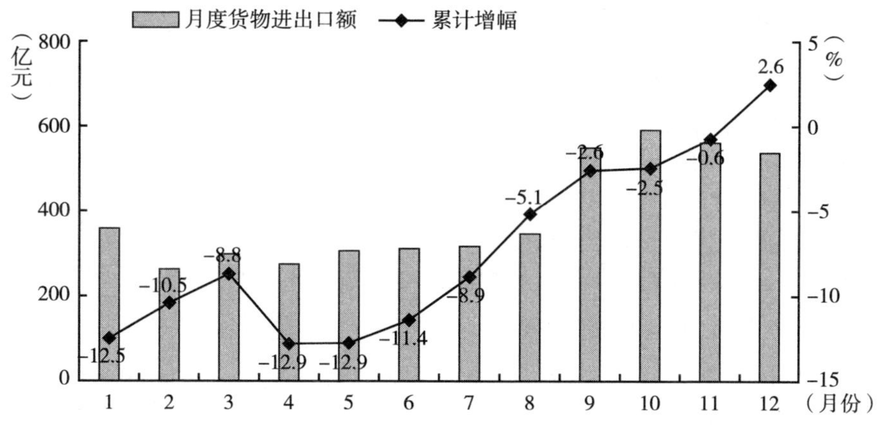

图 1　2016 年河南省月度货物进出口额及累计增幅

资料来源：郑州海关。

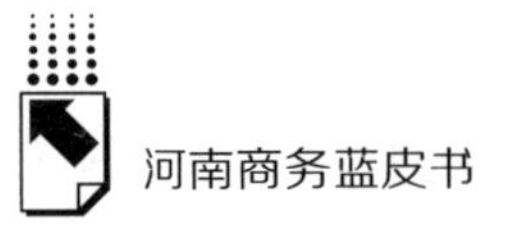

南对“金砖国家”进出口263.4亿元，同比增长20.7%，其中对俄罗斯进出口同比增长76.2%。

新型贸易方式增长明显。从贸易方式看，加工贸易占比最大。2016年，全省加工贸易进出口3214亿元，占比68.2%，同比增长1.7%；一般贸易进出口1310亿元，占比27.8%，同比增长8.5%；其他贸易占比仅4.0%。跨境电商交易额111.5亿美元，较2015年翻一番多。围绕跨境电商业务发展的郑州维纳斯信息科技有限公司进口同比增长72%，全速通供应链管理有限公司进口同比增长42%。

商品结构不断优化。农产品出口一枝独秀，大宗商品进出口有升有降。农产品出口128.3亿元，同比增长22.9%，其中大蒜和烟草出口分别同比增长78.4%、74.1%，茶叶出口增长近3倍。三门峡、郑州、南阳农产品出口分别同比增长75.7%、48.5%和14.0%。机电、高新技术产品出口分别同比增长8.1%、8.7%，汽车和钛白粉出口分别同比增长16.0%、32.2%。发制品、鞋、铜材出口降幅超过15%。进口大宗商品中，电视机及零附件、铜矿砂、金属加工机床、医疗器械进口增幅均在70%以上；计量检测分析仪器、橡胶、电容器及零件进口降幅超过20%，印刷电路、铁矿砂进口下降。矿产资源类商品低价位运行为全省扩大进口、降低生产成本提供了契机，中原黄金和灵宝黄金进口铜矿砂及金精矿近55亿元，分别同比增长308%、29.4%。益海粮油进口大豆近11亿元，同比增长23.5%；江河纸业、欣豫国际、龙丰纸业、银鸽纸业等进口木浆21亿元，同比增长24.3%。

国有、外资和民营企业进出口全面增长。2016年，全省民营企业进出口1035亿元，同比增长7.7%，增幅最大，占比22.0%，显示民营企业活力增强，成为对外贸易的重要力量；国有企业进出口399亿元，占比8.5%，同比增长3.5%；外商投资企业进出口3281亿元，占比69.6%，同比增长1.0%。全省有进出口业绩的企业6120家，较2015年同期增加474家。

服务贸易增长迅速。2016年，全省服务贸易完成69.5亿美元，同比增长18.9%。其中出口14.3亿美元，同比下降4.1%；进口55.1亿美元，同比增长26.8%。服务贸易主要集中在出境旅行、外资企业投资收益、境外职工报酬和建筑等方面。

3. 境内外资金稳步增长，质量效益不断提升

重大项目强力支撑。2016年，全省新批外资项目196个，合同利用外资195.4亿美元，同比增长18.7%；实际利用外资169.9亿美元，同比增长5.6%（见图2）。全省新批投资额1000万美元以上外资企业项目114个，占新批项目数近六成。战略投资者在河南省继续扩大投资，一大批优质项目在豫落地，主要集中在电子信息、新能源、融资租赁、仓储物流和文化产业等领域。重大外资项目增加，全省平均单个项目投资额4700多万元。富士康仍把河南作为战略投资的重点，在郑州经开区投资了280亿元生产第6代低温多晶硅薄膜晶体管液晶显示器件，鸿富锦精密电子（郑州）有限公司扩大投资到59.5亿美元，成为河南省规模最大的外资企业。JP摩根、法国电力、百事可乐和瑞士迅达等世界500强企业纷纷扩大在豫投资。九天化工、牧原食品等境内外上市企业增加在豫投资。新兴服务业成为吸收外资新亮点，服务业领域新设外商投资企业占比达到48.5%，融资租赁、商贸新业态、物流供应链、大健康、文化旅游等成为吸收外资热点领域，环保新能源产业吸收外资加快。2016年，全省新增省外资金项目4957个，同比增长

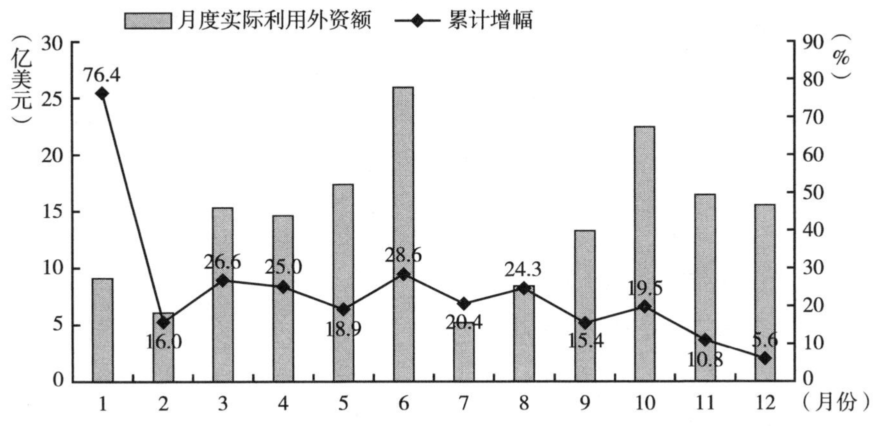

图2　2016年河南省月度实际利用外资额及累计增幅

资料来源：河南省商务厅。

7.6%；实际到位省外资金8438.1亿元，同比增长7.9%（见图3）。10亿元以上的内资项目325个，内资大项目主要集中在产业园区、商贸物流、城市综合体等领域。利用境内外资金占全省固定资产投资的23%。

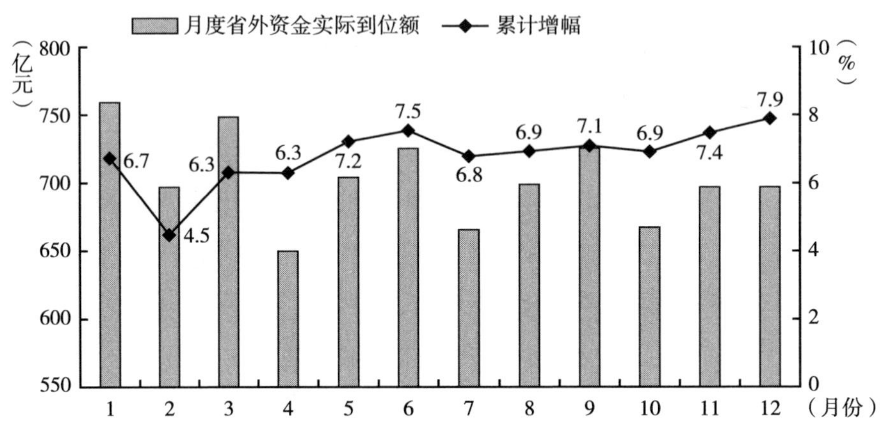

图3 2016年河南省月度省外资金实际到位额及累计增幅

资料来源：河南省商务厅。

资金来源地依然高度集中。2016年，河南省利用外资主要集中在香港地区，占全省利用外资总额的58.6%，新加坡、中国台湾、英属维尔京群岛、美国共计占比21%。河南承接京、粤、浙、沪、苏、鲁6省市产业转移资金5467.6亿元，占全省的64.8%。豫京合作成效显现，北京企业在豫投资达1293亿元，居承接资金来源地首位；江苏增幅最大，达20.7%。

投资产业结构不断优化。2016年，全省实际利用外资呈现“二三一”结构，引资比例分别为78.4%、19.9%、1.7%；其中信息传输及计算机服务、租赁及商业服务业分别同比增长4.9倍、3.3倍。利用省外资金第二、第三产业基本相当，引资比例分别为48.6%、45.4%，其中租赁和商贸服务业同比增长19.9%。开发区、产业集聚区仍是招商引资主阵地，实际利用外资、实际到位省外资金占全省比重分别为67.9%、59.3%。

4. 对外投资增长迅猛，承包工程稳中有进

2016年，全省办理境外投资备案项目188个，对外投资中方协议额

43.4亿美元，同比增长86.6%（见图4），居全国第9位，比2015年前移2位。中方协议投资额3000万美元以上的项目有21个，主要集中在采矿、农林牧、房地产业等行业。投资目的地主要集中在中国香港、美国和非洲。中吉亚洲之星农业产业合作区成为河南省首家国家级境外经济贸易合作区，实现了河南省国家级境外经济贸易合作区零的突破。洛钼集团实施股权并购，成为世界级稀有金属龙头企业。2016年，全省对外承包工程和劳务合作新签合同额44.7亿美元，同比增长3.1%；完成营业额52.7亿美元，同比增长9.0%（见图5），总额居全国第12位。外派劳务7.2万人次，居全国第5位。新签对外承包合同额1000万美元以上的项目有48个，主要涉及交通运输、石油化工、工业及电力工程建设等。

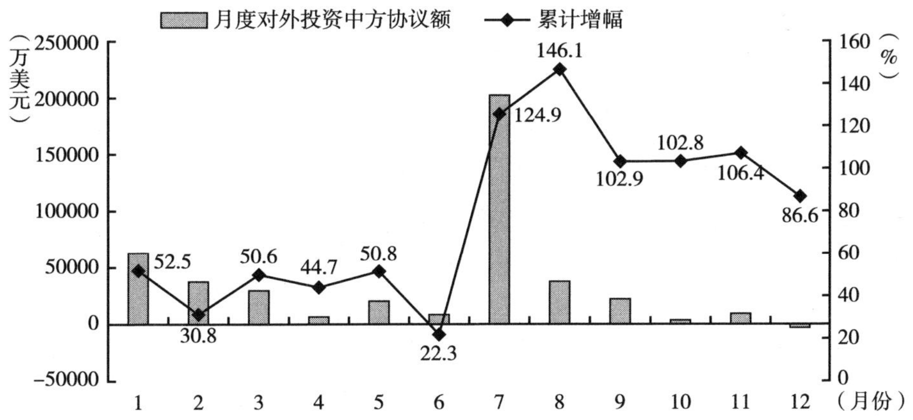

图4　2016年河南省月度对外投资中方协议额及累计增幅

资料来源：河南省商务厅。

5.国内消费稳中有升，稳增长作用凸显

消费稳增长作用凸显。2016年，全省社会消费品零售总额17618.4亿元，规模居全国第5位，同比增长11.9%（见图6），高于全国平均增幅1.5个百分点。乡村市场占比扩大，增速快于城镇。2016年，全省乡村消费品零售额3218.5亿元，同比增长12.8%，占全省社会消费品零售总额的18.3%，占比提高0.2个百分点。城镇消费品零售额14399.9亿

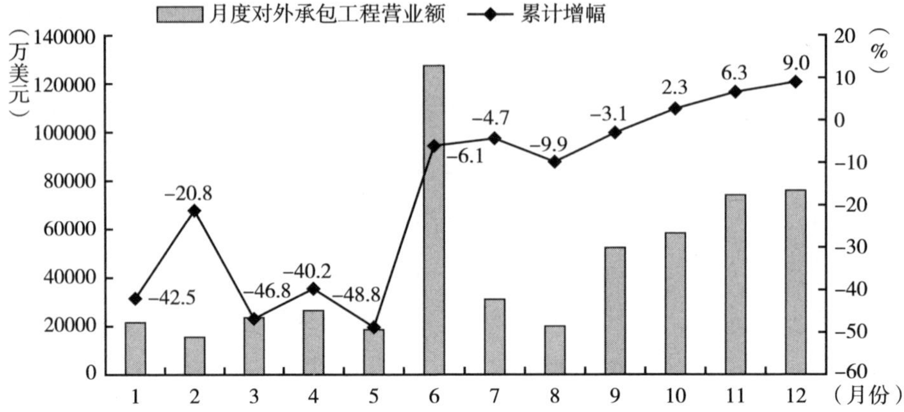

图5　2016年河南省月度对外承包工程营业额及累计增幅

资料来源：河南省商务厅。

元，同比增长11.7%。乡村市场增速快于城镇1.1个百分点。全省消费对经济增长的贡献率达到59.6%。网络零售额1906亿元，同比增长43.3%，占社会消费品零售总额的10.8%。流通成本逐步下降，全省社会物流总费用6500亿元，与GDP的比率为16.2%，较2015年下降0.2个百分点。

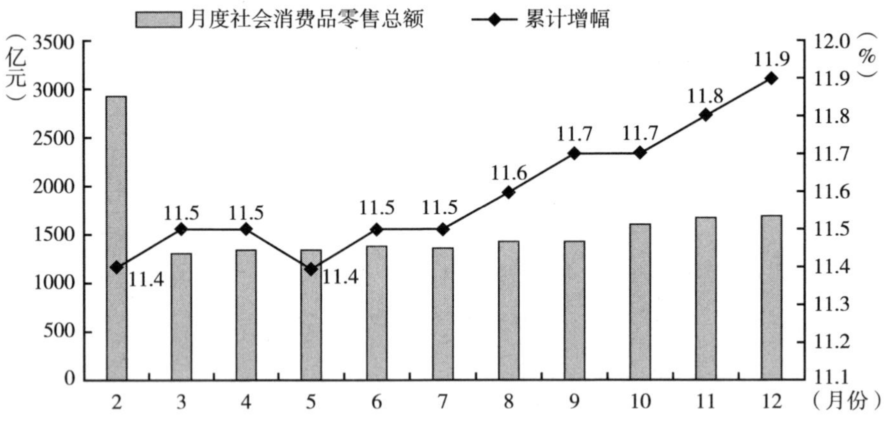

图6　2016年河南省月度社会消费品零售总额及累计增幅

资料来源：河南省统计局。

消费结构不断优化。受2016年底小排量车购置税减半政策到期因素影响，汽车消费增加，同比增长12.8%，同时石油类商品同比增长3.6%，增速分别提高5.3个和5.6个百分点，两类商品合计拉动全省限上商品零售额增速提高2.4个百分点。反映居民消费升级类商品消费快速增长，体育娱乐用品、电子出版物及音像制品、文化用品消费分别同比增长37.3%、32.0%和13.2%，同比增速分别提高12.2个、18个和2.7个百分点。粮油食品、服装鞋帽和日用品等基本生活类消费增速微降；饮料、烟酒类商品消费增速回落较大，增速回落近5个百分点；家用电器、家具和建材消费增速不同程度回落；受房地产销售良好对奢侈品消费产生挤出效应，以及国际金价上涨和百姓投资观念趋于理性等因素影响，金银珠宝和化妆品消费仅同比增长7.6%和3.4%，增速分别回落4.5个和10.8个百分点。

供需衔接更加有效。河南市场监测和调研分析工作连续12年居全国第一。节假日和特殊时段投放储备肉蛋菜等生活必需品，及时调控市场供需。满足新需求增加新供给，新认定22家品牌消费集聚区。新认定19家河南老字号企业，总数达到105家。丹尼斯大卫城入围全国首批15家绿色商场。住宿餐饮业发展规模在全国前移至第4位。完成散装水泥供应量9920万吨，居全国第2位。

电子商务长足发展。报请省政府出台了关于大力发展电子商务加快培育经济新动力的若干意见，新评定省级电商示范基地32个、示范企业107家，新认定备案电商企业2746家，全年培训电商人员近4万人次。世界工厂网、鲜易网等本土电商平台位居全国细分行业前列，在资本市场挂牌上市电商企业超过40家。电商进农村深入推进，新增6个国家级电商进农村示范县。协调省财政资金支持25个县市开展省级示范，国家级、省级示范县达到48家，覆盖全省近1/2的县，建成一大批县级电商运营服务中心、村镇服务站点，开设网店近2万个，安排就业6.5万人，农村电商成为拉动农村消费的新引擎，促进农村经济发展的新动力。全年电子商务交易额突破1万亿元，同比增长30%，总体水平进入全国前十。

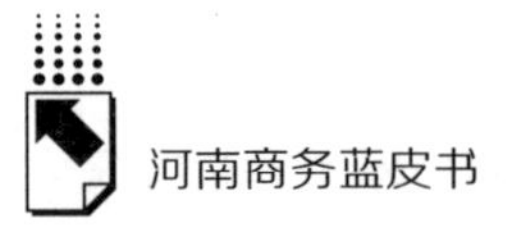

市场环境更加规范。开展互联网、农资、烟草、食药、进出口等领域打击侵权假冒专项整治行动。开展商务领域互联网金融风险专项整治，排查典当、拍卖、融资租赁、商品现货交易企业742家。打好商务领域大气污染防治攻坚战，查处违规经营加油站点8000多个，新批农村及偏远地区加油站1560个，有效保障了农村生产生活用油需求；回收拆解黄标车、老旧汽车超过10万辆，是2015年的2倍。河南省做法受到国务院张高丽副总理的高度评价。郑州、漯河市肉菜流通追溯体系进入终验环节。省12312商务举报投诉中心挂牌运行，行政处理违法违规案件3992件。举办了诚信兴商宣传月、信用消费进万家活动，提振了消费信心。

6. 商务改革不断深化，动力活力明显增强

行政审批制度改革有序推进。对外资企业从实行注册资本实缴制改为认缴制。取消直销企业产品说明重大变更审批、鲜茧收购资格认定2项审批事项，清理规范中介服务事项13个。对不涉及国家规定实施准入特别管理措施的外资企业设立及变更事项，由逐案审批改为备案管理，办理时限由20个工作日缩减到3个工作日内，为企业生产经营赢得了时间。加工贸易业务审批全部改为备案制管理，企业对外直接投资改为以备案制为主。上海等自贸试验区改革试点经验复制推广工作进展顺利，充分释放改革红利，最大限度惠及企业。

内贸流通体制改革开局良好。省商务厅报请省政府出台了推进国内贸易流通现代化建设法治化营商环境的实施意见，召开了全省推进会议。协调财政资金在洛阳、安阳、焦作、许昌、南阳、驻马店、巩义、永城等8市开展内贸流通体制改革发展省级综合试点。郑州开展国家内贸流通体制改革发展综合试点取得初步成效，建设了一批新型市场和可追溯标准化“菜篮子”生产基地，形成了基地直采、直供、直配的农产品现代流通模式。

商务领域监管执法走在全国前列。河南省市县商务监管执法机构、12312商务举报投诉服务中心覆盖率继续位居全国第一，商务监管执法人员达到三千余人。下沉执法成效显著，鹤壁、永城、固始、汝州、新县、光山等把商务监管延伸到乡镇。鹤壁等12个市县商务领域综合行政执法体制改革试点推进顺利。

政策措施密集出台。结合河南省商务工作实际，聚焦商务重点工作，认真开展调查研究，起草并报请省委、省政府出台了18个文件，包括内贸流通现代化、对外开放、党政机关展会活动管理、商品现货交易场所监管、外贸转型升级基地管理、电子商务发展、跨境电商发展、经开区转型升级创新发展、加工贸易创新发展、服务外包发展、服务贸易发展、融资租赁业发展、重要产品追溯体系建设、农村及偏远地区加油站建设、打击侵权假冒等重要文件，为当前和今后一个时期全省商务改革发展提供了政策保障，奠定了坚实基础。

二　2017年河南省商务发展面临形势及展望

1. 面临机遇

（1）国家战略规划叠加效应增强。2016年，中国（郑州）跨境电子商务综合试验区、郑洛新国家自主创新示范区、中国（河南）自由贸易试验区和国家（河南）大数据综合试验区、中原城市群发展规划等国家战略相继获批，加上之前的国家粮食生产核心区、中原经济区和郑州航空港经济综合实验区三大国家战略规划，河南省的战略先导优势日益凸显，国家战略叠加效应持续增强，河南在全国发展大局中的地位不断提升，为河南省商务发展带来了重大机遇。

（2）河南经济社会发展持续向好。当前，河南省正处在由经济大省向经济强省跨越发展的关键时期，信息化、工业化、城镇化和农业现代化快速发展，经济增长速度连续多年高出全国1.5个百分点左右，全省经济运行总体平稳的态势没有变，产业结构和消费结构不断升级，经济结构调整和转型升级取得新进展，发展质量和效益持续提升。2017年，随着供给侧结构性改革进一步深化，投融资体制、价格等重点领域改革向纵深推进，将释放更多改革红利，激发经济发展活力和动力，为河南商务发展提供良好环境。

（3）综合竞争优势进一步凸显。产业集聚区、服务业“两区”、国家级开发区、国家级出口基地，服务外包示范园区、郑州航空港经济综合实验区等承接载体产业支撑和配套功能不断完善；郑州机场、国际陆港、出口加工区、郑州综合保税区和河南保税物流中心等扩区建设及功能拓展快速推进，郑州肉类、汽车、进境果蔬等口岸建成投用；航空网络、米字形高速铁路网和公路网促使现代综合交通体系加速形成，强化了河南的区位优势，交通和物流优势不断提升；全省完整的工业体系、产业集群优势不断彰显；全省1亿多人口带来的市场需求规模依然巨大。

2. 面临挑战

（1）流通业供给侧结构性改革任重道远。流通业处于生产和消费的中间环节，承担着引导生产、满足和促进消费的双重功能。在供给侧结构性改革中，其地位和作用更加突出，即流通部门将生产部门的产品销售给消费者的能力，及将消费者需求信息、偏好、趋势等反馈给生产部门并加以引导的能力，直接影响着供给侧结构性改革的效率和效果。当前，河南省流通业仍处在粗放型发展阶段，主体小、散、弱现象突出，行业集中度低，规模经济效益不显著，影响力和辐射力较弱，企业偏省域化经营，全国性的竞争力强的大型流通企业较少。同时，现代化、信息化、标准化、国际化程度不高，成本高、效率低的问题突出，传统流通业经营空间逐渐萎缩，新兴商业模式发展不足，对国民经济运行的基础性和先导性作用有待提高，流通业供给侧结构性改革任重道远。流通业供给侧结构性改革一方面要提高信息传递能力，引导生产，实现有效供给，解决商品和服务供给与需求的不匹配问题，实现社会要素资源的优化配置，推动经济结构转型升级；另一方面流通业自身要适应经济新常态，去产能、去库存，将“互联网+”、云计算、大数据等充分运用到各个环节，促进商业模式创新，专注主营业务，成为产业跨界融合中价值链的核心。

（2）对外贸易高速增长空间受限。其一，外部需求总体依然偏弱。世界贸易组织（WTO）统计数据显示，2016年全球贸易量增长1.7%，贸易增速连续五年低于世界经济增速，WTO预计2017年全球贸易量增速为1.8%~3.1%，增速继续低于世界经济增速预期，这表明外部需求不振、回升乏力，形势依然严峻。其二，外部政策环境趋紧。在全球工业产能过剩、国际贸易复苏乏力、市场份额竞争激烈的背景下，一些国家试图通过贸易限制等措施来保护国内产业，进一步加大了去全球化和贸易保护的风险，河南对外贸易面临的外部政策环境趋紧。2016 年，我国共遭遇来自 27 个国家和地区发起的贸易救济调查案件 119 起，涉案金额 143. 4 亿美元，案件数量及涉案金额同比分别上升 36. 8% 和 76%，贸易摩擦政治化和措施极端化倾向明显。其三，十多年来河南省货物贸易跨越式增长，从 2006 年的不足 100 亿美元连续迈上 300 亿美元、500 亿美元、700 亿美元台阶，十年年均增速达到 21. 9%；2016 年货物贸易总额第一次进入全国前十位，外贸基数越来越大。从全球外贸发展规律看，没有哪个国家或地区的外贸能够一直保持高速增长，美国、德国、日本等传统贸易大国占国际市场份额的峰值一般出现在工业化进程基本结束时，随后出现下降。其四，受劳动力、融资、能源等要素成本高企及土地、环保约束趋紧的制约，出口企业传统外贸优势逐步削弱，新的竞争优势有待形成，部分产业和订单向西部或东南亚等周边低成本国家转移。其五，河南省外贸进入新旧增长点接续转换的阶段。富士康集团占全省货物贸易总量的六成以上，且其生产、进出口已进入稳定期；虽然农产品贸易及跨境电商等新型贸易方式发展较快，但由于新的增长点规模小，短期内不足以支撑河南货物贸易的高速增长。比如，2016 年进出口超亿美元企业仅有 36 家，且其中只有 21 家进出口实现正增长；出口超亿美元商品仅有 27 类，且超过半数的商品出口不同程度下降。目前，河南省工业化进程已经进入中后期，以研发、创新和知识经济为引领的新型工业化加速推进，培育新的竞争优势和新的增长点，打开新的增长空间对河南来说重任在肩。

（3）招商引资面临境内外多重压力。当前，世界经济处于深度调整期，国际分工格局深刻调整，河南省承接产业转移面临发达国家高端产业回流和再工业化、发展中国家劳动密集型产业的替代效应凸显带来的外部压力和国内省域之间激烈竞争的内部压力。其一，经济增速持续放缓，国际金融市场脆弱性进一步加大，国际直接投资活动回落。2011 ~2015 年跨境资本流量占全球经济总量的5.4%，远低于金融危机前2007年的20.5%的水平。联合国贸发会议预计，2016年全球FDI流入额下降13%。其二，近年来，随着人工、能源、土地等要素成本趋势性上升，智能化生产技术加快推进，国际贸易投资秩序重构，中国制造业成本优势不再明显和国际区位吸引力有所下降。与此同时，印度、泰国等东南亚、非洲发展中国家凭借劳动力成本低廉及资源优势对中国的劳动密集型产业形成了很强的替代效应。其三，国内民间投资意愿不强。中国经济正处于探底阶段，经济增速从2007年的14.2%回落至2016年的6.7%。受传统产能过剩、市场准入限制较多、贷款难贷款贵、投资回报率不高等因素影响，民间投资意愿不强。国家统计局数据显示，2016年全国固定资产投资（不包含农户）同比增长8.1%，民间固定资产投资365219亿元，同比仅增长3.2%。2017年，受经济增长周期调整、新旧动能转化尚需时日、产能过剩依然严重等多种因素影响，民间投资企稳向好的基础还不牢固。发达地区和西部地区纷纷凭借各自优势加大招商引资力度，竞争异常激烈。从根本上转变招商思路，更好地发挥市场优势、资源优势、区位优势、交通优势、产业优势，由打造政策洼地转为打造制度高地，靠制度、靠环境、靠服务吸引外来投资势在必行。

（4）对外投资环境复杂多变。当前，河南省企业走出去意愿和能力增强，对外投资进入一个相对快速增长期，但面临的投资风险、政治风险、安全风险和文化融合风险均不同程度地存在。其一，世界经济持续低迷。世行预计，2016年全球经济增长为2.3%，为2008年以来最差表现，2017年全球经济增长将达2.7%，全球经济增速仍在低位徘徊。其二，全球市场需求低迷、劳动生产率增长乏力，逆全球化趋势日益明显，部分国家“逆全球化”“反信息化”和贸易保护主义抬头，主要经济体政策走向分离、英国脱欧进程、美国政府换届和意大利公投失败，欧洲难民危机、土耳其政变等地缘政治冲突等都有可能冲击全球经济增长和贸易投资。积极主动做好走出去境外风险的防控工作不容忽视。

3. 2017年河南商务有望实现平稳增长

基于上述对当前国内外经济形势综合判断，2017年河南商务总体上仍将保持平稳发展态势，预计全省社会消费品零售总额同比增长11%；货物贸易保持稳定；服务贸易同比增长12%；跨境电商交易额同比增长25%；实际利用外资质量提高，规模与上年持平；实际到位省外资金同比增长7%；对外承包工程及劳务合作完成营业额同比增长8%，对外直接投资保持稳定；电子商务交易额同比增长28%，网络零售额同比增长30%以上。

三　把握引领商务发展新常态，牢固树立发展新理念，全力实现河南商务平稳健康发展

2017年是党的十九大召开之年，是落实省第十次党代会精神的开局之年，做好商务工作意义重大。要全面贯彻党的十八大和十八届三中、四中、五中、六中全会精神，认真落实省第十次党代会、省委经济工作会议、省"两会"和全国商务工作会议各项部署，适应引领商务发展新常态，牢固树立发展新理念，坚持稳中求进工作总基调，以提高发展质量和效益为中心，以推进供给侧结构性改革为主线，以打造内陆开放高地为统领，以商务重点领域改革为抓手，推进河南自贸试验区建设、跨境电商综试区建设两大战略，全力做好商务领域稳增长、促改革、调结构、惠民生、防风险工作，保持国内外贸易和国际经济合作各项业务平稳健康发展，更好地服务于全省经济社会发展大局。

1. 强化国家战略统领，着力打造内陆开放高地

（1）加快推进自贸试验区建设。把自贸试验区建设作为头等大事，放在开放全局中谋篇布局，突出河南特色，服务全省发展，对照最高标准最高水平自由贸易园区，以更高的站位、更远的眼光、更宽的视野谋划推动建设。一是完善管理体制机制。参照广东、福建和其他新设自贸试验区管理模式，加快组建省级层面管理机构和片区管委会，统筹协调管理片区工作，定期对各片区工作进行督导检查、评估分析。指导片区建设综合服务大厅、网站等服务平台，完善各项流程制度。二是挂牌运行推进实施。坚持以制度创

新为核心任务，以可复制可推广为基本要求，编制发展规划，制定管理办法，出台实施方案、支持政策和配套措施，统筹推进郑州、开封、洛阳片区建设，坚持高标准、高质量，大胆试、大胆闯、自主改，推动创新举措全面落地，尽快形成一批具有河南特色的创新成果，为落实国家战略探索新途径、积累新经验。三是加大宣传培训力度。面向全球宣传推介河南自贸试验区，不断提高知名度、影响力，吸引国内外500强、知名跨国公司入驻。联合省委组织部举办党政领导干部自贸试验区专题培训班。

（2）全面推进跨境电商综试区建设。本着积极稳妥、风险可控原则，在全省尽快铺开。研究出台综试区建设发展规划，全面落实各项创新举措，加快“三个平台、七个体系”建设。出台更具针对性的支持政策，积极协调财政资金，加大对跨境电商的支持力度。培育一批外贸综合服务企业，建设一批培训孵化基地，推动跨境电商产业集群发展。各地要成立专门工作机构负责跨境电商工作，因地制宜、科学编制本地方案和发展规划。2017年力争在全省再培育30个省级跨境电商示范园区、10个省级培训孵化基地、10个省级公共海外仓、5个省级外贸综合服务企业，总体发展水平居中西部前列。

（3）加快开发区创新发展。将全面复制推广自贸试验区改革创新成果，作为开发区工作的首要任务，提升开发区国际化水平。探索开发区管理新模式，加强工作指导，加大政策支持，严格执行考评办法，加强分类指导和动态管理，实行开发区“争先进位、末位淘汰”的奖优罚劣激励约束机制，推动符合条件的省级开发区升级为国家级开发区，推动各类园区申报省级开发区。加强对综合保税区、出口加工区、保税物流中心等各类园区的指导和管理。

（4）进一步扩大开放领域。贯彻国务院《关于扩大对外开放积极利用外资若干措施》要求，出台河南省实施意见。落实新修订的《外商投资产业指导目录》《中西部地区外商投资优势产业指导目录》要求，进一步放宽一般制造业、采矿业外资准入限制，有序推进科技、教育、文化、医疗卫生、会展、律师等服务业开放，鼓励外资以特许经营方式参与基础设施建设，打造开放招商新优势。

2. 强化转方式创优势，着力提升招商层次水平

（1）创新招商方式。在总结前些年好经验、好做法的基础上，研究新路径，出新招、出实招，实施精准招商、务实招商，开展代理招商、以商招商和股权招商、并购招商等新模式。鼓励引导社会资本参与设立产业基金，开辟招商引资和企业融资新渠道。打好企业法人化攻坚战，鼓励引导省外市场经营主体在河南省注册独立法人企业，开展独立法人运作，重点引进金融业、物流业、电子商务、建筑业、PPP 等领域法人机构，把企业的营业收入、增加值和税收留在河南。围绕“四个强省”建设，依托河南省重点优势产业，突出高层次产业链和价值链招商，建立国内外 500 强客商库和招商项目库，梳理一批招商目标对象，研究企业投资需求，寻找结合点，找准突破口，提高对接成功率。力争第十一届中国（河南）国际投资贸易洽谈会、河南—粤港澳经贸交流系列活动、中国企业家俱乐部绿公司年会办出特色、办出实效。各市县要及早着手，对接跟进，注重引进科技含量高、发展前景好、辐射带动能力强、财税贡献大的项目，切实提高招商引资层次和水平。

（2）紧抓项目落地。一是要把好项目准入关。加强重大项目前期研究论证，提高项目成熟度，从源头上增强项目的可操作性。坚持宁缺毋滥的原则，坚决杜绝引进高污染、高耗能、低水平项目，实行绿色招商、生态招商，推动招商引资向招商选资、招才引智转变。依托河南省区位交通优势，大力引进与物流、人流密切相关的现代服务业项目，在交通枢纽周边形成特色产业集群，打造枢纽经济，形成新的增长极。二是要完善分层推进机制。省级层面、市县层面都要重点抓一批在谈重大项目，跟踪推进，对接洽谈，形成省市县三级联动、各有侧重、分工推进的项目跟踪推进体系。三是要狠抓招商项目落实督察。在全省范围内开展专项督察，加强具体指导，切实解决政策落实、承诺兑现、要素保障等方面的困难和问题，加快签约项目落实，确保项目引得来、留得住、能发展。

（3）优化营商环境。深化“放管服”改革，继续推进外商投资管理体制改革，全面落实外商投资准入前国民待遇加负面清单管理模式，进一步优化外资企业设立变更的备案程序，提高投资便利化程度，保障内外资企业一视同仁、公平竞争。依托河南自贸试验区、跨境电商综试区，形成一批制度创新成果，加快向全省推广，着力打造招商引资制度高地，营造法治化、国际化、便利化营商环境。在法定权限范围内，研究制定新的招商引资政策，加强招商公共服务平台建设，充分发挥招商引资促进实体经济发展的重要作用。各市县要高度重视优化营商环境，加强外商投诉和权益保护工作，继续实行外来投资项目无偿代理，把优化软环境和建设硬环境结合起来，布局国际教育机构，培养高素质产业工人，引进高层次管理人才，以市场、环境、制度等优势促投资、促发展。

3. 强化降成本补短板，着力促进内贸流通创新发展

（1）补齐流通制度短板。全面复制推广国家内贸流通体制改革发展综合试点成熟经验和做法，巩固提升郑州市国家级试点成果，继续推进洛阳等8个省级综合试点，尽快为全省内贸流通体制改革创造经验。积极推进河南省《商品流通市场建设和管理条例》纳入立法程序，探索成立“互联网+”商品二维码中心，加快形成新型流通管理体制。

（2）有效降低流通成本。持续推进内贸流通现代化，出台并实施“互联网+流通”行动计划，培育发展新模式、新业态。出台推动实体零售创新转型的实施意见，推动线上线下融合发展，引导实体零售业转型升级。实施《商贸物流标准化三年行动计划》，以标准化托盘为切入点，开展物流标准化试点，推进智慧物流配送体系建设。鼓励流通企业扩大连锁经营规模，引导中小流通企业通过联合采购、平台集聚、共同配送等方式提高组织化程度，推动供应链整合创新、协同发展。稳步推进商品现货交易有序发展，服务实体经济。

（3）加强基础设施建设。统筹规划城乡商业网点的功能和布局，加快实施特色商业街区示范建设工程，引导商业街区在规划设计、主题定位、基础设施和街区管理等方面创新发展。引导城市商业综合体、购物中心等大型商业设施建设，提高利用效率。以国家跨区域农产品流通基础设施试点为抓手，探索建立投资保障、运营管理、政府监管新机制，推进农产品批发市场、农贸市场升级改造，完善流通骨干网络。加快实施中央财政支持河南省冷链物流发展试点，培育一批骨干冷链物流企业，建立公共信息服务平台，完善冷链物流供应链，着力解决冷链不冷和断链问题，打通农产品流通“最先一公里”，补齐流通公共服务短板。

4. 强化供需衔接作用，着力释放居民消费潜力

（1）完善消费监测体系。完善提升全省商务公共服务云平台功能，探索建立全省商务领域大数据库和市场运行监测新的指标体系，扩大信息采集范围，健全信息采集网络，规范信息采集流程，提高数据准确性、及时性，更好引导消费需求。完善生活必需品应急保供预案，提升市场应急保供能力。

（2）引导提升供给品质。引导流通企业增强品牌意识，实施“老字号”保护和促进行动，加强动态管理，推动中华老字号、河南老字号企业运用互联网等信息技术，提升生产工艺水平，创新商业模式，培育河南特色品牌。推动品牌消费集聚区建设，集聚品牌消费，促进品质消费供应。引导境内外资金投向电子商务、生活性服务业等领域，开拓高端和个性化生活服务消费市场。增加符合群众需求的服务供给，继续实施餐饮、住宿、家政、家电维修、美容美发、洗染、沐浴、摄影等八大居民生活服务业转型行动计划。出台促进餐饮业转型发展实施意见，促进餐饮业大众化、品牌化、规模化发展。

（3）有效促进供需衔接。积极发展流通新业态新方式，推动供给创新，促进多元化供给与多样化需求更好对接。出台促进展览业改革发展实施意见，大力发展会展经济，实施会展业培育工程，推动会展业加快发展、创新发展。创新汽车流通模式，活跃二手车市场交易，扩大全链条汽车消费。引导流通企业扩大绿色商品采购和销售，增加绿色消费供给。加快预拌混凝土、预拌砂浆、水泥预制件一体化的绿色产业体系建设，推动散装水泥健康有序发展。

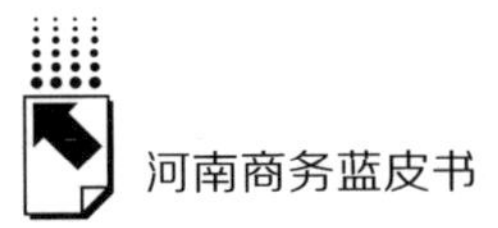

5. 强化稳增长调结构，着力培育外贸竞争新优势

（1）狠抓外贸政策落实。出台实施关于促进外贸回稳向好的实施意见，减免规范涉企收费，落实出口退税限时办结制，进一步提升贸易便利化水平。实施“自主品牌出口增长”行动计划。制定重点外贸企业调研服务方案，组织开展“送政策上门、送服务上门”活动。继续开展政策落实和进出口目标完成情况专项督导，定期通报情况，层层传导压力，激发工作积极性。

（2）加快发展外贸新业态。出台实施关于出口产业集群发展跨境电商的指导意见，吸引国内外龙头电商企业投资河南省跨境电商产业，鼓励传统外贸企业开展跨境电商业务，推动海外营销渠道和海外仓建设，培育壮大一批跨境电商产业园区和企业主体。引进一批全流程外贸综合服务企业，培育认定一批省级综合服务企业，推动外贸供应链整合，形成外贸新的增长点。做好公平竞争审查和贸易合规工作，加强国际贸易摩擦形势研判，及时通报案件预警信息，引导企业有序参与国际竞争。

（3）积极承接加工贸易产业转移。用好国家支持河南省加工贸易发展专项资金，研究设立加工贸易专项基金，完善财政、土地、金融等差异化政策，加大承接力度，支持重点承接地与沿海或港澳台共建加工贸易产业园，打造特色加工贸易产业集群，支持加工贸易向产业链高端延伸。

（4）大力发展服务贸易。贯彻落实国家、省有关促进服务贸易发展政策，完善服务贸易统筹协调制度。壮大市场主体，培育一批国际竞争力强的服务贸易龙头骨干企业。进一步巩固提升旅游、交通运输等传统服务贸易优势，培育软件和信息技术等新兴服务贸易优势。发挥郑州国家级服务外包示范城市引领作用，扩大服务外包离岸业务规模。支持企业参与境内外服务贸易展会。制定河南省文化产品和服务出口指导目录，推动文化创意、数字出版、动漫游戏等新型文化服务出口，发展一批文化出口基地，培育一批中医药服务贸易骨干企业，打造河南服务出口国际品牌。

（5）积极扩大进口。落实国家、省进口贴息政策，促进先进技术设备、关键零部件和紧缺资源型产品进口。积极争取汽车平行进口试点。发挥河南省内陆功能性指定口岸优势，扩大汽车整车、粮食、肉类、水果、冰鲜水产品等进口。有效利用国际航空和郑欧班列运力扩大进口。

6. 强化服务实体经济，着力推动对外合作有序发展

（1）推进境外经贸合作区建设。出台实施关于加快建设境外经济贸易合作区的意见，依托河南省产业优势，实施境外经贸合作区培育计划，指导制定发展规划，支持上、下游企业入区投资，推动河南省境外经贸合作区提挡升级，与省内产业相互促进、协同发展。积极培育申报新的国家级境外经贸合作区。

（2）完善政策支持体系。健全对外投资合作政策促进体系，举办银企对接活动，争取更多的国家政策资金和金融信贷支持。发挥“走出去”统保平台作用，以对外承包工程为先导，推进建设运营一体化，有选择、有节奏、有力度推进国际产能合作，有效带动河南省装备、技术、标准和服务“走出去”。支持河南省优势企业开展境外资源合作开发，鼓励企业回运境外资源原材料。积极争取援外项目，带动河南省企业“走出去”。

（3）强化服务和监管。严格执行国家对外直接投资阶段性管控政策，关口前移，规范运作。完善对外投资合作项目库，加快建立公共服务平台，及时发布对外投资合作国别指南、支持政策、风险预警信息，进一步规范外派劳务投诉处理工作。组建河南“走出去”企业联盟，抓好境外河南企业商会建设。

7. 强化规范发展，着力推动电子商务大发展

（1）抓好电商引导促进。紧抓电商规模发展、引领发展的双重机遇期，加快出台河南省电商“十三五”发展专项规划，明确新阶段河南省电商发展目标、主要任务，围绕基础设施、新兴产业、要素市场、新秩序等四个方面，研究引导政策，开展专项行动。持续推进电商示范创建工作，再认定一批省级示范基地和示范企业，积极培育创建国家级示范基地、示范企业，培育一批本土知名品牌电商，加强电商中高层人才培养，加快电商提质升级，壮大产业规模，培育发展新动能。

（2）持续推进电商进农村。争取更多县市纳入国家级综合示范县，继

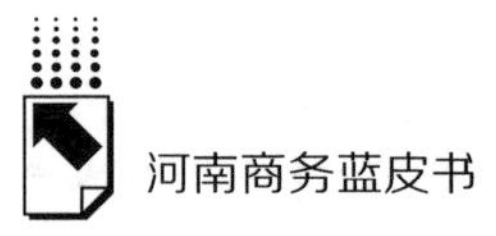

续开展省级综合示范，力争年底示范县总数占比达到一半以上。开展电商专家下乡活动，组织线上线下农产品对接，打造特色农产品品牌和农村电子商务产业链。加强工作培训，加快工作进度，开展督导检查，搞好绩效评价，进一步畅通工业品、生活服务下乡和农产品进城双向渠道，促进农民增收、农业增效。

（3）加快启动电商进社区。发展以社区生活服务为核心的电子商务服务，选择基础较好的省辖市开展试点，培育10～20个电子商务示范社区，依托连锁企业、龙头物流企业、居民服务企业及电商企业，整合社区人力及服务资源，创新组织模式，建成覆盖居民衣、食、住、行、娱等社区电商服务网点，形成便利快捷的社区消费服务网络。

（4）创新监管规范发展。积极推进河南省电子商务立法工作。坚持线上线下治理相结合，建立新型监管体系，持续做好电商企业备案工作，深入开展电商侵权假冒治理行动，健全网络交易失信惩戒制度。充分借助物联网、大数据等信息技术，掌控电商市场发展状况，及时发现和查处违法违规行为，维护电商市场秩序，促进电商规范发展。

8. 强化商务监管执法，着力创优经济发展环境

（1）深化商务综合监管执法改革。进一步梳理执法职责，整合执法职能，规范执法行为，强化执法协作，在全省建立行政管理职能和行政执法职能既相对分离又衔接配合的商务综合执法新体制。加强全省监管执法队伍建设，充实一线力量，组建省级商务执法队伍。坚持严格规范公正文明执法，推动执法管理服务深度融合。积极探索“互联网+商务监管执法”，尽快建立全省商务综合监管执法业务管理系统，形成举报投诉、移动执法、网上办公、多网合一的监管执法运行管理模式。

（2）统筹打击侵权假冒工作。继续发挥好打击侵权假冒领导小组办公室作用，提高统筹谋划、协调推动能力，强化行政执法与刑事司法衔接，推进跨部门跨区域执法协作，开展集中整治、联合惩戒，继续保持打击互联网、农村和城乡结合部、出口商品等领域侵权假冒高压态势。加强行政执法和日常监管，推进行政处罚案件信息公开。

（3）加强重点领域事中、事后监管。将外商投资企业设立变更的审批、备案、监督检查和执法纳入商务部门权力清单和责任清单，加强事中、事后监管。继续打好商务领域大气污染防治攻坚战，加强成品油市场管控，严防黑加油站死灰复燃，搞好成品油升级和报废汽车回收拆解工作。开展散装水泥、典当、拍卖、融资租赁、商业预付卡、大宗商品现货交易等领域整治活动。要高度重视商务领域安全生产，压实责任，强化督导。发挥行业监管职责，加强对商协会监管，促进商协会健康有序发展。

（4）搞好商务领域信用建设。开展“诚信兴商”宣传活动，抓好省级商务诚信体系建设试点，建设全省商务信用信息服务平台，建立并及时发布诚信企业“红名单”和失信企业“黑名单”。落实《关于加快推进重要产品追溯体系建设的实施意见》，大力推进八大类重要产品追溯体系建设。鼓励郑州、漯河肉菜流通追溯体系延伸链条，扩大覆盖范围。继续加快中药材流通追溯体系建设。

（5）全面推进依法行政。把依法行政、依法办事的原则和要求贯穿于商务工作全过程、各方面。强化遵法学法守法用法意识，积极推动商务领域地方立法，自觉运用法治思维、法治方式深化改革并推动发展。完善行政决策制度和机制，做到行政决策科学、民主、合法。依法履行商务部门职能，牢固树立权由法定、权依法使的观念，坚持法无授权不可为、法定职责必须为，严格按照法定权限和程序开展工作、行使权力。

B.2

构建开放型经济新体系　加快中国（河南）自由贸易试验区建设

焦锦森*

摘　要：　2017年4月1日，河南自贸试验区正式挂牌运行，进入全面建设的新阶段。河南将秉持“为国家试制度、为地方谋发展”的原则，加快构建与国际接轨的投资贸易新体系，提升投资贸易便利化水平；开创“两体系、一枢纽”建设新格局，增强综合交通物流枢纽功能；构建对外开放可持续发展新机制，加快培育竞争新优势；打造“三区一群”新载体，促进开放型经济提质增效。经过2~3年努力，河南争取将自贸试验区建设成为投资贸易便利、高端产业集聚、交通物流通达、监管高效便捷、辐射带动作用突出的高水平高标准自由贸易园区，引领内陆经济转型发展，推动构建全方位对外开放新格局。

关键词：　自贸区　制度创新　“两体系”　“一枢纽”　“三区一群”

加快实施自由贸易区战略是我国新一轮对外开放的重要内容。党的十八大与十八届三中、五中全会均提出了加快实施自由贸易区战略，形成面向全球的高标准自由贸易区网络。习近平总书记在参加十二届全国人大五次会议

* 焦锦森，河南省自贸试验区工作办公室主任、河南省商务厅厅长。

上海代表团审议时指出，把自由贸易试验区建设成为融开放和创新为一体的综合改革试验区，成为服务国家“一带一路”建设、推动市场主体“走出去”的桥头堡。按照国家战略部署，河南省委、省政府举全省之力实施开放带动主战略，加快融入国家新一轮自贸试验区战略。2016 年 8 月 31 日，党中央、国务院决定在河南等 7 个省（直辖市）新建一批自贸试验区。2017 年 4 月 1 日，河南自贸试验区正式挂牌运行，进入全面建设的新阶段。河南将秉持“为国家试制度、为地方谋发展”的原则，将自贸试验区建设成投资贸易便利、高端产业集聚、交通物流通达、监管高效便捷、辐射带动作用突出的高水平高标准自由贸易园区，引领内陆经济转型发展，推动构建全方位对外开放新格局。

一　构建与国际接轨的投资贸易新体系，提升投资贸易便利化水平

自贸试验区是经济全球化和区域经济一体化的产物，同时也是中国经济改革深化的产物。自贸试验区的核心在于通过制度创新降低制度性交易成本，促进对外开放、引领开放型经济发展。一是加快推进简政放权。转变政府职能，依法加快向各片区下放省级经济社会管理权限。各片区以制度创新为核心，深化以行政审批制度、商事登记制度等为主要内容的行政管理体制改革，建立推行权责清单制度并健全权责清单动态管理机制，进一步推进简政放权，营造法治化国际化便利化营商环境，打造提升政府治理能力的先行区。二是提高投资管理水平。加强同国际通行规则相衔接，对外商投资实行准入前国民待遇加负面清单管理模式，减少或者取消外商投资准入限制；对一般境外投资项目和设立企业实行备案制，完善对外投资合作业务管理和服务；深化投融资体制改革，试行企业投资项目承诺制；简化整合投资项目报建手续，探索实行先建后验的管理模式，建立开放型经济体系的风险压力测试区。三是提升贸易便利化程度。围绕统筹内外贸一体化发展、推进贸易方式转型升级和营造规范高效的贸易便利化环

境，提升通关、通检便利化，建立国际贸易“单一窗口”，加强与“一带一路”沿线国家的通关、通检合作，以实施货运“一单制”等为重点，加快建立跨境电商发展配套平台、保税展示交易平台，支持期货保税交易，创新多式联运监管，培育新型贸易业态。四是加强事中、事后监管。对标国际高标准规则体系，加快构建与投资贸易便利化相适应的事中事后监管体系，推进政府管理由注重事前审批向注重事中事后监管转变。重点通过完善统一的社会信用体系，建立与开放市场环境相匹配的产业预警体系、资源环境承载能力监测预警机制、集中统一的综合行政执法体系，建设网上执法办案系统等，打造事前诚信承诺、事中评估分类、事后联动奖惩的全链条信用监管体系。五是提升创业创新服务效率。河南自贸试验区将更加突出服务的主动性，为企业设立和成长在政策、信息、法律、人才、场地等方面，提供“点对点”全方位服务，建设法治政府和服务型政府。建立新生市场主体统计调查、监测分析制度，密切跟踪新生市场主体特别是小微企业的经营发展情况，促进新生市场主体增势不减、活跃度提升。

二　开创“两体系、一枢纽”建设新格局，增强综合交通物流枢纽功能

党中央、国务院对河南自贸试验区的战略定位是，加快建设贯通南北、连接东西的现代立体交通体系和现代物流体系，将自贸试验区建设成为服务于“一带一路”建设的现代综合交通枢纽、全面改革开放试验田和内陆开放型经济示范区。“两体系、一枢纽”战略定位既凸显了河南独特优势、彰显了河南在全国格局中的地位，也对加快现代交通和现代物流体系建设提出了新的更高要求。河南将抓住自贸试验区建设千载难逢的机遇，做好四个方面工作。一是增强枢纽功能。巩固提升航空货运网络优势，加大力度开辟“一带一路”沿线国家、国际重要枢纽机场货运航线，积极拓展国际客运航线，形成贯通全球的空中丝绸之路。依托国家路桥通道，加密“一带一路”

沿线国家中欧班列（郑州）班次，加强国际货源组织，推动班列往返双向运输平衡。充分发挥地理位置优势，提升面向东西南北的货物集疏能力，夯实综合枢纽基础。二是大力发展多式联运。优化航空和陆路交通网络，促进两者融合发展。建立健全适合多种运输方式和执法部门共同遵循的多式联运标准规范和服务准则，构建与物流、交通相匹配，服务于多种运输方式的公共信息平台，推动不同运输方式、不同企业间信息开放共享和互联互通。依托自贸试验区率先突破陆空联运、公铁联运，打造多式联运国际物流中心。三是加快大通关建设。加快推进口岸监管部门信息互换、监管互认、执法互助“三互”大通关改革，构建与多式联运相适应的监管体系。支持自贸试验区与“一带一路”沿线国家开展海关、检验检疫、认证认可、标准计量等方面的合作交流，探索实施贸易供应链安全便利合作，构建与国际规则接轨的大通关格局。四是夯实产业基础。全面提升现代物流业与高端制造业、商贸服务业的联动发展水平，带动跨境电商、转口贸易、加工贸易、服务贸易、离岸贸易等枢纽经济产业集聚发展，提升产业核心竞争力，打造服务“一带一路”综合交通枢纽的产业体系。

三　构建对外开放可持续发展新机制，加快培育竞争新优势

依托自贸试验区建设，河南在招商引资、对外贸易、对外经济合作方面加快培育新动能，构建可持续的开放型经济发展新机制。一是加快培育招商引资新动能。重点加强与港澳在项目对接、投资拓展、信息交流、人才培训等方面的交流合作，积极有效引进境内外资金、先进技术和高端人才，提升利用外资综合质量，提升产业合作层次，积极融入全球制造业供应链和销售链体系。制造业方面，重点加强与国内外优势企业合作，引进实施一批重大项目，建设全球智能终端生产研发基地，打造装备制造、中高端食品集群竞争优势，培育生物医药、新能源汽车、智能装备、新材料等高端制造业增长点。现代服务业方面，积极引进国内外大型物流企业，提高供应链管理和物

流服务水平。大力拓展服务业开放合作领域，重点发展信息服务、服务外包、健康养老、文化创意、特色旅游等新兴服务业。二是加快培育外贸竞争新优势。依托自贸试验区建设，着力破解制约外贸持续发展和转型升级的突出问题。加快推进中国（郑州）跨境电子商务综合试验区“三个平台”（单一窗口综合服务平台、综合园区发展平台、人才培养和企业孵化平台）和“七个体系”（信息共享体系、金融服务体系、智能物流体系、信用管理体系、质量安全体系、统计监测体系、风险防控体系）建设，统筹发展跨境电子商务及配套线下业务，完善相应的海关、检验检疫、退税、物流等支撑系统，创新交易流通模式，推动实现跨境电子商务自由化、便利化、规范化发展，形成完善的跨境电商产业生态圈和千亿元级产业集群。三是拓展国际经济合作新空间。鼓励自贸试验区内优势企业建立海外生产加工和综合服务体系，在全球范围内配置资源、开拓市场，打造国际产能合作示范区。改革境外投资管理方式，确立企业对外投资主体地位。对非金融类对外直接投资项目和企业实行备案制。支持自贸试验区内企业开展多种形式的对外直接投资，积极拓展优势产业境外发展空间，将自贸试验区建设成为企业“走出去”的综合服务平台。完善“走出去”政策促进、服务保障和风险防控体系，完善境外资产和人员安全风险预警和应急保障体系。

四　打造“三区一群”新载体，促进开放型经济提质增效

随着河南对外开放步伐的加快，郑州航空港经济综合实验区、郑洛新国家自主创新示范区、中原城市群等一大批国家战略、高端平台落户河南。郑州航空港经济综合实验区建设为河南乃至中部地区的发展打通了连通世界的通道，郑洛新国家自主创新示范区建设为河南发展注入新动能，中原城市群促进东中西部协调发展。河南自贸试验区的设立，历史性地将河南推向了改革开放的前沿阵地。河南自贸试验区与郑州航空港经济综合实验区、郑洛新国家自主创新示范区、中原城市群规划一起，构建河南未来发展的开放创新

支柱、带动全省发展的新增长极。河南自贸试验区以制度创新为核心，在深化行政审批改革、推进贸易转型升级、构建产业支撑、创新金融服务、增强服务“一带一路”建设的综合交通物流枢纽功能等方面先行先试，着力扩大开放领域，大力破解改革难题，打通改革“最后一公里”，为实施其他三大国家战略提供制度创新保障。郑州航空港经济综合实验区以航空枢纽建设为中心，将河南的“米”字形高铁网络、四通八达的国家公路网络的交通优势充分发挥，从而形成陆空对接、通连海港、多式联运、内捷外畅的现代综合交通体系，从而为河南自贸试验区成为“一带一路”互联互通的重要交通枢纽和内陆地区融入“一带一路”建设的核心支点奠定坚实的基础。郑洛新国家自主创新示范区将创新驱动作为推动河南稳步前行的重要引擎，以科技创新和体制机制创新为支撑，在发展动力上，实现从要素驱动向创新驱动的转变；在发展方式上，实现从规模速度粗放型向质量效益集约型的转变；在产业结构上，实现从中低端向中高端转变，从而带动产业结构调整升级，实现经济转型发展，为河南继续引领中部地区经济发展提供新动能。中原城市群对加快中部地区崛起、推进新型城镇化建设、拓展我国经济发展新空间具有重要战略意义，有利于发挥中原地区人口和市场规模优势，优化资源要素配置，培育形成我国经济增长新引擎。“三区一群”四大国家战略既是一体的，也是相互支撑的，其内容各有侧重，功能互为补充，凝聚成河南推进改革创新的强大动力。

“雄关漫道真如铁，而今迈步从头越”，河南省第十次党代会吹响了加快建设内陆开放高地的号角，站在新的历史起点上，河南将加快推进自贸试验区建设，进一步破除体制机制障碍，加速构建开放型经济新体制，为加快中原崛起河南振兴富民强省、让中原在实现“中国梦”的进程中更加出彩做出新的贡献。

行　业　篇

Industry Topics

B.3
2016 ~2017年河南省对外开放形势分析与展望

苏国宝　李 虹　贾春奇*

摘　要：2016年，河南省开放工作取得了显著成效，招商引资、对外贸易、对外经贸合作等开放型经济主要指标保持良好发展态势，为河南省经济发展注入活力和动力。本文回顾了2016年河南省对外开放工作成绩，分析了2017年面临的形势，提出了针对性措施。

关键词：河南省　对外开放　开放领域

* 苏国宝、李虹、贾春奇，河南省商务厅对外开放服务办公室。

2016 年，在省委、省政府的正确领导下，全省上下坚持对外开放基本省策，加快构建开放型经济新体制，为新常态下全省经济稳增长、调结构、促转型、惠民生做出了突出贡献。2017 年，国内外形势依然复杂严峻，机遇和挑战并存，在全省经济下行压力不断增大的情况下，对外开放依然是拉动全省经济增长的有效手段和强劲引擎。

一 2016年全省对外开放基本情况

2016 年，面对复杂严峻的形势，全省上下认真贯彻并落实党中央、国务院和省委、省政府决策部署，牢固树立发展新理念，坚持对外开放基本省策，积极作为，攻坚克难，开放型经济成效持续显现。河南全年引进境内外资金合计超过 9600 亿元，占全社会固定资产投资总额的 23%；外商投资企业税收总额达到 93.9 亿元，对外贸易增长促使郑州海关关税和进出口环节税实际入库达到 200.5 亿元。

1. 招商引资提质增效

2016 年，全省实际利用外资 169.9 亿美元，实际到位省外资金 8438.1 亿元，同比增长 5.6% 和 7.9%。投资 1000 万美元以上的外资项目 114 个，占新批项目数近六成。10 亿元以上省外资金项目达到 325 个。富士康、法国电力、百事可乐、瑞士迅达等战略投资者在河南持续扩大投资，深圳金睿财富投资 100 亿元的中原金睿（固始）高新产业园、王府井投资 60 亿元的新乡平原商业小镇项目、苏州德威投资 50 亿元的驻马店德威电缆材料产业园等一大批优质项目在豫落地。投资结构不断优化，服务业领域新设外商投资企业占所有新设企业比重达到 48.5%，第三产业实际到位省外资金占比达到 45.4%。

2. 对外贸易跻身全国十强

2016 年，全省货物贸易完成 4714.7 亿元，同比增长 2.6%，高于全国平均水平 3.5 个百分点，首次跨入全国外贸十强行列。其中出口 2835.3 亿元，增长 5.7%。全年服务进出口总额 69.5 亿美元，同比增长 18.9%。贸易结构进一步优化。一般贸易进出口 1310 亿元，占比 27.8%，同比增长

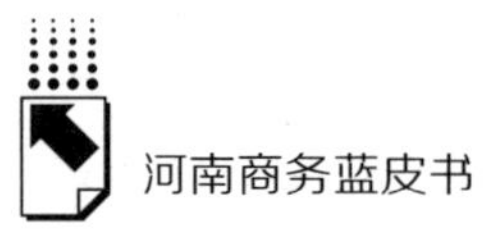

8.5%。加工贸易进出口3214亿元，占比68.2%，同比增长1.7%。全省民营企业进出口占比达22.0%，同比增长7.7%，增幅最大，成为对外贸易的重要力量。商品结构进一步优化。机电产品、高新技术产品出口分别同比增长13.7%、58.5%。以手机为代表的电子信息产业成为河南外贸的支柱产业，富士康所属企业进出口3172亿元，同比增长2.1%，占全省进出口的67.3%。农产品出口128.3亿元，同比增长22.9%。

3. 国际经贸合作迈出新步伐

2016年，全省对外承包工程和劳务合作完成营业额52.7亿美元，同比增长9.0%；在全国排名第12位，比上年前移1位；对“一带一路”国家完成营业额6亿美元。新签合同额1000万美元以上项目48个，占总金额的76.5%。对外投资中方协议额43.4亿美元，同比增长86.6%；全国排名第9，比上年前移2位，在中部六省排名第1位；对“一带一路”国家中方协议投资额4.3亿美元。中方协议投资额3000万美元以上项目21个，对中国香港和美国投资达到29.5亿美元，占比67.4%；在非洲投资7.6亿美元。中吉亚洲之星产业园成为河南省首家国家级境外经贸合作园区，洛钼集团成为世界级稀有金属龙头企业。

4. 开放平台更加完善

河南自贸试验区建设全面启动，上海自贸试验区改革试点经验大部分在河南落实。郑州跨境电商综试区申建成功并顺利推进，郑州互联网国际通信专用通道开通，国际贸易“单一窗口”上线运行，跨境电商交易额达到111.5亿美元，实现翻番。郑州新郑综保区、南阳卧龙综保区和一批功能性口岸建成投用，郑州经开综合保税区获批，河南成为全国指定口岸数量最多的内陆省份。郑州获批国家服务外包示范城市，郑州航空港经济综合实验区开放龙头作用日益凸显。中欧班列（郑州）各项运行指标保持全国领先。

5. 开放领域不断拓宽

河南科教文卫、旅游、金融、物流和农业等领域对外开放取得了新的突破。新增1家国家级国际科技合作基地，河南国合基地数量达到13个。新增中外合作办学本科项目6个，专科项目17个。已培育国家级文化产业示范园区1个、文化产业基地12个、文化和科技融合示范基地1个，省属文化企业集团12个。卫生计生系统全年共签约招商引资项目74个，引入资金136亿元，签署院际合作项目39个。全年河南接待海内外游客超过5.83亿人次，实现旅游收入5764亿元。恒丰银行、渤海银行、进出口银行、浙商银行纷纷在郑州设立分行，3家全国性政策性银行和12家全国性股份制银行全部入驻河南。河南已在境外设立农业种植、养殖及深加工企业100多家，投资区域覆盖世界65个国家和地区。全年河南农产品出口总额突破128.3亿美元，增长22.9%。

6. 开放机制逐步完善

省政府召开了全省对外开放工作会议，出台了行动计划。筛选100个已签约重大招商引资项目重点推进，16个省直部门制定实施了对外开放工作专项方案。年初组织全省2015年度对外开放工作综合考核，年中开展全省招商引资签约项目专项督察。继续实施外资项目无偿代理制，外商投诉案件结案率达到92%以上。在省委、省政府的统领下，各有关部门携手联动，省、市、县三级政府上下齐动，坚定不移扩大对外开放，凝聚了开放合力，全方位、宽领域、多层次的开放格局已经形成。

7. 开放影响力不断提升

2016年，河南谋划举办了第十届河南投洽会、中国（郑州）产业转移系列对接活动、2016中央企业河南行活动等重大经贸活动，成功签约一大批高质量合作项目。尤其是中国（河南）国际投资贸易洽谈会到会客商2.2万人，签约项目总投资4734亿元，国家级、国际性品牌效应进一步彰显，已成为河南省开放招商第一品牌。河南成功承办了中欧政党高层论坛经贸对话会等高规格国际性会议，有效提升了河南的国际知名度和影响力。各省辖市、直管县（市）也举办了各具特色的开放招商活动，均取得显著成效，全面展示了河南发展新成就、崛起新优势、合作新机遇。同时，河南积极与中国企业家俱乐部沟通联系，争取第十届（2017）中国绿公司年会在河南举办，届时将吸引一批企业界大佬参会，河南开放知名度和国内外影响力进一步提升。

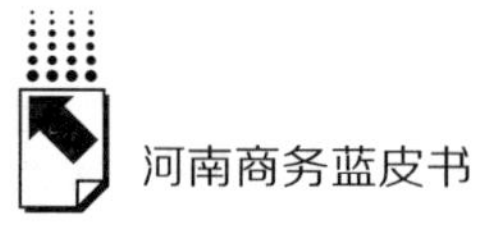

二 2017年对外开放面临形势

2017 年，是实施“十三五”规划的重要一年，是供给侧结构性改革的深化之年，也是全面落实省第十次党代会各项部署的开局之年，国内外环境依然复杂严峻，开放发展既面临着挑战和考验，也面临着重大机遇和有利因素。

对外贸易方面。一方面，近年来，国家高度重视外贸工作，本届政府成立以来，出台了十多个外贸政策文件，在财政支持、出口退税、出口信保和贸易便利化等方面出了很多实招，河南省也出台了促进加工贸易创新发展、加快发展服务贸易、服务外包等一系列实施意见，对于稳定企业信心、帮助企业出口接单发挥了重要作用。在全球总需求不振、形势复杂严峻的情况下，我国外贸持续回稳向好，进出口规模与美国接近，出口规模稳居世界第一，已经成为名副其实的全球贸易强国。河南近年来对外贸易跨越发展，从 2010 年的不足 200 亿美元连续迈过 300 亿、500 亿、600 亿、700 亿美元台阶，2016 年总额首次跻身全国十强。随着自贸区、跨境电商综试区等高端开放平台的加快建设，外贸新业态的迅速发展，国际陆港、郑欧班列、各类功能性口岸、综合保税区等通道平台的支撑作用显著增强，河南已经具备外贸回稳向好的基础和条件。另一方面，当前我国外贸发展面临的形势依然复杂严峻。世界经济仍处于国际金融危机以来的深度调整阶段，全球需求持续疲软，实体经济增长乏力，不排除二次探底的可能性。IMF 和经合组织分别预计 2017 年全球经济增速为 3.4%、3.2%，持续低位运行。WTO 预计 2017 年全球贸易增长 1.8% ~3.1%，因为不确定因素多，所以 WTO 首次使用了“增长的区间”概念，而且国际贸易增速已经连续六年低于世界经济增速预期。特别是“黑天鹅”事件频发、英国公投脱欧、意大利宪法改革公投受挫、韩国总统被弹劾、特朗普赢得大选等，还有美联储加息、欧洲重要国家政府换届可能存在变数，导致全球政局不稳。贸易保护主义加剧，“逆全球化”回潮，很多国家设置贸易壁垒，用反倾销手段干预正常贸易，使得中国成为显性或隐性贸易保护政策的最大受害者。个别国家内外政策不明朗，地缘政治风险加剧，都会带来不可预见的挑战，给全球经济和贸易增长蒙上阴影。尤其是特朗普就任总统后宣布退出TPP，意味着美国贸易政策发生重大变化，奉行“美国优先”的原则，在贸易方面与我国这样一个世界贸易大国的摩擦在所难免。特朗普要求苹果公司将工厂搬回美国，实现iPhone“美国制造”，对于高度依赖富士康代工手机的河南省进出口来说，未来面临很大变数。

双向投资方面。①招商引资。一方面，河南发展优势日益积累。一是自贸区建设带来的红利将逐步显现。中国（河南）自由贸易试验区的加快建设，将吸引更多的国内外500强企业落户河南，为全省经济发展提供新动能。二是供给侧结构性改革将培育新的发展动能。2017年全省将深入推进供给侧结构性改革，增加有效供给，化解过剩产能，优化供给结构，改善供给环境，提升供给效率，这将为河南大力承接国内外产业转移、推进经济持续发展提供强劲动力。三是投资软环境将更加优化。国家将进一步放宽准入限制，鼓励外资更多投向先进制造、高新技术、节能环保和现代服务业领域。同时，国家将减税、降费、降低要素成本，切实减轻制造业和实体经济企业负担，为河南扩大招商引资提供了有利条件。四是河南综合优势更加凸显。作为全国经济大省、人口大省，河南在全国经济发展大局中的地位不断提升，市场规模持续扩大，基础设施日益完备，产业配套能力不断增强。随着现代综合交通枢纽格局加速形成，开放体制机制和载体平台日臻完善，经济发展的综合优势更加突出，河南具备进一步承接产业转移的基础和条件。另一方面，河南也面临前所未有的挑战，表现在以下几个方面：国内投资持续低迷。我国投资下降明显，“十二五”时期增速比“十一五”时期下降了7个百分点，近年下降更快，目前降到了8.3%，民间投资更是断崖式下跌。近几年企业进入休整发展期，各类投资主体投资意愿和投资能力均有所减弱。资本外流现象日渐突出。当前产业资本正通过三个渠道从中国流出：发达国家的再工业化导致部分国际资本“回流”，而且大多是高端制造环节；东南亚等发展中国家通过更低的要素成本，“分流”了一些原本投在中国的国际资本；我国企业“走出去”步伐不断加快，一些国内优势产业流到国外去投资发展。同时，美元加息也可能引发国际资本回流，导致我国乃至发展中国家经济“失血”。招商引资区域竞争日趋激烈。我国入世过渡期结束后，内外资企业一律实行国民待遇，依靠差别化税率扩大招商引资的时代结束，竞争优势不再。同时，河南周边省份利用国家战略和政策优势，纷纷出台招商引资优惠措施，均对河南招商引资形成挤压态势。要素成本优势正在弱化。近年来，河南经济总量不断增加，对要素的需求量也不断增加，导致要素成本越来越高，不少行业利润空间被挤压，产品的成本优势正在丧失。加之产能过剩，进一步导致扩大投资动力的缺失。我们自身也存在一些短板，比如，招商项目定位不准，存在一定盲目性；领域不宽，生产项目招得多、服务项目招得少；经济领域项目多，社会事业项目少；内资项目多，外资项目少。环境需要进一步优化，有的县（市）重引进、轻服务，招的时候说得好，招来后对客商的承诺兑现不了，引起投诉，还有办事效率不高、服务意识不强等。②对外投资。我国已经是全球第二大经济体，企业“走出去”能力和意愿增强，对外投资进入相对快速增长期。但发展对外投资，必须坚持服务实体经济的大方向，逐步规范对外投资备案管理，严格按照国家阶段性管控要求，更多地鼓励支持通过投资并购等方式，获得资源、品牌、技术、市场，提高河南企业在全球价值链、产业链、供应链中的地位，在国际化进程中更好发展。

总体上看，河南对外开放机遇与挑战并存，困难与希望同在，要坚定发展信心，落实国家开放战略，坚定不移扩大开放，着力培育对外开放新体制新优势，加快构建全方位开放新格局，为河南经济社会发展提供强劲动力。

三　对策建议

新形势下，国家更加重视对外开放，进一步放宽外资准入等扩大开放措施正在实施，河南省面临着承接产业转移、发展新兴业态等重大机遇。我们要乘势而上，顺势而为，按照省委经济工作会议和省“两会”部署，坚持对外开放基本省策，突出河南自贸试验区、跨境电商综试区等新开放平台的引领作用，着力培育开放发展综合竞争力；突出对内开放与对外开放并举，着力构建全方位宽领域开放新格局；突出“引进来”和“走出去”相结合，着力提升开放招商质量层次；突出市场在资源配置中的决定性作用，着力推进对外经贸合作转型发展；发展更高层次的开放型经济，建设内陆开放高地。

1. 完善对外开放工作机制

统筹全省开放工作，筹备召开全省对外开放工作会议和省对外开放工作领导小组会议，印发全省对外开放工作行动计划，督促发改委、教育、科技、工信等省直部门制定实施对外开放专项工作方案，确保完成全年对外开放工作任务。实施全省对外开放工作综合考核评价暂行办法，强化对省直有关部门和各省辖市、县（市、区）、郑州航空港经济综合实验区对外开放工作的综合考核评价。坚持高位推动，继续实施对外开放党政“一把手”工程，强化党政一把手负责制，加强对重要政策和重大事项的协调、督办。完善对外开放工作责任制，强化部门联动协同开放机制，畅通与商协会、企业、驻华机构合作渠道，完善举省开放体制。推动各级、各部门树立“一盘棋”思想，切实形成省直部门抓“线”、各地抓“块”的条块结合、分工明确、步调一致的联动开放工作格局。

2. 打造对外开放高端平台

把加快自贸区建设作为扩大开放的头等大事。坚持以制度创新为核心任务，以可复制可推广为基本要求，按照总体方案，认真研究细化试验内容和改革突破点，编制发展规划，制定管理办法，出台实施方案、支持政策和配套措施，统筹推进片区建设，尽快形成一批创新成果，为落实国家战略定位探索新途径、积累新经验。全面推开跨境电商综试区建设，研究出台综试区建设发展规划，全面落实各项创新举措，加快“三个平台、七个体系”建设。做好跨境电商综试区综合评估，在此基础上向全省全面铺开，推动跨境电商产业集群发展。把全面复制推广自贸试验区改革创新成果作为各类开发区、产业园区工作的首要任务。完善开发区综合发展评价办法，鼓励省级开发区创新体制机制和运营模式，争创“国字号”。将具备条件的产业集聚区认定升级为省级开发区。

3. 提升招商引资质量

精选目标区域和目标企业，紧盯国内外500强以及央企和行业龙头企业，围绕河南重点产业和新技术新业态新模式，突出高层次产业链和价值链招商，着力抓好引领性、突破性、方向性的重大项目，指导市县层面重点抓好区域性、功能性、支撑性项目，高起点高水平引进产业项目和优秀企业群体。引资、引技、引智相结合，加快引进一批技术服务型企业和科技创业型高层次人才。实施企业法人化攻坚战，鼓励引导省外市场经营主体在河南注册独立法人企业，开展独立法人运作，重点引进金融业、物流业、电子商务、建筑业、PPP等法人机构，把企业的营业收入、增加值和税收留在河南。办好第十一届中国（河南）国际投资贸易洽谈会、2017河南—港澳粤经贸交流系列活动、2017（第十届）中国绿公司年会等重大活动，力争促成一批战略合作，提升河南影响力。继续在全省范围内开展招商引资项目专项督察，加快推进签约项目落地。

4. 拓宽对外开放领域

贯彻国务院《关于扩大对外开放积极利用外资若干措施》，出台河南省实施意见。落实新修订的《外商投资产业指导目录》《中西部地区外商投资优势产业指导目录》，进一步放宽一般制造业、采矿业外资准入限制，有序推进科技、教育、文化、医疗卫生、会展、律师等服务业开放，鼓励外资以特许经营方式参与基础设施建设，打造开放招商新优势。突出加快服务业领域开放发展。积极吸引国内外知名生产性服务集团、行业协会、国际性组织，大力引进省外境外金融机构在豫设立区域性总部或分支机构。着力提升社会事业领域开放水平。支持国内外一流大学、科研机构和世界500强企业研发中心在豫设立分支机构和科技成果转化基地，联合组建国际科技中心、研发机构。全力做好高水平中外合作办学机构筹备工作，鼓励有条件的院校依托自身优势“走出去”，加大职业教育国际合作与交流。引导省内医疗单位发挥技术优势，与世界知名医疗机构、医学院校、医疗集团在专科诊疗中心、前沿临床科研、重点学科团队培养等方面开展合作。发挥中原文化资源优势，积极参与海外中国文化中心建设。积极推进旅游对外合作，建成具有较高知名度的国际旅游目的地和客源地。积极推动农业领域开放发展。培育一批具有国际视野和运营能力的龙头企业，打造一批具有世界品质和品牌影响力的农产品出口基地，扩大农产品出口规模和效益。

5. 培育外贸竞争新优势

出台促进外贸回稳向好的实施意见，继续开展政策落实和进出口目标完成情况专项督导。出台出口产业集群发展跨境电商的指导意见，吸引国内外龙头电商企业投资河南跨境电商产业，鼓励传统外贸企业上线开展跨境贸易，推动海外营销渠道和海外仓建设，培育壮大一批跨境电商产业园区和企业主体，做大做强跨境电商。引进一批全流程外贸综合服务企业，培育认定一批省级综合服务企业，推动外贸供应链整合，培育外贸新的增长点。积极承接加工贸易产业转移，大力引进出口型项目。大力发展服务贸易，认定一批省级服务外包示范城市、示范园区。支持企业参与境内外综合性、专业性服务贸易展会，搭建国际化服务合作平台。扩大先进技术设备、关键零部件和紧缺资源型产品进口。

6. 推动对外合作有序发展

出台实施关于加快建设境外经济贸易合作区的意见，实施境外经贸合作区培育计划，指导制定发展规划。积极培育申报新的国家级境外经贸合作区。健全对外投资合作政策促进体系，举办银企对接活动，争取更多的国家政策资金和金融信贷支持。发挥“走出去”统保平台作用，以对外承包工程为先导，推进建设营运一体化，推动重大项目建设，带动河南装备、技术、标准和服务“走出去”。支持河南优势企业开展境外资源合作开发，鼓励企业回运境外资源原材料。积极争取援外项目，带动河南企业“走出去”。严格执行国家对外直接投资阶段性管控政策，关口前移，规范运作。完善对外投资合作项目库，加快建立公共服务平台，及时发布对外投资合作国别指南、支持政策、风险预警信息，进一步规范外派劳务投诉处理工作。组建河南“走出去”企业联盟，抓好境外河南企业商会建设。

7. 营造更优开放环境

推行企业、财政、担保公司等多方参与的信贷联保模式，为企业提供一篮子全方位金融服务，切实解决融资难问题。进一步完善重点招商项目建设用地服务保障机制，拓宽“绿色渠道”。简化已完成规划环评审查区域内建设项目的环评审批内容，加快办理项目环评审批手续。着力强化人力资源保障，制定专项政策，确保高端人才引得来、留得住，保障企业稳定用工。继续精简行政审批事项、中介服务项目，深化商事制度改革，探索试行“多证合一”。进一步清理规范收费，强化客商投诉权益保护机制，高效、公正、妥善地解决外商投诉和纠纷，为项目落地企业发展提供良好政务环境。完善职能部门信息共享、协同监督制度，强化信息披露和诚信档案制度、失信联合惩戒机制和黑名单制度，加大市场秩序整顿，维护和构建良好市场发展环境。维护诚信政府形象，推动各地政府慎重做出承诺，做出的承诺要及时兑现，避免或减少项目随地方主要领导调动而“调动”的现象。

B.4

2016～2017年河南省国内经济合作形势分析与展望

刘 兵　刘汝良　杜 进*

摘　要： 2016年，面对多重困难和挑战，河南省坚持稳中求进工作总基调，牢固树立和落实新发展理念，强力实施开放带动主战略，持续深化区域经济合作，提升开放招商水平，创新招商方式，抓好招商项目落地，推动招商引资和承接产业转移提质增效，全年实际到位省外资金保持增长态势，实现了“十三五”良好开局。本文回顾了2016年河南省国内经济合作取得的成绩，分析了2017年面临的形势，并提出了一些有针对性的措施意见。

关键词： 河南省　国内经济合作　产业转移

一　2016年河南省国内经济合作回顾

2016年，在河南省委、省政府的正确领导下，全省商务系统深入贯彻党的十八大和十八届三中、四中、五中、六中全会精神，以五大发展理念为统领，以提高商务发展质量和效益为中心，主动适应经济发展新常态，强化招商引资，深化区域合作，落实项目跟踪，扩大增量，优化

* 刘兵、刘汝良、杜进，河南省商务厅国内经济合作处。

存量，推进引资和引技引智统筹发展，实现全省引进省外资金增长7.9%，完成年度目标8369亿元的100.8%，超全年目标进度0.8个百分点。

1. 全省引进省外资金稳中有进

2016年，全省新增省外资金项目4957个，同比增长7.6%；合同省外资金19202.6亿元，同比增长5.8%；实际到位省外资金8438.1亿元，同比增长7.9%，实现了“十三五”良好开局，为推动全省经济社会持续健康发展做出了积极的贡献。

（1）引进省外资金项目提质增效

2016年，全省在招商中注重转型发展，推动项目规模、质量和效益协调发展，先后吸引了深圳市金睿财富、佛山碧桂园、苏州德威等企业投资产业园区、物流园区、城市综合体等项目。据统计，合同省外资金10亿元以上项目达325个，合同省外资金约5819.8亿元，这些大项目的成功落地，有力支撑了河南经济社会发展。

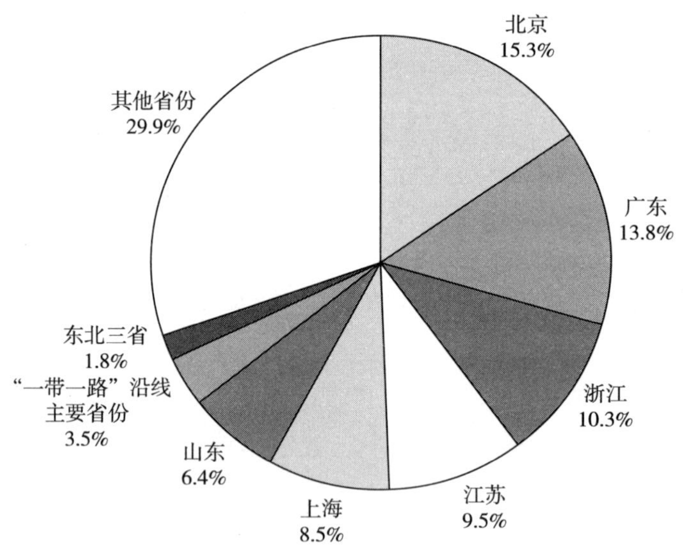

图1 2016年河南省实际到位省外资金来源地分布

资料来源：河南省商务厅。

（2）引资区域相对稳定

2016年，全省继续加强与京津冀、珠三角、长三角、沿“一带一路”省份的区域经济合作，进一步加大引资力度。据统计，北京、广东、浙江、上海、江苏、山东等六省市注入河南省资金达5467.6亿元，占全省总额的64.8%，较上年提高0.3个百分点。沿“一带一路”省份中陕西省到位省外资金208.8亿元，同比增长17.0%；新疆维吾尔自治区到位省外资金42.8亿元，同比增长38.5%；青海省到位省外资金18.0亿元，同比增长4.0%；甘肃省到位省外资金23.0亿元，同比增长45.6%；宁夏回族自治区到位省外资金5.5亿元，同比增长41.0%。这些资金的引入有力推动了河南省与全国其他省份区域性经济务实合作。

（3）第一、第二、第三产业总体协调推进

2016年，全省上下更加注重第一、第二、第三产业协调发展，第一产业到位省外资金508.1亿元，同比增长11.0%，涨幅最大。第二产业到位省外资金4099.8亿元，同比增长6.6%；其中，制造业到位省外资金3469.9亿元，同比增长2.8%。第三产业到位省外资金3830.2亿元，同比增长8.9%，占全省总额的45.4%，较上年提高0.4个百分点。

2. 豫京经贸合作全面深化

河南举行了全面深化豫京战略合作座谈会、河南省水源区名优特产品进京推介会等活动，省商务厅与北京市商务委员会签署了《经贸战略合作框架协议》，积极承接北京市商贸物流、机械制造、电子信息、文化旅游等战略性新兴产业转移，重点争取承接北京航空物流、快递物流、冷链、国际铁路集装箱运输等方面业务。据统计，2016年北京市注入河南省资金达1293.2亿元，同比增长11.4%，资金总量在全省引进省外资金所属省、市（区）中位居首位，豫京合作迈入全方位、多领域、高层次的全面深化战略合作新阶段。

3. 开放招商水平不断提升

2016年，河南省商务厅承办了第十届中国（河南）国际投资贸易洽谈会，组团参加了2016丝博会暨第20届西洽会等，完成了上海市政府驻武汉办事处、湖北省代表团来豫考察工作，组织宣传了河南省加快发展的新优势和新机遇，加强了与兄弟省市的沟通交流，拓宽了区域经济合作领域，成功对接了一批合作项目，开放招商的成效凸显。其中“同心圆梦·美丽中国行之走进河南”活动，成功对接了安阳建筑构件工业园、焦作商业地产及文化投资等21个项目，投资总额约318.4亿元。

4.内资签约项目跟踪督导服务工作扎实推进

积极参与省政府组织的招商引资签约项目落实情况专项督察和省开放办组织的全省开放目标完成情况专项督察，并重点对2015年珠三角地区驻地招商活动内资签约项目进行了定期跟踪通报。2015年珠三角地区驻地招商活动集中签约项目80个，投资总额578.3亿元，合同省外资金559.4亿元；2016年，项目均正常履约，合同履约率达100%；40个项目已开工建设，开工率为50%；已到位资金92.1亿元，资金到位率为16.5%；8个项目已建成投产。

二　2017年河南省国内经济合作面临形势

2017年是党的十九大召开之年，是落实河南省第十次党代会精神的第一年，也是实施“十三五”规划的重要一年和推进供给侧结构性改革的深化之年。目前，外部环境依然复杂严峻，国内经济“三期叠加”，下行压力较大，河南省经济结构性矛盾还未根本缓解，全省商务领域出现了很多新情况、新问题、新挑战，同时，国家赋予河南省建设自贸试验区、跨境电商综试区等一系列重大机遇，战略组合和政策叠加为商务发展搭建了广阔平台。做好2017年国内经济合作工作，机遇和挑战并存，需要准确把握、科学研判、坚定信心、积极应对。

从外部条件看，国际金融危机深层次影响依然存在，世界经济仍处于低速增长和深度调整期，经济增速放缓，国际贸易低迷，债务水平继续升高，金融市场持续动荡，发达国家经济复苏之路并不平坦，新兴经济体增长弱势难改，收入和财富差距拉大，不确定不稳定因素明显增多，部分国家反全球化趋势日益明显，贸易保护主义和重商主义抬头，2017 年法国和德国的大选也充满变数，全球经济和贸易复苏依然充满挑战，有望延续缓慢复苏的态势，但走势尚需观察。

从国内看，我国经济发展进入新常态，经济长期向好的基本面没有改变，经济增长从高速转为中高速，不仅是与经济潜在增长率相符合的合理增速，而且有助于加快调结构、转方式。通过实施供给侧结构性改革和适度扩大总需求，经济供求失衡的态势正在缓解，经济增长显现出质量和效益逐步改善的趋势。2016 年国内生产总值增速为 6.7%，较上年下降 0.2 个百分点；规模以上工业企业利润同比增长 8.5%，增幅较上年同期增加 10.8 个百分点。目前，我国正处于经济结构调整和动力转换的关键阶段，产能过剩和需求结构升级矛盾突出，经济增长内生动力不足，新旧动能转换还需磨合，此外，受金融风险、优惠政策调整及房地产价格反弹、部分区域经济转型的不确定性等因素叠加影响，2017 年经济运行仍面临较大的下行压力。

从河南省看，全省全面深化改革，着力稳增长保态势，经济运行总体平稳，转型升级持续加快，发展动能不断增强。初步核算，2016 年全省生产总值同比增长 8.1%，一般公共预算收入同比增长 8%，经济总量迈上 4 万亿元新台阶。但也存在结构性矛盾突出、动能转换滞后、风险隐患积聚、环境约束趋紧等困难和问题，国内招商引资工作难度逐年增大，2014 年、2015 年全省引进省外资金项目数及合同资金额连续出现负增长，2016 年全省实际到位省外资金同比增长 7.9%，但较 2015 年增幅收窄了 0.6 个百分点，引资增幅继续明显缩窄，预计今后引资增速仍然存在较大的稳中向下压力，甚至进入负增长期，经济增长的质量和效益亟待提高。总体上看，河南仍然处于可以大有作为的重要战略机遇期，保持经济社会持续健康发展具有许多有利条件：河南省消费市场空间广阔，投资需求巨大，经过多年发展，全省经济体量不断扩大，综合竞争优势持续提升，一系列国家战略规划和战略平台相继获批，一批重大基础设施和重大产业项目相继投运，综合实力显著增强，发展基础更加坚实；河南作为发展中大省，持续强化开放带动，不断优化投资环境，瞄准工业化、城镇化、市场化和国际化快速推进，激发市场需求潜力，发展转型空间巨大；中央继续实行积极财政政策和稳健货币政策，保持宏观政策连续稳定，深化供给侧结构性改革，建立创新驱动型经济发展模式，新技术新产业新业态新模式层出不穷，新的经济增长点正在形成，发展机遇更加彰显。

三 发展对策

1. 继续保持国内经济合作稳定发展的势头

河南认真落实中央经济工作会议、省第十次党代会、省委经济工作会议和全国商务工作会议各项部署，适应把握引领商务发展新常态，牢固树立发展新理念，坚持稳中求进工作总基调，以提高发展质量和效益为中心，以推进供给侧结构性改革为主线，积极扩大对外开放，大力培育新产业、新业态、新模式，围绕产业发展重点领域，加大招商引资、引技、引智力度，着力提高产业集聚能力和水平，加快产业转型发展，更新招商引资产业结构，保持国内经济合作各项业务平稳健康发展，力争 2017 年全省实际到位省外资金同比增长 7%。

2. 不断拓宽区域经济合作发展空间

一是重点做好第十一届中国（河南）国际投资贸易洽谈会和第十届中国中部投资贸易博览会，以项目为基础，以活动为平台，突出河南特色，加强项目对接，注重引进科技含量高、发展前景好、辐射带动能力强、财税贡献能力大的项目，务求取得实效。二是加强研究国内产业转移趋势，继续推进与长三角、珠三角、京津冀、闽东南等经济发达地区的经济合作，瞄准目标区域、相关产业和重点企业，针对电子商务、生物医药、先进材料、物联网、增材制造（3D 打印）、人工智能等产业开展专题招商，依托自贸试验区、跨境电商综试区、国家级经济技术开发区、高新技术产业开发区、航空港区、产业集聚区等载体和平台，围绕国内 500 强企业及行业 50 强企业，着眼于产业链整合提升和优势集群培育，突出引进龙头企业和标志性项目落户河南，推动招商引资向高端化提升。三是继续深化与沿“一带一路”省份经贸合作，充分利用外省市各类经贸平台，重点加强与甘肃、宁夏、陕西、江西、黑龙江、吉林、广西等省区的互补合作，大力宣传推介河南区位、产业、政策优势，鼓励河南企业开拓国内市场，主动寻求优势互补的企业开展对接。四是充分利用外地驻豫及河南驻外地商协会资源，发挥商协会在招商引资工作中的桥梁纽带作用，在省内部分省辖市试点开展商协会企业进河南区域对接活动。

3. 切实提高招商引资层次和水平

要在学习总结招商引资好经验、好做法的基础上，勇于开辟新路径，实施精准招商、专业招商、务实招商，开展代理招商、以商招商和股权招商、并购招商等新方式、新模式。鼓励引导社会资本参与设立产业基金，开辟招商引资和企业融资新渠道，促进实体经济发展。实施企业法人化攻坚战，鼓励引导省外市场经营主体在河南注册独立法人企业，开展独立法人运作，重点引进金融业、物流业、电子商务、建筑业、PPP等领域法人机构。依托河南优势产业，突出产业链招商，建立国内500强客商库和招商项目库，梳理一批招商目标对象，研究企业投资需求，寻找结合点，找准突破口，提高对接成功率。

4. 大力优化营商环境

在法定权限范围内，研究制定新的招商引资政策，着力营造“亲”“清”政商关系，加强招商公共服务平台建设，注重招商与亲商、扶商、安商有机结合，改善优化营商环境，维护市场公平，保护投资者合法权益，充分发挥招商引资促进实体经济发展的重要作用。同时，要把优化软环境和建设硬环境结合起来，布局专业教育机构，培养大批高素质产业工人，引进高层次管理人才，以市场、环境、制度等优势保障客商投资便利化。

5. 不断强化项目跟踪督导服务工作

要严把引进省外资金项目准入关，加强重大项目前期研究论证，从源头上增强项目的可操作性，鼓励绿色招商、生态招商，大力引进现代服务业项目，杜绝引进高污染、高耗能、低水平项目。要完善分级推进机制，省级、市、县都要抓一批在谈、在建的重大项目，大员上阵，跟踪推进，形成三级联动、各有侧重、分工推进的项目跟踪推进体系。要在全省范围内定期开展引进省外资金重大项目日常检查工作，实地查看项目进展情况，切实解决存在的困难和问题，加快重大活动签约项目落地，不断提高项目的合同履约率、资金到位率和项目开工率。

B.5

2016～2017年河南省利用外资形势分析与展望

王卫红　连俊凯　侯　锐*

摘　要：　2016年，全省利用外资工作出现了很多新情况、新问题、新挑战，面对复杂多变的形势，河南积极实施开放带动主战略，全省实际利用外资169.9亿美元，继续保持稳定增长。本文对2016年河南利用外资工作进行了回顾，分析了河南省在利用外资方面的有利形势和制约因素，并对2017年引资重点领域和重点工作给出了政策建议。

关键词：　河南省　利用外资　投资环境

2016年，面对复杂的外部环境和艰巨的改革发展任务，全省利用外资工作牢固树立新发展理念，深入推进外资审批制度改革，不断提升“放管服”工作水平，推动外商投资领域不断拓宽，产业结构更加优化，总体上实现了稳中有进，为实现全省“十三五”良好开局做出了积极贡献。

一　2016年河南省利用外资回顾

1. 全省实际利用外资平稳增长

2016年，全省设立外商投资企业196家；合同外资87.5亿美元，同比

* 王卫红、连俊凯、侯锐，河南省商务厅外资促进处。

增长 18.7%；实际利用外商投资 169.9 亿美元，同比增长 5.6%。利用外资单体项目规模增大，平均单个项目投资额为 4745 万美元。其中投资额 1000 万美元以上项目 114 个，投资总额 91.2 亿美元，占新批项目总额的 98%。总的来看，经过前一阶段的爆发式增长，全省利用外资进入稳定增长期，增速变化与全国基本保持一致，但仍高于全国将近 1.5 个百分点（见图 1）。

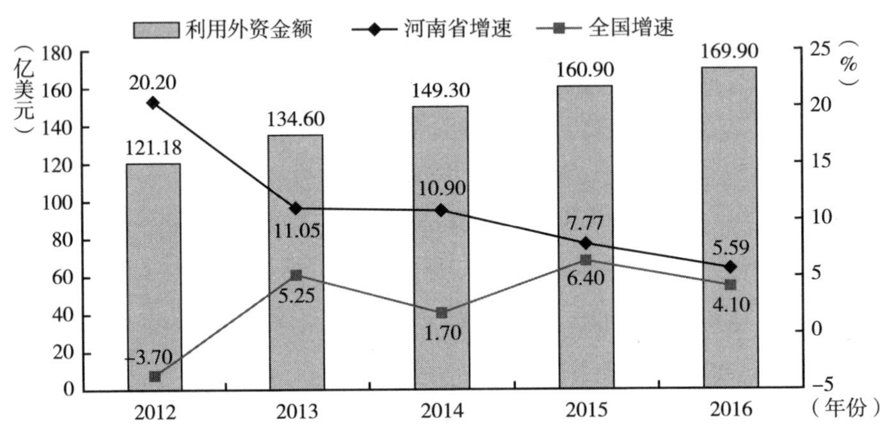

图 1　2012 ~ 2016 年河南省实际利用外资金额及增速

资料来源：河南省商务厅。

（1）大项目增资成为重要渠道。一是富士康仍把河南作为未来投资的重心。旗下鸿富锦精密电子（郑州）有限公司扩大投资，投资总额增加 44.6 亿美元，注册资本增加 15 亿美元，成为河南规模最大的外资企业。富阳新能源科技（南阳）有限公司增加投资 3000 万美元。此外，在郑州经济技术开发区新投资了郑州逸凯新世代科技有限公司，投资额 280 亿元人民币；在郑州航空港区新投资了河南裕展精密科技有限公司，投资额 3007 万美元。二是世界 500 强企业巩固在豫投资业务。法国电力在三门峡对法电大唐（三门峡）城市供热有限公司增加投资，投资额 4532 万美元。百事可乐投资的郑州百事有限公司，增加投资 1000 万美元。瑞士迅达投资的西继迅达（许昌）电梯有限公司，增资 4099 万美元。JP 摩根投资的百瑞信托有限公司增资 14521 万美元。三是境外上市企业增加投资规模。新加坡上市企业九天化工新投资了安阳九顺化工有限公司，投资额2280万美元。牧原食品股份有限公司增加投资额7725万美元。

（2）服务业成为利用外资新亮点。2016年，全省服务业领域设立外商投资企业95家，占48.5%；合同外资19.4亿美元，占22.2%；实际利用外资33.8亿美元，占19.9%。融资租赁、高端商业、文化旅游、物流供应链、养老医疗成为外商投资的新热点。立陶宛AB AviaAM租赁集团在郑州投资了阿维亚融资租赁（中国）有限公司。奥特莱斯项目在河南落地，香港万御投资有限公司在郑州投资了郑州钜信奥莱实业有限公司。

（3）环保新能源产业利用外资成为新趋势。2016年，外商加大在环保新能源领域投资力度。华润电力（风能）开发有限公司新投资了华润新能源（确山）有限公司、华润风电（舞钢）有限公司。香港荣俊发展有限公司投资了信义光能（信阳）有限公司。北控水务加快在河南投资步伐，北控清洁能源集团有限公司投资了河南平煤北控清洁能源有限公司等等。

（4）利用外资来源地高度集中。2016年，共41个国家和地区在河南新增投资，但香港等地集中度较高。新批项目方面，26个国家和地区在河南新设外商投资企业，前五名为：中国香港93家、中国台湾27家、韩国12家、美国8家、新加坡6家，合计146家，占全省的74.5%。有32个国家和地区合同外资正增长，前五名为：中国香港60.8亿美元、萨摩亚11.1亿美元、委内瑞拉2.7亿美元、开曼群岛2.5亿美元、台湾2亿美元，合计79.1亿美元，占全省的90.4%。实际利用外资方面，31个国家和地区有资金到位，前五名为：中国香港99.6亿美元、新加坡11.5亿美元、中国台湾8.8亿美元、英属维尔京群岛8.3亿美元、美国7.1亿美元，合计135.3亿美元，占全省的79.6%。

2016年，"一带一路"沿线国家在河南新设外商投资企业10家，新增合同外资1.7亿美元，实际到位资金15亿美元，同比增长111%。其中新加坡新设项目6个，实际到位资金11.5亿美元。

（5）外商投资方式以合资、独资为主。2016年，共设立合资企业88家，合同外资49.7亿美元，实际到位资金62.8亿美元，分别占外资企业

44.9%、56.8%、37%。设立独资企业102家，合同外资31.9亿美元，实际到位资金98.9亿美元，分别占52%、36.5%、58.2%。外商投资合作企业占比较少，新批5家项目，合同外资6.5亿美元，实际到位资金1亿美元。新批外资股份制企业1家，合同外资减少5511万美元，实际到位资金7.1亿美元。

2. 重大招商引资活动求实求效

2016年，全省坚持创新、协调、绿色、开放、共享的发展理念和落实习近平总书记打好"四张牌"要求，围绕深度融入"一带一路"战略，进一步创新招商方式，开展小分队、点对点、精准化招商，举办了一系列招商活动，为中外客商搭建交流合作平台，取得了丰硕成果。一是推动第十届投洽会取得新成果。第十届中国（河南）国际投资贸易洽谈会在郑州成功举办，共邀请到2.21万人参会，签约境内外经贸合作项目651个，总投资额4734亿元人民币。二是通过2016年豫籍香港企业家春茗活动、香港首届"一带一路"高峰论坛、香港第六届亚洲物流及航运会议等重大活动，推动豫港合作迈上新台阶。三是省商务厅与招商新能源战略合作项目、郑州陆港集团与芬兰科沃拉市改革发展集团合作项目、河南航投与立陶宛AviaAM租赁集团合作项目等一批重大项目取得新突破。

3. 下放外资审批权限，做好企业服务工作

一是做好审批事项清理工作。根据《国务院办公厅关于清理规范国务院部门行政审批中介服务的通知》和《河南省人民政府办公厅关于清理规范行政审批中介服务的实施意见》文件精神，全面梳理外资审批涉及的中介服务事项，最终清理8项，保留4项。二是开展外商投资企业设立、变更委托备案工作。根据全国人大常委会关于修改《外资企业法》等四部法律的决定、国家发展改革委和商务部公告2016年第22号以及《外商投资企业设立及变更备案管理暂行办法》（商务部令2016年第3号），自2016年10月1日起，将不涉及国家规定实施准入特别管理措施的外商投资企业的设立及变更，由审批改为备案管理。实行备案制后，先在郑州市、洛阳市、郑州航空港区和长垣县试点开展了委托备案工作，取得了较好效果。为提高备案工作效率，提供优质高效服务，自2016年11月24日起委托备案工作扩展至全省范围。

4. 开放平台载体实现突破

2016年，中国（郑州）跨境电子商务综合试验区、郑洛新国家自主创新示范区、中国（河南）自由贸易试验区相继获批，提升了河南在全国区域发展中的战略地位，是河南开放平台载体的重大突破，将会释放巨大的政策红利，对河南加快建设内陆开放高地具有重要意义。特别是自贸区的设立，将在投资、贸易、金融开放、企业监管、政府服务等方面进行一系列创新，打造良好的营商环境，吸引众多国外知名企业前来落户，提升河南商品和服务的国内外市场竞争力，提升河南的国际交通枢纽和物流中心地位，拓展城市新经济发展空间和潜力。

5. 优化投资环境、加大外商投诉案件处理力度

2016年全省共新发生外商投诉案件51起，已结案47起，结案率为92.2%。其中：从投诉者所属地区看，境外投资者投诉8起（含港澳），占案件总数的15.7%；境内投资者投诉43起，占案件总数的84.3%。从投诉内容看，政府行为引起的投诉有32起，占案件总数的62.7%；企业及投资者之间经济纠纷引起的投诉有16起，占案件总数的31.4%；其他个人引起（含企业员工、村民等）的投诉案件3起，占案件总数的5.9%。针对外商投诉案件的特点和存在的主要问题，河南相关管理部门加大案件查处的工作力度，取得了明显的效果。

二　2017河南省利用外资形势

2017年，河南利用外资呈现出一些值得关注的新情况新特征，面临更加激烈的国际国内竞争，但总体上其产业转移的趋势没有改变，河南的比较优势在持续扩大，仍处于利用外资的重要机遇期。

1. 从全球看，资本市场波动更加剧烈

2016年全球经济增长十分脆弱，国际货币基金组织（IMF）在《世界

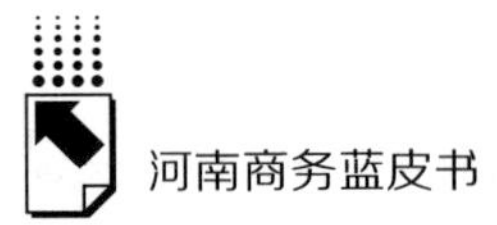

经济展望》2017 年 1 月最新预测报告中称，2016 年的全球增长率估计为 3.1%，联合国贸发会议估计 2016 年全球经济增速低于 2.5%，全球贸易增速下降至 1.5%①。同时也应看到，2016 下半年全球经济形势开始转变，出现稳中向好的迹象，因此，金融机构对 2017 年全球经济增长普遍呈正面看法，世界银行发布《2017 全球经济展望》指出，2017 年全球经济将继续稳步增长，经济增长率预期为 2.7%；IMF 认为世界经济在经历 2015 年的低迷不振之后将于 2017 年和 2018 年加快增长，全球增长率将从 2016 年的 3.1% 上升到 2017 年的 3.4% 和 2018 年的 3.6%，主要是得益于美国、中国、欧洲和日本前景的改善，将促进全球经济以超预期的增速增长。同时，随着大宗商品价格回升，一些大型新兴市场和低收入经济体的状况得到改善，IMF 预计 2017 年发展中国家经济增长 4.2%，高于 2016 年的 3.4%。但是，世界经济复苏的道路并不平坦，2016 年中期的英国脱欧公投、年末的美国总统大选，让全球市场产生较大波动，以芝加哥期权交易所的波动率指数作为衡量标准，几次风险事件都让金融市场产生了较为明显的恐慌。政治风险正在变得越来越不可忽视，各种“黑天鹅”事件将加剧全球市场的波动，其中逆全球化和民粹主义崛起是两条较为清晰的主线。在美国，特朗普的经济政策充满不确定性；在欧洲，即将于 2017 年举行选举的法国、德国、意大利和荷兰等国都出现了“反建制派”崛起之象，反全球化以及反自由贸易情绪可能会冲击世界经济增长，各种不确定性加剧。

2. 从国家看，对利用外资工作更加重视

2016 年 12 月 28 日国务院常务会议专题研究了扩大对外开放积极利用外资的政策措施。全国商务工作会议提出要打造利用外资的“制度高地”，推进外资管理体制改革，进一步推动各领域开放，出台新形势下扩大开放利用外资的政策措施。2017 年初国务院印发的《关于扩大对外开放积极利用外资若干措施的通知》在进一步扩大对外开放、创造公平竞争环境、加强吸引外资工作等 3 个方面提出 20 条措施。1 月底，为推进外商投资领域深

① 数据来源：http://unctad.org/en/pages/PublicationWebflyer.aspx?publicationid=1610。

化"放管服"改革，商务部正着手制定《关于外商投资领域深化简政放权放管结合优化服务改革的指导意见》，将进一步减少外商投资准入限制，提高外资管理行政效率。2月17日，国家发展改革委、商务部对外公布《中西部地区外商投资优势产业目录（2017年修订）》，积极引导外资更多投向中西部地区，支持中西部地区承接外资产业转移，对促进中西部地区开发开放、增强中西部地区竞争力、更好吸引外资具有重要意义。其中，"河南部分"共计安排32项条款，较2013年版保留21条，修改3条，新增9条，删除1条。根据国家有关政策，列入32项条款的产业企业可以比照享受鼓励类外商投资项目的优惠政策，其进口设备可免征进口关税和进口环节增值税，采购国产设备享受一定税率的增值税退税。

3. 从区域看，利用外资竞争更加激烈

一是产业转移出现了高端回流、中低端外流和省内分流的现象。发达国家纷纷实施再工业化战略，导致部分高端制造领域呈现"回流"的逆转移趋势。比如美国提出"选择美国"倡议，出台各类税收减免政策，制造业所得税降至25%以下。德国制定了"工业4.0战略"，日本实施了"机器人新战略"，制造业从发达国家向发展中国家的转移放缓。印度、巴西、越南等发展中国家依托其更低的要素成本加大引资力度，挑战我国传统引资优势，与我国劳动密集型产业展开同构性竞争。同时，东部沿海省份出于本省区域协调发展的考虑，纷纷加大省内产业转移工作力度，内部"分流"了相当一部分产业。比如广东省强力推进"双转移"，设立粤东西北振兴发展股权基金，鼓励引导珠三角龙头企业将生产性环节放在粤东西北地区；浙江出台了支持浙商创业创新促进浙江发展三年规划，努力引导浙商回归。二是发达地区产业升级带来了一定的"虹吸效应"。沿海发达地区实施"腾笼换鸟、轻装上阵"的策略，依托自身的区位、资本、人才等优势，将吸引更多的内地企业总部、企业研发中心及高端科研机构入驻。据了解，深圳已对国内很多高端科研院所发出邀请，提供的落户条件非常优厚，其中也包括河南的科研机构。三是各省之间利用外资竞争日趋激烈。随着中国经济进入新常态，各省纷纷把招商引资作为稳增长、促改革、调结构的重要手段，特别是中西部省份积极开展投资促进活动，承接产业转移。例如安徽省实施东向发展战略，融入长三角，争取了很多支持皖江城市群承接产业转移示范区国家政策，加之安徽与上海、江浙“近水楼台”，长三角地区很多产业都选择向安徽转移。

4. 从本省看，河南综合优势更加突显

一是市场规模优势。河南有1亿人口，社会消费品零售总额居全国第5位、中部第1位，消费市场潜力巨大，对终端消费品生产企业有巨大的吸引力。二是交通区位优势。河南位于中原腹地，以“米”字形高铁为代表的现代综合交通网络建设全面展开，形成的1个半小时经济圈可辐射约两亿人口，成为面向国内消费市场最佳的商品生产加工和集散基地。“一带一路”战略的实施进一步强化了河南区位优势，“东连”可以实现与海上丝绸之路连接承接东部产业转移，“西进”可以实现与丝绸之路经济带融合开展国际产能合作。三是人力资源优势。河南劳动力人口尤其是农村富余劳动力总量仍然较大，劳动力成本相对较低，通过深入实施全民技能振兴工程和职教攻坚计划，劳动者技能素质不断提升，河南正在由人力资源大省向人力资源强省转变，丰富的劳动力资源能够源源不断地为企业提供低成本人力资源保障。四是产业基础优势。河南工业门类齐全，集群发展初具规模，在食品、轻工、纺织等劳动密集型产业和传统产业方面仍有优势，一些新兴产业与其他地区大体同步，比如“互联网+”，特别是电子商务，河南与沿海多数省份基本处于同一起跑线上。五是载体平台优势。2016年以来，国家相继在河南设立中国（郑州）跨境电子商务综合试验区、郑洛新国家自主创新示范区、中国（河南）自由贸易试验区，这既是国家战略，又是河南开放合作的高端新平台。河南还有9个国家级经济技术开发区、20个省级经济技术开发区、7个国家级高新技术开发区、178个产业集聚区和近200个商务中心区、特色商业区，郑州新郑综合保税区三期、南阳卧龙综保区封关运转，郑州经开综保区获批，肉类、水果等6个功能性口岸和国际邮件经转口岸运营良好，进境粮食指定口岸、汽车整车进口口岸二期开工建设，河南功能性口岸数量继续领跑内陆省份。这些平台载体的作用日益彰显，成为河南承接高水平、集群化产业转移的独特优势。

三　2017年河南省利用外资展望

2017 年，是党的十九大召开之年，是河南落实国家战略、加快经济发展的关键之年，全国商务工作会议、全省经济工作会议对利用外资工作提出了新的要求，从过去以引资为主向引资、引技、引智相结合转变，更加注重制度建设，以投资软环境吸引和留住外商投资企业。预计，2017 年全省实际利用外资质量提高，规模与 2016 年持平。

1. 完善利用外资平台载体

一是持续提升中国（河南）国际投资贸易洽谈会影响力，打造河南经贸招商品牌，积极承办国际性会议，搭建国际化的招商平台，培育一批具有较强影响力的全国行业性展会。二是加快推进中国（郑州）跨境电子商务综合试验区、郑洛新国家自主创新示范区、中国（河南）自由贸易试验区建设，形成一批制度创新成果，着力打造招商引资“制度高地”，吸引更多的投资主体入驻自贸试验区、跨境电商综试区、国家自主创新示范区。三是推动经济技术开发区转型升级、创新发展，选择一批发展活力足、创新能力强的产业集聚区认定为省级经济开发区，支持符合条件的省级经济开发区申建国家级经济技术开发区。四是鼓励区域合作共建产业园区，按照“联合共建、利税共享、风险共担”的原则，通过股份合作、委托管理、异地生产、统一经营等模式，鼓励探索与沿海发达地区异地共建产业园区，促进产业和资本有序转移。

2. 创新利用外资方式

推动“政策招商”向“产业招商”转变，由单个项目招商为主体向以功能区块整体开发运营为主体转变；加快“招商引资”向“招商选资”转变，推动新兴产业“无中生有”和传统支柱产业“有中出新”。突出精准招商、务实招商，加强与龙头企业、行业协会、民间商会、投资咨询公司等的合作，以自贸区、经济开发区为主要载体，以重大项目为核心，开展专题性推介、区域性对接，实现企业集群式引进、产业链接式转移，培育形成一批带动力强的开放型经济增长板块和产业集群。开展代理招商、以商招商和股权招商、并购招商等新方式新模式。鼓励引导社会资本参与设立产业基金，开辟招商引资和企业融资新渠道。实施企业法人化攻坚战，鼓励引导省外市场经营主体在河南注册独立法人企业，开展独立法人运作，重点引进金融业、物流业、电子商务、建筑业、PPP 等领域法人机构。围绕“四个强省”建设，依托重点优势产业，突出高层次产业链和价值链招商，建立国内外500 强客商库和招商项目库，梳理一批招商目标对象，研究企业投资需求，寻找结合点，找准突破口，提高对接成功率。

3. 提升利用外资质量

加强与境外世界 500 强企业、大型跨国公司和在华外商协会与机构的联系和对接，围绕主导产业，针对延链补链，突出招大引强，多引进和实施一批重大合作项目，加快融入跨国公司全球供应链体系。鼓励外资企业在河南设立地区总部、研发中心、培训基地、采购中心等功能性机构，支持国外优势企业和资本参与河南企业兼并重组，引入国际先进技术、管理理念和制度。支持省内优势企业利用境外资本市场上市融资，积极争取并有效利用国外优惠贷款。建立省、市两级重大招商项目推进联席会议制度，完善重大项目责任推进机制和督察通报制度，强化对重大招商引资项目在用地、环保、用工等方面的要素保障，提高合同履约率、资金到位率和项目开工率。强化产业政策与招商引资政策的协调，把承接产业转移与调整产业结构、促进产业优化升级、构建现代产业体系紧密结合起来，引导资金投向战略性新兴产业，改造提升传统产业。

4. 优化投资环境

深化放管服改革，继续推进外商投资管理体制改革，全面落实外商投资准入前国民待遇加负面清单管理模式，进一步优化外资企业设立变更的备案程序，完善外商投资事中事后监管机制，提高投资便利化程度，保障内外资企业一视同仁、公平竞争。依托河南自由贸易试验区、跨境电商综合试验区，开展制度创新并向全省复制推广，着力打造招商引资“制度高地”，营造法治化、国际化、便利化营商环境。在法定权限范围内，研究制定新的招商引资政策，加强招商公共服务平台建设，充分发挥招商引资促进实体经济发展的重要作用。优化营商环境，加强外商投诉和权益保护工作，严肃查处效率低下、乱作为不作为等违法违规行为，保护外来投资者合法权益。继续实行外来投资项目无偿代理，把优化软环境和建设硬环境结合起来，布局国际教育机构，培养高素质产业工人，引进高层次管理人才，以市场、环境、制度等优势促投资、促发展。

5. 抓好项目跟踪落实

把落地作为利用外资工作的核心环节，探索建立科学化常态化项目跟踪落实机制。一是建立项目准入机制。加强重大项目前期研究论证，提高项目成熟度，从源头上增强项目的可操作性。坚决杜绝引进高污染、高耗能、低水平项目，实行绿色招商、生态招商，推动招商引资向招商选资、招才引智转变。依托区位交通优势，大力引进与物流、人流密切相关的现代服务业项目，在交通枢纽周边形成特色产业集群，打造枢纽经济，形成新的增长极。二是坚持分层分类建立项目跟踪督察推进机制。省级层面重点跟踪督察省级以上重大活动签约项目和重大招商项目落实情况；市级层面重点跟踪督察自办活动签约项目及市重大项目落实情况，县级层面具体负责签约项目推进落实，形成省市县三级联动、各有侧重、分工推进的全方位项目跟踪落实服务体系。三是进一步完善重大招商项目台账和重大招商活动签约项目台账及签约项目落实督察机制。

B.6
2016 ~2017年河南省对外贸易形势分析与展望

张新亮　周　彤　井　鹏　吴安安*

摘　要： 2016年，河南省对外贸易稳定发展，进出口在全国排名继续上升。2017年，外贸工作面临的形势依然复杂严峻，河南省将采取更加有效的措施，促进外贸形势持续向好。

关键词： 河南省　对外贸易　外贸新业态

2016年，面对复杂严峻的外贸形势，河南省狠抓各项外贸政策落实，从稳增长和调结构两个方面综合施策、精准发力，加快推动外贸回稳向好，取得了初步成效，为经济发展做出了积极贡献。

一　2016年对外贸易运行分析

2016年，全省货物贸易进出口达到4714.7亿元，增长2.6%，高出全国平均水平3.5个百分点，首次跨入全国外贸十强行列，继续保持中部6省第1位。其中，出口2835.3亿元，增长5.7%；进口1879.4亿元，下降1.8%。

1. 运行特点

（1）外商投资企业是河南省外贸发展的重要支柱，民营企业成为外贸

* 张新亮、周彤、井鹏、吴安安，河南省商务厅对外贸易处。

增长新引擎。外商投资企业进出口3281.0亿元，增长1.0%，占比69.6%；民营企业进出口1035.1亿元，增长7.7%，占比22.0%。

（2）加工贸易为主要贸易方式，一般贸易快速增长。加工贸易进出口3214.2亿元，增长1.7%，占比68.2%；一般贸易进出口1310亿元，增长8.5%，占比27.8%。

（3）出口商品结构进一步优化，农产品出口高速增长。机电产品出口2143.2亿元，增长8.1%，占比75.6%；高新技术产品出口1876亿元，增长8.7%，占比39.8%；农产品出口128.3亿元，增长22.9%。

（4）外贸主体进一步壮大。全省有出口业绩的企业5321家，较2015年同期增加402家，有进口业绩的企业1717家，较2015年同期增加111家。省外企业在河南口岸报关进出口持续增长，越来越多的省内企业在河南省口岸报关。

（5）美国、欧盟、韩国、日本和中国台湾为河南省主要的贸易伙伴。河南省与上述主要贸易伙伴进出口额分别为864.1亿元、739.5亿元、423.9亿元、414.3亿元和381.8亿元，合计占全省进出口总值的58.9%。其中，对欧盟、日本和中国台湾进出口分别增长75.5%、29.5%和33.1%，对美国和韩国进出口分别下降19.4%和27.8%。

2. 主要工作措施及成效

（1）狠抓外贸政策落实。一是按照商务部“因地制宜、及时制定出台地方性支持政策”的要求，认真研究起草国家相关外贸政策的落实意见，提请省政府出台了《关于促进加工贸易创新发展的实施意见》（豫政〔2016〕37号）、《河南省外贸转型升级基地管理办法》（豫政办〔2016〕99号）。起草上报了《国务院关于促进外贸回稳向好的若干意见》（国发〔2016〕27号）的贯彻落实意见；起草了《关于加快培育外贸综合服务企业的实施意见》。二是先后组织召开全省外贸电视电话会、商务局局长座谈会、加工贸易重点承接地座谈会、进出口重点企业座谈会、全省外贸工作座谈会，贯彻落实国家相关会议精神，分析形势，交流经验，安排部署外贸重点工作。三是会同郑州海关、河南出入境检验检疫局、省国税局、国家外汇管理局河南省分局等单位对18个省辖市和10个省直管县（市）开展政策落实和目标完成情况专项督导调研，对各地进出口目标完成情况按照完成进度排名通报，形成任务层层分解、压力层层传导、责任层层落实的工作推进机制，确保各项政策落到实处。四是会商省财政厅研究制定具体外贸资金支持方向、标准等，组织了提升国际化经营能力、进口贴息、出口信保等项目申报，加大对企业开拓国际市场政策支持力度。五是发挥牵头作用，加强部门协作，协调推动海关、检验检疫等部门进一步优化监管方式，加快通关速度，提升贸易便利化水平。

（2）夯实外贸发展基础。一是积极承接产业转移。利用中国（河南）国际投资贸易洽谈会、高交会、厦洽会、东盟博览会等展会平台，开展面向重点地区、产业、企业的承接对接，大力引进产业集群龙头企业和产业链关键环节重点企业，大批外向型项目先后落地，形成了智能终端、汽车及零部件、太阳能光伏、轮胎、铜管、档发、制鞋等特色鲜明、出口规模大的产业集群，外贸发展后劲进一步增强。二是不断完善口岸平台。郑州新郑综保区、郑州出口加工区、河南保税物流中心、铁路航空2个一类口岸等平台相继建成，郑州新郑综保区进出口总额排名全国42个综保区第一。汽车整车、肉类、粮食、水果、冰鲜水产品、澳大利亚肉牛、医疗器械、邮政转运等进口口岸相继获批建设，河南成为内陆地区功能性口岸最多的省份。三是畅通贸易通道。郑州机场已开通国际全货机航线29条，居全国第三；货邮吞吐量突破45.9万吨，成为国内第四大货运机场，增速居全国主要机场前列，全省以航空运输方式进出口额约占全省外贸总值的60%。中欧班列（郑州）“一干三支”铁、海、空项目获批国家首批多式联运示范工程项目（全国16家之一）。郑欧班列实现阿拉山口、二连浩特往返均衡和高频常态开行，各项指标位居全国前列。航空货运、海铁联运、郑欧班列等多种运输方式对国际贸易的运能保障不断提升。四是积极培育发展外贸出口基地，变产业优势为出口优势。目前，国家级外贸转型升级基地达到7个，省级基地42个，基地出口总额占全省的比重超过70%。许昌发制品出口连续多年占据全国半壁江山；西峡县成为全国食用菌出口第一大县。

（3）加快培育外贸新动能。一是扎实推进跨境电商综合试验区建设。2016年1月12日，国务院批准设立中国（郑州）跨境电子商务综合试验区，省政府成立了由陈润儿省长任组长的跨境电商综试区建设工作领导小组，出台了《中国（郑州）跨境电子商务综合试验区建设实施方案》（以下简称《方案》，明确立足郑州、梯次推进、全省推开、共同发展的思路，以促进产业发展为重点、以扩大出口为主攻方向，着力做大做强B2B模式。经过一年努力，“三个平台、七个体系”建设初见成效，《方案》提出的66项具体创新举措，有50项得到落实，2016年全省跨境电商进出口111.45亿美元。其中，出口94.92亿美元，进口16.53亿美元。越来越多的省内企业，特别是传统制造企业“上线触网”、转型发展。二是培育外贸综合服务企业。河南省起草了《关于加快培育外贸综合服务企业的实施意见》和《河南省外贸综合服务企业认定和管理办法》，会同郑州市积极引进阿里巴巴一达通项目；引导省内传统外贸公司、报关行、货代企业等整合外贸供应链资源，延伸服务链条，完善服务内容，为中小出口企业提供专业集成服务。

（4）大力开拓国际市场。深入实施市场多元化战略，发布境内外国际知名展会信息，引导支持企业有针对性地参加展览展销活动，重点组织企业参加了中国（河南）国际投资贸易洽谈会、春秋两季中国进出口商品交易会、中国—东盟博览会、中国（河南）—东盟贸易对接活动等国内国际知名展会和专题贸易对接活动，组展规模、参展人数、成交效果等方面均有不同程度突破，效果良好。

（5）努力扩大进口规模。充分发挥国家和河南省政策资金导向作用，引导企业积极扩大进口规模。一方面强化政策宣传，解读政策要领；另一方面认真组织，加强指导，提高效率。2016年拨付国家进口贴息资金4315万元，地方贴息资金1965万元；组织申报国家贴息资金项目涉及进口金额1.02亿美元，有效带动了河南省先进技术、关键设备及重要原材料进口，对外贸稳增长、调结构、促平衡发挥了重要作用。

二 2017年对外贸易发展形势

当前全球政治经济格局深刻调整，世界经济复苏艰难曲折，国内经济发展进入新常态，改革进入攻坚期和“深水区”，这些环境和条件的重大变化将对外贸发展带来深刻影响。

从国际来看，2017 年世界经济仍处于国际金融危机以来的深度调整阶段。IMF 预计 2017 年全球经济增长 3.4%，比 2016 年略有提高，但主要发达国家受政治、货币政策等因素影响，经济走势的不确定性增大，经济增速回升的动力依然不足；受美联储新一轮加息周期的影响，新兴市场和发展中国家经济增长面临更多困难，资本外流风险进一步加大，结构性改革更难深化。WTO 首次提出区间预测，预计 2017 年全球贸易量将增长 1.8% ~3.1%，增速将继续低于世界经济增速预期，表明未来一段时期国际贸易不确定性较大，国际需求回升乏力。英国脱欧、欧洲极右翼政党兴起、美国特朗普当选总统都表明发达经济体民粹主义思潮盛行，主要经济体在经济政策上“逆全球化”倾向越发严重，各国纷纷实施显性或隐性的贸易保护政策和措施，针对中国的贸易摩擦频发，都将影响我国外贸出口。

从国内来看，在经济新常态下，虽然对外贸易基本面仍然向好，但下行压力持续加大。区域竞争在加剧，在高端和中低端产业领域，我国出口产业分别遭遇来自发达国家和东南亚、印度等周边新兴经济体的两面夹击，产业和订单向境外转移加快；传统竞争优势在削弱，企业创新能力亟待增强，品牌产品占比偏低；土地、环境、人力等约束进一步趋紧，运输物流成本持续上涨，以中小型企业为主的外贸主体融资难、融资贵问题仍然存在，企业利润空间受到明显挤压。

具体到河南省，外贸发展也存在诸多困难。一是对外贸易结构不尽合理。河南省外贸发展高度依赖富士康，其占全省外贸总量 60% 以上。目前，富士康生产已进入稳定期，在全球智能手机市场激烈竞争、苹果部分订单被转移到竞争对手工厂的情况下，富士康进出口一旦出现波动，全省进出口将会出现剧烈动荡。近年来虽然涌现出一批新兴出口企业，但体量和规模还比较小，出口超亿美元的企业和商品不多，对进出口拉动能力较弱。目前主要出口产品除手机外终端消费品少，高技术、高附加值产品少，大型成套设备、高技术产品出口低于全国平均水平。二是企业参与国际市场竞争能力不足。河南外贸主体大多为中小企业，缺乏外贸专业人才，对国际市场信息掌握不及时，经营决策落后于市场变动，往往成为市场波动的“受害者”。三是贸易便利化水平仍需持续提升。外贸企业办理海关电子口岸手续，需到多家单位签字盖章，程序烦琐，给企业带来了不便。一些省辖市还没有海关、商检分支机构和海关特殊监管场所等平台，外贸企业只能异地办理通关手续，影响了企业成本和通关效率，部分在谈的外向型项目因口岸硬件配套设施不完善而无法推进落地。一些地方出口退税速度较慢，占压企业大量流资，增加了企业经营成本。

虽然大环境依然严峻复杂，但河南省外贸发展也有诸多有利条件。一是外贸稳定发展的基础比较稳固。经过多年对外开放的积累，河南省外贸规模不断扩大，发展质量稳步提高，随着国家和省外贸促进政策措施效果持续显现，各类指定口岸和海关特殊监管区等载体建设加快推进，河南省外贸具备了稳定发展的条件。二是融入国家战略空间广阔。河南省积极融入国家“一带一路”战略，在农业生产、食品加工、采掘业、装备制造等方面比较优势明显、与沿线国家互补性强，经贸合作潜力大、进出口将持续快速增长；中国（河南）自由贸易试验区、中国（郑州）跨境电子商务综合试验区等国家战略的加快实施，将持续提升河南省投资贸易便利化水平，激发经济发展新活力。三是新的外贸增长点初步形成。河南省持续推动开放招商，承接了大量外向型项目，培育形成了一批特色产业集群，随着跨境电子商务等新业态迅速崛起，越来越多的传统企业“上线触网”、转型发展，外贸发展后劲更加充足。

综合分析，2017 年河南省对外贸易面临的形势有忧有喜，挑战和机遇并存。

三　发展对策

1. 持续抓好外贸政策落实

（1）完善河南省外贸政策体系。深入贯彻落实国家出台的促外贸稳增长的政策举措，加强调查研究，加快出台促进外贸回稳向好、加快培育外贸综合服务企业的实施意见，突出支持重点，丰富支持方式，推动承接加工贸易产业转移、品牌培育、市场开拓、跨境电商和综合服务企业发展等，促进外贸稳增长、调结构、转动力、强基础。

（2）强化跟踪督导。全力以赴贯彻落实好各项外贸促进政策，加大政策宣传力度，让企业了解政策、用足用好政策。积极争取国家加大对河南外贸发展的支持力度，扩大出口信用保险、进口贴息等项目的规模和覆盖面，加快各类外经贸发展资金项目申报评审，确保资金及时拨付到位。实行目标完成情况通报制度，适时开展进出口目标和政策落实专项检查督导，对政策落实不到位、目标完成进度缓慢、成效不明显的地方或部门进行约谈督促，对成绩突出的单位给予表彰、奖励。

（3）推动建立省对外贸易便利化联席会议制度。根据工作需要定期或不定期召开会议，加强部门协调配合，及时研究解决外贸发展中的新情况、新问题和热点、难点问题，形成促进外贸发展合力，为外贸发展创造宽松的环境。

2. 创新加工贸易方式

（1）加快推进重点承接地建设。支持郑州、洛阳、焦作、新乡四个国家级加工贸易重点承接地发展，培育认定一批省级加工贸易重点承接地，支持重点承接地与沿海或港澳台地区共建加工贸易产业园，打造具有较强竞争力的特色出口产业集群，不断优化产业结构和产品结构，巩固传统优势产业和劳动密集型产品出口份额，提高先进制造业和战略性新兴产业国际竞争力。

（2）积极承接加工贸易产业转移。引导各地抓住全球产业重新布局和国内沿海地区产业转移机遇，综合运用土地、财政、金融、电力等政策，以各类开发区、产业集聚区、海关特殊监管区和加工贸易产业重点承接地为载体，开展产业招商、集群招商、精准招商，积极承接加工贸易产业转移项目，推进整机生产，零部件、原材料配套和研发结算一体化集群发展，促进加工贸易转型升级，培育外贸新的增长点。

3. 积极发展外贸新业态

（1）做大做强跨境电商。加快推进跨境电子商务综合试验区建设，抓好实施方案的贯彻落实，尽快在全省全面推开，逐步完善“三个平台、七个体系”，持续推进制度创新、管理创新、服务创新，加大政策扶持力度，培育壮大一批跨境电商产业园区和企业主体，推动跨境电子商务自由化、便利化、规范化发展，构建跨境电商完整的产业链和生态圈，加快培育外贸竞争新优势。力争 2017 年底，全省跨境电商交易额超过 150 亿美元。

（2）强化外贸综合服务。出台加快培育外贸综合服务企业的具体政策，探索建立适应外贸综合服务企业发展的监管服务模式，引进一批全流程型龙头外贸综合服务企业，培育认定一批省级外贸综合服务企业，推动外贸供应链整合，为外贸企业特别是中小企业提供专业集成服务。支持外贸综合服务企业建设和完善线上服务平台，创新服务功能和手段，提升信息、通关、退税、融资、外汇、物流等综合服务能力。依托省内多式联运、口岸资源和海关特殊监管区优势，完善外贸服务体系，鼓励外贸综合服务企业在境外主要市场设立公共海外仓，构建国际营销网络。

（3）探索发展市场采购贸易方式。学习借鉴义乌商品市场发展模式，拓展省内具备规模商品市场的对外贸易功能，促进进出口与国内流通相衔接，推动出口产品相对集中的地区加快建设内外贸易结合的商品市场，促进大宗商品集散地、特色专业市场开展进出口业务，鼓励符合条件的专业商品市场争取国家市场采购贸易试点，扩大市场采购贸易规模。

4. 推动传统外贸转型升级

（1）优化外贸主体结构。引导和支持传统外贸企业兼并重组，工贸结合、商贸联合，健全企业法人治理结构，充分发挥各自优势，积极培育河南省具有全球资源整合能力、国际行业标准制定能力的国际化企业。

（2）优化产品结构。鼓励粗加工、中间品、半成品等大宗出口商品向精深加工方向发展，支持企业产品创新，加大研发、技改投入，创立自主品牌，努力向生产经营销售“微笑曲线”的两端延伸，不断增强企业核心竞争力。支持企业开展境外专利申请、商标注册、管理体系认证、产品认证。支持有条件的地方、行业组织和龙头企业建设品牌设计、推广中心。加快形成一批具有一定自主创新能力和技术水平的出口骨干企业和品牌产品，提高全省“三自三高”（自主知识产权、自主品牌、自主营销渠道，高技术含量、高附加值、高效益）产品出口比重。

5. 加强外贸转型升级基地建设

（1）积极培育外贸转型升级基地。依托产业集聚区、经济技术开发区、高新技术开发区、海关特殊监管区，以及各类行业或专业性示范园区，加快培育一批产业优势明显、区域特色鲜明、公共服务体系完善、具有一定发展潜力和自主创新能力的出口产业集群，变产业优势为出口优势。2017 年争取再命名一批省级外贸转型升级基地，支持省级基地争创国家级外贸转型升级示范基地，切实发挥基地示范带动作用。

（2）支持转型升级基地加快发展。加强公共服务和宣传引导，突出扶优扶强，增强基地创新发展能力。借助境内外知名展会、重大经贸活动和新闻媒体，宣传、展示河南优势基地和品牌企业，提高基地知名度和产品竞争力。支持基地公共服务平台建设，提升公共服务能力。支持基地开展集体商标注册、地理标志产品保护、生态原产地产品保护，打造区域品牌，加快形成以技术、品牌、质量、服务为核心的出口竞争力。

6. 加大国际市场开拓力度

（1）积极开拓新兴市场。深入实施市场多元化战略，深耕欧美、日韩、中国港澳等传统市场，大力拓展拉美、非洲等新兴市场，全面推动与“一带一路”沿线国家贸易往来，支持企业充分利用政策性出口信用保险开拓“一带一路”沿线市场。

（2）认真组织企业参加国际国内知名展会。发布境外重点展会信息，鼓励、支持、组织企业参加境内外知名展会，重点做好中国进出口商品交易会、中国－东盟博览会、中国－亚欧博览会以及“一带一路”沿线国家知名展会参展工作，扩大全省产品国际市场份额。

（3）引导企业建立多种模式的境外营销网络。支持和推动有条件的企业“走出去”，在重点市场设立产品展示中心、分拨中心、销售网点，建立境外营销网络，开展跨国经营。

7. 积极扩大进口

（1）利用政策扩大进口。积极宣传进口关税税率调整、进口贴息等政策，引导企业充分运用促进政策扩大进口。在国家鼓励进口技术和产品目录的基础上，结合本省实际，对部分商品进口给予贴息，支持企业进口河南省经济建设急需的能源原材料、高新技术设备和关键零部件。

（2）利用平台扩大进口。扩大进口汽车整车、粮食、肉类、水果、冰鲜水产品等指定口岸业务规模。支持海关特殊监管区建立进口工业品、原材料、消费品集散中心，加快建设一批辐射全省乃至全国的进口商品交易中心，积极组织进口货源，有效利用国际航空和中欧班列回空运力扩大进口。积极争取汽车平行进口试点，扩大农产品、日常消费品进口，引导境外消费回流。

（3）支持企业利用境外投资、引进技术服务等扩大进口。加快推进境外资源合作开发，鼓励企业将境外资源原材料回运进口。鼓励研发设计、节能环保、环境服务等高端生产性服务进口。

B.7
2016 ~2017年河南省对外投资合作形势分析与展望

张旭升　张志立　潘菊芬*

摘　要：　2016年，河南省对外经济合作各项指标均呈现增长态势，对外承包工程及对外劳务合作完成营业额、对外投资中方协议出资额圆满完成了年度目标任务。从长远来看，企业“走出去”是大势所趋，是顺应社会经济发展规律的，河南加快实施“走出去”战略，仍处于加速发展的重要机遇期。2017年，全省对外投资合作将依然焕发勃勃生机。

关键词：　河南省　对外投资合作　境外经贸合作区

一　2016年对外投资合作回顾

1. 各项指标完成基本情况

2016年，河南省对外承包工程及劳务合作新签合同额为446827.1万美元，同比增长3.1%，在全国排名第9位，比上年前移2位，在中部六省排名第2位，比上年前移1位；完成营业额为526796.7万美元，同比增长9.0%，在全国排名第12位，在中部六省排名第3位，比上年前移1位；外派劳务71718人次，同比增长2.1%，在全国排名第5位，与上年持平，在中部六省继续排名第1位；对外投资项目新备案188个，其中新设境外企业

* 张旭升、张志立、潘菊芬，河南省商务厅对外投资和经济合作处。

121 家（含境外机构），变更或增资 43 家，注销 24 家，中方协议投资 433751.3 万美元，同比增长 86.6%，全国排名第 9 位，比上年前移 2 位，在中部六省排名第 1 位。

对“一带一路”沿线 64 个国家（地区）中的 14 个国家（塔吉克斯坦、乌兹别克斯坦、吉尔吉斯斯坦等）中方协议投资额 4.33 亿美元，占投资总额的 9.9%，同比下降 6.7%。对“一带一路”沿线国家新签 500 万美元以上对外承包工程项目 18 个，新签合同额为 10.66 亿美元，同比下降 27.5%，完成营业额 5.95 亿美元，同比增长 4.4%。

2. 运行特点

（1）对外承包工程 1000 万美元以上大项目占比较大。2016 年，全省新签对外承包工程合同额 1000 万美元以上项目 48 个，新签合同额 341868 万美元，占总金额的 76.5%，项目主要涉及交通运输建设、石油化工、工业建设以及电力工程建设等。河南国际、华路兴公路、中铁七局、中原石油、中信重工等大企业龙头带动作用明显。重大项目有河南国际合作集团有限公司签订了合同额为 57131 万美元的赞比亚道路修复与升级项目；中石化中原石油工程有限公司签订了合同额为 31116 万美元的沙特阿拉伯钻修井项目等。

（2）对外直接投资前三季度增长较快，第四季度增速回落。一是投资目的地主要集中在中国香港、美国和非洲。2016 年，本省在港设立境外企业 28 家（含机构），中方协议投资 25 亿美元，占投资总额的 57%；在非洲中方协议投资 7.6 亿美元，占投资总额的 17.5%；在美国中方协议投资 4.5 亿美元，占投资总额的 10.4%。二是投资的行业主要集中在矿业开发、农林牧渔、房地产等领域。在矿业开发领域，中方协议投资额 20.98 亿元，占投资总额的 48.4%。重大项目主要有：洛阳栾川钼业集团股份有限公司对其在香港设立的洛阳钼业控股有限公司增资 18 亿美元、河南中非达实业有限责任公司协议投资 1.6 亿美元在乍得设立中乍冶金有限责任公司。在农、林、牧、渔领域，中方协议投资额 5.2 亿美元，占投资总额的 11.9%。重大项目主要有：新乡市币港皮业有限公司协议投资 4.4 亿美元在埃塞俄比亚投资的中非现代畜牧业循环经济工业区股份有限公司。在房地产领域，中方协议投资额为4.55亿美元，占投资总额的10.5%。重大项目主要有：河南鑫苑置业有限公司协议投资9900万美元在美国投资设立哈德逊888欧诺有限公司、投资9900万美元在美国设立鑫苑东部开发管理有限公司。特别是洛阳栾川钼业集团股份有限公司，近年来充分利用其重组后自身实力增强和海外稀有金属矿产资源价格低迷的时机，加大了对境外矿山资源的并购力度，跻身为全球最重要的铜生产商之一和全球第二大钴供应商，成为世界级稀有金属龙头企业之一。三是大项目带动作用明显。2016年，全省对外投资中方协议投资额超过3000万美元的项目21个，中方协议额38.7亿美元，占89.4%。投资在5000万美元以上的项目16个，中方协议出资额36.7亿美元，占84.7%；1亿美元以上项目9个，中方协议出资额31.5亿美元，占72.7%。项目主要分布在矿业开发、加工制造、贸易、食品生产及销售等领域。

（3）业务主要分布在“一带一路”沿线国家和非洲

2016年，全省对外承包工程新签合同额排名前5位的国家和地区为：赞比亚、安哥拉、塞拉利昂、马来西亚、埃塞俄比亚；完成营业额排名前5位的国家和地区为：沙特阿拉伯、刚果（金）、科威特、乌兹别克斯坦、赞比亚；外派劳务实际派出人数排名前5位的国家和地区为：沙特阿拉伯、新加坡、科威特、阿尔及利亚、马来西亚。

3. 发展亮点

2016年，全省对外投资合作业务以实施“一带一路”战略的机遇为重点，结合河南实际，厘清工作思路，扎实推进各项工作，取得了明显成效。

（1）全力推进境外经济贸易合作区建设工作。从年初开始，本省始终把推进境外经济贸易合作区建设作为外经工作的重中之重，全力突破。2016年8月4日，河南贵友实业集团有限公司在吉尔吉斯斯坦投资设立的“亚洲之星农业产业合作区”通过了商务部、财政部确认考核，成为全国仅有的20个国家级境外经贸合作区之一，河南省国家级境外经贸合作区实现了零突破并在全省产生了影响。陈润儿省长在省委经济工作会议上的讲话将此作为2016年全省积极实施开放带动战略所取得的成效之一，并充分予以肯定。同时，通过全面调查，省商务厅摸清了目前省内10家企业在境外设立的15个经贸合作区的基本情况，编制了《河南省境外经贸合作区培育计划》，研究提出了《河南省加快建设境外经济贸易合作区的意见》。

（2）强化服务，加强监管，推动对外投资合作业务健康稳步发展。在强化服务方面，一是加大资金支持力度。在严格执行政策、确保每年外经支持资金逐步增加的同时，有针对性地适当放宽支持门槛和比例，顺利完成了2015年度和2016年度财政支持资金的审核拨付工作。省商务厅会同省财政厅出台了本省建立“走出去”统保平台的意见并已下发执行，在全国商务系统是首创。二是加大政策宣讲，推动银企对接。省商务厅先后联合进出口银行、省国税和地税局、省工商联共同举办“一带一路”和外经政策宣讲会，将全省外经工作会议同业务培训、政策宣讲和外经企业对接结合起来，丰富了会议内容，创新了开会形式。三是积极撮合重点外经企业与金融机构对接，深入企业调研，听取意见建议。积极推动组建以外经企业为主体的“走出去”联盟，帮助指导外经企业开展对接活动。四是谋划建立全省“走出去”公共服务平台，着手对“河南经贸网”进行改版。加强了外经系统统计和监管体系建设，提高了全省外经系统电子化、网络化、办公无纸化水平。在加强监管方面，一是及时会签转发四部局《涉外劳务纠纷投诉举报处置办法》，对全省贯彻落实情况进行通报，进一步规范了涉外劳务投诉上访案件处理工作。组织开展全省对外劳务合作企业资格年审工作，并将年审情况及全省外派劳务纠纷处理情况，向全省进行通报，在《河南日报》上公告。二是抓住时机，着眼于摸清底数、优化服务、推动发展、强化监管，启动对全省具备资质的对外承包工程企业的摸底核查，清理“僵尸”企业和不规范企业，摸底排查结果近期将向全省通报并在媒体上公告。三是规范对外直接投资备案工作。早在2016年8月河南就开始着手逐步进行规范，在国家出台阶段性管控措施后，河南认真贯彻执行相关要求，控制了对外投资过快增长，减少企业对外投资的盲目性和随意性，支持境内实体经济的发展。

（3）谋划建立全省对外投资合作项目库。经过广泛征集筛选，认真摸底核对，河南在全国外经系统率先建成对外经济合作项目库，包含 154 个项目，并在此基础上分类建立了河南省参与“一带一路”建设项目库、推进国际产能和装备制造合作项目库、矿产资源开发国际合作项目库、境外并购项目库、基础设施建设国际合作项目库及中非十大合作计划项目库等六大项目库，并主动与金融机构沟通对接，争取得到更多资金支持。

（4）主动利用和搭建平台，推动企业“走出去”。一是先后组织外经企业参加了第七届国际基础设施投资与建设高峰论坛（澳门）、中国—加纳经贸论坛、香港“一带一路”高峰论坛、厦洽会、东盟博览会，牵头举办了泰国投资机遇说明会、亚欧博览会和中韩雇佣制系列宣讲活动。二是利用英中贸易协会在上海举办第四届中国对外投资大会的契机，策划举办了河南省专题活动。抓住国外代表团来访时机，组织外经企业开展洽谈对接，促成了一批项目。三是将河南外经企业组成经贸代表团随领导出访，促使英国成为第十一届省投洽会主宾国，考察了部分本省企业在境外投资项目，推动了与相关国家的经贸合作。

4. 存在的问题

（1）企业融资渠道窄，融资难。企业“走出去”项目一般有周期长、资金需求量大的特点，而国内金融机构对外保内贷不积极，审批严、周期长。各金融机构虽对“一带一路”沿线国家经贸合作项目和“走出去”项目都很关注，也提出了不少金融服务方案，但由于各种因素的限制，企业真正能够得到的资金支持很少。

（2）外经业务发展不均衡。企业对外投资的热情过高，对国内实体经济发展、国家外汇储备、人民币汇率在一定程度上造成了冲击和影响，企业自身也累积了一些潜在的投资风险。对外承包工程和对外劳务合作指标全年始终呈缓慢下降态势，特别是虽然全省已取得对外承包工程资质的企业较多，但实际开展境外业务的不到 1/3，究其原因，既有这些企业对外联系渠道不畅、各类信息缺乏的因素，也有境外工程承包和劳务市场竞争过于激烈，中资企业间的恶性竞争时有发生的影响。

（3）部分外经企业粮食产品回运不畅。河南省作为全国重要的农业大省，农业及农副产品加工业一直是传统优势产业。目前全省涉农企业“走出去”较多，成效也非常明显。随着这些企业在境外种植、养殖、屠宰、加工等规模的不断扩大，所产粮食、肉制品、畜禽副产品等需部分返销国内，而进口配额问题亟须解决。初步统计，仅河南贵友集团在吉尔吉斯斯坦和哈萨克斯坦就种植小麦 300 万亩、玉米 100 万亩、大豆 20 万亩，年产小麦 60 万吨、玉米 40 万吨、大豆 2 万吨，每年需解决小麦 50 万吨、玉米 20 万吨的粮食进口配额。河南黄泛区实业集团在塔吉克斯坦自种和订单种植棉花 75000 亩，年加工皮棉 6000 吨。该集团还在乌克兰种植小麦 22000 亩，年产 6600 吨；种植玉米 20000 亩，年产 11000 吨。每年需要协调解决棉花（皮棉）5000 吨、玉米 1 万吨的进口配额。

（4）个别企业境外投资收益汇出受阻。主要是在非洲一些国家，由于投资所在国外汇管制严格，河南省外经企业在当地投资所获得的收益无法顺利汇出，造成企业资金运转困难，既影响企业继续实施项目的积极性，也给国内企业带来了不小的经营压力。

（5）对外直接投资增长难以为继。2016 年河南省对外直接投资中方协议投资额较上年增长迅猛，同比增长了 86.6%，不仅完成全年目标的 169.6%，还完成“十三五”规划目标 34.3 亿美元的 126.5%。但由于基数提升过高，同时近期国家出台了严格的对外直接投资阶段性管控措施并将持续执行两年左右，整个对外直接投资预计在今后相当长的一个时期内将不再可能出现快速增长。

二 2017年对外投资合作面临形势

当前，河南省对外经济技术合作工作面临的形势是复杂的，各种不确定性明显增强，企业“走出去”将遇到的困难和挑战也是不容忽视的。从国际形势来看，一是欧债危机和金融危机造成欧美发达经济体经济增长缓慢，大大减少了其对各种生产资源和生活资源的需求，且欧美发达国家为了应对金融危机，采取了降低利率、金融机构国有化、降低税率等方式大幅增加货

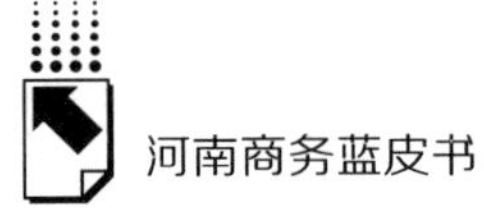

币供应量，力图以此来增强本国国民的购买能力，拉动经济复苏。这一行为将会形成全球货币供需关系的扭曲，严重影响全球贸易的发展，造成通货膨胀和虚假繁荣，影响我国企业“走出去”。二是虽然我国提出加快实施“一带一路”的国家战略，力求在新形势下增强我国在世界经济总体格局中的话语权和全球贸易体系中的规则制定影响力，但西方发达国家出于围堵中国、保护自身经济利益和现有贸易体系规则的需要，一方面大力实施再工业化战略，如“美国制造业回归”战略、德国“工业 4.0”战略、日本机器人新战略等；另一方面，推进跨太平洋伙伴关系协定（TPP）和跨大西洋贸易与投资伙伴关系协定（TTIP），想尽办法制造各种障碍，以拖延我国按照加入世贸协定享有相应权益，增加人为的排他性贸易和投资安排，必将影响我国的对外投资和国际产业转移。三是因驻在国政治、法律、投资环境变化，特别是突发严重流行性疾病，对我国对外承包工程和外派劳务也产生了极大影响，如安哥拉 2017 年 3 月暴发严重的黄热病疫情，河南省在安哥拉的工程承包项目和外派劳务人员受到极大影响，一些工程停工，人员返回国内。再如莫桑比克、赞比亚等国实施的所谓“国有化”政策，也对我国在非洲地区的投资和境外经贸合作区建设产生了一定冲击。四是国际工程承包市场本来就“僧多粥少”，且近年来国外工程项目日趋大型化、复杂化、专业化，业主将更多地要求承包商以 EPC、BOT、PMC、PPP 等整合开发、计划、设计、建造等一揽子活动的承包模式来承包项目，市场垄断趋势进一步加强，而本省多数对外工程承包企业规模不大、实力不强、竞争力较弱，也对这些企业的正常经营活动造成了不利影响。从国内情况来看，一是国内经济下行压力持续加大，不少企业经营困难，影响其“走出去”的意愿。二是受国际经济形势不确定因素影响，国内银行惜贷抽贷，再加之国内金融机构“内保外贷”，特别是“外保内贷”政策不到位，手续烦琐，办理周期过长，造成部分企业在外项目建设放缓甚至被迫放弃或停工。三是我国企业逐渐深度融入全球经济大格局，对“走出去”的工作人员的综合素质要求进一步提高，无论是开展对外投资、从事工程承包，还是普通外派劳务人员都存在着加强沟通、提高技能、熟悉流程、处置风险的能力问题。河南省虽然是人口大省，但作为内陆省份，开放程度低，企业“走出去”较晚，思想观念和受教育水平普遍相对落后。

但从长远来看，河南加快实施“走出去”战略仍处于加速发展的重要机遇期。从国际上看，一是部分发达国家为了解决自身内需不足和基础设施更新问题，对外国投资的限制有所放宽，我国企业通过跨国并购获取技术、资源、人才、品牌、营销网络等境外资产的机会增多，跨境投资、跨国并购、技术合作和产业转移的势头正在上升。二是相当一部分发展中国家适应经济发展和结构调整升级要求，亟须加快基础设施建设，甚至推出大片区域希望由国外投资者实施成片开发，一大批能源、交通、水利、公共工程等项目推向国际承包工程市场。这些都为河南省企业“走出去”提供了广阔的市场空间。从国内来看，一是国家为推进国际产能和装备制造业合作，加快供给侧改革，解决外汇储备规模庞大问题，加速人民币互换和跨境交易结算等国际化，先后出台了一系列鼓励和规范“走出去”的政策、法规和文件，特别是从 2016 年以来进一步改革了对外投资合作管理体制，对境外投资实行以备案制为主的管理方式，加快“走出去”政策性信用保险体系建设，加强风险预警和防范工作，支持企业自担风险到境外自由承揽工程和劳务合作项目，为企业“走出去”提供了政策和制度保障。二是随着我国全方位对外开放力度的不断加大，国家经济外交总布局的进一步落实，特别是“一带一路”战略的深入实施，为国内资本、中国企业“走出去”创造了难得的机遇。三是河南省传统产业及优势产能企业向外转移意愿日趋强烈，企业跨国经营能力逐渐增强，充分利用国内、国外两个市场、两种资源，推动对外经济技术合作快速发展，打造“河南制造”“河南建造”正在成为全省上下的共识。

三　发展对策

把握国际经济大趋势、捕捉国际新需求，积极抢抓“一带一路”战略机遇，以更高的站位、更广的视野、创新的理念，始终坚持服务实体经济大

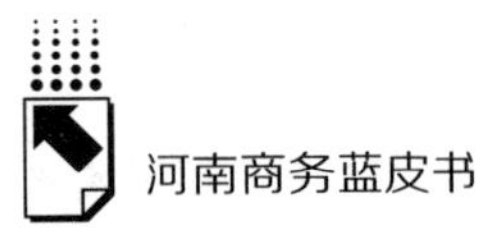

方向，简化程序，抓住重点，突出抓好对外工程承包、境外经贸合作区建设和对外劳务合作三项重点工作；立足河南优势，有选择、有节奏、有力度地推进国际产能转移和合作；加快“走出去”公共服务体系和平台建设，继续加大项目资金争取和支持力度；加快推行各项外经业务便利化措施，净化环境，规范秩序，强化监管；围绕“建营一体化”，推动外经业务和外经企业互联互通，力争2017年全省对外承包工程及劳务合作完成营业额同比增长8%，对外直接投资保持稳定。

1. 建立“走出去”公共服务平台

依托“河南经贸网”，力争尽快建成河南省“走出去”公共服务平台，及时发布对外投资合作政策和项目信息，强化境外安全风险评估和安全预警通报，实现信息共享；进一步密切与河南省企业国际合作协会的联系，指导办好河南企业“走出去”内部刊物，加强为会员企业服务；鼓励支持河南省外经龙头企业牵头组建“走出去”企业联盟，按照市场化运作原则，积极拓展业务，加强互动交流，凝聚河南企业“走出去”合力。

2. 完善对外经济合作项目库

目前，河南省对外经济合作项目库包含六个项目库，共列入项目154个，其中，在建项目114个，协议项目8个，意向项目32个。河南力争在完善项目库的基础上，尽快将有关项目报商务部、国家开发银行、中国进出口银行、中国信用保险公司等单位，加强联系对接，同时加强对相关项目的跟踪服务，强化数据统计，准确掌握项目动态情况，及时帮助协调解决困难和问题。

3. 全面提升与“一带一路”沿线国家的经贸合作

鼓励企业参加在“一带一路”沿线国家举办的各类国际或区域性展会，引导本省优势富余产能“走出去”。鼓励河南省企业到沿线国家建立出口加工基地、仓储物流基地、区域性国际商贸物流中心、售后服务中心和网点，逐步完善区域营销网络。鼓励企业通过承包工程积极参与沿线国家基础设施建设，加强与沿线国家能源、资源和农业合作开发，发展现代特色农业。鼓励电子商务、外贸和外经企业向沿线国家拓展业务。积极开展投资促进活动，利用中国—东盟博览会、中国—亚欧博览会、厦门投洽会等国家级综合展会，加强与沿线国家对接洽谈，促进合作；按照统一安排，组团出访中亚和东欧，非洲、南美洲及欧洲，并将外经企业组成经贸代表团随访，策划举办经贸活动，考察河南省企业部分境外投资项目，推进相关项目，加强与有关国家的经贸合作。

4. 进一步抓好境外经贸合作区建设

一是采取有效措施，加强对境外经济贸易合作区建设的指导服务，争取尽快出台河南省《关于加快建设境外经济贸易合作区的意见》，及时制定出台配套实施办法，推动相关扶持政策的落实。二是及时跟进了解国家境外经贸合作区申报政策和时间安排，强化河南省境外经贸合作区发展计划与商务部组织实施的“境外经贸合作区创新工程”“中非工业化伙伴行动计划”“境外建营一体化工程”的衔接对接，推动河南境外经贸合作区建设的提挡升级。三是加大本省现有境外经贸合作区的招商力度，指导做好发展规划和招商政策的制定，增强对拟入区企业的吸引力，争取尽快做大做强，促进产业集聚，形成规模优势。

B.8
2016 ~2017年河南省消费品市场运行分析与展望

郭海燕　张亮哲　陆　军　邹　君*

摘　要：　2016年是“十三五”开局之年，河南省委、省政府落实“扩内需、促消费”等一系列政策措施，以改善民生为核心促进消费需求增长，着力提高居民消费能力，积极培育消费热点，市场规模持续扩大，消费结构不断升级，网络零售等新兴业态发展迅猛，消费品市场呈现稳中向好、稳中有升的良好发展态势。预计2017年，在宏观经济进入新常态的背景下，河南省消费品市场也进入新常态发展阶段，零售额增速从高速逐步回落到中高速增长区间。

关键词：　河南省　消费品市场　电子商务

一　2016年河南省消费品市场运行情况

随着河南省城镇化步伐不断加快、消费需求持续增长、城乡居民消费能力稳步提升，全省消费品市场进入消费规模持续扩大、消费结构加快升级的新阶段，消费对经济的拉动效应进一步显现，城乡市场差距不断缩小。2016年，全省社会消费品零售总额达17618亿元，较上年增长11.9%，高于全

* 郭海燕，河南省商务厅市场运行处；张亮哲、陆军、邹君，河南省博览事务局。

国平均水平 1.5 个百分点，在全国各省市中位列第 7，在中部六省中位列第 3。

1. 全省消费品市场运行特点

（1）消费品市场总体运行平稳，稳中向好。从月度走势来看，社会消费品零售总额当月增速在小幅波动中逐月回升，呈稳中向好态势。2016 年 1～2 月以 11.4% 的增速平稳开局，除 5 月、7 月有小幅波动外，其余月度增速呈持续上扬态势，到 12 月当月增速达 12.9%（见图 1）。从季度累计增速来看，一季度增长 11.5%，上半年增长 11.5%，前三季度增长 11.7%，2016 年全年增长 11.9%，亦呈现稳步回升态势。

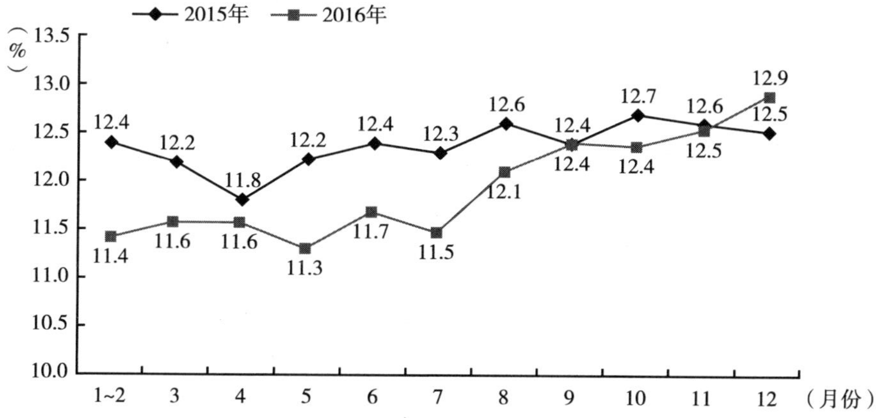

图 1　2015～2016 年全省社会消费品零售总额各月增速对比

资料来源：河南省统计局。

（2）农村消费市场增长持续快于城镇。随着国家各项惠农政策及农民收入持续较快增长，农村的消费环境得到有效改善，加上城市消费示范效应扩散，消费观念和消费方式转变，农民消费升级步伐加快。2016 年，全省乡村实现消费品零售总额 3218.49 亿元，同比增长 12.8%，高出城镇市场 1.1 个百分点。虽然乡村消费市场保持了较快增长，但从比重上看，城镇消费品市场依旧占据主导地位，2016 年全省城镇消费品零售总额为 14399.86 亿元，同比增长 11.7%，占全省社会消费品零售总额的比重达 81.7%。

（3）批发和零售行业保持稳步增长。全省商贸流通行业中的重点企业以扩大消费为立足点，积极拓宽商品供给领域，创新市场营销方式，总体运行平稳，在流通领域依然占据主导地位。全省批发和零售业实现零售额15184.03亿元，同比增长11.8%，占全省社会消费品零售总额的比重为86.2%。其中，批发业零售额完成1898.79亿元，同比增长10.6%；零售业零售额完成13259.08亿元，同比增长12%。

（4）餐饮行业转型步伐加快。2016年全省餐饮业实现营业收入2434.32亿元，同比增长12.5%，增幅比上年回落0.9个百分点。其中，限额以下餐饮企业实现营业收入2045.25亿元，同比增长12.7%，占餐饮业消费总额的84%，大众餐饮依然是消费市场的主流。近年来，各地高档餐饮企业纷纷放低身价，寻找转型出路，大力发展商务餐饮、婚寿宴、家庭餐等大众餐饮，企业转型成效显著，营业额持续下降的势头得到有效遏制，2016年全省限额以上餐饮业实现营业收入413.11亿元，同比增长10.6%。

（5）消费结构不断优化升级。2016年，全省生活类消费品中多数种类的商品零售额增速回落，消费升级类商品零售额增速提升明显，消费结构升级不断深化。一是汽车、石油类拉动作用显著。受2016年底小排量车购置税减半政策到期等因素影响，汽车消费增加，同比增长12.8%，同时石油类商品同比增长3.6%，同比分别提高5.3个和5.6个百分点，两类商品合计拉动全省限上商品零售额增速提高2.4个百分点。二是文化、体育、娱乐等反映居民消费升级类商品快速增长，提高幅度明显。体育娱乐用品、电子出版物及音像制品、文化用品分别同比增长37.3%、32.0%和13.2%，同比分别提高12.2个、18个和2.7个百分点。其中，体育娱乐用品类和电子出版物及音像制品类增速在限上零售统计的23类商品中居前2位。

（6）互联网引领消费新时代。2016年，全省电子商务交易额突破1万亿元，达到10033亿元，同比增长30%；网络零售额1906亿元，同比增长43.3%。“双十一”当天，全省在阿里巴巴平台网络零售额达到46亿元，进入全国前十，在苏宁平台上交易额居全国第九。全省已有3个国家级电子商务示范基地、7家示范企业；57个省级示范基地、220家示范企业。品牌电商不断壮大，中华粮网、世界工厂网、企汇网、全球内衣网、中钢网等一批平台企业居国内细分行业前列。

2. 全省消费品市场运行存在的问题

（1）全省社会消费品零售总额年度增速呈现逐年回落态势。2016年，全省社会消费品零售总额增速为11.9%，较上年回落0.5个百分点。连续观察最近十年来河南省社会消费品零售总额及增速的变化趋势（见图2），“十一五”期间全省社会消费品零售总额从3000多亿元增加到8000多亿元，年均增速为18.9%，“十二五”期间总量从8000多亿元增加到15740亿元，年均增速为14.5%。由此可见，进入“十三五”时期，河南省消费品市场运行新常态特征明显，增速正由高速向中高速转变，年均增速将保持在11%左右。

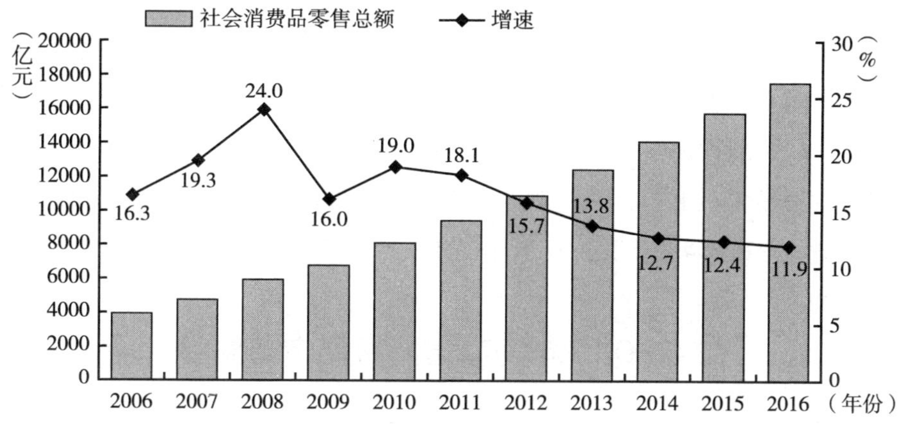

图2　2006～2016年河南省社会消费品零售总额及增速对比

资料来源：河南省统计局。

（2）消费品市场中大型零售企业增速放缓，限额以上单位支撑作用减弱。2016年全省限额以上企业单位消费品零售额完成7383.42亿元，占全省社会消费品零售总额比重为42%，低于全国平均水平4个百分点。限额

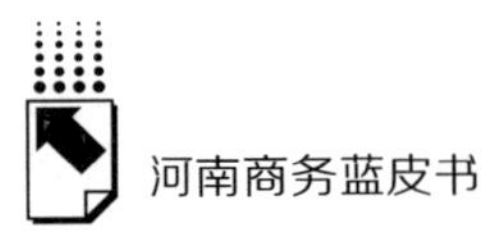

以上企业（单位）零售额增速为10.9%，比全省社会消费品零售总额增速低1个百分点，对全省零售总额增长的支撑作用减弱。全省前100强限上零售企业零售额占全省限上企业零售额比重为17.7%，2016年该100强限额以上零售企业合计完成的零售额增速为4.2%，比上年回落4.6个百分点，比全省消费品零售总额增速低7.7个百分点，大型企业增速放缓势必影响全省消费品市场平稳增长。

（3）新的消费热点尚未形成，前期热销商品有所降温。2016年，全省消费品零售市场中，虽然体育娱乐用品、文化用品类、电子出版物及音像制品零售额增长较快，增速提高幅度较大，但由于其占全部零售额的比重很小，对全省消费品市场的拉动作用有限，尚未真正形成新的消费热点。从限额以上主要商品分类累计零售情况来看，全省粮油食品、日用品和服装鞋帽等基本生活类商品零售额增速分别为14.4%、13.1%、10.7%，分别比上年回落0.1个、0.5个、1个百分点；但饮料类（增长12.5%）、烟酒类（增长12.1%）商品增速回落较大，分别比上年回落4.9个、4.8个百分点；家用电器（增长8.3%）、通信器材（增长9.5%）和建材装潢材料（增长12.7%）等类商品零售额增速也有不同程度回落，分别比上年回落3.4个、4.9个、4.5个百分点；受房地产销售良好对奢侈品消费产生的挤出效应，以及国际金价上涨和百姓投资观念趋于理性等因素影响，金银珠宝和化妆品仅增长7.6%和3.4%，分别比上年回落4.5个和10.8个百分点。

二　2017年河南省消费品市场展望

1.促进河南省消费品市场增长的有利因素

（1）宏观经济增长进入新常态。经过多年的快速发展，全省经济总量和综合实力迈上了新台阶，发展方式加快转变，经济结构不断优化，新的增长动力加快转换，消费对经济增长的“稳定器”和“压舱石”作用日益增强。新常态下的宏观经济为全省消费增长提供了动力。

（2）促消费的政策效应支撑消费品市场发展。为加快消费结构升级步伐，促进消费品市场持续繁荣，增强消费对经济增长的拉动作用，国务院、省政府相继出台一系列推动传统消费提质升级、新兴消费蓬勃发展的政策措施，推进国内贸易流通现代化建设，努力将内贸流通打造成经济转型发展的新引擎。2017年这些政策效应将进一步显现，助推居民消费结构持续升级，农村商贸流通业基础设施逐步完善，居民消费环境继续改善，为消费品市场提供更广阔的发展空间。

（3）城镇化进程深入推进为消费品市场增长提供原动力。2016年，河南省城镇化率为48.5%，城镇化水平仍比全国平均水平低8.9个百分点，与沿海省份差距更大。随着全省“一个载体、四个体系”建设不断深入，未来几年河南城镇化、工业化进程仍将处于赶超时期，消费品市场拓展空间依然较大。农村人口的转移和集聚将释放出巨大的消费需求增长空间，促进消费总量扩张和结构升级，形成对市场的规模需求，将成为拉动消费的重要引擎。

（4）城乡居民收入和社会保障水平不断提高，释放消费需求潜力。近年来河南省城乡居民收入保持较快增长，多层面社会保障制度不断完善，对稳定居民支出预期、增强城乡居民的消费能力与底气、促进消费起到积极的推动作用。尤其是国家实施精准扶贫、精准脱贫战略，有助于增强贫困人口的消费信心，加快释放贫困人口的消费需求。

2.制约河南省消费品市场增长的不利因素

（1）经济下行压力依然较大。2017年，全省仍处于经济结构转型、产业结构调整的“深水区”，“三期叠加”的压力持续存在，国民经济增长仍将保持中低速运行。新常态下，全省经济下行压力依然较大，投资、工业增速回落，大宗商品需求乏力，价格震荡下行，对社会消费品零售额增长产生不利影响。

（2）传统消费与新兴消费的转换动力不足。当前，模仿型、排量式传统消费模式基本结束，多样化、个性化的新兴消费模式逐渐成为主流，消费品市场从高速增长的阶段进入中高速增长的新常态。然而，全省一些新兴消费领域发展相对滞后，消费环境、消费成本约束一定程度上制约了消费转型升级进程。

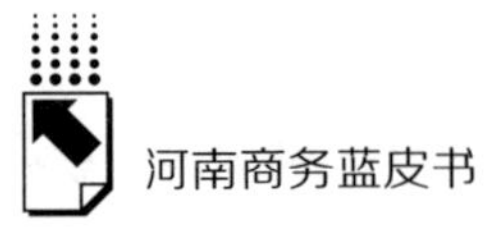

（3）传统商业与“互联网+”融合不够。2016年全省通过互联网实现的零售额为1906亿元，占全省零售总额的10.8%，比重低于全国平均水平4.7个百分点，远远落后于电子商务发达的省份。目前，全省电子商务仍处于初级阶段，且整体规模较小，商贸流通领域缺乏一个龙头企业和广泛的电商平台来引领全省电子商务的发展，这给全省流通业电子商务发展带来一定制约。

综上分析，2017年，河南消费品市场压力与动力并存，挑战与机遇同在。在新常态的宏观经济背景下，只要全省上下坚定不移地贯彻中央与省有关决策部署，河南省消费品市场仍然具备保持较高增速的空间和潜力，预计2017年全省社会消费品零售总额增速将达11%以上。

三　促进河南省消费品市场健康发展的对策建议

1. 充分发挥政策引领作用，促进消费持续增长

一是顺应居民消费升级规律，按照国家提出消费升级的重点领域和方向，以供给侧改革创新为契机，推进养老、家政等服务产业发展，增强服务供给能力和增加适销对路的新商品供给，保障基本消费、抓住高端消费、做大品牌消费，引导消费向绿色、健康、安全、智能方向转变，扩大服务消费领域，带动消费结构升级。二是认真落实国家扩大消费的一系列政策措施，加快流通体系建设，推进国内商品流通现代化，促进内贸流通发展方式的转变，从消费流通领域供给端发力，营造更好的市场化、法制化的环境，更好地服务全省的经济社会发展，不断增强消费对全省经济的拉动作用。

2. 多渠道、全方位优化消费环境

着力解决“能消费、愿消费”的问题，除了持续提高收入，消除居民后顾之忧外，还要着力提升产品、服务和消费环境。一是政府职能部门要健全扶优激励机制。重点扶持在“转方式、调结构、惠民生”等方面领先和“促消费”方面贡献突出的商贸流通、电子商务企业，增强重点企业竞争力，提升市场覆盖率。加大零售商业领域对外资品牌的引进力度，简化程序，主动服务，为企业搭建招商平台，努力提高全省商品的品牌丰富度和国际化水平，努力促进国际品牌在豫蓬勃发展。二是进一步发挥金融服务促进消费的推动作用，加强银商合作，鼓励消费信贷模式创新，积极开展信用消费，扩大信用消费规模，鼓励和引导更多企业面向广大消费者推出“零利率、零首付、零手续费”等消费信贷活动，让利给消费者。积极正确引导消费者建立适度、合理的信用消费理念。三是加强立法不断完善市场监管体系，建立健全个人消费信用制度，规范商家、金融机构等市场主体的经营行为和消费者的购买行为，维护市场秩序的规范运行，为消费者提供优质安全的消费环境。四是要加强市场监督管理，不断提升广大消费者消费信心。各相关职能部门要协同合作，加强对产品质量、食品安全、服务诚信等方面的监管，加大违法惩治力度，营造良好的消费环境，切实保护消费者的合法权益和消费安全，促进全省消费市场的健康稳步增长。

3. 加快行业结构调整，促进餐饮业转型升级

积极引导餐饮企业转型升级，鼓励企业发展品牌餐饮、大众餐饮、特色餐饮，促进餐饮业整体转型提质；重点支持餐饮企业实行连锁经营，大力支持休闲农业与乡村旅游提挡升级，推动全省餐饮业健康发展。

4. 优化样本结构，培育限上企业

加强与当地统计部门协调，引导具有发展潜力的规模个体工商户向企业转型升级，推进大型市场集中收银工作，努力发展限额以上商贸企业，将符合限上统计条件的批零、住宿餐饮企业逐步纳入统计直报系统，不断提高统计数据的质量和水平，增加限额以上商贸流通企业对全省经济的贡献率。

5. 推动流通产业转型升级，加快传统商业与“互联网＋”深度融合

河南应以跨境电子商务综合试验区建设为契机，加大对信息消费基础设施建设的投入，加快推进电子商务的发展。以“互联网＋流通”为载体，加快流通领域数字化、网络化、智能化建设，促进线下线上深度融合发展，充分发挥电子商务在激发流通行业活力、释放消费潜力等方面的重要作用，推动传统流通产业转型升级。以国家“电子商务进农村综合示范县”项目为契机，加快全省电子商务进农村行动计划进程，改善农村消费环境，促进乡村消费持续增长。

B.9
2016 ~2017年河南省商务监测重点商品市场形势分析与展望

郭海燕　张亮哲　陆　军　梅雪峰*

摘　要：　2016年，河南经济总体保持了平稳较快发展态势，产能调整、结构性改革成效显著，重点商品市场需求稳中有升，销售规模稳步增长，消费价格温和上涨。展望2017年，国内经济仍有下行压力，但供给侧改革的深入推进有助于缓解下跌趋势，国内及河南经济将保持新常态下的中高速增长区间，商品市场有望继续保持平稳发展态势。

关键词：　河南省　食用农产品　重要生产资料

一　食用农产品市场形势分析与展望

2016年，河南省全面贯彻落实党的十八大精神，按照中央一号文件及省委农村工作会议要求，深入贯彻落实创新、协调、绿色、开放、共享的发展理念，不断加大对农业的扶持力度，大力推进农业现代化，实施藏粮于地、藏粮于技战略，推动粮、经、饲统筹，农、林、牧、渔结合，种、养、加一体，三次产业融合发展，保障了农产品生产和供应，稳定了消费价格，为稳增长、调结构、促改革、惠民生做出了突出贡献。

---

* 郭海燕，河南省商务厅市场运行处；张亮哲、陆军、梅雪峰，河南省博览事务局。

1. 2016年河南农产品市场运行状况

2016 年，河南食用农产品市场供应充足，品种丰富，交易活跃，价格总体呈平稳运行态势。但受供求变化、养殖周期和季节性因素等影响，猪肉、鸡蛋、蔬菜等品种部分时段价格波动较大。

（1）粮食生产连年丰收，价格稳中略涨。粮食生产是安天下、稳民心的战略产业。河南坚持最严格的耕地保护制度，坚守耕地“红线”，实施藏粮于地、藏粮于技战略，提高粮食产能，为保障市场供应、稳定物价奠定了坚实基础。2016 年全省粮食总产量为 1189. 32 亿斤，比上年减产 24. 1 亿斤，减产幅度为 2. 0%，但仍然保持在高位运行。调查结果表明，全省夏粮总产 695. 36 亿斤，较 2015 年减产约 1%，仍处于历史第二高位，继续位居全国第一；秋粮总产量为 493. 96 亿斤，比上年减产 17. 1 亿斤，减幅为 3. 3%。全省粮食播种面积为 7190. 73 万亩，比上年减少 31. 5 万亩，其中，玉米播种面积 4975. 29 万亩，比上年减少 40. 5 万亩，玉米播种面积出现了 15 年来首次下降。究其原因，一是河南省积极推进农业供给侧结构性改革，减少玉米种植面积，增加优质花生种植面积；二是粮食生产连年丰收，市场供需平衡有余，库存充裕，价格持续低迷，农民种植积极性不高。12 月末，全省粮食零售均价 5. 37 元/公斤（见图 1），同比上涨 1. 7%。其中小包装面粉零售均价 4. 53 元/公斤，小包装大米零售均价 5. 73 元/公斤，同比分别上涨 1. 12% 和 1. 96%（见表 1）。

（2）食用油供需宽松，价格震荡走弱。2016 年全球大豆和油料供需宽松，国际食用油价格波动下行。国内外价差进一步扩大，国内政策性收储大豆抛储困难，库存压力较大，临储政策改为补贴政策，豆价持续走低。花生种植面积扩大，产量增加，油菜籽减产，价格随供求小幅波动。总体来看，2016 年河南食用油市场供应充足，需求疲弱，上半年价格较为平稳，下半年波动运行。12 月末全省桶装食用油零售均价为 15. 56 元/公斤（见图 2），同比下跌 0. 77%。其中大豆油下跌 2. 36%，花生油上涨 0. 22%，菜籽油下跌 1. 78%，调和油上涨 1. 36%（见表 1）。

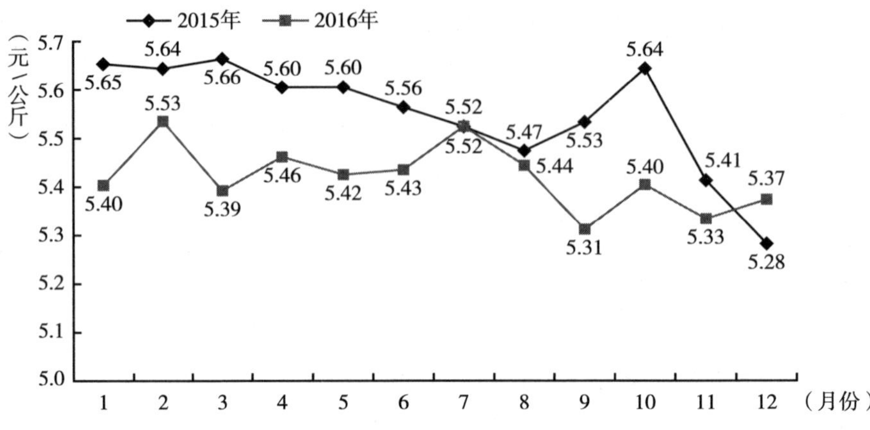

图1　2015～2016年按月份粮食（零售）价格走势

资料来源：河南省商务厅监测数据。

表1　2016年12月全省粮油价格情况

单位：元/公斤，%

商品	本期价格	同比增长	环比增长
粮食(零售)	5.37	1.7	0.75
小包装大米	5.73	1.96	0.7
小包装面粉	4.53	1.12	0.87
粮食(批发)	4.71	8.53	0.43
粳米	5.00	2.67	0.4
籼米	5.03	8.41	0
面粉	4.09	16.86	0.74
桶装食用油(零售)	15.56	-0.77	0.2
大豆油	11.18	-2.36	0.35
花生油	22.74	0.22	0.14
菜籽油	14.89	-1.78	0.07
调和油	13.44	1.36	0.29
食用油(批发)	15.21	5.41	-0.07
大豆油	11.55	4.52	-0.19
花生油	23.4	-0.85	-1.14
菜籽油	13.47	9.51	1.81
调和油	12.43	15.31	0.08

资料来源：河南省商务厅监测数据。

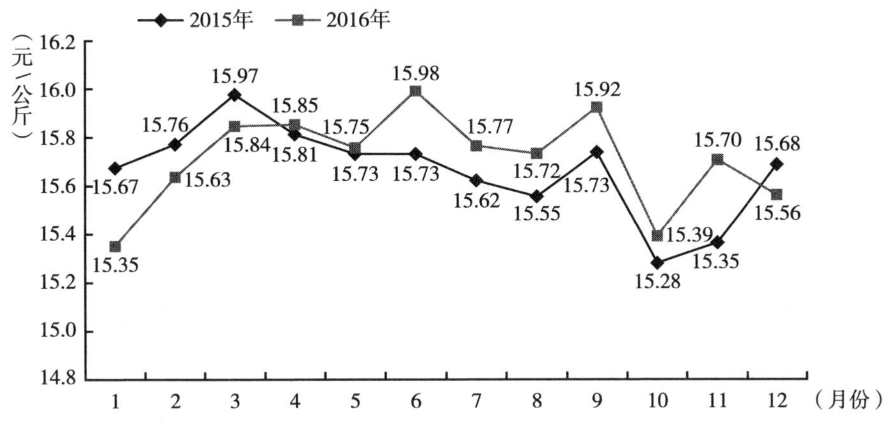

图2　2015～2016 年按月份食用油（零售）价格走势

资料来源：河南省商务厅监测数据。

（3）猪源偏紧，猪肉价格大幅上涨。2016 年猪价创新高，行业大周期起主导作用。由于前些年生猪养殖行业持续低迷，加上各地不断提高环保门槛，划定禁养区和限养区，许多养殖户尤其是散养户在市场和环保的双重压力下退出市场，去产能成效初现，致使 2016 年能繁母猪和生猪存栏量下降；2016 年 1 月全国大范围极低温度造成仔猪存活率偏低，叠加母猪存栏偏少因素，能繁母猪及生猪存栏处于极低水平；能繁母猪及生猪存栏越少，养殖户压栏情绪越浓，导致大猪供应不足，这些都造成猪价快速上涨。从生猪生产周期看，近期生猪价格居于高位，带有恢复性和补偿性，是过去三年生猪价格偏低引发产能适应性调整的结果，有利于提高养殖户经济效益，调动养殖户积极性，促进生猪生产发展，保障市场猪肉供应。

猪肉价格走势与生猪行情走势基本一致。除 3 月猪肉价格略有下降外，2016 年前三季度猪肉价格持续上涨。至 8 月全省猪肉零售均价已上涨至 28.63 元/公斤（见图 3），较年初上涨 16.76%。中秋、国庆双节过后，随着节日效应的消退和市场供给的增加，猪肉价格再度小幅震荡回落。12 月末全省猪肉零售均价 26.55 元/公斤，较 8 月的高点回落 7.3%，较年初的低点上涨 8.28%，较上年同期上涨 6.88%（见表 2）。

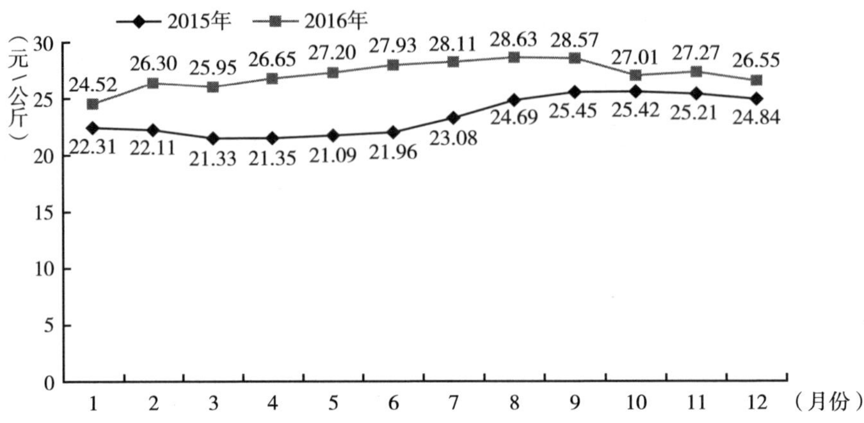

图3　2015~2016年按月份猪肉（零售）价格走势

资料来源：河南省商务厅监测数据。

表2　2016年12月肉类、蛋类零售价格情况

单位：元/公斤，%

商品	本期价格	同比增长	环比增长
猪肉(零售)	26.55	6.88	-2.64
鲜猪肉	25.73	3.19	2.35
其中:精瘦肉	29.38	5.24	-0.38
五花肉	25.57	7.98	-0.32
禽类(零售)	15.66	4.89	-0.91
白条鸡	15.66	4.89	-0.91
蛋类(零售)	7.59	-6.76	-0.78
牛肉(零售)	65.17	9.97	1.84
羊肉(零售)	55.74	-4.73	-3.70

资料来源：河南省商务厅监测数据。

（4）牛肉供应局面持续偏紧，价格小幅上升；羊肉供应局面偏紧略缓解，价格小幅回落。随着生活水平提高和健康意识增强，人们减少了猪肉消费，相应增加了牛羊肉消费量，牛羊肉消费增长，局部地区供求偏紧，市场价格持续上涨；另外，受养殖成本上升、母畜养殖效益偏低等多种因素影响，全省肉牛、肉羊存栏减少，产量增长减缓，局部地区出现牛羊肉供不应求，供求关系趋紧。预计今后一段时期，随着消费需求增长拉动和生产成本进一步上升，牛羊肉价格仍将保持高位运行。2016 年 12 月末全省牛肉零售均价 65.17 元/公斤（见图 4），比年初增长 15.55%，同比上涨 11.3%；全省羊肉零售均价 55.74 元/公斤（见图 5），比年初下降 4.35%，同比下降 5.81%（见表 2）。

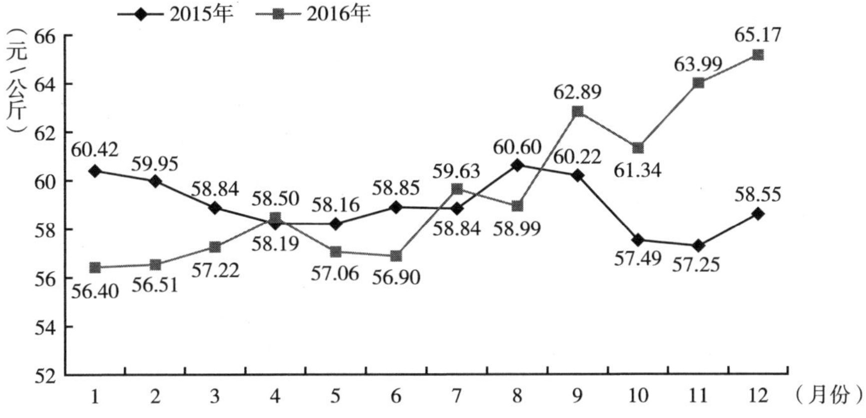

图 4　2015～2016 年按月份牛肉（零售）价格走势

资料来源：河南省商务厅监测数据。

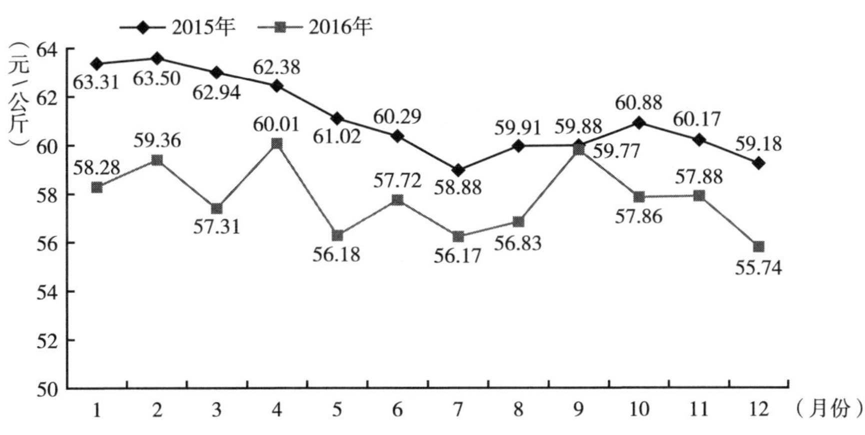

图 5　2015～2016 年按月份羊肉（零售）价格走势

资料来源：河南省商务厅监测数据。

（5）鸡蛋供应充足，价格小幅下跌。2014 年禽流感后，全省鸡蛋均价一度达到 11.40 元/公斤，多数地方蛋价甚至突破 12 元/公斤，创下了近年来的新高。在政策扶持和养殖效益刺激下，家禽养殖业快速恢复发展，鸡蛋价格开始持续震荡回落。特别是 2016 年春节后，鸡蛋市场转入淡季，鸡蛋价格更是加速探底，至 7 月全省鸡蛋零售均价已降至年初以来的最低点 7.22 元/公斤（见图 6），较春节时下降 15.06%，较上年的最高点下跌 25.34%。7 月中旬以后，随着气温升高，蛋鸡进入歇伏期，市场鸡蛋供应减少，价格开始企稳反弹。8 月以后，随着中秋节临近，鸡蛋价格呈加速上涨态势，至 9 月全省鸡蛋均价回升至 8.09 元/公斤，较 7 月上涨 12.1%。随着市场供求关系的逆转，9 月下旬鸡蛋价格再度震荡回落，中秋、国庆节后止跌企稳，之后维持平稳态势。12 月末，全省鸡蛋零售均价 7.59 元/公斤，同比下跌 6.76%（见表 2）。

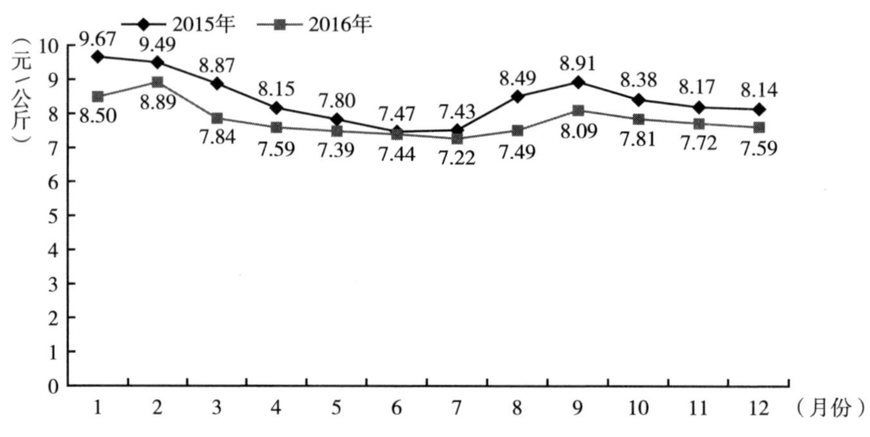

图 6　2015～2016 年按月份蛋类（零售）价格走势

资料来源：河南省商务厅监测数据。

（6）蔬菜价格“两头高、中间低”，阶段性波动特征明显。受季节性需求、天气因素和生长周期等影响，2016 年河南蔬菜价格阶段性波动特征较为明显，总体呈两头高、中间低走势。1 月受严寒天气、节前消费需求增多、外埠菜大量调入和种植流通成本居高不下等因素影响，价格持续冲高，节前最高达到5.11元/公斤（见图7）。节后消费需求减弱，价格步入季节性下跌区间。特别是4月以来，随着气温回升，市场蔬菜供应大幅增加，价格持续回落。7月全省蔬菜批发均价2.1元/公斤，为全年最低，较节前最高点下跌58.9%。8月中旬以后，受高温闷热天气影响，蔬菜生产进入伏缺期，市场供应减少，价格开始反弹。进入11月，天气逐渐严寒，大棚菜和外埠菜需求大幅增加，菜价进入季节性快速上涨区间。12月末全省蔬菜批发均价3.89元/公斤，同比上涨13.41%（见表3），较年中最低点上涨85.24%。

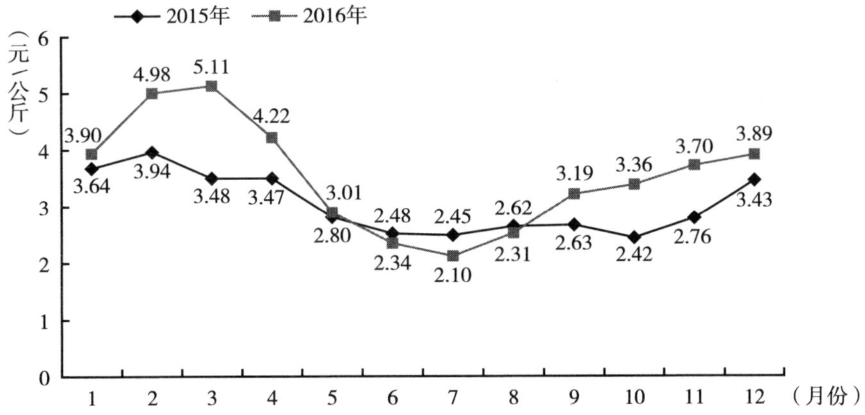

图7 2015~2016年按月份蔬菜（批发）价格走势

资料来源：河南省商务厅监测数据。

表3 2016年12月蔬菜（批发）价格情况

单位：元/公斤，%

商品	本期价格	同比增长	环比增长
蔬菜(批发)	3.89	13.41	5.14
其中:圆白菜	2.28	26.04	14
油菜	3.02	-16.34	-9.58
芹菜	2.98	67.63	4.93
生菜	2.87	-27.01	-9.75
大白菜	1.13	41.25	-3.42
白萝卜	1.34	70.51	-8.22

续表

商品	本期价格	同比增长	环比增长
土豆	2.63	23.56	9.13
洋葱	2.1	-16.95	16.02
蒜头	13.19	95.27	1.7
生姜	5.73	9.77	4.56
西红柿	4.08	-2.18	0.74
黄瓜	3.33	-32.86	0
茄子	3.57	-19.86	22.68
辣椒	4.24	7	3.92
青椒	4.42	6.6	13.04
豆角	6.47	10.75	18.28
冬瓜	1.15	-42.94	13.86
苦瓜	7.68	4.3	28.86

资料来源：河南省商务厅监测数据。

重点监测的18个蔬菜品种，2016年12月末价格同比上涨的有11种，下跌的有7种。从具体品种看，蒜头、白萝卜、芹菜、大白菜涨幅较大，分别为95.27%、70.51%、67.63%、41.25%；冬瓜、黄瓜、生菜和茄子价格下跌，跌幅分别为42.94%、32.86%、27.01%和19.86%（见表3）。

2. 农产品市场存在的问题及建议

（1）农牧业生产周期长、风险大。与其他行业相比，农牧业生产具有周期长、成本高、效益低、风险大等先天不足，属弱势产业。近年来，由于天气、灾害、疫病和周期性等因素影响，农产品价格波动频繁，“买贵卖难”现象时有发生，粮食增产和畜牧业发展面临严峻考验，不利于农户增收、市场稳定和经济发展。河南应加大对农牧业生产的扶持力度，继续实施良种、农资补贴、托市收购收储等政策，加强防疫防控和技术指导，合理引导农户调整种植和养殖规模、结构，同时要建立农牧业生产重大风险基金，从政策和金融层面进行托底，降低生产和市场风险。

（2）流通效率低、成本高。受产销区分离、流通设施落后、流通环节多、流通损耗严重等因素影响，我国农产品流通成本居高不下，降低了流通效率，加剧了市场波动，在一定程度上也抑制了消费需求的扩大。要完善农产品流通政策，加大农产品批发市场、鲜活农产品冷链等基础设施投入力度，提升农产品流通现代化水平，减少流通环节损耗，降低流通成本。

（3）国际市场粮食价格走低，国内外市场粮价倒挂明显。国内农业生产成本快速攀升，大宗农产品价格普遍高于国际市场，农牧业产品竞争力下降，出口受阻。大量进口低价农副产品，对国内市场冲击较大，农牧业面临"双重夹击"，农业扶持政策面临严峻挑战。河南应充分利用现阶段国内外市场农产品供给宽裕的时机，在部分地区实行种植、养殖结构调整，耕牧地轮作休耕，完善扶持政策，确保农牧业可持续发展。

（4）食品安全事件多发，市场监管有待加强。随着生活水平的提高，人们对食品的关注也从数量开始转向安全和营养。近年来，地沟油、瘦肉精、速成鸡、毒生姜等食品安全事件多发，引起了社会各界的广泛关注。河南应按照中央"四个最严"要求，加快食品安全立法和执法力度，确保广大人民群众"舌尖上的安全"。

3. 2017年河南农产品市场展望

河南是农牧业大省，粮食、主要畜产品产量在国内占有举足轻重的位置。省委、省政府将粮食安全列为国家战略，高度重视"三农"问题，不断强化农业的基础地位，认真落实"米袋子""菜篮子"省、市长负责制，为农业经济发展创造了良好的政策环境。2017 年河南农产品市场将继续保持稳定发展局面。

粮油价格以稳为主。河南是全国重要的粮食生产基地，粮食连年丰收，市场供给相对宽松，政府储备较多，综合调控能力较强，市场价格将以平稳为主，但仍存在较大的下行压力。国内食用油市场供应充裕，市场需求稳定，受国际食用油原料价格走低影响，预计后期食用油价格维持弱势平稳运行态势。

猪肉价格高位企稳，牛羊肉价格小幅回落。2017 年春节消费旺季期间，猪肉价格将稳中趋升。节后进入传统消费淡季，价格有再次走弱的可能。目前国内能繁母猪存栏呈现底部恢复增长趋势，生猪生产将维持紧平衡状态，上半年生猪市场仍将延续景气行情。但受宏观经济低迷形势影响，加上居民饮食结构变化，市场猪肉消费短期内不会有太大变化，价格维持高位运行。牛羊养殖周期长、风险大，短期内市场供应偏紧的格局难以根本缓解。预计2017年牛羊肉价格仍将高位运行，小幅回落。

禽蛋价格平稳运行。禽蛋价格高位运行，有效刺激了养殖户补栏积极性，2016年家禽养殖业已基本恢复至往年的水平，禽蛋市场供求总体平衡有余。若没有大的疫情出现，预计2017年禽蛋市场相对平静，价格以稳为主，不会再出现大幅涨跌的情况。

蔬菜价格波动相对较大。蔬菜生产和供应受天气和季节性因素影响较为明显，价格波动频繁。春节前后，正值严冬天气，蔬菜供应量减少，加之市场经营大多以大棚菜和外地菜为主，生产运输成本增加，蔬菜价格将呈现明显的上涨态势。春节后，随着气温回升，市场供应量增加，节日拉动因素消退，价格将进入季节性回落通道。预计2017年春冬季节，蔬菜价格会明显上涨，夏秋季节蔬菜价格自然回落，随季节明显波动。

二　重要生产资料市场形势分析与展望

2016年，随着供给侧改革政策措施不断落实，生产资料市场供给过剩状况略有缓解，供需平衡性好转，出现一些积极变化：市场价格回升，下游需求回暖，企业库存下降、周转加快、成本下降、利润增长。从整体来看，河南省生产资料市场运行良好，河南钢材、煤炭价格小幅回升，成品油价格重回“六元时代”，有色金属、水泥价格大幅上涨，化肥价格弱势运行。但由于目前宏观经济增速仍有所回落，生产资料市场仍处于产能过剩的大背景下，需求增长速度不会出现明显上升，预计2016年生产资料市场价格回升幅度有限。

1. 2016年生产资料市场运行的主要特点

（1）市场销售增速加快。供给侧改革政策措施不断落实，生产资料市场需求增加，销售增速加快。2016年全省流通领域10大类限上生产资料销售额7737.3亿元，较上年增长19.84%。其中石油及制品类增长7.3%，金属材料类增长5.2%，煤炭及制品增长32.4%，建筑及装潢材料类增长26.1%，汽车类增长12.9%；仅木材及制品类同比下降较多，为42.4%（见表4）。

表4　2016年全省限额以上10大类生产资料销售情况

单位：万元，%

品种	销售额	同比
煤炭及制品类	9170187	32.4
木材及制品类	88986	-42.4
石油及制品类	16003668	7.3
化工材料及制品类	5442428	-6.6
金属材料类	12686132	5.2
建筑及装潢材料类	3410320	26.1
机电产品及设备类	3991296	-7.5
汽车类	24787635	12.9
种子饲料类	1063287	0.8
棉麻类	729360	-8.4

资料来源：河南省统计局数据。

（2）市场供求过剩缓解。随着国家经济结构调整和增长方式的转变，生产资料需求增加，下游需求回暖，企业库存下降，供求过剩状况略有缓解。省商务厅网上调查显示，2016年下半年河南省300种主要生产资料中，认为供求基本平衡的意见比重为75%，较上半年上升12个百分点；供过于求的意见比重为23%，较上半年下降8个百分点；供求偏紧的意见比重仅为2%。

（3）市场价格波动上升。省商务厅监测的成品油、水泥、化肥、有色金属、煤炭和钢铁6大类商品，除化肥价格同比略有下跌外，其余全部上涨。重点监测的40个品种中，有32种价格上涨，仅8种价格下跌。12月末全省汽油零售均价6.45元/升，柴油零售均价5.77元/升（见图8），同比分别上涨13.8%和16.1%，环比分别上涨4.2%和4.7%。

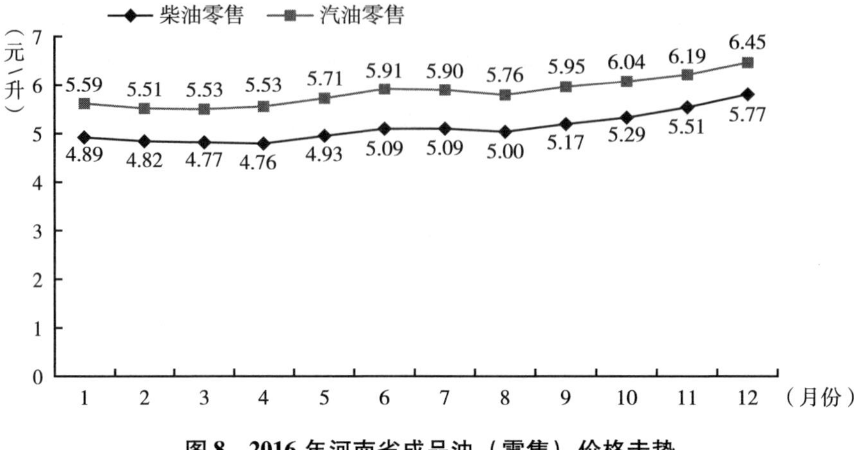

图 8　2016 年河南省成品油（零售）价格走势

资料来源：河南省商务厅监测数据。

供给侧改革政策措施不断落实，煤炭下游电力、冶炼等重点用煤行业兼并重组，削减过剩产能，提高行业集中度。2016 年初以来，煤炭价格持续震荡走高，12 月末全省煤炭均价 725. 48 元/吨（见图 9），同比上涨 16. 3%，环比上涨 4. 1%。

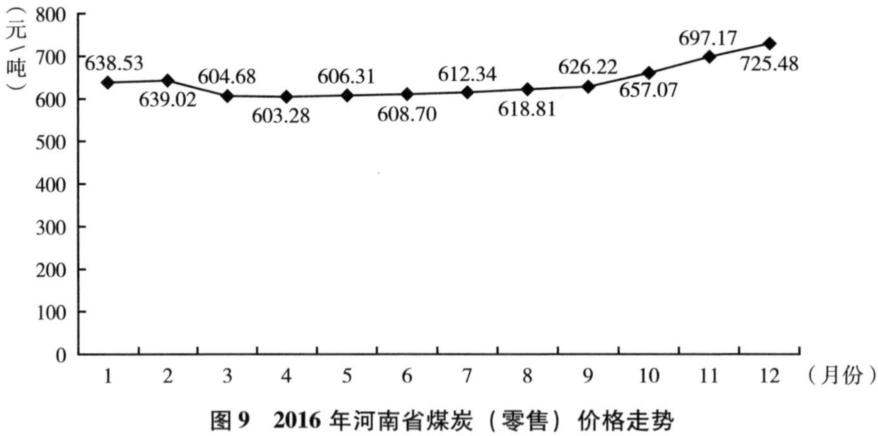

图 9　2016 年河南省煤炭（零售）价格走势

资料来源：河南省商务厅监测数据。

钢材、水泥等建材价格上涨。国家经济结构调整和增长方式转变，大型基建和投资项目有所增加，房地产行业持续火暴，钢材需求量明显加大，价格弱势探涨。水泥行业受环保治理、错峰生产和成本上升等因素共同作用，价格大幅上涨。12 月末全省钢材均价 3331.19 元/吨（见图 10），同比上涨 18.1%，环比上涨 6.8%；全省水泥均价 346.75 元/吨（见图 11），同比上涨 31.7%，环比上涨 1.6%。

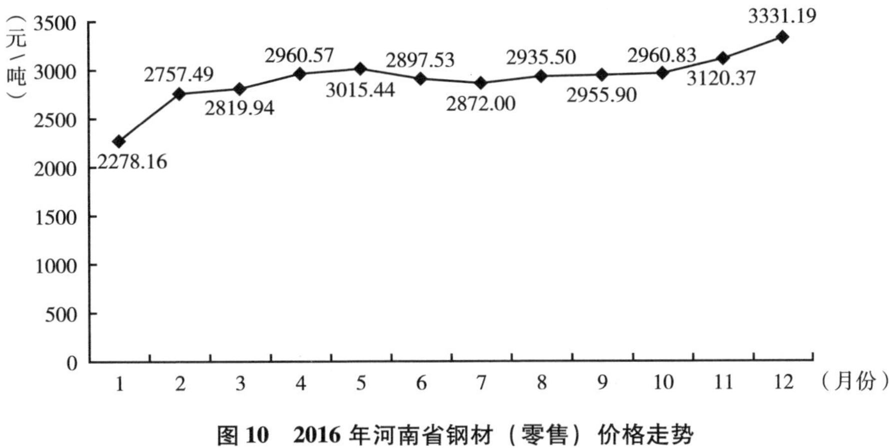

图 10　2016 年河南省钢材（零售）价格走势

资料来源：河南省商务厅监测数据。

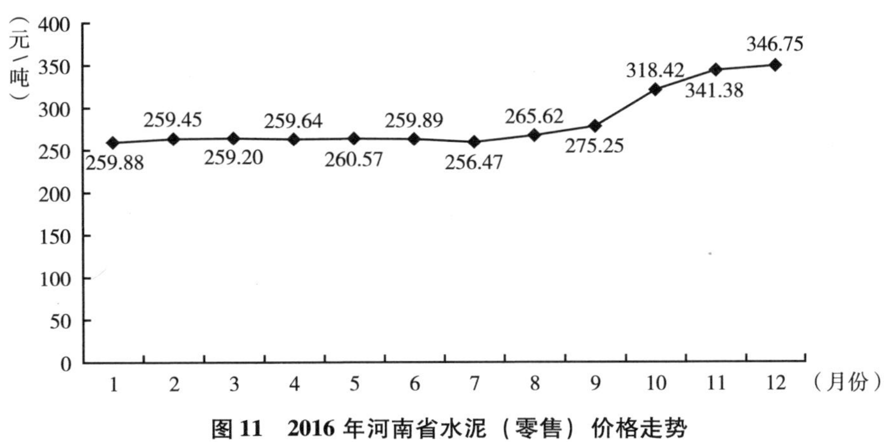

图 11　2016 年河南省水泥（零售）价格走势

资料来源：河南省商务厅监测数据。

有色金属价格高位运行。全球量化宽松政策继续，我国稳增长、宽货币的政策持续加码，经济数据好于市场预期，固定资产投资上升，有色金属市场需求有所回暖，对价格形成一定支撑。但由于当前全球经济复苏态势还不稳固，工业金属需求仍较疲弱，有色金属价格反弹仍有反复。12 月末全省有色金属均价 24758.06 元/吨（见图 12），同比上涨 24.0%，环比上涨 3.8%。

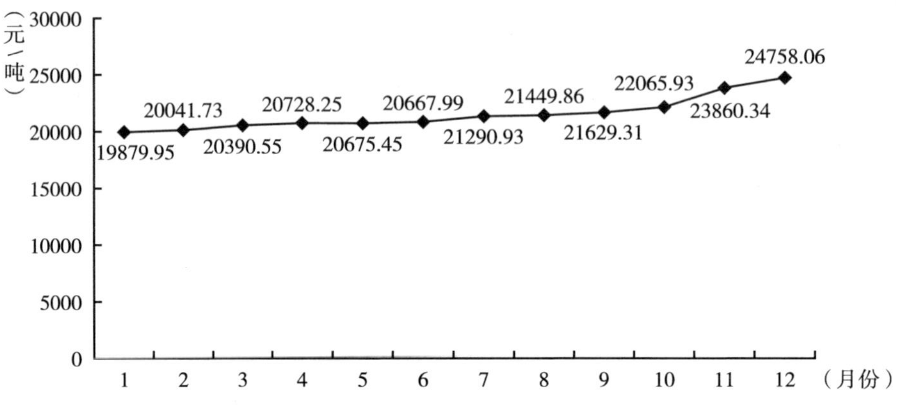

图 12　2016 年河南省有色金属（零售）价格走势

资料来源：河南省商务厅监测数据。

化肥价格先降后升，震荡趋稳。受经济大环境影响，2016 年国内化肥出口低迷，内需不旺，价格总体呈平稳弱势震荡态势。12 月末全省化肥均价 2292.44 元/吨（见图 13），同比下跌 5.7%，环比上涨 1.3%。

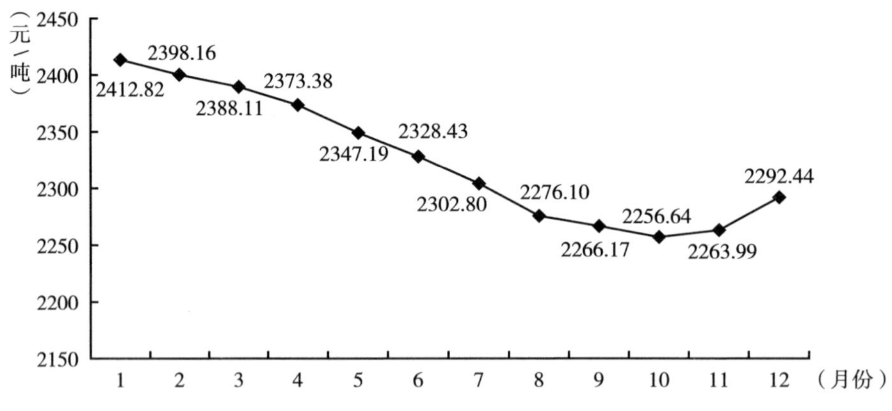

图 13　2016 年河南省化肥（零售）价格走势

资料来源：河南省商务厅监测数据。

2. 当前生产资料市场存在的主要问题

（1）去产能压力仍然较大

2016 年上半年，PMI 生产指数同新订单指数差距虽然缩小至 2 个百分点以内，但生产指数始终高于新订单指数，生产资料市场需求低迷和产能过剩并存的格局并未出现根本性改变。同时，受世界经济增长乏力、国内市场需求不振、传统行业产能过剩等因素的影响，2016 年全国固定资产投资增速有所放缓。全年完成固定资产投资（不含农户）596501 亿元，同比增长 8.1%，增速比 1 ~11 月回落 0.2 个百分点，比上年回落 1.9 个百分点。投资放缓、制造业持续疲弱，对生产资料需求拉动作用减弱，库存水平居高不下，去产能压力仍然较大。

（2）企业税赋较高，赢利能力较弱

河南多数生产资料企业主要靠规模扩张和买卖差价赢得效益，经营和流通模式相对传统，创新能力较差，赢利能力较低。据对重点生产资料流通企业调查情况，企业支付税费同比增加的状况持续存在，企业运营成本提高，进一步压缩了利润空间。应交税费持续增加、劳动力等相关成本费用快速上涨和市场竞争加剧等因素导致流通企业利润被不断挤压，呈现“量高价低赢利弱”的发展特征。运营压力加大，企业效益下滑，赢利能力减弱，限产、减产、裁员、关停增多，不利于经济平稳运行和社会稳定。

（3）国际市场变化对国内影响增大。世界经济一体化，全球经济低迷，国际市场对能源、原材料需求减弱，价格持续走低。国内外价差进一步拉大，国际贸易摩擦不断，国内产品出口困难，同时海外低价原料大量涌入，对国内市场形成较大冲击，市场竞争加剧，不利于行业健康发展。

3. 对策与建议

一方面，应继续坚决贯彻执行中央经济工作会议提出的积极稳妥化解产能过剩的任务。尤其是在当前市场供需矛盾加剧的情况下遏制增量、优化存量的工作应更加不松懈。严格执行现行质量、能耗、环保等国家强制性的标准、法律、法规，加大淘汰力度，加强市场监管，防止企业使用不正当的竞争手段，保持稳定的市场竞争环境。尽可能通过兼并重组增强企业活力，要重视知识产权保护，完善商业法制，切实发挥企业家的重要作用，着力营造扶商、安商、惠商的良好市场环境。

另一方面，企业要学会期货、现货市场“两条腿走路”，利用好期货规避经营风险。随着我国市场化程度加深，钢铁、石油等基础行业价格也逐步放开，企业经营所面临的成本风险加大，需要以期货等金融衍生品锁定价格完成风险管理。

4. 2017年生产资料市场趋势展望

2016 年，河南省生产资料工业生产整体呈缓中趋稳、稳中有进、稳中提质态势。展望 2017 年，全球经济面临的不确定性和不稳定性因素增多，河南省工业领域仍存在民间投资意愿不高、去产能任重道远、资金“脱实向虚”等问题。但考虑到河南省将持续推进供给侧结构性改革，加快工业增长新旧动能转换，2017 年生产资料需求将继续缓慢回升，市场整体形势将好于 2016 年，价格低位震荡、企稳反弹的可能性大。

（1）市场需求好转。国家继续实施积极的财政政策和适度宽松的货币政策，预计 2017 年存款准备金和利率仍有下调的可能，为降低企业经营成本，缓解中小企业融资难、融资贵，刺激投资和消费，将提供实质利好。郑万、郑合、商合杭等一大批重点基础设施项目建设进程加快，将拉动生产资料需求的增长。从外部环境来看，世界各国经济相继触底温和复苏，国际市场初级产品和投资品需求增加，有望带动出口适度回升。

（2）产能过剩有所缓解。加强供给侧结构性改革，去产能、去库存、去杠杆、降成本、补短板，河南将进一步压缩钢铁、水泥、电解铝、平板玻璃等过剩产能，有效缓解生产资料行业产能过剩局面，增强经济内生动力。

（3）市场价格震荡企稳。全球经济维持温和复苏，流动性依然充沛，实体经济和金融性购买需求仍将缓慢回升。同时在国内稳增长，去产能、去库存政策拉动下，生产资料行业供应过剩局面将有所缓解，价格震荡企稳的可能性大。但美国经济复苏好于预期，开始试探性加息，退出量化宽松政策，导致各国资本外逃、本币贬值、金融市场动荡风险加大，进而抑制国际石油、煤炭、矿石、有色金属行情上涨。

B.10
2016～2017年河南省电子商务形势分析与展望

韩玉舟　袁文卓*

摘　要：　2016年，在省委、省政府的正确领导下，全省电子商务快速发展，电子商务应用水平和质量进一步提升。展望2017年，面对复杂的内外部经济发展环境和电子商务市场不断变化的新挑战，借助河南自由贸易试验区、中国（郑州）跨境电子商务综合试验区等国家战略的深入实施，河南电子商务将增添新活力，获得新动能，继续呈现快速良好发展态势。

关键词：　电子商务　跨境电商　示范创建

一　2016年河南省电子商务发展回顾

2016年，在河南省委、省政府的正确领导下，河南省电子商务快速发展。全年电子商务交易额达10033亿元，增长30.0%，其中网络零售交易额1906亿元，增长43.3%，总体发展水平进入全国前十。

1. 线上市场活跃，交易持续增长

据行业监测，2016年河南省电子商务交易额首次突破1万亿元，增速是全省GDP增速的3倍多。网络零售额已达全省社会消费品零售总额的

* 韩玉舟、袁文卓，河南省商务厅电子商务办公室。

10.8%，比上年提高4个百分点。2016年“双十一”网购活动当天，河南企业在阿里平台上的网络零售额达到46亿元，进入全国前十，在苏宁平台上网络零售额位居全国第九。

2. 品牌企业成长迅速，影响力不断增强

中华粮网、世界工厂网、企汇网、中钢网等一批本土电商平台位居细分行业前列。想念面业产业链电商、郑锅股份跨境电商、洛阳哈他消费品电商等，三年来业务增速年均超过50%，处于同行业领先地位。截至2016年底，全省在资本市场挂牌上市的电商企业超过40家。双汇、宇通、众品、思念等大型企业电商投入持续加大，应用水平稳步提升。

3. 示范成效显著，创建体系基本形成

2016年底，河南省已有国家级电子商务示范城市2个、电子商务与物流快递协同发展试点城市1个、电子商务示范基地3个、电子商务示范企业7家；培育省级示范基地56个、示范企业218家；省辖市、直管县（市）共计培育本级示范单位400家以上。国家、省、市（县）三级电子商务示范创建体系基本形成。

4. 电商进农村进展迅速，农信服务持续深入

2016年，河南省新增6个国家级电子商务进农村示范县，25个省级示范县，两级示范县累计达到48家，覆盖面迅速扩大。建成三十多个县级电商运营服务中心、200多个村镇服务站点，培训农村电商应用人员10万余人，安排就业20万余人。在全国率先开发的农村商务信息服务手机版投入使用，实现了网上信息“进口袋”、购销服务“随身行”；在两次全国农产品网上购销对接会上，全省共发布信息8.2万条，促成交易18.9亿元，信息量和成交额位居全国前列。阿里巴巴、苏宁、京东、一亩田、乐村淘、云书网等一批省内外知名电商在多个县（市）落地电商服务。

5. 电商基础不断巩固，人才培养务实推进

依托河南省商务公共服务云平台，电子商务企业认定备案实现网上办理，截至2016年底，全省已累计认定备案电商企业4829家，其中平台企业604家。省商务厅与郑州大学共建电子商务与物流协同发展研究院，与郑州师范

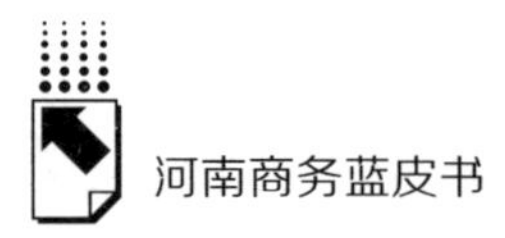

学院共建电子商务发展规划研究院，为电子商务理论研究和人才培养提供支撑。2016 年，全省百人以上规模的电子商务培训达 210 场（次），参训人员 3.8 万人次；全省县域内小规模、应用型基层电子商务人才培训超过 500 场（次）。

6. 跨境电商成绩突出，应用范围不断扩大

2016 年，河南省跨境电商进出口额达 111.45 亿美元，其中，出口 94.92 亿美元，进口 16.53 亿美元。从交易类型来看，B2B 出口是主力军，达到 69.28 亿美元，占全省总交易额的 62%。越来越多的省内企业，特别是传统制造企业“上线触网”、转型发展，郑锅股份、许昌金福源、企鹅粮油等企业跨境电商业务快速发展。B2C 进出口发展迅猛，全年郑州海关验放跨境电商 B2C 进出口 5741 万票，全省快递包裹出口 1656 万个。

7. 政策支撑持续增强，发展氛围愈加浓厚

国务院及商务部等部委出台了一系列促进电子商务发展的政策措施，省政府印发了《河南省关于大力发展电子商务加快培育经济新动力的若干意见》，多数市（县）制定了电子商务相关规划、实施意见、扶持政策，在跨境电商、营销推广、品牌培育、电商扶贫、人才引进、园区建设等方面给予支持。电子商务已成为各地政府工作的重点、社会关注的焦点、企业投入的热点，各方面促进和应用电子商务的热情不断高涨。

2016 年，河南省电子商务在快速发展的同时，还存在一些不足和短板。一是对发展电子商务的战略地位认识不深，仅仅把电子商务作为交易手段，没有从网络经济时代战略性新兴产业的层面上来把握；二是品牌电商的数量偏少，总体影响力偏弱，与广东、浙江、江苏、四川等省市还有不少差距；三是电商人才结构性供需矛盾突出，中高层电商人才缺乏，企业电商人才流失率比较高，农村电商引人、育人、留人难度大。

二　2017 年河南省电子商务发展形势

1. 电商交易将继续快速增长，增长幅度呈放缓趋势

从总体上看，2017 年电子商务行业仍将处于高速增长阶段，但随着电商交易基数的持续增大，其增长速度将趋缓。预计，2017 年全省电子商务交易额增速在 28% 左右，网络零售额增速在 30% 左右，较上年均有所降低。

2. 政策支持力度将进一步加大，社会资本参与热情持续高涨

各地、各部门贯彻落实省政府《关于大力发展电子商务加快培育经济新动力的若干意见》《河南省“互联网 + 流通”行动计划（2016 ~ 2018年）》等文件要求，同时从抢抓机遇、争取资源、竞相发展出发，纷纷结合实际，加大政策促进力度，出台多种配套措施支持电子商务发展，多方式、精准化、大力度的政策“组合拳”将进一步增多。同时，随着电子商务应用范围不断扩大，应用程度进一步加深，应用成效逐渐展现，社会资本关注和参与电子商务的热情和力度也将提高与加大。

3. 传统企业与电商企业深度融合，电商模式将不断创新

随着新技术、新观点、新理论在电商领域的应用，在 B2B、B2C、O2O、微商等传统电商模式的基础上，新的电商模式将会不断涌现，定制电商、网红电商、VR、智能终端等将快速发展，网络消费服务将呈现个性化、精细化、休闲化、体验式等特点。电商企业与传统企业之间的融合以及电商企业之间的合作将日趋多样化。

4. 电商集聚效应将进一步显现，应用程度将不断提升

目前，省内已有各类电子商务基地（园区、楼宇）166 个，集聚各类电商企业 5100 余家。预计 2017 年全省各类电商基地（园区、楼宇）将达到 200 家以上，集聚电商企业数量将突破 7000 家，电商企业的集聚一方面有利于政府政策措施的精准发力，另一方面也有利于电商企业借力发展，降低运营成本，加快孵化成长。随着电商应用的持续深入，全省企业应用电子商务比例有望超过 70%，其中中小企业电子商务应用比例将达到 65%。传统企业电商投入不断加大，转型步伐加快。

5. 电商应用成本和风险增大，市场竞争将不断加剧

随着应用电子商务企业数量的不断增多，细分行业加快渗透，不同区域、不同企业之间将形成对供应链和客户资源的争夺态势，势必造成电子商务的应用成本和经营风险增大，电商行业市场竞争不断加剧，企业电商应用模式及适应性将显得更加重要，发展电商过程中不进则退、慢进掉队的现象将日益显著。

6. 电商市场秩序日渐规范，市场监管将不断加强

随着国家电子商务法即将出台，电子商务市场监管体系加快推进，在鼓励创新的同时，政府将本着“发展中规范、以规范促发展”的原则，依法加强对电子商务市场的管理，维护和优化网上交易秩序，打击网络售假、网络欺诈、侵犯用户隐私等违法违规行为，保护网上消费者合法权益，构建健康有序的电子商务发展环境。这些对各类电商市场主体的经营行为都将产生重大影响。

三 促进河南省电子商务健康持续发展的对策

1. 搞好顶层设计和政策促进

全面贯彻落实国家及河南省支持电子商务发展、推进“互联网 + 流通”行动计划的各项政策措施，河南把大力发展电子商务作为引领内外贸流通升级、打造“双创”新引擎、培育经济新动力的重要抓手。围绕基础设施、新兴产业、要素市场、新秩序等方面，省政府创新电子商务引导政策，出台河南省电子商务“十三五”发展专项规划、推进流通业供给侧结构性改革专项行动方案和推进“互联网 + 流通”行动计划的实施意见，研究制定跨境电商综合试验区发展规划、跨境电商产业发展指导意见等。

2. 全面推进跨境电商综试区建设

全面落实各项创新举措，加快“三个平台、七个体系”建设，统筹财政资金，加大对跨境电商的支持。培育一批外贸综合服务企业，建设一批培训孵化基地，推动跨境电商产业集群发展。建立全省跨境电商重点企业和项目数据库，吸引国内外龙头电子商务企业投资河南跨境电子商务产业。大力引进培育外贸综合服务企业，积极推动传统外贸和制造企业上线开展国际贸易，引导现有电商企业开展跨境运营，加快形成集跨境电商平台企业、外贸综合服务企业、金融服务企业、智能物流仓储企业等为一体的跨境电商产业链、生态链。

3. 扩大电子商务示范建设成效

扩大省级电子商务示范基地、示范企业培育认定范围，择优推荐创建国家级示范基地、示范企业。加强对示范单位的动态管理，提升现有示范单位示范水平。市县应扩大本级电商示范单位创建规模，充实完善电子商务示范创建体系。适时启动电商培优工程，培育一批本土优秀电商园区、电商企业、电商领军人物。

4. 持续推进电子商务进农村工作

发挥好中央和省级财政资金引导作用，在做好国家级电子商务进农村综合示范工作的同时，扩大省级示范覆盖面，2017年底前，力争示范县（市）占全省的一半以上。开展电商专家下乡活动，组织线上线下农产品对接，打造特色农产品品牌和农村电子商务产业链。加强工作培训，加快工作进度，开展督导检查，搞好绩效评价，进一步畅通工业品、生活服务下乡和农产品进城双向渠道。

5. 开展电子商务进社区示范创建

启动电商进社区示范工作，选择基础较好的单位开展试点，培育一批电子商务示范社区和社区电子商务服务网点，发展以社区生活服务为核心的电子商务服务。依托连锁企业、龙头快递物流企业、居民服务企业及电商企业，整合社区人力及服务资源，创新组织模式，建成覆盖居民“衣、食、住、行、娱”等社区电商服务网点，形成便利快捷的社区消费服务网络。

6. 壮大电商人才队伍，营造良好发展氛围

持续推进电商认定备案等基础建设，扩大企业认定备案覆盖面。以京、沪、浙等电商发展较快的地区为主要对象，重点引进省外豫籍电子商务中高层次人才回乡发展。依托省内高校、河南省电子商务人才继续教育基地、河南省电子商务培训中心、河南省国际贸易电子商务孵化中心等教育培训机构开展有针对性的电子商务业务培训，壮大电商人才队伍，提高企业电商应用水平。统筹利用传统媒体和新媒体手段，围绕守法经营、诚信服务、健康发展，总结、宣传、复制各地好的做法和电商典型案例，加强宣传引导，放大

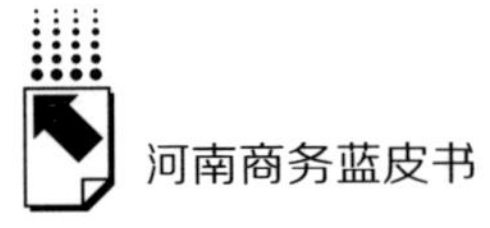

成效。

7. 加强电商市场监管，规范电商市场秩序

贯彻落实国家电子商务相关法律法规，推进河南省电子商务地方立法工作。坚持线上线下治理相结合，建立新型监管体系，深入开展电商侵权假冒治理行动，健全网络交易失信惩戒制度。充分借助物联网、大数据等信息技术，掌控电子商务市场发展状况，及时发现和查处违法违规行为，维护电商市场秩序，促进电子商务规范发展。

B.11

2016 ~2017年河南省散装水泥绿色产业发展形势分析与展望

刘焕胜　王锋剑*

摘　要：　2016 年河南省散装水泥工作以发展散装水泥为中心，坚持绿色产业发展，立足行业特点，凝聚行业力量，在扬尘治理、节能减排、发展循环经济和河南经济建设中发挥了积极作用。全年累计完成散装水泥供应量 9920.91 万吨，居中部第一位，全国第二位。

关键词：　散装水泥　绿色产业　节能减排

一　2016年河南省散装水泥绿色产业发展情况

1. 全省水泥行业和散装水泥产业总体发展概况

（1）水泥行业概况。2016 年全省水泥生产量 15604.22 万吨，同比减少 896.14 万吨，增幅为 -5.43%；继 2015 年增长 -1.9% 之后，已连续两年呈负增长。

（2）散装水泥产业概况。2016 年全省散装水泥供应量 9920.91 万吨，居全国第二、中部第一，比 2015 年增加 357 万吨，增幅为 3.73%（见图 1）。

---

* 刘焕胜、王锋剑，河南省散装水泥办公室。

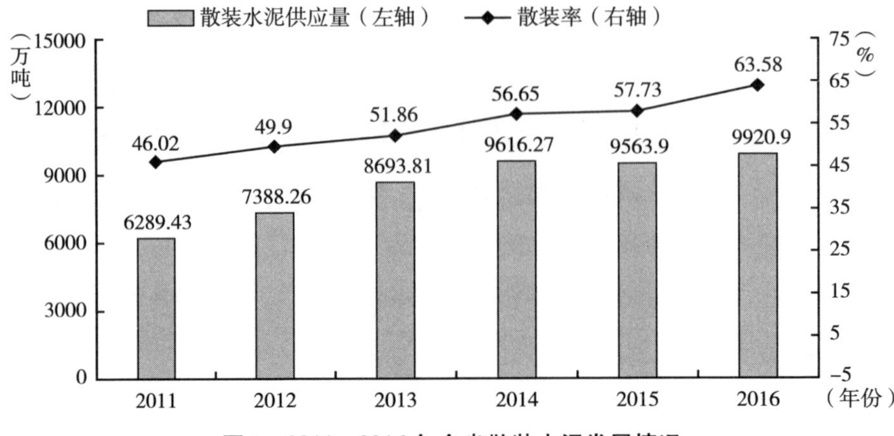

图1　2011～2016年全省散装水泥发展情况

资料来源：河南省散装水泥办公室。（下同）

2016年全省水泥散装率63.58%，较上年提高了5.85个百分点，较全国水泥散装率58.05%高出5.53个百分点。各省辖市、省直管县（市）散装率超过全国平均水平的有：濮阳市92.19%、漯河市88.56%、邓州市81.50%、商丘市76.56%、安阳市76.13%、鹤壁市75.21%、许昌市72.61%、郑州市71.42%等。散装水泥供应量同比增幅较大的有：漯河市131.81%、汝州市50.38%、商丘市19.13%等。

（3）散装水泥消费结构。2016年全省生产预拌混凝土使用散装水泥3012.42万吨，同比减少6.73%；生产预拌砂浆使用散装水泥132.97万吨，同比增长149.43%；生产水泥制品使用散装水泥2525.44万吨，同比增长1.02%；分散用户散装水泥使用量3439.74万吨，减少48.17万吨，同比下降1.38%。上述各项使用量分别占全省散装水泥使用总量9110.57万吨的33.07%、1.46%、27.72%和37.75%（见图2）。

2. 预拌混凝土、预拌砂浆产业

截至2016年底，全省共有预拌混凝土生产企业685个，同比增长3.32%。预拌混凝土总产能33960万立方米，同比增长1.25%；2016年生产预拌混凝土8690万立方米，同比减少2.35%。

全省共有年设计产能25万吨以上的预拌砂浆生产企业45家，年设计生

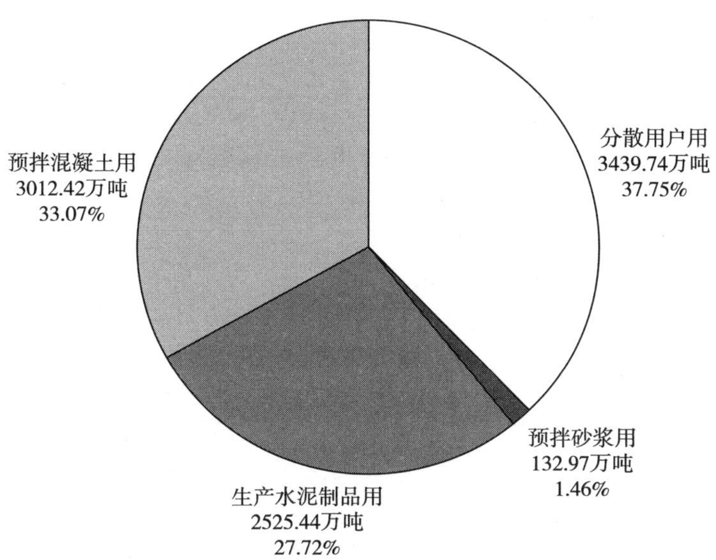

图 2　2016 年全省散装水泥消费结构

产能力 1559 万吨，较上年新增产能 464 万吨，同比增长 42.37%。2016 年累计生产预拌砂浆 509 万吨，同比增长 144.17%。

2016 年，省散装水泥办公室（以下简称省散办）严格贯彻落实省委、省政府《河南省蓝天工程行动计划》《关于打赢大气污染防治攻坚战的意见》及大气污染防治攻坚战 7 个实施方案，围绕建筑工地两个“禁止”，制定完善督查考核制度，推动行业健康发展。在 2016 年省委、省政府开展的大气污染防治攻坚战中，河南省散办因大气污染防治攻坚战“两个禁止”工作成绩突出，受到省委、省政府的表彰。

省散办组织召开了全省散办主任座谈会，落实省商务厅下发的《城市建成区内施工现场“两个禁止”攻坚战实施细则》要求，专题部署“两个禁止”工作，并制定了《河南省大气污染防治〈城市建筑工地散装水泥与预拌砂浆使用工作〉年度考核细则》《落实河南省大气污染防治攻坚战“两个禁止”工作措施》等。先后两次组织对全省范围内“两个禁止”落实情况进行督查。目前全省已有 17 个省辖市出台砂浆“禁现”文件，营造了良好的预拌砂浆应用发展环境。

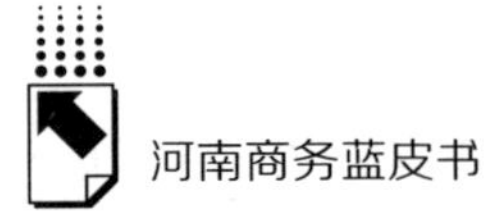

3. 农村散装水泥发展情况

多年来，省散办坚持农村发展散装水泥示范县（市）、示范点建设工作，以点带面，起到了很好的效果。为更好地推动农村散装水泥和混凝土双下乡，顺应政策、形势以及市场需求的变化，2016 年河南对 1 ~4 批农村发展散装水泥示范县（市）、示范点进行了全面的摸底调研。调研结果显示，1 ~4 批农村发展散装水泥示范点，示范带动效应不断扩大，农村推散态势、走向较好，由原来的利用农村散装水泥销售网点推广散装水泥转化到预拌混凝土直接下乡、直接到农村用户，农村应用预拌混凝土比例不断提升。截至 2016 年底，全省共计有农村散装水泥示范县（市）26 个、示范点 109 个，农村散装水泥网点 1603 家。

2016 年，全省散装水泥使用量 3147.33 万吨，同比增加 246.19 万吨，增幅 8.49%。农村预拌混凝土使用量 3500 万立方米，同比增长 36.40%。农村散装水泥使用率达 56.40%，同比提高 9.57 个百分点。农村散装水泥使用率超过全省平均水平的有：许昌市（64.82%）、三门峡市（64.14%）、邓州市（63.89%）、开封市（61.01%）等 11 个市（县）。

4. 散装水泥物流装备

散装水泥、预拌砂浆、预拌混凝土物流体系不断完善，综合配套能力不断提高，配套水平趋于合理。目前，全省共有散装水泥发放库 1212 座，库容量 641 万吨；专用车辆 4218 辆，额定量 20.90 万吨；散装水泥罐 10502 个，额定量 68.40 万吨；混凝土搅拌车 8558 辆，额定量 9.96 万立方米；混凝土泵车 1250 辆，额定量 8.24 万立方米；干混砂浆运输车 171 辆，额定量 5442 吨；干混砂浆移动筒仓 1824 个，额定量 5.43 万吨；干混砂浆背罐车 34 辆，基本上满足了市场需求。

5. 节能减排综合效益指标

2016 年，全省发展散装水泥、预拌砂浆、预拌混凝土综合利用和节能减排，效益显著。累计利用固体废弃物 1140 万吨，同比增长 4.11%。减少使用水泥包装袋 19.84 亿个、减少水泥损耗 58.04 万吨、减少粉尘排放 99.71 万吨、减少二氧化碳排放 592.66 万吨、减少二氧化硫排放 1.94 万吨。

节约标准煤227.94万吨、水资源1.49亿吨、电力7.14亿度、棉纱3.97万吨、石油44.64万吨，创造社会综合效益44.64亿元。

6.行业体系建设状况

（1）推进散装水泥立法工作。立足河南散装水泥发展实际，省散办把《河南省散装水泥条例》作为近期立法项目，正在努力推进。

（2）开展砂浆“禁现”、散装水泥专用车辆信息平台建设等重点工作的督查调研。一是预拌砂浆“禁现”情况。各省辖市、省直管县（市）在落实预拌砂浆“禁现”工作中，能够切实加强对预拌砂浆生产、运输、储存、使用等各个环节的监管指导。深入基层和企业，加大宣传力度，明确工作任务，根据当地实际，积极采取多种形式，依托省大气污染防治攻坚战“两个禁止”工作要求，下大力气推进预拌砂浆“禁现”。二是散装水泥专用车辆信息平台建设及运行情况。为更好地保障散装水泥专用车辆行车安全，减少道路交通事故的发生，推进散装水泥行业发展，省散办对全省散装水泥专用车辆信息服务平台进行了督导检查。18个省辖市散装水泥办公室按照省散办的要求，建立了散装水泥专用车辆监控信息平台。建立健全了信息平台管理规章制度，设立专人管理，并不断加强人员培训。积极协调生产企业，加大录入专用车辆信息的力度，基本实现了对散装水泥专用车辆的全面管理。

（3）认真组织全省散装水泥宣传周活动。根据商务部关于开展全国散装水泥宣传周活动通知要求，省散办组织开展了内容丰富、形式多样的宣传活动，达到了预期效果。省散办与郑州市散办联合举办了宣传活动及预拌砂浆机械化施工现场观摩会，多家新闻媒体进行了现场采访报道，收到了很好的社会宣传效果，扩大了社会影响力。

（4）规范散装水泥专项资金使用与管理。认真贯彻财政部《关于取消、停征和整合部分政府性基金项目等有关问题的通知》要求，积极落实散装水泥专项资金并入新型墙体材料专项基金的政策要求，做好将预拌混凝土、预拌砂浆、水泥预制件列入新型墙体材料目录，纳入新型墙体材料专项基金支持范围的政策衔接工作，从2016年2月1日起，停止向水泥企业征收散装水泥专项资金，进一步规范散装水泥专项资金的征收使用和管理。

7. 存在的问题

预拌混凝土城乡发展不平衡，城市产能过剩、设备利用率低，农村预拌混凝土的生产规模及覆盖面尚不能满足农村建设需要。部分地区预拌砂浆“禁现”政策落实不到位。预拌砂浆机械化喷涂施工技术仍制约着预拌砂浆优势的体现。农村散装水泥市场分散，推广难度大，散装水泥应用覆盖面较小；个别省辖市水泥散装化水平较低，散装水泥使用量增长缓慢。

二　2017年发展展望

1. 2017年展望

2017 年，国内经济将处于新常态，但大规模基础建设仍将持续，保障性安居工程、农业设施和新农村建设以及水利、公路、高铁等重大项目的实施，仍将为散装水泥产业提供较大的市场空间。全省散装水泥发展和应用工作要根据“十三五”发展规划设定的目标和任务，以重点工作中存在的短板为突破口，推动各项工作落到实处；培育装配式水泥预制构件生产企业工作争取有突破；加快推进预拌砂浆产业发展和预拌混凝土下乡；提升预拌混凝土行业清洁生产水平；做好专用车辆安全监管，保障专用车辆安全运营；强化行政监督，实现预拌砂浆推广应用新提升。2017 年全省散装水泥生产争取达到 9800 万吨。

2. 对策建议

（1）认真贯彻商务部、河南省“十三五”散装水泥发展规划指导意见，推动河南省散装水泥绿色产业发展。

（2）促进预拌混凝土规范发展，加大预拌砂浆推广力度。针对预拌混凝土发展不平衡现状，省散办坚持以控制总量、优化结构、减少过剩为目标，加强行业指导。加快推进预拌混凝土广泛应用，重点加大农村地区推广力度；完善预拌砂浆标准体系，着力加强监督检查，保障产品质量及环保要求；加快推广机械化喷浆等先进施工方式，鼓励预拌砂浆企业开展“生产施工一体化”，扎实推进大气污染治理，加大执法工作力度，依法严禁现场搅拌砂浆。

（3）推进水泥预制构件生产。结合河南实际，水泥生产行业认真贯彻落实国务院办公厅《关于大力发展装配式建筑的指导意见》，顺应建筑工业化、装配式建筑和海绵城市等发展趋势，引导生产企业延伸产业链条。

（4）抓好农村推广散装水泥、预拌混凝土工作。积极发挥农村发展散装水泥示范县（市）、示范点的引导作用，加强全省农村发展散装水泥示范县（市）、示范点的监督与管理。引导企业向农村推广使用预拌混凝土及砂浆，提高农村水泥散装化水平。

（5）重视散装水泥宣传工作。采取形式多样的宣传活动，结合定期宣传和日常宣传，将发展散装水泥对治理雾霾天气，建设资源节约型、环境友好型社会的重要意义深入宣传，注重宣传时效和宣传深度。

（6）加快散装水泥发展的立法工作。进一步做好散装水泥立法的调研工作，加大宣传力度，顺应当前全面实施依法行政的形势，让散装水泥工作有法可依。

（7）加强行业队伍建设。抓好行风政风建设。做好管理、从业人员的素质培训，行业法律法规、政策，散装水泥财务、统计，预拌砂浆生产与应用技术规程等培训工作，提高从业人员的综合素质。

专 题 篇

Special Topics

B.12

加快内贸流通创新　推动供给侧结构性改革的思考和建议

王 军　刘海涛　张 伟　乔云飞　宋晓燕*

摘　要：党中央、国务院高度重视做强流通对扩大消费和推动供给侧结构性改革的重要作用，提出要适应新形势、新任务，加快内贸流通创新发展，着力推进供给侧结构性改革，为扩大消费需求和促进经济增长提供有力支撑。本文主要阐述了河南省内贸流通发展现状，分析了河南内贸流通面临的新形势新任务，对河南流通业供给侧结构性改革提出了总体思路和建议，在加快内贸流通创新推动供给侧结构性改革方面进行分析和探讨，为政府决策提供思路和参考。

* 王军、刘海涛、张伟、乔云飞、宋晓燕，河南省商务厅综合处。

关键词：　流通创新　供给侧结构性改革

流通连接生产和消费的两头，是基础和先导产业，是经济的“血脉”和“神经”。内贸流通对消费者而言是供给侧，对生产者来讲是需求侧，是离消费最近的供给环节，是供给侧结构性改革的重点领域。近年来，内贸流通在引导消费、保障民生、扩大就业、稳定经济增长方面的作用不断增强，已成为促进经济发展的先导性、基础性产业。党中央、国务院高度重视做强流通对扩大消费和推动供给侧结构性改革的重要作用。就河南而言，需积极顺应我国经济由生产主导型向消费主导型的历史性转变，正确处理政府与市场的关系，以供给侧结构性改革为主线，提升流通信息化、标准化、集约化水平，加快流通转型发展，为扩大消费需求和促进经济增长提供有力支撑。

一　河南省内贸流通发展现状

近年来，面对复杂严峻的经济形势，河南省坚持促消费、扩内需、调结构、惠民生，大力推动内贸流通现代化，有效满足了广大人民群众的消费需求，初步形成主体多元、方式多样、开放竞争的流通发展格局，为经济平稳健康发展提供了重要保障。

1. 流通现代化进程加快

线上线下融合逐步成为流通产业实践的方向，新模式、新业态、新产品、新服务不断涌现，传统的零售业、批发业、物流业、生活服务业、商务服务业积极利用互联网探索转型路径。2016 年全省社会消费品零售总额 17618 亿元，规模居全国第 5 位，增长 11.9%，高于全国平均增速 1.5 个百分点，消费对经济增长的贡献率达到 59.6%。流通成本逐步下降，2016 年全省社会物流总费用 6500 亿元，与 GDP 的比率为 16.2%，比上年下降 0.2 个百分点。电子商务迅猛发展，2016 年全省电子商务交

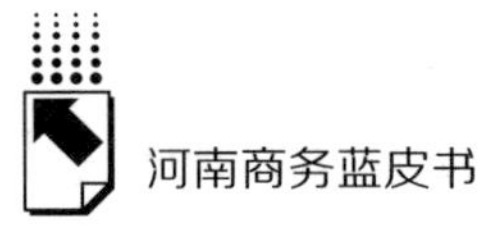

易额达 10033 亿元，增长 30%，其中网络零售额 1906 亿元，增长 43.3%，网购在改变人们消费模式和习惯、丰富居民生活的同时，成为拉动消费的重要动力。

2. 商贸流通体系日益完善

顺应流通业城乡一体化发展趋势，连锁经营、物流配送等现代流通方式在农村市场快速发展，基本形成县、乡、村“三级”农村现代流通网络。农村超市覆盖率超过95%，“万村千乡”农家店销售总额占农村社会消费品零售总额比重超过30%。河南省被确定为国家跨区域农产品流通基础设施建设试点，中央财政支持跨区域农产品冷链物流发展和农产品交易、仓储设施建设。河南省国家级、省级电子商务进农村综合示范县（市）达到 48 家，覆盖全省近 1/2 的市县，建成一大批县级电商运营服务中心、村镇服务站点，开设网店近 2 万个，安排就业 6.5 万人，成为拉动农村消费的新引擎，促进农村经济发展新动力。流通企业竞争力不断增强，培育了河南万邦、商丘农产品、周口黄淮物流港、郑州信基等一批年交易额超百亿元的农产品骨干批发市场，培育年销售额 50 亿元以上的商贸流通龙头企业 28 家。河南被确定为中央财政支持冷链物流发展十个示范省份之一，重点推进冷链物流信息化体系、标准化体系、硬件支撑体系建设等。先后培育了双汇、众品、思念、三全、科迪、华英、大用等速冻冷藏食品龙头企业，冷藏车保有量、冷库保有量均居全国前列。生活服务业体系进一步完善，社区商业网点达到 10 万多个，基本实现了放心早餐工程、家政服务网络中心省辖市全覆盖。

3. 流通体制改革开局良好

河南省政府出台了《关于推进国内贸易流通现代化建设法治化营商环境的实施意见》，在洛阳、安阳、焦作、许昌、南阳、驻马店、巩义、永城等 8 市开展内贸流通体制改革发展省级综合试点，协调财政资金予以支持。郑州开展国家内贸流通体制改革发展综合试点取得初步成效，建设了一批新型市场和可追溯标准化“菜篮子”生产基地，形成了基地直采、直供、直配的农产品现代流通模式。

4. 市场保障体系不断健全

2016 年新认定 22 家品牌消费集聚区，新认定 19 家河南老字号企业，老字号企业总数达到 105 家。丹尼斯大卫城入围全国首批 15 家绿色商场。河南住宿餐饮业发展规模在全国前移至第 4 位。全省生活必需品应急保供体系初步建立，重要商品和主要农产品储备体系进一步完善。城市肉类蔬菜流通追溯体系初步建立，重要商品及时收储、适时投放，对保障生产生活、维护市场稳定起到了积极作用。加强市场监测和调研分析，完善应急储备机制，增强市场调控能力，商品市场监测水平不断提高，信息服务能力稳步提升，河南市场监测分析综合考核连续多年在全国名列前茅。2016 年，全省完成散装水泥供应量 9920 万吨，居全国第 2 位、中部第 1 位，散装率 63.6%，创造社会经济效益 45 亿元。

5. 营商发展环境持续改善

流通领域市场监管公共服务体系逐步完善，商务监管执法工作走在全国前列，省 12312 商务举报投诉中心挂牌运行，省、市、县商务监管执法机构、12312 商务举报投诉服务中心覆盖率居全国第一。打击侵犯知识产权和制售假冒伪劣工作深入推进，开展互联网、农资、烟草、食药、进出口等领域打击侵权假冒专项整治行动和商务领域互联网金融风险专项整治，集中整治了一批侵权行为突出、影响恶劣的重点市场，查处曝光了一批重大案件。2016 年开展商务领域大气污染防治攻坚战，查处违规经营加油站点 8000 多个，新批农村及偏远地区加油站 1560 个，有效保障了农村生产生活需求；回收拆解黄标车、老旧汽车超过 10 万辆，是 2015 年的 2 倍。持续开展诚信兴商宣传月、信用消费进万家活动，市场主体诚信意识明显提升，市场秩序更加规范，市场环境明显改善。

虽然河南省内贸流通取得了长足发展，但与先进省份相比，仍存在整体发展水平不高的问题，流通供给水平还不能完全适应生产和消费需求结构的变化，流通环节多、效率低、成本高，信息化、标准化、集约化水平亟待提高，流通管理体制尚不完善，市场环境与人民群众改善生活质量的期待存在差距，河南流通业供给侧结构性改革任重而道远。

二　河南内贸流通面临的新形势新任务

“十三五”时期是我国全面建成小康社会的决胜阶段，也是消费需求扩大、消费增长提速、消费结构升级的关键阶段。“十三五”时期现代流通将呈现以下发展趋势：一是线上线下加速融合。随着“互联网 + 流通”计划的深入实施，流通模式加快创新，信息化、标准化、集约化不断提升，线上线下融合发展。二是流通跨界融合提速。流通业与制造业、农业融合加快，业态间跨界明显，单一功能商业加快向集购物、餐饮、娱乐等多功能于一体的商业综合体转变。三是消费结构升级步伐加快。消费将从商品消费为主向商品消费和服务消费并重转变，从模仿式、排浪式、大众化消费向个性化、多元化、定制化消费转变，从温饱型、刚需型向品质型、享受型转变。四是流通智能化水平提升。随着移动互联网、物联网、云计算、大数据、虚拟现实、人工智能等新技术的深化应用，流通领域创新步伐加快，智慧型商圈、社区、商店、物流快速发展，流通业由劳动密集型向资本、技术密集型产业转变。

当前在“三期叠加”的大背景下，全国经济增速放缓，有效需求和供给均不足，品质不高、结构失衡、供需错配是深层症结。内贸流通一头连着生产，一头连着消费，承担着运送产品进入市场、实现价值和满足消费需要的双重职能，是离消费最近的供给环节，是供给侧改革的重点领域。从总体来看，河南流通业网络布局不尽合理，城乡发展还不均衡，信息化、标准化、国际化程度不高。零售业库存周转率、生鲜农产品流通腐损率等指标显示供给效率偏低，物流成本等供给成本偏高。流通业提供的产品和服务以适应模仿型排浪式消费为主，满足个性化的消费能力较弱，供给结构性失衡，导致消费外流现象。当前及今后一段时期，河南省致力于建设经济强省，打造“三个高地”，实现“三大提升”，推进供给侧结构性改革，加快流通改革创新，进一步提升流通现代化水平，降本增效、调整结构、挖掘潜力、优化环境，促进消费升级。推进内贸流通供给侧改革关键是降成本、补短板、调结构、强监管，实现供需更有效匹配。通过加强流通基础设施建设“补短板”，实施农产品流通骨干网建设行动计划，试点建设公益性农产品批发市场，加强跨区域农产品流通基础设施建设，提高农产品流通效率。通过大力发展现代流通方式“降成本”，针对流通费用高、流通环节多、商品周转慢、科技含量低等问题，推动线上线下融合，加快电子商务与物流快递协同发展，强化配送网络，提升服务水平，降低物流成本。通过提升流通供给能力“调结构”，适应新形势，创新业态，强化个性化、体验化、智能化、绿色化消费，丰富服务内容、创新服务方式、提高服务品质。通过不断优化营商环境“强监管”，加快建设重要商品追溯体系，扩大体系范围，开展商务诚信建设，加大对侵权假冒打击力度，营造良好市场秩序。

三　河南流通业供给侧结构性改革建议

河南相关管理部门以创新、协调、绿色、开放、共享五大发展理念统揽内贸流通工作全局，准确把握内贸流通发展新形势，顺应消费需求新趋势，以流通现代化为导向，以加快内贸流通创新为动力，围绕高效畅通流通、安全便利消费，突出降成本、提效率、增效益、补短板，推进流通信息化、标准化、集约化，加强和改善内贸流通制度供给、模式供给、要素供给，加快推广流通新技术、新模式、新业态，优化流通发展环境，实现流通改革创新、转型发展，推动消费需求扩大和消费全面升级。

1. 实施流通体制再造，增强流通供给新动能

一是建设中国（河南）自由贸易试验区。落实中央关于加快建设贯通南北连接东西的现代立体交通体系和现代物流体系、服务于“一带一路”建设现代综合交通枢纽的要求，河南加快自贸区建设，研究出台《河南自贸区管理办法》《河南自贸区发展规划》等相关配套政策文件，全面对标国际经贸规则，在更广领域激发各类主体和要素的开放活力，在更高水平、更大范围参与国内外经济技术合作与交流，打造直接面向世界的对外开放高端平台。全面实施“投资准入前国民待遇 + 负面清单”管理模式，对不涉及国家规定实施准入特别管理措施的外商投资企业设立及变更由审批改为备案管理，降低外资准入门槛。对外投资实行备案制管理，加快促进体系建设。扩大先进制造业和服务业领域开放，推进金融领域开放创新。支持外资进入铁路航空设备制造、维修与运输服务领域，推动铁路、航空国际中转集拼业务发展。鼓励民航、铁路、公路部门和企业整合资源，合作开展一体化物流运作。依托郑州航空港、中原国际陆港、“米”字形高速铁路网、遍布全省的高速公路网、支线及通航机场，构建陆空海对接、内捷外畅的现代综合交通运输体系，形成横贯东中西、联结南北方的对外经济走廊。创新国际物流运作管理模式，提高供应链管理和物流服务水平，促进人流、物流、信息流、资金流高效集聚流转，打造国际化多式联运物流中心和集疏分拨中心，提高流通效率。

二是推进内贸流通体制改革。认真贯彻落实省政府推进内贸流通现代化、营造法治化营商环境的安排部署，指导郑州市巩固国家内贸流通体制改革发展综合试点成果，抓好省级综合试点，进一步健全国内贸易流通现代化发展体系，创新国内贸易流通发展方式，强化国内贸易流通稳定运行保障能力，建设法治化营商环境，探索建立规则健全、统一开放、竞争有序、畅通高效的国内贸易流通体系和分工明确、权责统一、协调高效的国内贸易流通管理体制。推进鹤壁市商务领域综合监管执法体制改革国家级试点工作，搞好省级试点。加快制定内贸流通行政权力清单、部门责任清单和市场准入负面清单，尽快形成规则健全、竞争有序、监管有力、畅通高效的适应消费发展的新型流通管理体制。

三是实施内贸流通开放战略。扩大服务业开放，对商贸物流等行业的外资项目实行准入前国民待遇加负面清单管理，逐步放宽外资限制。积极引进国内外大型流通企业、行业组织，引进先进的运作方式、服务模式和管理经验，提升流通业专业化、国际化水平。在招商引资活动中，大力推介流通业项目。鼓励社会资本通过参股、控股、资产收购等形式，进入农产品流通、特色物流、餐饮、购物、家庭服务、健康养老等领域。

2. 紧随消费升级趋势，形成流通供给新结构

一是增加品质消费供给。推动商业模式创新，大力发展体验化、定制化、社交化等新型商业模式。实施品牌消费集聚区培育行动，在城市区域中心，持续认定一批设施新、业态全、活力强，具备购物、餐饮、文化、休闲和旅游等多重消费功能的品牌消费集聚区，发挥品牌设施带动力，集聚消费、引领消费、创造消费。实施“老字号”保护和促进行动，加强动态管理，挖掘、保护和传承一批老字号，支持一批“河南老字号”争创“中华老字号”。抓住时尚品牌、个性消费、体验消费以及智慧家电、可穿戴设备、智能家居等热点，进一步释放消费潜力。

二是改善餐饮消费供给。鼓励发展放心早餐、快餐、特色餐、地方小吃、社区餐饮、美食广场、食街排档、农家乐等餐饮服务方式，建设一批特色风味美食街区，满足多层次餐饮需求。推进餐饮业连锁化、规模化发展，争创国家驰名商标、中华餐饮名店、全国餐饮“百强”。弘扬豫菜文化，大力宣传推广河南餐饮“名师、名菜、名店”，打造河南餐饮名企。引导鼓励餐饮业延伸链条，与农业、旅游、文化、健康等产业对接，联动发展。

三是优化家庭服务供给。支持建设城市社区家庭服务站点，配备必要设施设备，重点发展家政服务、社区照料等业态，建设家庭服务信息化平台，创建一批知名家政服务品牌，提高及时响应能力。开展省级家庭服务标准和服务规范制修订，探索建立家庭服务业质量评价体系，搞好市场监管和行业自律。加强校企合作，实施家庭服务从业人员专项培训，推进家庭服务职业化，提升服务品质。

四是扩大绿色消费供给。积极倡导绿色消费新理念，普及绿色消费新知识。引导企业落实流通领域绿色环保相关标准，加大绿色商品采购、销售力度，建立绿色供应链。完善质量管控标准、社会评价机制，培育消费安全、环境良好、服务规范的绿色市场。支持餐饮企业节能减排和垃圾无害化处理，开展文明餐桌活动，鼓励绿色饭店发展。开展绿色商业示范创建工程，培育认定一批绿色商场、市场和饭店。推动再生资源回收模式创新，进一步优化再生资源产业链。

五是完善汽车消费供给。改造新车销售服务体系，打破品牌授权销售单一模式，开展汽车流通行业诚信经营试点，促进汽车平行进口。出台《关于促进二手车便利交易的实施意见》，建立健全二手车便利交易体系，扩大交易规模，促进二手车市场规范有序发展。强化报废汽车回收拆解监管体系，加强报废汽车回收拆解监管，科学布局回收网络，高标准建设一批报废汽车回收拆解企业，规范回收拆解秩序，提高行业整体水平，促进老旧汽车报废更新。

六是实施展会带动行动。发挥会展对交通、通信、物流、金融、餐饮、住宿等相关行业的带动和辐射效应，增强信息咨询、广告策划、展示设计、展具租赁、展场服务等产业配套能力，高标准建设郑州航空港区绿地会展城等会展基础设施。支持河南省目前规模较大、影响力较强的投资贸易类、农业农产品类、糖酒食品类展会提升规模和档次，打造中国（河南）国际投资贸易洽谈会等具有国际影响力的展会品牌。积极招引、承办全国性或区域性博览会、展销会及高端论坛落户河南，培育郑州、洛阳会展经济圈，逐步形成以郑州国家区域性会展中心城市为核心，多市协同发展、特色鲜明的展览业体系。

3. 发展新模式新业态，构建流通供给新格局

一是实施电子商务示范创建工程。加强电子商务企业认定备案工作，积极创建国家电子商务示范城市以及国家、省、市三级电子商务示范基地和示范企业。支持本土电子商务企业发展壮大，培育本土电子商务品牌，加快形成一批国内知名的集研发、设计、服务于一体的电子商务基地和具有较高知名度、发展前景良好的电子商务骨干队伍。引导电子商务企业设立网络零售商品线下体验店，建设线上线下融合的营销平台，扩大网络销售。推动餐饮服务电子化，发展线上预定、团购、外卖、餐厅索引和评价服务。

二是推进电子商务进农村综合示范和信息进村入户试点工程。抓好“农商互联”，推进涉农企业积极对接电子商务企业，拓展营销模式。推进国家级、省级电子商务进农村综合示范县（市）建设，力争国家级、省级综合示范县（市）数量超过全省县（市）总数的一半，基本实现国家级贫困县全覆盖。推进信息进村入户试点，在50%的行政村建成益农信息社。开展“豫货通天下”走进贫困县促进电商扶贫活动，探索“互联网+”扶贫新模式。加快建设县级电子商务运营服务中心、乡镇商贸中心、配送中心和村级服务站点，在原有各类网点、站点基础上改造一批农村电子商务服务点。加强农村电商快递物流体系建设，畅通“工业品下乡、农产品进城”双向流通渠道。引导电子商务企业拓展农村消费市场，从供给侧提高商品和服务匹配度，带动工业品下乡。积极培育多元化农村电子商务市场主体，促进返乡农民工、农村青年、大学生就业创业。

三是开展电子商务进社区试点工程。选择条件适宜的城市社区、县城社区和新农村社区进行试点，依托连锁零售企业、龙头物流企业、居民服务企业及电子商务企业，整合线上线下资源，建成一批集网络购物、商品代收、智能终端配送、家庭服务等功能于一体的社区电子商务服务网点，实现省辖市全覆盖。支持社区商品配送中转站、快递包裹投送网点、智能信报（包）箱等配送链基础设施建设，开发社区电子商务服务网络平台和移动客户端，提高社区商业的信息化、便利化水平，解决物流配送“最后一百米”问题。开展网订店取、网络订票、预约上门、社区配送、电子缴费等便民服务，激发线上线下服务消费潜力。

四是推动传统商贸业转型升级。推动流通领域数字化、网络化和智能化发展，加大互联网、物联网、云计算、大数据、虚拟现实等新技术在流通领域的应用力度。引导批发零售企业建设网上商城、网上商店，推动线上线下融合发展。支持零售实体店数字化改造，推动传统商品交易市场转型升级，形成一批规模大、功能强、辐射广的全国或区域性平台型商品交易市场。鼓励百货等零售业态发展“买手制”，支持商贸企业通过连锁经营、采购联盟等多种组织形式降本增效，鼓励有条件的企业优化配置购物、餐饮、休闲、娱乐、文化、体育、保健等体验消费，开展信用消费试点。支持流通与工业、农业、旅游、文化和娱乐等相关产业跨界融合。

五是推进智慧商圈建设。加强城市商圈智能化改造工作力度，努力实现商圈内各种经营模式和业态优势互补、信息互联互通、客户资源共享，完善智能交通引导、客流疏导、信息推送、移动支付、消费互动、物流配送等功能，健全商圈消费体验评价、信息安全保护、商家诚信积累和消费者权益保障体系，提高商圈内资源整合能力和消费集聚水平，打造高端商业承载区。

六是注重发挥特种行业服务实体经济的作用。坚持防风险、促发展并重，规范发展大宗现货商品交易、融资租赁、商业保理、典当、拍卖等特种行业，培育一批管理先进、具有一定影响力的龙头企业，更好发挥融资服务功能，满足生产和消费需要。

4. 突出集约化、标准化，降低流通供给成本

一是优化供应链。支持建立社会化、专业化、高效化的供应链体系，形成分工明确、专业高效、协同运作的大流通体系，大幅降低社会流通成本。推动传统物流园区向现代供应链配送中心转型，规划建设一批供应链配送中心，培育具有全国影响力的供应链配送产业集群。鼓励通过物联网、大数据等先进技术，建设可视、可预判、可调节的智慧物流信息体系，实现交通运输和物流服务信息共享和车源、货源、物流服务等信息的高效匹配，合理分配和引导运力。推进智能仓储系统建设，扩大国际航空物流集散、国际陆港物流集散和中转业务规模。推进国内流通企业的全球化采购、全球化分销，拓宽优质供给渠道，适应消费升级需求。

二是建设商贸流通标准化体系。积极落实国家标准、行业标准，在商贸物流、电子商务、农产品流通、居民生活服务等重点领域，制定省级地方标准和经营行为规范。实施商贸物流标准化三年行动计划，选择基础好、潜力大、物流聚集度高的节点地区开展试点，以推广应用标准化托盘为突破口，支持建设托盘共用体系和商贸物流标准化信息服务平台，在快速消费品、农产品、药品等领域开展试点，持续扩大物流标准化覆盖范围，鼓励供应链上、下游企业开展物流标准化配套改造，提升物流标准化水平。

三是提升物流信息化水平。大力推行 ETC（不停车收费系统），全面提升物流车辆通行效率。推广使用国家统一物品编码、电子条码、电子标签（RFID）、自动识别、物联网等先进技术和冷链物流技术标准，引导和鼓励物流企业开发应用信息管理系统，提高信息化管理水平。依托信息技术，探索发展绿色物流、逆向物流，鼓励物流企业开展货物外包装回收、再利用业务，鼓励再生资源回收企业拓展物流废弃物回收、再生渠道。指导洛阳市建设国家电子商务与物流协同发展试点城市。

四是搞好城市共同配送。加强公用型城市配送节点建设，大力发展统一仓储、统一下单、统一配送、统一结算的城市配送体系。指导郑州市开展国家城市共同配送试点，完善城市配送车辆管理政策，优化城市配送车辆通行管理，鼓励建立城市共同配送联盟，引导商贸流通企业避开交通拥堵开展夜间配送。

五是降低流通业税费负担。全面落实国家减轻流通产业税费负担的各项优惠政策。落实物流企业进项税可抵扣项目。完善汇总纳税政策，支持物流企业汇总计算、分摊缴纳企业所得税。落实国家支持小微企业发展的各项税收优惠政策，以及融资性担保和内贸信用险等财政支持政策。严格执行工商用水、用电、用气同价。清理规范涉及物流运输的各项收费，规范整合公路监管执法行为，认真落实鲜活农产品运输“绿色通道”政策，将免收通行费落实到位。

5.加强基础设施建设，补齐流通供给短板

一是统筹规划城乡商业网点的功能和布局。结合新型城镇化和城乡规划，促进城乡流通网络一体化发展，合理布局城乡商业网点，进一步推动流通业服务便利化。合理布局大型商业设施，提高商业设施利用效率。引导现有大型商业设施改造升级，盘活消化库存写字楼和商品房，改造建设一批电子商务产业园等新兴业态。激活现有闲置土地资源，开发利用城市地下空间，打造立体商业。将农村市场流通体系建设纳入城乡规划，培育一批多功能乡镇商贸中心。鼓励各类市场主体向农村延伸服务网络。进一步优化成品油零售分销体系，加快农村及偏远地区站点建设，合理配置供油资源。

二是开展特色商业街区示范创建。结合商务中心区及特色商业区建设，推动特色商业街区专业化、集群化发展。引导商业街区在规划设计、主题定位、基础设施和街区管理等方面创新发展，促进商业与文化、景观与建筑有机融合，再建设一批特色鲜明、环境优美、配套齐全、拉动消费明显的省级示范特色商业街区。

三是强化农产品流通基础设施建设。重点围绕跨区域农产品流通，推动以郑州为中心，以洛阳、商丘、周口、南阳、安阳为节点的农产品流通骨干网络建设，积极培育大型农产品流通骨干企业。建设和升级改造一批农产品批发市场、农贸市场、便民菜店，开展鲜活农产品直供社区示范创建，鼓励连锁超市在社区设点，扩大生鲜农产品销售。

四是加快冷链物流配送体系建设。立足河南物流枢纽和农产品大省实际，推动冷链物流产业发展，重点解决农产品“最先一公里”和冷链不冷、断链等问题，重点品种实现“冷链全链条”的稳定运行。发挥财政资金引导作用，鼓励企业建立从原料处理、分选加工、预冷保鲜、低温储藏、包装标识，到冷藏运输、批发配送、分销零售的全程质量控制体系。依托大型农产品批发市场、食品冷链物流企业，整合上、下游资源，打造产、运、销一体化的冷链物流供应链，培育一批具有资源整合力的骨干冷链物流企业。建设全国性冷链资源交易平台和生鲜食品、农产品、药品冷链物流基地。建立具备信息发布、全程温控、车辆跟踪等功能的冷链物流监控和公共信息服务平台，与国家冷链信息平台紧密对接，实现信息共享。

6. 整顿规范市场秩序，营造流通供给新环境

一是持续打击侵权假冒行为。开展打击侵权假冒专项行动，强化日常监管与重点领域专项治理相结合，重点加大互联网领域、农村和城乡结合部市场、车用燃油市场、卷烟市场侵权假冒行为治理力度，集中整治价格欺诈、虚假宣传、维权困难等消费突出问题。加强行政执法与刑事司法衔接，建设完善全省“两法衔接”信息共享系统，推动省、市、县三级信息共享平台实现互联互通，公开行政处罚案件信息，形成打击侵权假冒工作合力。

二是推进重要产品追溯体系建设。以完善重要产品追溯体系为抓手，引导高端优质产品的生产与消费。落实企业追溯主体责任，运用现代信息技术，分类分级推进，加强互联共享，加快建设食用农产品、食品、药品、农业生产资料、特种设备、危险品、稀土产品、汽车维修配件等重要产品追溯体系，打造“来源可查、去向可追、责任可究”的安全消费环境。

三是加大流通综合监管执法力度。全面深化流通领域综合监管执法体制改革，建立常态监管机制，尽快覆盖县、乡（镇），加强流通领域执法队伍建设，推进监管执法标准化、规范化。创新市场监管机制，实施“双随机、一公开”抽查和风险分类监管、大数据监管。开展合同格式条款专项整治。发挥好“12312”商务举报投诉热线、“12315”消费者投诉举报电话的作用，畅通社会公众举报投诉渠道，支持消费者协会组织依法开展社会监督，针对消费者和社会关切提起公益诉讼，引导社会力量参与监管。

四是构建商务诚信体系。推动“信用河南”建设，建立守信激励和失信惩戒机制，建设商务信用公共信息服务平台，开展“诚信经营”示范创建和“诚信兴商”宣传活动，加快全省商务领域信用体系建设。实施流通领域行政许可和行政处罚信息“双公示”制度，建立完善诚信企业“红名单”和失信企业“黑名单”，打造“守信得益、失信受制”的良好信用环境。

B.13

河南省参与“一带一路”建设经贸合作问题及探索

苏国宝　郭永和　曾　瑛*

摘　要：“一带一路”战略是我国主动应对变化的全球形势，统筹国内、国际两个大局做出的重大决策，是新时期我国对外开放和经济外交的顶层设计，是中国对世界和平发展提出的中国方案、中国建议。全面融入国家“一带一路”战略，有利于推动河南全方位对外开放，提升河南在全国发展大局中的地位，打造内陆开放高地。本文回顾了2016年全省推进“一带一路”经贸合作所做的主要工作及成效，分析了与“一带一路”沿线国家经贸合作所面临的问题，提出了一些针对性的措施意见。

关键词：“一带一路”　经贸合作

“一带一路”战略是我国主动应对变化的全球形势，统筹国内、国际两个大局做出的重大决策，是新时期我国对外开放和经济外交的顶层设计，是中国对世界和平发展提出的中国方案。经贸合作是“一带一路”战略的基础，目的就是推动各国扩大相互市场开放和贸易投资便利化。全面融入“一带一路”战略，有利于推动河南全方位对外开放，提升河南在全国发展大局中的地位，助推河南打造内陆开放高地。

* 苏国宝、郭永和、曾瑛，河南省商务厅对外开放服务办公室。

一 2016年全面推进“一带一路”经贸合作所做的主要工作及成效

1. 经贸合作取得新成效

（1）对外投资和对外承包工程。2016年全省对“一带一路”沿线64个国家（地区）中的14个国家（塔吉克斯坦、乌兹别克斯坦、吉尔吉斯斯坦等）协议投资额为4.33亿美元，占投资总额的9.9%，同比下降6.7%；新签500万美元以上对外承包工程项目18个，新签合同额为10.66亿美元，下降27.5%，完成营业额6亿美元，增长4.4%。

（2）对外贸易。2016年全省对“一带一路”沿线国家进出口801.8亿元，同比增长15.4%，其中出口603.2亿元，增长20.4%；进口198.6亿元，增长2.6%。对捷克、保加利亚、柬埔寨等9个沿线国家出口增长1倍以上。

（3）外商投资。2016年，“一带一路”沿线国家在全省新设外商投资企业10家，实际到位资金15亿美元，同比增长111%。其中新加坡新设项目、合同外资、实际吸收资金分别为6个、0.5亿美元和11.5亿美元。

2. 深化对外经贸合作工作取得新进展

（1）多策并举，积极推动本省企业“走出去”。一是主动出击，积极开展与沿线国家经贸往来。由省领导带队，先后赴东南亚、中亚和西亚等地进行出访，将矿产资源开发、产品出口与对外承包工程有机结合，推动全面合作。二是推进境外经济贸易合作区建设工作。河南贵友实业集团有限公司在吉尔吉斯斯坦设立的“亚洲之星农业产业合作区”通过确认考核，全省国家级境外经济贸易合作区实现了零突破并在全省产生了巨大的轰动效应。同时，结合河南实际，省委、省政府研究提出了《河南省关于加快建设境外经济贸易合作区的意见》。三是建立对外经济合作“六个项目库”。重点建立和推进河南省参与“一带一路”建设项目库、国际产能和装备制造合作项目库、矿产资源开发国际合作项目库、境外并购项目库、基础设施建设国际合作项目库和中非十大合作计划相关项目库。四是利用和搭建平台推动企业“走出去”。河南组织企业参加了第七届国际基础设施投资与建设高峰论坛（澳门）、中国—加纳经贸论坛、厦洽会和“2016 年中韩雇佣制系列宣讲活动（河南）”；利用英中贸易协会在上海举办第四届中国对外投资大会平台，策划举办了河南省专题活动，取得良好成效。五是大力推动政银企融合发展。加强同商务部、国开行、中国进出口银行、中国出口信用保险公司等政府部门、政策性银行和信保公司的联系和对接，联合进出口银行、省国税和地税部门、省工商联共同举办“一带一路”和外经政策宣讲会；积极争取把全省更多的“走出去”企业（项目）列入亚投行、丝路基金等专项贷款，以及中投海外直接投资公司、国开国际投资公司支持名单。六是研究制定《河南企业走出去专项规划》。发挥好河南经贸网的作用，建设河南省“走出去”公共服务平台，及时发布对外投资合作政策、境外安全风险评估和安全预警信息，实现信息资源共享；健全完善“走出去”服务保障机制，研究推出“走出去”便利化措施，进一步简政放权；探索建立对外经济合作境外突发事件应急处置机制。

（2）持续优化与沿线国家贸易结构。一是积极开拓“一带一路”沿线国家市场。及时发布沿线国家和地区博览会、专业展会信息，支持企业利用展会平台开拓市场，鼓励企业在沿线重点地区和重要节点城市加快建立营销和售后服务网络，努力提高全省“一带一路”国家市场份额。二是着力扩大与沿线国家的进出口规模。充分利用全省与“一带一路”沿线国家在资源、产品、技术等方面的互补性，积极扩大全省电子、汽车装备制造、纺织服装等优势产品出口。同时，结合全省经济建设实际，努力扩大重要技术、先进设备和能源资源原材料进口，扩大与“一带一路”沿线国家和地区的进出口规模。三是加快畅通“一带一路”沿线国家贸易渠道。河南连接“一带一路”沿线国家和地区的贸易通道不断畅通，我国第三个“多式联运监管中心”获批落户郑州，新郑机场二期建成营运，美国 UPS、卢森堡航空、俄罗斯空桥、中国香港国泰等入驻河南，开通国际货运航线三十多条，货运吞吐量上升到 70 万吨，成为国内第四大货运机场，河南以航空运输方式进出口占全省外贸的 60% 以上；郑欧班列在中欧班列中首次实现往返均衡对开，货值、货重、辐射范围稳居全国前列。四是积极推动文化贸易和服务贸易发展。出台了《河南省加快发展对外文化贸易的实施意见》（豫开放办〔2016〕1 号），明确依托郑州、洛阳作为国家“一带一路”战略规划重要节点城市优势，推动全省与“一带一路”沿线国家和地区开展文化交流合作。牵头起草了《河南省人民政府关于加快发展服务贸易的实施意见》和《河南省人民政府关于促进服务外包产业加快发展的实施意见》，大力推动全省服务贸易企业与“一带一路”沿线国家交流与合作。

（3）大力推进贸易便利化。一是不断完善口岸功能。近年来，汽车整车、药品进口口岸和粮食、肉类等指定口岸、多式联运海关监管中心先后获批，本省口岸功能不断完善。尤其是郑州铁路集装箱中心站海关监管场所正式封关运作，实现了航空、铁路和汽车运输在口岸的无缝对接。二是继续加大通关便利化改革。丝绸之路经济带海关区域通关一体化改革顺利实施，涉及进出口岸 33 个。通关作业无纸化率稳步提升，无纸化率达到 99%。关检合作“三个一”持续深入，“一站式作业”逐步实施，对鲜活易腐货物实行“提前申报、货到验放”制度等。河南国际贸易“单一窗口”上线运行，外贸企业一键搞定“买卖全球”。三是积极推动海关特殊监管区域优化整合。推进本省海关特殊监管区域及保税监管场所申建和优化整合，商丘保税物流中心（B 型）、郑州出口加工区 B 区顺利验收，南阳卧龙综保区、新郑综保区（三期）封关运行，郑州经开综保区整合得到国务院批复同意。加大特殊监管区域制度创新，24 项自贸试验区海关监管创新制度全面复制推广。四是支持邮政口岸功能拓展。加强与邮政公司的联系沟通，支持邮政口岸建设，拓展邮政口岸功能，跨境电商、俄罗斯邮件等业务探索发展。上线运行“互联网 + 关邮 e 通”系统，邮件通关更加高效便捷。

3. 加快建设开放合作高端平台

（1）河南自贸试验区成功申建。2016 年 8 月 31 日，国务院同意设立河南自贸区，并定位为建设贯通南北、连接东西的现代立体交通体系和现代物流体系，打造服务于“一带一路”建设的现代综合交通枢纽。

（2）积极推进中国（郑州）跨境电子商务综合试验区建设。中国（郑州）跨境电子商务综合试验区成功获批后，省商务厅按照国务院批复精神，牵头起草了《中国（郑州）跨境电子商务综合试验区建设实施方案》。为扎实推进综合试验区建设，省政府成立了由陈润儿省长任组长的中国（郑州）跨境电子商务综合试验区建设工作领导小组，目前综合试验区建设工作按照三个平台（“单一窗口”综合服务、跨境电商综合园区、人才培养和企业孵化）七个体系（信息共享、金融服务、智能物流、信用管理、质量安全、统计监测、风险防控）基本架构已全面启动，正在加快推进。

4. “引进来”“走出去”，积极开展国际性经贸交流活动

第十届中国（河南）国际投资贸易洽谈会“一带一路”生态农业与食品安全论坛、首届“一带一路”高峰论坛、中欧政党高层论坛经贸对话会、泰国投资机遇说明会等国际经贸交流活动相继开展，进一步加深了河南与“一带一路”沿线国家的经贸往来和合作。

二　与“一带一路”沿线国家经贸合作所面临的问题

1. “一带一路”沿线国家对与中国合作的忧虑

虽然沿线国家希望得到中国的资金、技术支持，并看好国内巨大市场，但同时他们对中国经济总量、发展速度和资源需求存在着担忧。从经贸合作的市场开放角度来看，沿线国家担心其国内市场会受到冲击或对外依赖加重，积极参与合作的信心不足；当前世界经济处于后危机时期，发达经济体复苏艰难，新兴市场动力不足，部分沿线国家为自保，有的采取了不利于扩大经贸合作的保护性措施，影响了合作深入开展；沿线国家虽然资源丰富，市场广阔，但部分沿线国家涉及复杂的宗教和民族冲突，政治和经济局势不稳，在“一带一路”的合作上，各国存在着不同的立场，甚至存在因政治不稳定而带来的巨大投资风险，在各方利益达到平衡之前，沿线各国难以深入地开展合作。

2. 内部协调机制有待改进

在贯彻“一带一路”重要战略上，国务院、省委省政府陆续出台一系列政策措施，但具体贯彻落实上，跨部门的协调机制尚未建立，协调合作的困难现实存在；同时，在对外经贸合作的过程中，企业“走出去、引进来”的项目、技术、资金等涉及部门多，实施中存在审批环节冗余的情况，部门间协调支援、互相补位的能力有待加强。

3. 企业的竞争能力有待加强

经济后危机时期，贸易摩擦呈现常态化、复杂化的趋势，部分企业对贸易规则的轻视可能会导致其利益受损。长期以来，河南省企业在加工贸易方面具有巨大优势，但要其在新形势下主动“走出去”参与国际市场开拓，其产品品牌、核心技术、创新和知识产权等竞争力仍有待加强。

4. 全省外贸传统优势弱化

竞争优势因受到外来挑战而削弱。近年来，企业受资源能源短缺，尤其是要素成本上升等因素影响，利润空间被严重挤压，出口产品竞争力正在下降。传统的劳动密集型产业由于较低的模仿和进入成本，受到了沿线国家来自人力资源、原材料成本和优惠政策各方面的巨大冲击。目前，全省主要出口产品的优势在于进入国际市场较早，积累了一定的经验，产品开发较为成熟，并形成了一定的产业集群，但这些优势正在弱化。

5. 部分“走出去”企业受国内外政策限制，影响发展

一是受我国进口粮食配额限制，产品不能回运。比如本省黄泛区农场集团在乌兹别克和塔吉克斯坦购地6000多公顷，粮食无法回运，所在国市场小、消费水平低，影响企业发展和投资信心。二是企业海外利润回归受所在国外汇管制限制无法转入国内。

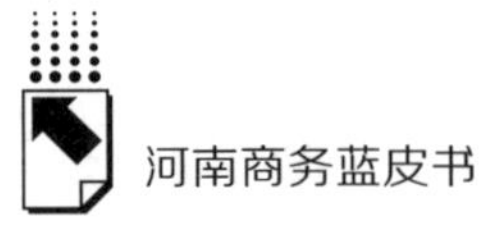

三　发展对策

1. 加快平台载体建设

一是大力促进投资贸易便利化，加快推进中国（河南）自由贸易试验区建设工作，积极复制推广上海自贸区改革经验，发挥好郑州跨境电子商务综合试验区、各类功能性口岸等作用，尽快在全省全面推开跨境电商综试区建设，全面提升与"一带一路"沿线国家互联互通水平，打造对接"一带一路"的合作窗口。二是搭建对外交流合作平台，筹备好第十一届中国（河南）国际投资贸易洽谈会，邀请"一带一路"沿线国家和地区参会参展；围绕"一带一路"谋划好境外招商活动，加强与沿线国家对接洽谈。三是尽快建立"走出去"公共服务平台，推进"河南经贸网"公共服务平台建设，推动组建河南"走出去"企业联盟，实行市场化运作，加强互动交流，凝聚河南企业"走出去"合力。四是全面落实国家推进"一带一路"的相关支持政策，抓好与国家"一带一路"建设具体政策措施、重点任务的衔接，以郑州航空港经济综合实验区和中欧（郑欧）班列为支撑和依托，抓好国际陆空通道建设，积极为境外合作交流提供便利。

2. 突出"走出去"和"引进来"相结合

经过多年发展，全省在农业、航空运输、矿业、物流、工程承包等行业领域已经形成比较突出的优势，推动这些优势行业"走出去"是扩大与"一带一路"沿线国家经贸合作的重点，需要继续加大工作力度。在积极"走出去"拓展空间的同时，要注重引进沿线国家先进制造业、现代服务业以及优质教育、科技等项目，积极开展金融国际合作，努力实现互利共赢。

3. 强力推动重大项目建设

围绕对外经济合作重点项目，河南主动向商务部、国家开发银行、进出口银行、中信保以及各类相关基金管理机构汇报对接，争取更多地得到国家层面的关注支持。积极向境内外金融机构推荐相关项目，谋划举办银企对接活动。进一步改进对外经企业的服务和监管，探索对外投资合作业务优化服务、简化程序、提高效率的办法和途径。在监管上重点是规范管理、强化统计、净化市场、维护秩序、保障合规企业的权益，推动外经业务快速、健康、有序发展。

4. 积极推进境外经贸合作区建设

及时跟进了解国家境外经贸合作区政策调整和申报时间安排，强化全省境外经贸合作区培育发展计划与合作司正在推动实施的“境外经贸合作区创新工程”“中非工业化伙伴行动计划”“境外建营一体化工程”的衔接对接，推动河南境外经贸合作区建设提挡升级。加强对全省现有境外经济贸易合作区的指导服务，争取省政府尽快出台《河南省关于加快建设境外经济贸易合作区的意见》，落实好相关扶持政策。帮助境外经贸合作区实施企业加大招商力度，指导做好规划和招商政策，增强吸引力，尽快做大做强，促进产业集聚，形成规模优势。

5. 加强外贸服务体系和风险防御体系的建设

针对“一带一路”沿线国家多，贸易政策、文化风俗各异，外贸企业开拓市场障碍较多等状况，河南省政府应积极与海关、商检、银行、中信保等部门沟通，加强部门协作，不断完善对外经贸发展服务体系和风险防范机制，为企业开展对外贸易提供良好的平台服务、融资服务、保险服务、信息服务、海外权益保护服务等。加强“一带一路”沿线各国的国别政策研究，为全省企业“走出去”提供帮助和指导。

6. 加大宣传推介和业务培训力度

国家实施“一带一路”战略以来，各部门支持政策陆续出台，全省也制订了实施方案。下一步，省政府要做好两方面工作。一方面，通过组织研讨会、培训班等形式，加强对“一带一路”沿线国家市场研究，增进对沿线国家政治、法规、文化、经济的了解，帮助企业发掘经贸合作商机，增强企业参与“一带一路”建设的信心；另一方面，利用电视、报刊、网络等媒体，做好政策的解读和宣传，引导企业抢抓“一带一路”建设机遇，营造全社会关心支持“一带一路”建设的良好氛围。

B.14
河南省开放招商存在的问题与对策研究

苏国宝　李玉瑞　王振飞*

摘　要：　本文重点分析了河南开放招商现状、存在的困难，并对如何主动适应新常态、优化营商环境、强化要素保障、提高开放招商质量和水平、再造全方位对外开放新优势提出了对策建议。

关键词：　开放招商　定向招商　内陆开放新高地

“十二五”以来，面对复杂严峻的国内外形势，全省上下坚持对外开放基本省策，积极承接产业转移，全面提升开放水平，着力构建开放型经济新体制，对外开放进入历史最好时期。当前，我国正处在结构调整和动力转换的关键阶段，区域性开放招商竞争日趋激烈。河南传统比较优势有所弱化，经济增长内生动力不强，推进供给侧结构性改革的任务更重、压力更大，亟待以更高水平开放，“引进来”扩大增量、优化存量，“走出去”扩大经贸合作、拓展更大发展空间。摸清河南对外开放的现状，梳理其开放招商存在的困难和问题，对牢固树立和贯彻落实创新、协调、绿色、开放、共享的发展理念，主动适应新常态，加快构建内陆开放新高地，再造全方位对外开放新优势将起到积极的推动作用。

* 苏国宝、李玉瑞、王振飞，河南省商务厅对外开放服务办公室。

一 全省开放招商总体情况

2016 年，全省实际利用外资 169.9 亿美元，实际到位省外资金 8438.1 亿元，分别同比增长 5.6% 和 7.9%。全省引进境内外资金合计超过 9600 亿元，占全社会固定资产投资的 23%。投资 1000 万美元以上的外资项目 114 个，占新批项目数近六成。10 亿元以上省外资金项目达到 325 个。投资结构不断优化。融资租赁、高端商业、文化旅游、物流供应链、养老医疗等成为投资的新热点，服务业领域新设外商投资企业占比达到 48.5%，第三产业实际到位省外资金占比达到 45.4%。战略投资者在河南持续扩大投资，一大批优质项目在豫落地。富士康在郑州经开区投资 280 亿元生产第六代低温多晶硅薄膜晶体管液晶显示器件；鸿富锦精密电子（郑州）有限公司扩大投资到 59.5 亿美元，成为全省规模最大的外资企业。法国电力、百事可乐和瑞士迅达等世界 500 强企业纷纷扩大在豫投资。深圳金睿财富投资 100 亿元的中原金睿（固始）高新产业园、王府井投资 60 亿元的新乡平原商业小镇项目、苏州德威投资 50 亿元的驻马店德威电缆材料产业园等重大项目落地。

二 各地开放招商主要经验做法

1. 党委政府高度重视，科学谋划高位推动

各市县都把开放招商作为经济工作的重中之重，每年制定对外开放行动计划或专项方案，通过对外开放会、市（县）委常委会、政府常务会议、工作推进会等形式对开放招商工作进行动员发动、安排部署。郑州市出台了《2016～2018 年郑州市“四力”型招商引资项目推进工作方案》，制订了《关于进一步扩大对外开放全面提升国际化水平三年行动计划》。开封、洛阳、焦作市实行重大项目领导分包制度。鹤壁市市委常委会每月、市四大班子每季度听取一次开放招商情况汇报。南阳市深入实施重点项目高位推动清单制度、党政领导量化招商任务制度、开放招商例会制度和开放招商专项述职制度。巩义市成立了招商引资协调推进指挥部，大员上阵招商机制有效落实。

2. 围绕主导产业延链补链，实施定向精准招商

各市县坚持开放招商与产业转型升级相结合，更加注重通过完善机制、强化创新，成功探索了集群招商、“捆绑”招商、“飞地”招商等一系列行之有效的招商方式。开封市围绕培育高端产业、高端产品，成立了 8 个重点产业招商工作组，开展产业链招商。安阳市绘制了全市招商引资产业链图谱、小商品产业招商图谱，实施招商引资规划图、路线图、施工图“三图合一”、挂图作战。郑州市围绕高端制造、航空经济、电子商务和现代服务业，谋划了一批具有国际影响力、国内辐射力、国内外资源整合力、高成长力的“四力”型项目。漯河市按照“五个一”产业招商模式，进行有方向、有策略、有目标、有重点的产业招商。洛阳、商丘、濮阳等市县，围绕主导产业制定产业招商路线图，延链、补链、强链精准招商，不断壮大产业集群。

3. 创新招商方式方法，多策并举全力招商

各市县强化方式方法创新，针对重点区域狠抓驻地招商，发挥商会协会桥梁作用，大力实施以商招商，积极利用重大及专题经贸活动开展节会招商。郑州航空港经济综合实验区采取以智招商，通过专家学者成功引进美泰宝、瑞普、荷美尔等多家企业；大打老家牌、乡情牌、亲情牌，开展亲情招商，成功引进酷派、中兴等河南老乡在外创办的企业；龙头带动配套，开展链式招商，通过酷派项目落地带动信太等 13 家核心供应商及 4 家配套企业签约。南阳市出台人才回归新政 48 条，搭建“南阳老家网”回归创业服务平台，吸引各类人才回归创业。驻马店、许昌、鹤壁、永城市选配专职人员，在长三角、珠三角、京津冀等地设立驻地招商组或联络站，实施小分队点对点招商。平顶山、商丘、三门峡等市县分别利用举办华合论坛、华商节、特博会、茶叶节、老子文化等特色节会活动，推动一大批重点项目签约落地。

4. 优化投资环境，提高便利化水平

各市县积极推进简政放权、放管结合、优化服务，压缩精减行政审批事项，全面推行“三证合一、一照一码”商事登记制度，提升审批效率，在推行外来投资项目无偿代理制、重大项目联审联批制和限时办结制的基础上，普遍建立了项目预审制度、联席会议制度等，投资环境更加优化。郑州市及郑州航空港经济综合实验区落实“五单一网”制度，实施了“一址多照、一照多址”“注册资本认缴制”“电子营业执照”等改革，形成了“一门受理、并联审批、多证联办”的“政务超市”审批服务模式。周口、安阳、鹤壁、焦作市加快推进项目模拟审批工作，进一步简化审批流程和减少审批环节，为项目落地提供良好服务。濮阳、漯河、济源、永城、固始全面推行联审联批、首问负责、服务承诺、限时办结、两个清单、三证合一等服务机制，重点工作台账管理挂牌推进。信阳市强力推进行政审批“清障提速”行动，为开放招商和项目建设提供“精细化”服务。

5. 打造平台载体，强化要素保障

各市县都把平台载体建设和强化要素保障作为开放招商的关键环节，在提升承载力、吸引力、带动力上下功夫。郑州航空港经济综合实验区建立了退税资金池、供应链金融、物流运输、校企合作等服务平台，为企业创造低税费、低融资、低要素、低物流、低土地房产的“五低成本”环境。新乡、濮阳市积极推进综保区、海关、检验检疫等外向型经济综合服务平台建设。兰考县与上海国家级家具质量监督检测研究院建立了战略合作关系，为企业提供便捷化质检服务。郑州、开封市和长垣县通过设立产业基金，引导社会资本参与，为企业提供精准金融支撑。洛阳市采取天使投资或股权投资等方式扶持企业入驻科技园区成长发展。焦作市设立了 1 亿元应急转贷资金、3 亿元产业发展基金，为 73 家企业提供贷款担保 21.7 亿元。鹤壁市设立了规模 100 亿元的全省首只省辖市政府综合产业发展基金。漯河市建立了土地整理储备平台，通过“要、增、挤、腾”等手段盘活建设用地，成立全国首个食品产业发展基金。

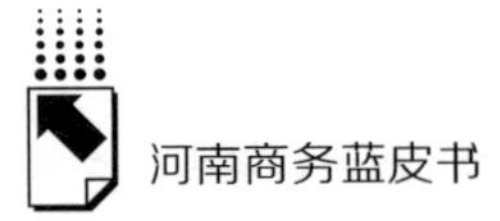

6. 完善工作机制，加强督导推进

各市县都把项目落实作为招商引资工作的核心环节，强化督导考核，集中精力抓签约、抓开工、抓投产、抓达产。信阳、鹤壁市研究出台了《对外开放工作综合考核评价办法》，实行季度通报、半年考核制度，切实增强责任单位压力和动力。周口、郑州、新乡市将招商引资工作纳入政府年度目标考核，实行月通报、季讲评、半年总结、年终考核。开封、濮阳、漯河等市对亿元以上重大项目实行“一个招商项目，一名领导牵头，一个班子联系，一个部门负责，一条龙服务”的“五个一”推进机制，列出完成时间节点，为签约项目落地提供全程服务。济源市建立招商引资联席会议制度，在产业政策、要素保障、市场需求、实力评估等方面加强研究论证和政策服务，提高项目成熟度，从源头上增强招商项目的针对性和实效性。

实践证明，开放招商作为“一举应多变”“一招求多效”的综合性战略举措，在保障经济平稳较快增长、优化调整产业结构、改革创新体制机制等方面发挥了重要作用，综合带动作用日益凸显。一是有效扩大了投资规模，拉动了经济增长。二是优化了产业结构，加速了产业集聚。三是扩大了社会就业，促进了产城融合。四是带动了人才技术集聚、提升了科技创新水平。

三　开放招商存在的主要问题

1. 宏观经济影响不容忽视

（1）经济下行压力增大，企业投资意愿下降。世界经济目前仍处在深度调整中，国际金融危机后续影响还会持续很长一段时间，不排除二次探底的可能性，不排除金融市场发生震荡的可能性，不排除美元指数、油价、货币政策变化引发滞胀的可能性；世界经济复杂性、不稳定性、不确定性还将进一步凸显，美国特朗普政府内外政策走向、美联储加息政策的外溢效应、英国脱欧后续进程以及欧盟重要国家政府换届等存在变数，全球贸易持续低迷，保护主义加剧。新常态下我国发展面临的矛盾和风险主要不是周期性的，结构性矛盾突出，有效需求增长乏力，实体经济困难较多，区域和行业走势持续分化，经济金融风险隐患增加，经济下行压力依然较大。由此造成市场投资风险有所上升，市场观望气氛浓厚，投资意愿有所降低，很多企业由原来的向外扩张转为保生存，产业资本对实体投资日趋谨慎。

（2）竞争日趋激烈，招商引资难度加大。一方面国家在入世过渡期结束后，对内外资企业一律实行国民待遇，河南依靠差别化税率扩大招商引资的时代结束，与东南亚廉价劳动力资源和优惠的招商政策相比，竞争优势不再，突出表现在河南引进外资的数量、实际利用外资规模偏小，个别市县甚至为零。另一方面周边省份利用国家战略和政策优势，纷纷出台招商引资优惠措施，均对河南招商引资形成挤压态势，同时省内各地之间招商引资竞争激烈，在省外开展招商引资活动时，不同地方经常“碰头”，相互“抢商”现象屡见不鲜。

（3）政策调整对项目推进带来影响。《国务院关于清理规范税收等优惠政策的通知》（国发〔2014〕62 号）下发后，各市县政府对相关优惠政策进行了清理规范；随后国务院又下发了《关于税收等优惠政策相关事项的通知》（国发〔2015〕25 号），明确了“各地区、各部门已经出台的优惠政策，有规定期限的，按规定期限执行；各地与企业已签订合同中的优惠政策，继续有效；对已兑现的部分，不溯及既往”等相关事项，但在贯彻落实过程中，部分市县没有吃透精神，兑现承诺不及时、不到位，使客商对招商政策产生担忧，对已签约项目落实产生一定影响。同时，由于政策调整，各市县对引进的沿海外向型项目运费补贴政策取消，影响企业向内陆转移的积极性。据濮阳市有关企业负责人介绍，同等情况下 2 个标准集装箱从省内运往沿海港口的运费比从东南沿海地区运出高 1 倍。

2. 要素保障制约问题依然突出

（1）企业对融资难、融资贵问题反映强烈。一是受信贷结构、金融环境以及违约频发等因素影响，金融机构放贷收紧，企业融资渠道狭窄，加之贷款审批程序烦琐，审批周期较长，以及大部分银行信贷部门不允许机器设备抵押贷款，一些资金困难民营企业不得不高息向民间资本借贷，融资难、

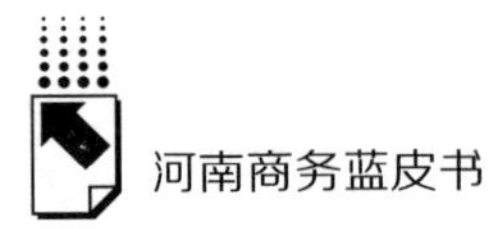

融资贵现象十分严重。鹿邑县溢丰纺织、明新化妆品公司均有大量外贸订单，但因机器设备不能抵押贷款，造成融资困难，外贸订单无法承接。二是外来金融机构在当地存贷比过低，居民存款外流严重，制约当地企业融资。据河南省10个省直管县2016年6月底金融机构存贷款数据，10个省直管县存贷比最高60.08%，最低28.03%，而新增存贷比有5个省直管县低于10%，最高的也仅为38.11%。三是省直管县在贷款审批、银行放贷额度等方面，仍与其他非省直管县一样需要到原属省辖市银行分支机构进行逐级办理，并没有享受省直管便利。

（2）土地制约项目建设的状况依然没有得到有效缓解。一是建设用地指标不能满足项目需求。大部分项目虽然建设用地指标能够满足，但占用耕地需“占一补一”“占优补优”，短期无法做到耕地占补平衡，土地占补平衡指标较为紧张。二是土地规划调整、手续办理周期长，“项目等土地”现象还比较普遍。一些项目签约后，因选址、规划报建等环节耗费时间长，客商逐渐失去进一步投资的兴趣。三是征地难、拆迁难影响项目进度。补偿标准往往难以达到部分拆迁户较高的期望值，个别项目出现钉子户，导致项目推进受到影响。四是根据土地“网拍”制度，企业拿地需通过网上竞拍，由于存在众多竞争者，政府与外来投资企业协商的项目用地可能会被别的企业拍走，不确定性增大。

（3）人力资源因素制约。企业用工方面，一是随着大批招商项目的落地，特别是各市县落地项目越来越多，用工需求不断加大，造成部分企业招工难，尤其是企业普遍反映缺乏技术工人、高科技人才和管理人才。二是部分市县基础配套功能不完善，特别是受聘于本地企业的外来人才，其子女在当地就业升学渠道还不顺畅，存在就近入托难、就学难，导致人才流失，影响企业经营发展。三是一般非技术类企业工人方面，由于农民工没有完全脱离土地，在夏、秋收季节农忙影响企业生产经营。

招商队伍方面，存在机构薄弱、人才缺乏、一线工作人员能力不足问题。缺乏懂产业政策、懂项目运作、懂法律法规及国际惯例的复合型专业人才，造成对外招商合作中缺乏判断力，在项目推进过程中力不从心。

（4）项目建设周期仍然相对较长。随着各地体制机制创新和简政放权，项目建设前期手续办理周期虽有明显缩短，但与沿海发达城市相比，项目推进整体仍相对较慢。由于国家实行更加严格的环保政策，项目环评周期普遍较长，化工、生物医药等行业部分项目建设工期受影响。同时，受国家重大节日、重大活动影响，部分项目在活动期间停工，影响项目建设工期。

3. 开放招商工作有待强化创新

（1）招商领域还不够宽，战略性支撑项目相对较少。当前一些地方招商引资主要集中在传统制造业、房地产等领域，先进制造业和科技、文化、教育、金融等服务业领域的招商引资尚需加大力度。从统计数据和实地督察来看，各地签约落地项目不少，高质量、高科技、高附加值的项目也在逐渐增多，但对当地具有重要带动和支撑作用的国内外500强、行业龙头企业和重大战略性项目偏少。

（2）招商存在盲目性、方式亟待创新。目前部分市县招商方式仍停留在政府组织参加经贸洽谈会、印发招商项目手册等传统层面，真正把握招商内在规律的新型招商方式运用不够，对开放招商谋划不到位，主导产业不突出，定位不清晰，存在一定盲目性。尽管各地政府高度重视招商工作，也投入大量精力开展专题活动，但这种招商模式难以持续，招商针对性和实效性也不理想，亟须创新招商方式和模式，充分发挥企业的主体作用，构建政府推动、企业主导、市场运作的招商机制。

（3）部分项目前期评估论证不够深入。部分项目对涉及的产业政策、环评要求、土地规划、风险评估等因素考虑不周，造成项目成熟度低，导致项目无法履约。个别地方在招商引资工作中，前期准备工作不充分，既不善于研究对方情况，又不注重分析自身条件，对客商实力缺乏深入了解对比，招引的一些投资商缺乏应有实力，后期履约出现困难。

（4）投资环境需进一步优化。笔者从开放招商专项督察中了解到，部分县、市、区政府工作人员服务意识不强，办事效率不高，部门之间还存在相互扯皮现象。政策体制环境、基础设施环境、生态生活环境、部门服务环境等需进一步优化。一方面，个别项目招商时承诺“先上车、后买票”，但由于不符合国家相关规定，相关手续无法正常办理，影响企业抵押融资和正常生产经营。部分地方招商引资承诺的配套设施迟迟不能落实到位，致使一些企业落地后生产成本提高。另一方面，有的部门在办理项目手续时，没有按规定一次性告知，而是边办理边要求补充资料；还有的部门怕担责任，自设审批前置，要求其他部门预先审批，导致行政审批效率不高，严重影响了投资者信心。

四　对策建议

1. 适应经济发展新常态，营造市场化、国际化、法制化营商环境

随着国内外经济形势日趋复杂、开放招商竞争日趋激烈，发展环境将成为开放招商的关键。一要按照省政府关于推进简政放权、放管结合转变政府职能工作方案要求，简政放权、放管结合、优化服务。深化商事登记制度改革，固化办事程序，优化审批流程，全面实施企业设立“单一窗口”，加快“五证合一”改革。进一步清理规范收费，强化客商投诉权益保护机制，高效、公正、妥善地解决外商投诉和纠纷，为项目落地企业发展提供良好政务环境。二要完善职能部门信息共享、协同监督制度，强化信息披露和诚信档案制度、失信联合惩戒机制和黑名单制度，加大市场秩序整顿，维护和构建良好市场发展环境。三要学习借鉴港澳台及沿海发达地区与营商环境相关的规范性制度，加快形成河南省与国际接轨的管理制度。四要维护诚信政府形象，推动各地政府慎重做出承诺，做出的承诺要及时兑现，避免或减少项目跟着地方主要领导调动而“调动”的现象。

2. 强化要素保障，化解制约项目落地的瓶颈问题

不断创新方式方法，破除体制机制性障碍，破解制约项目落地的土地、资金、劳动力等瓶颈问题，为签约项目落地提供要素保障。

在项目用地方面，一是盘活土地存量，建立招商引资退出机制，对长期“圈而不建项目”进行全面清理整顿；对投资方无力履约的，严格按照合同约定收回土地。二是针对企业普遍反映的手续办理周期长、项目等土地等问题，建议国土、环保等部门进一步优化审批程序，分类施策，特别要简化工业用地办证手续，提高审批效率。三是创新工作方式，强化多部门联审联批工作机制，探索实行土地审批由领导签章制改为用印制，并建立审批终身追责制。四是针对反映较多的土地网拍导致项目用地无法兑现问题，建议省政府出台有关政策，确保重点项目用地。五是转变思路，积极倡导大力发展高科技、高附加值、对土地依赖小的新兴产业项目；注重土地的集约利用，提高新供地项目单位面积产值。在企业融资方面，一是建议协调各类驻豫金融机构，放宽对中小企业贷款门槛，增加抵押物种类，简化贷款审批程序，解决中小企业融资渠道不畅、融资成本高的问题。二是拓宽企业融资渠道，发展直接融资，逐步扩大集合票据、集合债券、短期融资券发行规模，积极稳妥发展私募股权投资和创业投资等融资工具，支持企业通过互联网平台以股权众筹等新模式进行融资，并建立风险防控机制。三是发挥财政资金的导向作用，探索建立企业贷款风险基金、企业转贷资金池等，撬动银行贷款和社会资本投入；设立引导基金，对符合产业发展方向的企业，可采取“以投代补”的形式，解决企业担保难、融资难问题。在人力资源方面，一方面建议省政府制定专项政策，切实解决高端人才引进中涉及的家属子女就业、上学等问题，确保高端人才引得来、留得住；另一方面大力发展职业教育，加强产业园区、企业与职业技术院校的合作，面向各类产业园区开办专门技校或特色专业，大力开展“订单式”技能培训，借鉴夏邑县经验，“把学校办在工厂，让车间成为课堂”，提高培训的针对性，为企业发展提供人才保障。在政策支持方面，积极创新“顶层设计”，改进行业指导，突出各地特色，避免低层次重复建设和不良竞争；完善产业链，尽快解决周口等地的染整布点问题，解决河南省纺织业短板。在园区配套服务方面，督促各地加快推进道路、供排水、供气等基础设施建设，综合考虑医疗、教育、商业服务等配套设施建设，提升承载能力；鼓励园区创新体制机制和运营模式，围绕主导产业与发达地区通过股份合作、委托管理等模式，建设异地合作产业园区，促进产业和资本有序转移。

3. 抢抓供给侧结构改革机遇，提高招商引资的质量水平

围绕产业定向招商已成为各地政府共识，但产业定位不准、招商路线不清现象仍然存在。各地政府要以供给侧结构性改革为契机，依托现有产业基础，选准优势产业、主导产业，差别化发展。通过引资、引智、引技，积极培育战略性新兴产业和高技术产业，促进新旧动力加快转换。对传统产业加快技术改造，与国际同行对标达标，通过招商引资“补齐短板”，推动生产性服务业配套支撑，构建完善的供应链和销售网。

各市县要全面梳理本地资源禀赋、产业基础，加强对国际产业转移研究和分析，找准承接产业转移的契合点，明晰招商路线图，精选目标区域和目标企业，通过方式创新、龙头带动和配套跟进，实现精准化招商选资。在区域方向上，境外资金重点盯紧中国香港、中国台湾、美国、新加坡等地区和国家，积极拓展深化与“一带一路”沿线国家和地区的交流合作；省外资金重点盯紧京、粤、浙、沪、苏、鲁等省市的产业和技术转移。在招商对象上，突出行业龙头企业和产业领军企业招商，盯紧国内外500强、大型跨国公司、行业50强等行业龙头和产业领军企业，开展“一对一”专业对接洽谈。在方式方法上，进一步强化“贸易+投资”“技术+产品”“互联网+招商”等招商方式，支持各类产业园区开发商联合行业协会、中介龙头进行整体招商，鼓励现有企业增资扩股实现零地招商，鼓励更多企业境外上市。加大政府购买服务力度，将政府工作人员从招商引资具体事务中解脱出来，专注于制定政策、优化环境、打造平台载体等工作，为招商引资项目落地达产提供保障和服务。

4. 狠抓签约项目落实，完善项目落实常态化工作机制

近年来河南省组织开展的招商引资专项督查成效明显，有力推动巩固了开放招商工作成果。河南省要继续把签约项目落实作为招商引资工作的核心环节，进一步完善科学化、常态化项目跟踪落实机制。一是分层分类建立招商项目跟踪督查推进机制，形成省、市、县三级联动，各有侧重，分工推进的全方位项目跟踪落实服务体系。二是建立完善开放招商台账管理制度。进一步完善重大招商项目台账和重大招商活动签约项目台账。同时，推动各市、县参照省里做法，通过完善机制、协调服务、专项督查，进一步提高签约项目的合同履行率、资金到位率和项目开工率。

5. 理顺省直管县（市）的直管体制，提升省直管县（市）的要素保障水平

各省直管县（市）虽然在行政管理体制上实现了省直管，但在金融、电力等有关要素保障方面，在项目审批、享受贷款额度等方面仍需县、市、省逐级审批。建议在省直管县（市）恢复发行库，扩大中国人民银行直管县（市）支行的资金和行政管理权限，对直管县（市）农业政策性银行及各商业银行支行扩大业务授权，使直管县（市）金融、保险机构享受与省辖市相关机构同等审批权限。

6. 以国家战略为统领，加快构建内陆开放新高地，再造全方位对外开放新优势

加快推进自贸试验区建设。以制度创新为核心任务，以可复制、可推广为基本要求，编制发展规划，制定管理办法，出台实施方案、支持政策和配套措施，推动创新举措全面落地，尽快形成一批具有河南特色的创新成果。面向全球宣传推介河南自贸试验区，吸引国内外500强、知名跨国公司入驻；全面推进跨境电商综合试验区建设。研究出台综合试验区建设发展规划，全面落实各项创新举措，加快“三个平台、七个体系”建设。培育30个省级跨境电商示范园区、10个省级培训孵化基地、10个省级公共海外仓、5个省级外贸综合服务企业，推动跨境电商产业集群发展。加快开发区转型升级、创新发展，开发区全面复制推广自贸试验区改革创新成果，提升开发区国际化水平。推动符合条件的省级开发区升级为国家级开发区，推动各类园区申报省级开发区。加强对综合保税区、出口加工区、保税物流中心等各类园区的指导和管理。进一步扩大开放领域。贯彻国务院《关于扩大对外开放积极利用外资若干措施》，落实新修订的《外商投资产业指导目录》《中西部地区外商投资优势产业指导目录》，进一步放宽一般制造业、采矿业外资准入限制，有序推进科技、教育、文化、医疗卫生、会展、律师等服务业开放，鼓励外资以特许经营方式参与基础设施建设，打造开放招商新优势。

B.15

河南省贸易救济面临的形势及应对思考

李 惠 李 晋 杨军岐 李伟华*

摘 要： 近年来全球经济复苏缓慢，国际市场需求不振与国内产能过剩因素交织叠加，贸易保护主义升温，贸易摩擦加剧已成为国际贸易新常态。2016 年河南省与全国一样，面临贸易摩擦案件高发、频发的严峻形势，影响全省外贸稳定增长。

关键词： 贸易摩擦 贸易救济

2016 年，在贸易环境趋紧，全国货物贸易下降的大背景下，河南省狠抓外贸政策落实，努力促进外贸回稳向好，实现了全省货物贸易 4714.7 亿元，同比增长 2.6%，高于全国平均水平 3.5 个百分点，首次跨入全国外贸十强行列。但值得注意的是，近年来全球经济复苏缓慢，国际市场需求不振与国内产能过剩因素交织叠加，贸易保护主义升温，贸易摩擦加剧已成为国际贸易新常态。河南省与全国一样，面临贸易摩擦案件高发、频发的严峻形势，影响全省外贸稳定增长。

一 河南省贸易救济工作基本情况及其特点

据不完全统计，2016 年，河南省共遭遇来自 11 个国家和地区的各类贸易摩擦原审案件 31 起，其中反倾销原审调查 26 起，反补贴 4 起，反规避 1

---

* 李惠、李晋、杨军岐、李伟华，河南省商务厅国际经贸关系处。

起。全省 141 家企业涉案，涉案金额 6500 万美元，涉案产品包括轮胎、钢铁制品、风力发电机组、玻璃、医药、化工、日用陶瓷等 7 大类 23 种产品。同时，河南省企业主动参与对外提起贸易救济调查案件 4 起，其中反倾销调查 3 起，反补贴调查 1 起，均获商务部立案调查。河南省贸易救济工作具有以下特点。

1. 出口应诉方面

一是贸易摩擦案件呈现高发、频发态势。2016 年，河南省遭遇新发起各类贸易摩擦原审案件 31 起，同比增长 82.35%，且每月都有新发起案件，甚至有的月份原审案件达 4 ~5 起。

二是涉案产品范围扩大，涉案企业明显增多。涉案产品 28 个，同比增长 64.7%；涉案企业 141 家，同比增长 101%。

三是发展中国家及新兴经济体成为我国主要贸易摩擦对象国。31 起案件中，由印度、巴西、阿根廷、埃及、越南、巴基斯坦等新兴经济体及发展中国家发起的贸易救济调查案件达 19 起，占案件总数的 61.3%。其中仅印度对我国发起的案件就达 9 起，涉及充气子午线轮胎、冷轧扁平钢、钢化玻璃、药品、日用陶瓷等多个出口产品。

四是贸易摩擦案件对我国部分产品出口影响深远。通常统计产品的涉案金额，仅统计涉案产品向发起调查国一年的出口涉案产品金额，但实际上案件对出口的影响至少 5 年或更长，具有叠加效应。比如欧盟对我国出口自行车已征收 20 年的反倾销税。再如美、俄、白、哈等国家对我国轮胎行业的反倾销，导致我国轮胎企业库存激增，平均开工率已从案件前的 90% 锐降至 60% ~70%，对轮胎及上、下游企业的生产经营都产生了深远的影响。2016 年 5 月，印度对我国充气子午线轮胎发起的反倾销调查中，河南省风神轮胎涉案（印度是该公司重要出口市场之一，并且是未来最具潜力的世界轮胎市场之一），此案一旦裁定倾销成立，将会严重影响该公司出口业务，进一步加剧国内轮胎行业的竞争。

五是河南省涉案企业应诉率不高。目前，涉案企业中仅有 2 家企业表示应诉，其他企业考虑涉案产品出口量小、非企业主导产品或因应诉成本、时间、精力，胜诉的不确定性等因素，以及缺乏认识、信心不足等选择不予应诉者居多，从而丧失了国际市场。

2. 进口调查方面

一是企业依法运用贸易救济机制，维护企业合法利益的认识逐步提高。2016 年，河南省企业主动参与发起贸易救济措施申请 4 起，均获立案。包括：洛阳中硅高科技有限公司对来自欧盟、韩国的进口太阳能级多晶硅分别发起反倾销、反补贴救济措施申请共 3 起，开封龙宇化工有限公司对原产于韩国、泰国、马来西亚的进口共聚聚甲醛发起反倾销贸易救济申请 1 起。

二是部门、行业协会、企业相互配合，共同应对进口对我国产业冲击的贸易救济工作机制发挥了良好的作用。2016 年，部门、行业协会、企业配合商务部对原产于美国的进口干玉米酒糟进行反倾销和反补贴立案调查工作，由中国酒业协会牵头指导，省商务厅在对河南天冠酒业调研基础上向商务部报送了《关于对干玉米酒糟反倾销和反补贴案的意见》。同时，配合商务部做好对原产于美国、欧盟等 6 个国家和地区并对河南省产业构成影响的进口产品实施反倾销措施、反补贴措施调查，其中复审调查 11 起，指导企业进行调查登记等，支持企业运用贸易救济措施，维护国内产业安全和企业合法权益。

二　贸易救济工作面临的形势

当前，世界经济增速放缓，总体疲弱的态势没有改变，全球贸易发展进入低迷期，是当前和今后一个时期世界经济发展的一个基本常态。面临严峻的国际经济形势，西方国家等强化贸易保护主义，除反倾销、反补贴等传统的贸易制裁手段之外，在市场准入环节、技术性贸易壁垒、劳工标准、绿色壁垒等方面的要求也越来越严格，由征收出口税、设置出口配额等管制措施引发的贸易摩擦也越来越多。与此同时，我国劳动力成本上升较快，环保要求也逐渐严格，对外出口的成本不断增加，东盟等新兴经济体及其他发展中国家，利用低廉的劳动力成本和资源优势，积极参与国际分工，产业、订单出现一定程度的向周边国家转移，导致出口竞争加剧，面临的贸易摩擦形势异常严峻。

1. 针对我国产品的贸易救济调查呈现多发、蔓延的态势

一是案件数量持续攀升，涉案金额不断增大。从商务部获悉，我国出口产品遭遇各类贸易救济调查案件由入世前五年的年均约 40 起，快速攀升至年均近百起。同时，重大案件不断增加，2011 年以来，我国涉案金额达 1 亿美元的案件 96 起，超过 10 亿美元的案件 5 起。2012 年仅欧盟对我国光伏产业调查涉案金额就高达 204 亿美元，占我国当年对欧出口额的 6%。二是许多重要的出口产品遭到多国的围堵，如彩电、自行车、轮胎、陶瓷、钢铁等产品在多个国家和地区遭遇调查。三是反倾销、反补贴双重调查影响更广。已有美、欧、澳、印等 9 个世贸成员先后对我国发起反补贴调查共 104 起，涉案金额累计约 400 亿美元。四是贸易摩擦由发达国家向发展中国家蔓延。2011 ~ 2015 年，发展中国家每年对我国发起贸易救济案件占整个案件的比例由 62% 逐年攀升至 75%，案件规模不大，但总体数量呈上升趋势。

2. 技术性贸易措施花样繁多，使我国企业进入国际市场的技术门槛越来越高

据世贸组织统计，近年来，各成员每年新实施的技术贸易措施达 3000 多项，高居各类贸易措施之首，部分措施确有促进我国企业加快产品技术升级的效果，但大部分措施是出于贸易保护主义的目的，其严苛的标准和烦琐的程序给我国企业正常贸易造成严重的技术性障碍，对我国出口影响巨大。据国家质检总局统计，2005 ~ 2014 年我国每年约有 1/3 的出口企业受到国外技术性贸易措施的影响，累计造成外贸损失超过 7720 亿美元。

3. 知识产权方面的纠纷越来越多，我国行业领先企业频遭打压

随着经济的发展和产业的升级，一些国家打压我国核心竞争力，阻碍我国技术进步，频繁以保护知识产权为由限制我国高科技产品的出口。比如美国的 337 调查，20 世纪 90 年代涉及我国出口产品的 337 调查每年不到 1 起，而近 5 年来每年达 13 起。我国企业已成为美国 337 调查的最大目标，约占美 337 调查立案总数的 1/3。

4. 国际规则的博弈竞争日趋深入，贸易案件影响波及社会和政治层面

美欧利用现行世贸规则的模糊性、伸缩性，在贸易救济调查中对我国采取替代国、外部市场基准、国有企业单一税率等歧视性做法，试图将其不合理做法体制化、合法化、规则化。同时，西方国家还试图借贸易救济中的补贴项目调查、国有企业待遇等问题，进一步挑战我国发展模式，对我国体制机制指手画脚。

5. 美欧日相关利益集团联手炒作，制造舆论，拒绝履行我国入世议定书中的第十五条义务

根据《中国加入世贸组织议定书》第 15 条规定，世贸组织成员应于 2016 年 12 月 11 日终止在对华反倾销调查中使用“替代国”做法。然而，美国商务部部长在 11 月 23 日中美商贸联委会记者会上表示，赋予中国市场经济地位的时机尚不成熟。美方想以“非市场经济地位”的名义，继续在对中国反倾销调查中采取“替代国”做法，从而在中美贸易中获得更大竞争优势。11 月 9 日，欧委会取消了“非市场经济国家”名单，但以“市场扭曲”取而代之，变相延续“替代国”做法，本质上并没有彻底履行第 15 条义务。12 月 8 日，日本经济产业省明确表态，日方决定继续不承认中国是“市场经济国家”，并维持对不当倾销征收高关税的“反倾销税”机制。

6. 国内产业面临进口冲击的压力进一步增大

在全球有效需求不足的背景下，国内市场地位凸显，国外企业对我国市场倚重度上升，造成国内市场竞争加剧。当前，我国传统优势产业正处于转型升级的关键时期，高新技术产业正处于起步发展阶段，相较于国外成熟产业，防冲击、抗风险能力较低，容易遭受进口产品的冲击。此外，我国农产品市场竞争面临日趋激烈的态势，由于国外农业生产经营规模大、集约化程度高，且欧美等发达国家向农业提供补贴的情况普遍，进口农产品对国内农产品市场具有很强的质量、价格等竞争优势，将对我国农业产业形成严重冲击，进而影响农业稳定发展和粮食供应安全。

三 做好贸易救济工作的几点思考

2017 年，贸易救济工作面临的形势依然严峻复杂，当前河南省经济发展不平衡，外贸结构不合理、体量小、竞争力不强、国际化经营和抗风险能力差的问题依然突出，调结构、稳增长任务繁重。随着河南省产品出口规模不断扩大，河南省企业遭遇的贸易摩擦案件的数量将激增，贸易救济工作将呈现常态化、复杂化趋势。下一步，河南应积极采取措施，重点做好以下几方面工作。

1. 进一步完善贸易救济机制，发挥好“四体联动”工作机制作用

积极配合商务部开展贸易救济案件应对工作，及时掌握贸易摩擦案件中河南省企业涉案情况，密切与行业商协会的联系，加强对涉案企业应对工作的指导、协调和服务，做好重点案件的跟踪和应对工作。

2. 完善贸易摩擦应对救助政策

加大财政资金支持力度，适当提高企业应诉费用支持比例和支持上线，不断提高河南省涉案企业应诉积极性，维护河南出口市场稳定。继续实施支持企业维护国际公平市场竞争环境项目，支持河南省涉案企业积极开展国际贸易摩擦案件应诉工作，切实减轻涉案企业应诉负担。

3. 加强对国际贸易摩擦形势研判，及时开展贸易摩擦预警工作

特别是重点关注美国新政府对华贸易政策变化及其影响，密切关注贸易摩擦多发、高发行业动态，跟踪、研判相关出口数据和形势，及时通报案件预警信息，引导企业有序参与国际竞争。

4. 加强贸易救济信息通报和宣传工作

做好政府公共信息服务和贸易救济知识普及工作，通过政务信息平台、省商务厅机关网站等，及时发布案件信息，加强案件预警，通报案件进展、措施、案例等情况，让广大企业及时了解贸易摩擦动态，了解贸易救济规则，掌握应对方法。

5. 加强贸易救济工作能力建设

有计划、有针对性地组织开展贸易救济相关人员培训，全面提升企业界、商协会、各级商务部门应对贸易摩擦的能力和水平。提高企业自我保护和依法维权的意识，合理运用贸易救济措施保护产业发展。

6. 加快贸易救济信息咨询服务平台建设

一是借助高校科研院所等机构的专业技术力量，组建专门的咨询智库，提供全面的贸易摩擦应对和贸易救济等方面的专业咨询服务。二是充分发挥行业协会相关职能作用，提供专业性和技术性较强的相应的产业信息咨询服务，及时、有效地发布贸易救济信息，对企业立案提供信息和技术支持，并做好立案前的辅导等。

B.16

农产品电子商务面临形势及发展对策探讨

任秀苹*

摘　要：近年来，我国农产品电子商务蓬勃发展，对解决“三农”问题、创新农产品流通模式、满足多样化消费需求产生了重要影响。农产品电子商务发展面临许多重大机遇，但也面对诸多挑战与困境，如农产品标准化程度低、物流配送成本高、盈利能力差等。本文通过梳理农产品电子商务面临的形势，尤其是针对挑战提出了相应的破解之策：加快农产品标准化品牌化建设，推进冷链物流体系建设，探索创新商业模式，培养农产品电商人才等。

关键词：农产品电商　农产品标准化　冷链物流　盈利模式

近年来，我国农产品电子商务蓬勃发展，对解决“三农”问题，创新农产品流通模式、满足多样化消费需求产生了重要影响。农产品电子商务发展面临许多重大机遇，但也仍然存在诸多短板，面临巨大挑战，如农产品标准化程度低、物流配送成本高、盈利能力差等。寻求破解之策，助推农产品电商发展任重道远。

---

* 任秀苹，河南省商业经济研究所经济师。

一　农产品电子商务发展现状

1. 农产品电子商务发展迅速

目前，我国涉农电子商务快速发展，电商平台已达到3万多家，其中农产品电商平台已近4000家，农产品电商成为继图书、服装和3C电商之后的新热点。2016年，全国农产品电子商务交易总额达2200亿元。以阿里平台为例，2015年阿里平台实现农产品销售额近700亿元，同比增长44.0%，其中阿里零售平台占比95.31%，B2B平台1688占比4.69%。经营农产品的卖家数量超过90万个，其中零售平台占比97.73%，1688平台占比约为2.27%。《阿里农产品电子商务白皮书（2015）》数据显示，水产、肉类、蔬果销售占比19.4%，零食、坚果特产占比30.48%，粮油、米面、干货占比8.56%，茶叶冲饮占比18.6%。

2. “两超、多强、小众”的市场格局

目前，我国农产品电商形成了“两超、多强、小众”的市场格局，“两超”即是阿里系、京东系农产品电商；“多强”指具有较强竞争力的农产品电商，主要有天天果园、易果生鲜、本来生活、沱沱工社、一亩田等农产品电商；“小众”指具成长性的特色农产品电商，主要有一米鲜、菜篮网等农产品电商。

表1　农产品电商一览

企业名称	运营模式			物流模式
天猫“喵鲜生”	B2C	自营+平台	综合全品类	第三方物流
苏宁“苏鲜生”	B2C	自营	综合全品类	第三方物流
京东商城生鲜频道	B2C	自营+平台	综合全品类	自建+第三方物流
顺丰优选	B2C	自营+平台	垂直全品类	自建+第三方物流
沱沱工社	B2C	自营+平台	垂直全品类	自建
一亩田	B2B	自营+平台	垂直全品类	第三方物流
易果生鲜	B2C	自营	垂直全品类	自建

续表

企业名称	运营模式			物流模式
天天果园	B2C	自营	垂直多品类	自建 + 第三方物流
本来生活	B2C	自营	垂直全品类	自建
爱鲜蜂	O2O	平台	垂直多品类	众包
每日优鲜	B2C	自营	垂直多品类	自建
许鲜	O2O + C2B	自营	垂直单品类	用户自提
拼好货	C2B	自营	垂直单品类	第三方
一米鲜	C2B + O2O	自营 + 平台	垂直单品类	第三方

资料来源：笔者整理。

3. 融资方式更为多元

近年来，农产品电商行业一直是资本追逐的热门投资领域。据不完全统计，2016 年共有 37 家国内农产品电商获得融资，融资总额约为 60 亿元。其中平台巨头与垂直电商资本融合，形成优势互补，如京东投资天天果园；行业类资本如九阳股份对垂直电商本来控股进行股权投资，生鲜电商融资方式更为多元化，股权注资模式增多，行业兼并重组趋势愈加明显。

表 2　部分农产品电商融资一览

企　业	A	B	C	D
天天果园	√	√	√	√
易果生鲜	√	√	√	
爱 鲜 蜂	√	√	√	
本来生活	√	√	√	
每日优鲜	√	√	√	
许　　鲜	√	√		
拼 好 货	√	√		
一 米 鲜	√	√		
菜 篮 网	√			

资料来源：笔者整理。

4. 发展布局更具区域化

由于鲜活农产品的物理特性，不易于长距离保鲜，加上物流成本高，决定了生鲜电商的区域性特征。除了淘宝、京东两大巨头等少数农产品电商外，其他农产品电商侧重于在某重点区域内发展，北、上、广、深等大城市成为首选之地。

二　农产品电子商务面临的机遇

1. 农产品电商市场潜力巨大

我国是农产品的生产大国和消费大国，也是世界农产品贸易大国。2016年，我国粮食产量61624万吨，猪肉产量5299万吨，牛肉产量717万吨，羊肉产量459万吨，禽肉产量1888万吨，禽蛋产量3095万吨，牛奶产量3602万吨，水产品产量6900万吨，为农产品电商发展奠定了良好的货源基础；同时，我国连续保持世界上最大的农产品进口国地位。我国农产品巨大的贸易量为农产品电商发展提供了广阔的市场空间。当前，农产品的网购渗透率仅在2%左右，相比服装和3C数码等将近20%的渗透率，农产品电子商务作为一种新的流通模式正处于快速发展阶段，未来发展前景可期，生鲜电商更是被誉为电子商务产业的“最后一片蓝海”。

2. 中央一号文件和各部委纷纷支持农产品电商的发展

随着互联网经济的飞速发展，农产品电子商务也得到了国家的高度重视，国务院和各部委纷纷出台诸多政策予以支持。自2012年起，中央一号文件连续多年提出发展农产品电子商务，财政部、商务部、农业部、中华全国供销合作总社等部门都相继出台了促进农产品电子商务发展的政策措施，如完善食品安全、冷链物流等相关领域的法律、标准；提高农村宽带普及率；加强冷链基础设施建设等，分别从物流、信息化、产品等诸多方面支持农产品电商发展。

3. 农业、物流、冷链、信息技术升级为农产品电商发展提供了有力支撑

农业、物流、冷链、信息技术不断升级逐渐改善了农产品的生产与流通，为农产品电商的发展提供了有力支撑。农业病虫害防治技术、种植技术升级和远程视频云端管理技术的应用，打造了精准农业，提高了农产品的品质、产量，为农产品电商发展提供了基本条件；物联网助力智慧物流可以实现农产品安全追溯信息管理，提高配送效率；包装技术、制冷技术、速冻技术、冷库自动温度检测和控制技术等快速发展，使长途运输中鲜活农产品保持鲜度成为可能，有效提高了鲜活农产品流通质量和效率；大数据精准分析市场需求，可以有效指导生产者和销售者为消费者提供适销对路的产品，破解农产品信息不对称、农产品卖难等一系列难题，使农产品有效供给成为可能。

4. 居民消费需求升级为农产品电商发展打开了空间

随着我国城乡居民收入水平不断提高，生活质量的日益提升，居民消费结构不断升级，对农产品安全、新鲜、营养、健康、多样化、便捷性的需求不断增长，对农产品品质、产地来源等关注与日俱增，尤其是随着大批追求健康生活、习惯线上消费的“85 后”“90 后”生鲜食品电商消费主力军的成长，为农产品电商的发展孕育了巨大空间。

三　农产品电子商务面临的挑战

1. 农产品标准化程度低

商品标准化是其在电商市场上规模化流通的必要前提。《阿里农产品电子商务白皮书（2015 年）》数据显示，零售平台上农产品单品销量排名前 20 位的农产品中均是标准化程度高或易保存、保质期长便于运输的农产品（见表 3）。目前农产品电商特别是生鲜电商发展滞后的重要原因就是农产品的标准化程度低。主要表现在：其一，农产品标准化程度低不仅体现在品质方面，口感、品相等产品指标难以做到整齐划一，其源头、管理、运输和仓储、包装等方面也缺乏规范。其二，产品品类多，不同品类农产品的特征存在较大差异，对温度、存储要求也不一样，增加了仓储运输的难度和成本。其三，标准化的控制程度从根本上决定了农产品品牌化运营的难度。农产品缺乏品牌价值，影响消费者对产品的认可度。相对容易标准化、易保存且保质期长、便于运输的农产品更容易打造品牌，比如枣、牛奶、坚果、茶叶、肉类、大米等，这几个品类通过简单的物理加工后可使产品形态更标准化，稳定性更强，更易于打造品牌，比方五常大米、好想你枣等农产品品牌。相比之下，蔬菜、水果（尤其是难于保存的水果）等生鲜农产品难以标准化和打造农产品品牌。

表3　阿里零售平台上农产品单品销量排名

排名	单品	排名	单品
1	枣类制品	11	蜂蜜
2	乌龙茶	12	海参
3	普洱	13	鸭肉零食
4	牛肉类	14	猪肉类
5	鲜花速递	15	燕窝
6	代用花草茶	16	绿茶
7	纯牛奶	17	夏威夷果
8	天然粉粉食品	18	梅类制品
9	绿植	19	大闸蟹
10	松子	20	牛排

资料来源：《阿里农产品电子商务白皮书（2015年）》。

2. 冷链物流体系发展不足

农产品尤其是鲜活农产品在运输过程中对温度有特别高的要求。相比其他行业完整的物流体系，冷链物流亦是制约农产品电商发展的重要瓶颈。其一，冷库总量不足。居民人均冷库占有量一般作为衡量国家冷链发展水平的重要指标。2016年，我国冷库总容量为1.07亿立方米，比2014年增长了21%，人均冷库占有量达到0.143立方米，仍远低于欧美发达国家水平。早在2014年，英国、美国、德国、爱尔兰、丹麦、印度、加拿大和乌拉圭都已经超过0.3立方米/人。另外，冷库布局不平衡，消费集中区冷库重复建设现象突出，同质化竞争较为严重，而产地冷库不足；冷链运输车辆不足，难以满足全程冷链需要。其二，第三方冷链物流发展滞后。冷链物流自营比重较大，第三方冷链物流企业较少，且大部分是中小企业，企业信息化、智能化水平不高，企业间协作与网络化程度低，信息资源有效衔接不足，物流成本偏高，效率偏低。由于优质冷链物流服务商缺位、物流外包成本高昂、外包服务质量难以保障用户体验等原因，致使不少农产品电商选择自建冷链物流。其三，冷链物流相关法律法规体系及标准体系不健全。当前，规范冷链市场主体行为的法律、法规体系未建立，冷链各环节的设施设备、温度控制和操作规范等方面均缺少统一标准，信息资源衔接不畅，发达国家普遍推行的相关管理办法和操作规范在我国尚处于推广起步阶段。

3. 物流配送成本高

鲜活农产品从供应商到消费者主要经历了干线运输、仓储、宅配三个环节，综合来看（以冷链外包为例），冷藏商品的干线运输与仓储成本是常温商品的4～5倍，而宅配成本是1.3～1.5倍。根据有关机构测算，物流配送成本已占农产品电商交易额的25%～40%，冷链物流、配送成本高对农产品电商的发展形成极大阻碍。

4. 盈利能力差

盈利始终是所有商业模式的最终目的。虽然进军农产品电子商务领域的企业很多，一些企业的交易额也不错，但生鲜电商经营困难却是不争的事实。数据显示，全国近4000家农产品电商中，只有1%盈利，4%与上年持平，7%巨额亏损，88%略亏，这意味着农产品电商亏本运营是行业现状。究其原因主要有：其一，物流外包成本高致使客单价成为致命伤。由于针对网购消费市场的第三方冷链企业较少，配送水平也参差不齐，加之农产品客单价低，物流配送成本高且超过商品本身价值，经营处于亏损状态。其二，重资产模式运作使得企业成本高企。目前，连续的资产投入，加上投资回报周期长，使得生鲜电商陷入重资产运作模式。过高的自有物流投入导致回收周期长，使用率有限，物流配送成本居高不下，同时还要面临后续融资不到位带来的经营风险及不断出现的低成本社会化冷链物流的激烈竞争。北京优菜网在2013年初寻求转让；上海菜管家目前仍处于亏本经营；在国内首创“网上买菜、电子菜箱取菜”模式的武汉家易事累计投入8000多万元，

2014年销售额突破7000万元，一度成为全国生鲜电商领域的领头羊，但基本是亏本维持，该平台最终业务转型，为大宗团购配送；此外，水果营行、特土网、采购兄弟、后厨网、正源食派果蔬帮、土鸡91、花样生活、小农女、慢品时光、卡卡鲜、吉哆生活网、永辉半边天网等，均昙花一现。

5. 农产品电商人才缺乏

目前，农产品电商从业人员素质有待提高。一是由于我国农产品生产者大部分是农户，其自身文化素质较低，农业技术及电商应用技术缺失，其对新技术、新信息不敏感，对开展农产品电商缺乏自信。二是中高等院校人才培养水平不适应农产品电商的实际需求，教学与现实实践相脱节，导致电子商务毕业生工作能力不尽如人意。同时农产品电商需要既懂农业知识又有电商背景的复合型人才。

四　发展农产品电子商务的对策建议

1. 加快农产品的标准化和品牌化建设

一是加快推进农产品的标准化建设。鲜活农产品的标准缺失是目前电商发展的最大瓶颈。农产品的标准化是开展农产品电商的基础。加快提升农产品流通标准化水平，考虑从等级、包装标识标准化入手，有效推进等级与包装方面的规范化，争取在健全标准体系上取得突破。可优选一批规模大、产销链条长的龙头企业及新型农业经营主体率先实施。要加快推进已有标准的执行。二是推进农产品品牌化建设。鼓励和支持农产品生产加工企业、农民专业合作社、家庭农场等农产品生产经营主体注册农产品商标，积极开展农产品质量认证，申请“三品一标”认证，加快推广农产品品牌。推进农产品商标注册便利化和强化农产品品牌保护。三是制定、推广主要农产品冷链物流操作规范及技术标准，加强农产品仓储物流、冷藏保鲜、包装标识等各环节标准化建设，加快推进农产品质量等级化、标识包装规范化、产品品牌化、流通标准化。

2. 着力推进冷链物流体系建设

一是加强冷链物流基础设施建设。加大财政资金支持力度，引导社会资本投入冷链物流设施和公共信息平台等项目建设。加大冷链物流极核城市建设力度，加快培育区域冷链物流中心，优化冷链物流集散节点，着力构建冷链物流综合立体运输大通道。二是推进农产品全程冷链。加大农产品产地冷链设施建设力度，健全冷链物流标准体系，培育冷链物流发展新业态，强化冷链物流全程监管。三是壮大第三方冷链物流。积极鼓励企业推广现代冷链物流管理标准和技术，建设具有集中采购与跨区域配送能力的农产品冷链集散中心，应用专业冷藏运输和全程温湿度监控先进设备，升级换代冷链设施装备，加强智能冷链物流体系建设，全面提升冷链物流服务水平。鼓励大型骨干冷链企业拓展服务领域，完善仓储、运输、供应链管理，提升温控等能力，加快向专业化冷链物流运营商转型。

3. 鼓励探索创新商业模式

农产品电商企业之间的竞争将不仅是产品质量与服务的竞争，更是企业的商业模式、供应链和物流配送的竞争。企业需要不断探索形成新的商业模式，给企业带来新的增值，从而提升企业的综合竞争力。大而全的电商应专注于制定标准、做好品质监控，提升服务体验，引领行业发展；面向小众市场的电商企业可通过专注和极致实现价值最大化，创新服务模式，满足个性化需求，提高用户黏度。

4. 培养农产品电子商务人才

一是着力完善农产品电商专业人才培养体系，通过学历教育、职业教育、继续教育和社会培训等多种方式培养农产品电商技术操作人才、管理人才，农业技术及管理人才，冷链技术及管理人才。加强校企合作，职业院校可采用“订单式”人才培养模式，校企共同组织针对性教学，保证学以致用，全面提升从业人员业务素质。推进产、学、研、用结合，以提高实践能力为重点，开展农产品电商、冷链物流等重点领域技能培训。鼓励企业与高校深度合作，探索形成中高等院校与有关部门、科研院所、行业协会、企业联合培养人才模式。二是加强电子商务相关知识的宣传与培训。要积极利用中高等院校、电商协会、电商企业等机构的资源，采取政府购买服务等方式，举办形式多样的电子商务宣传和培训活动，切实增强农产品经营者对电商的了解和认识。重点对农业龙头企业、专业合作社、农村经纪人和种养大户等展开农产品电商培训，改善农产品电子商务应用的社会基础。三是要通过出台优惠政策，鼓励农业技术、电商专家等到乡村开展技术下乡、技术扶贫等活动，为农产品电商发展提供智力支撑。积极鼓励知识青年回乡创业。

B.17

河南省典当行业运行情况及对策建议

张双鑫*

摘　要：　本文对2016年全省典当行业运行情况进行分析与回顾，全面分析了典当行业面临的形势与存在的问题，对2017年典当行业的发展进行展望，并对行业健康发展提出对策建议。

关键词：　典当　风险管控　对策建议

近年来，在经济下行压力持续加大的形势下，河南省典当行业运行总体平稳，但在发展中遇到了一些困难和问题，尤其从2016年以来这些问题和困难更加严重。本文通过认真分析和调查研究，及时总结经验教训，发现问题症结，厘清发展思路，找出应对策略，为全省典当行业健康发展提供思路。

一　2016年全省典当行业运行情况

2016年，全省典当行业资产总额保持稳定，典当总额下降明显，赢利水平严重下滑，但企业经营风险整体处于较低水平。

1. 行业运行情况

（1）资产总额和负债水平保持平稳。2016年12月，全省典当企业共289家，分支机构13家，注册资本49.5亿元，同比增加4.9%，从业人员2814人，同比减少9.4%。企业资产总额54.2亿元，同比增加4.7%；负债

* 张双鑫，河南省商务厅流通业发展处。

合计 9094 万元，同比降低 28.3%；所有者权益合计 53.36 亿元，同比增加 5.5%，资产负债率 1.1%。

（2）典当总额明显下降。2016 年，全省典当总额 155.45 亿元，同比减少 18.1%。其中，动产典当总额 81.03 亿元，同比降低 15.3%；财产权利典当总额 27.8 亿元，同比减少 24.2%；房地产典当总额 46.6 亿元，同比减少 18.8%。

（3）业务结构相对稳定。按典当总额计算，动产典当业务占 52.1%，财产权利占 17.87%，房地产占 29.97%。与 2015 年同期业务相比较，动产典当业务占比稍有上升，房地产典当业务及财产权利典当业务占比稍有下降，动产业务仍是河南省主要业务。

（4）典当余额稍有下降。2016 年，全省典当余额 42.2 亿元，同比增长 2.07%。典当余额占所有资产总额的 77.8%，反映出行业的业务量、资金利用率维持较高水平。

2. 总体盈利情况

（1）营业收入下降明显。2016 年全行业完成营业收入 3.4 亿元，同比减少 22.2%。

（2）盈利能力和上缴税金大幅下降。2016 年全省典当行业实现利润 0.62 亿元，同比减少 46.1%；全行业上缴税金 0.14 亿元，同比减少 59.8%。

（3）亏损企业明显增加，亏损额度大幅提升。全省营业利润为负的企业有 83 家，较 2015 年的 38 家增加 45 家，同比上升 45.7%，亏损面达 32.8%；亏损企业的亏损额共计 2850 万元，与 2015 年的亏损额 931 万元相比，上升 206%。

3. 业务数据分析

2016 年全行业典当业务 61948 笔，同比增加 3.5%，平均单笔业务金额 25 万元，同比降低 22.9%，其中，动产典当单笔业务平均 14.8 万元，同比减少 23.7%；房地产典当单笔业务平均 77.6 万元，同比增长 4.8%；财产权利典当单笔业务平均 237 万元，与上年基本持平。

4. 风险控制情况

（1）负债率较低。截至 2016 年 12 月底，全行业负债合计 9094 万元，同比减少 28.3%；所有者权益合计 53.36 亿元，同比增加 5.5%，资产负债率 1.1%，仍处于较低水平。反映出典当企业主要利用自有资金进行经营，风险传导性较低。

（2）贷款逾期率和绝当率较上年同期略有上升。2016 年，行业逾期贷款余额 8.06 亿元，逾期率为 14.8%，较上年的 9.8% 提高了 5 个百分点；绝当额为 0.98 亿元，绝当率 1.8%，较上年绝当率 1.6% 提高了 0.2 个百分点，由此可见，企业经营风险整体处于较低水平。

二　全省典当行业存在的问题

在国际国内经济不景气的影响和金融行业的冲击下，典当行业生存空间越来越小，经营越来越困难，主要表现在以下几个方面。

1. 法律地位低，法律保障滞后

一是有章可循但无“法”可依。现在执行的《典当管理办法》系 2005 年制定，是部门规章，法律效力低于国家法律和行政法规，且许多内容已落后于行业的实际发展水平，难以满足典当业持续发展的需要。二是诉讼周期长、执行难。由于绝当品的处理仅仅适用于典当物价值 3 万元以下的业务，对大部分典当业务而言，物品绝当后仍然需通过诉讼程序来解决。首先是立案—审判—执行—回款的周期冗长，而且不确定性因素多，造成大量人力和物力的损耗。其次是尽管企业都有充足的抵押、质押物，且对各种业务都按规定登记，与当户签订借款合同，约定违约条款，但在实际经营中许多典当行反映时常遭遇执行难的困境。三是逾期业务回收变现难。在前几年典当行业的快速发展中，沉淀了一定的逾期项目，实际清收过程中，愿意配合的但由于缺少资金无法偿还，不愿意配合的涉及诉讼、执行等环节，均进展缓慢，一个诉讼短则两年左右，长的达到三年；通过诉讼程序并且拿到判决要经历一个漫长的过程，加之受当前交易市场不活跃影响，资产拍卖环节推进相当困难，持续时间长。

2. 市场需求相对减少

一方面，受发展方式落后、产能过剩、人力成本和房地产价格快速上涨等因素影响，经济发展下行压力持续加大，企业特别是中小企业投资发展意愿减弱；另一方面，近年来，越来越多的人成为信用卡持卡用户，一人持有多张信用卡的现象也很普遍。中小企业以及消费者从典当行取得贷款相对减少。

3. 盲目进入典当行

前几年经济快速发展，典当行业作为银行之外融资渠道的补充，非常热门，受高额利益诱惑，许多不懂行的企业涌入典当行业。缺少典当经营常识，盲目为企业定位，甚至成千上百万地放贷，以为钱放出去就可以大把地获取利润。随着经济环境的变化，准备不足，错误定位，导致这些企业陷入困局。

4. 风险管控能力弱

在前些年房地产行业快速增长和宽松的宏观经济形势下，许多刚成立的典当行，缺乏风险意识，有的盲目放贷、有的有意收当赃物、抽逃资金等，以致陷入风险旋涡不能自拔。部分典当行以房地产和股权、债券为主的财产权利质押为主开展业务，典当行赖以生存的民品典当业占比越来越小。从全省来看，这两项业务占到典当行业务总额的50%之多。随着经济下行，两种业务受到冲击，企业来不及做出调整，放出的款回收困难，上门催账、诉讼成为当前部分典当行的主业。目前，全省一半以上的典当行即使不收利息，也无法保证资金及时回笼，能够正常付息或及时收回贷款的，基本上是小额或民品。

5. 缺乏专业人员

典当行既有融资功能，又有依照规定进行绝当物品二次销售功能。其间，需要进行当物鉴定、评估、收当、续当、赎当等，涉及民法、合同法等相关法律知识和企业会计、税收、风险评价、民品鉴定等专业知识，对从业人员要求较高。据调查，全省有自己典当师（专业人员）的典当行不足30%。没有典当师，这些典当行只能做大众化的房子、车子和股权典当业务，基本无法经营典当行依赖生存的民品。目前大部分典当企业员工学历高、素质好，但真正懂典当的不多，有限的评估业务只能依靠外界力量进行。

6. 经营风险不断加大

近两年退出典当行业的企业会进一步增多。由于企业自身原因和外部环境制约，当前部分典当行贷出去的钱收不回，有的甚至利息也保证不了，部分企业长期陷于诉讼中，亏损企业不断增加。2014 年典当企业年审中，有 15 家企业退出，2015 年年审中，有 19 家企业退出，预计近两年还将有一批企业退出典当行业。

7. 外部环境不佳

商务部、公安部 2005 年颁布的《典当管理办法》等法律法规滞后，法律层次低，同时受其他行业类金融业务影响，典当行生存空间被不断挤压。具体表现为“五难”。

（1）融资难。典当行业是经营资本的行业，再融资是其扩大业务规模的关键。《典当管理办法》规定，典当行只能从商业银行贷款，贷款余额不得超过其注册资本或者所有者权益。银监会 2013 年 5 月发布的《关于防范外部风险传染的通知》明确规定，严禁向典当行授信，这个规定彻底封死了典当行的融资渠道。

（2）征信难。行业主管机构从人民银行交到国家经贸委时，国家经贸委将典当行定义为特殊的工商行业。由于典当行业不属于非银行金融机构，不能接入人民银行征信系统，所以，典当企业在发放当金之前无法查询当户信息，加大了考证当户信用、把控贷款风险难度。2015 年 9 月，人民银行会同银监会、证监会、保监会和国家统计局颁布了《金融业企业划型标准规定》，明确典当行为非货币银行服务类金融企业，但至今，典当行接入征信系统问题仍未解决。

（3）抵（质）押登记难。按照《典当管理办法》规定，为确保实现抵押债权，典当行对动产当物要进行验当、估当、收当；房地产、车辆质押要到房管部门、工商局登记、评估；财产权利要到有关部门查验票据的真实性、来源的合法性等。而在实际运行中，许多行政部门不予办理这些业务，有的有意拖延办理权属登记时间，有的要求典当企业必须到行政部门自己的评估公司进行评估，且收费较高。这些外部因素导致企业部分业务难以开展。

（4）绝当物变现难。《典当管理办法》规定，企业绝当品处理权限是3万元以下。当前随着时代的发展，典当物大多超过这个数额，违约后大多需要走诉讼程序。从全省来看，一个诉讼周期立案—审判—执行—回款，基本需30个月甚至更长，且不确定因素多，消耗大量人力、物力。更令企业为难的是，尽管典当行都有抵押、质押物，事前与当户签订了贷款合同，约定违约处置条款，但在实际执行中，许多法院不认可贷款合同，同时对于典当行业规定的费率和利率超过2分也不支持，均按民间借贷处理。

（5）同质竞争胜出难。《典当管理办法》规定，必须按“以物质钱”放贷。当前，一些银行特别是民营银行为了开拓市场，调整经营策略，推出远优于典当行的条件开展同类业务。比如原来车辆质押贷款是典当行的动产业务主流，现在民营银行不用质押车辆就可以贷款，这样典当行车辆质押贷款业务就无法开展。信用卡授信额度不断提高也对典当行业造成冲击。同时，投资担保公司、小额贷款公司、P2P、寄卖行等企业也做典当业务，对行业造成很大冲击。

三　对策建议

在国家进一步加强宏观管理和深化改革的大环境下，2017年典当行业将呈现稳步发展趋势。但是在国家层面没有出台实质性的行业支持政策之前，典当行业在2017年仍然会举步维艰，企业经营更加困难，行业经营会进一步萎缩。

随着典当市场的发展壮大，其业务领域越来越广阔，服务功能更加多元化，典当行业的市场竞争越来越激烈，企业内部管理将朝全面化、细致化、明确化方向发展，对典当行业的管理人员、业务人员的专业水平要求更高，从业人员将会日益专业化；随着典当业市场风险加大，企业经营理念趋向成熟，市场定位将更加明确，经营策略由多元化走向专业化，典当的专业化经营将是大势所趋；此外，随着市场经济发展、认知观念转变，当户将由个人向中小企业延伸，典当的服务对象将由个人向中小企业发展，典当行业的布局也会更加趋向合理，决策更加趋向科学民主。总之，2017 年河南典当行业必将朝着队伍专业、业务创新、布局合理、决策科学的方向发展。

（1）加快行业立法，废除制约行业发展的决定性因素。典当行业立法工作滞后及现行监管体制不完善，导致典当行业在业务开展、司法诉讼时面临诸多不利因素。应从国家层面立法废除制约行业发展的不利因素：比如融资、征信、诉讼和相关登记手续办理事宜。

（2）支持行业发展，坚持“走出去”“请进来”的行业经营策略。增强与重点企业的联系，搞好服务。鼓励信誉好、发展健康的企业“走出去”，到外省设立分支机构、开设典当行。坚持“请进来”，引进境内外知名典当企业在豫设立典当行和分支机构，发挥示范带动作用。

（3）鼓励创新经营，积极探索利用互联网开展业务。鼓励引导有条件的典当企业探索网络营销、网上销售绝当品、移动互联网应用等新型业务，探索行业发展新路。2015 年，河南省第一家互联网 + 典当平台“当百家”上线，从 2016 年加入平台的金晔典当等 4 家典当行经营情况看，全年共发生业务 1. 13 万笔，占全省的 24. 6%，同比约增 50%。

（4）优化业务结构，鼓励企业开展民品业务。国务院办公厅 2013 年《关于加强影子银行监管有关问题的通知》明确规定：典当行和融资租赁公司等非金融机构要严格界定业务范围。典当行要回归典当主业，不得融资放大杠杆。这是国家层面对典当行最主要的要求。在当前竞争激烈的环境下，一方面引导典当业进一步回归本原，坚持民品特色，通过业务创新优化业务结构；另一方面立足于“以物质钱”，不断拓展抵质押物外延。在做好民品的基础上，稳步拓展房产、车辆，再进一步向艺术品创作、奢侈品消费、生产资料、机器设备等领域拓展。

（5）加强人才培养，提高专业技能水平。省市商务部门、行业协会应通过培训、学习交流等方法帮助企业培养鉴定、评估、风险预测等方面的专业人员，争取在 2 ~3 年每家典当行有 1 ~2 名民品鉴定师或评估师，使典当行由单纯的典当服务，向收当、续当、咨询、评估等一体化方向发展。

B.18
河南省融资租赁发展现状与探索

王卫红　连俊凯　闫卫波*

摘　要：　本文分析了融资租赁的基本业务类型和中国融资租赁业发展基本情况，探讨了目前国内融资租赁业发展较好省份的发展特色与原因。最后重点阐述了河南省发展融资租赁业的现状、优势条件、政策走向，提出下一步河南省在发展融资租赁业方面的建议，特别指出虽然河南省融资租赁业发展起步较晚，实力较弱，但是优势明显，前景可期。

关键词：　融资租赁　河南省自贸区

融资租赁作为设备融资的一种重要手段，能够融合实业、金融与贸易，成为产融结合的纽带。在发达国家，融资租赁是企业融资的主要工具之一，其重要性仅次于银行信贷。中国的融资租赁行业诞生于改革开放之后，近年来呈快速发展势头。许多地方政府均把融资租赁视为大有可为的新兴业态，纷纷出台各种措施支持鼓励其发展。河南省融资租赁业起步较晚、实力较弱，对全省经济的覆盖面和市场渗透率低，加强该领域的研究探索对于河南省发展融资租赁业无疑具有重要意义。

* 王卫红、连俊凯、闫卫波，河南省商务厅外资促进处。

一　融资租赁的内涵

1. 基本概念

融资租赁，又称设备租赁或现代租赁，是租赁的高级阶段和租赁业的发展延伸。典型的融资租赁通常涉及三方关系，即出租人、承租人和出卖人，某些特殊形式的融资租赁可能涉及两方或者三方以上关系人，其内容主要包括租赁和融资两个方面。融资租赁是一种新型的融资方式，是商品流通的重要渠道，具有集融资与融物、贸易与技术服务于一体的特点。

通俗来说，融资租赁就是一些企业因发展需要急需购买设备，但本身缺乏资金且没有有效融资渠道获取资金，也无合适抵押，便和租赁公司签订融资租赁合同，由租赁公司将设备买下来租给企业，企业向租赁公司支付租金。合同期限届满后，租赁公司可以将设备折价卖给企业，也可以以其他方式处置设备。

2. 基本业务类型

一般来说，融资租赁的业务类型或者说交易模式有两种：直接租赁和售后回租。直接租赁涉及三方当事人，即出租人、承租人、出卖人，是指出租人根据承租人对出卖人和租赁物的选择，由出租人出资向出卖人购买租赁物并提供给承租人使用，承租人为此向出租人支付租金的业务形式。售后回租，出卖人和承租人为同一人，是指承租人将自身所有物品出卖给出租人，同时承租人与出租人签订融资租赁合同，将该物品再从出租人处租回并向出租人支付租金的融资租赁形式。采用这种租赁方式可使承租人迅速回收购买物品的资金，加速资金周转。回租的对象多为已使用的旧物品。

商务部统计数据显示，2015 年，全国融资租赁企业融资租赁投放额 6526.0 亿元。从业务模式或者业务类型来看，售后回租的融资额在全部融资租赁业务中的占比为 83.9%，直接租赁的融资额占比为 12.5%。售后回租模式在融资租赁行业内占比较大。

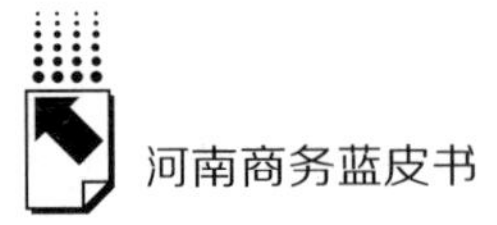

除直接租赁和售后回租两种业务类型外，融资租赁还存在其他交易模式，如联合租赁、转租赁、委托租赁、风险租赁、杠杆租赁、混合性租赁等。商务部统计数据显示，除直接租赁和售后回租之外的其他租赁方式融资额占比仅为3.6%，比重很小。

3. 融资租赁的独特优势

融资租赁是一种实物信用与银行信用相结合的新型金融服务形式，它集金融、贸易、服务为一体，属于跨部门、跨领域的交叉行业。与常见的银行信贷相比，融资租赁具有集融资和融物于一身的特性，这也是其快速发展的主要原因。尤其对于中小企业，在需要购置寿命长、价格比较高昂的大型机械设备时，如果公司短期资金压力比较大，能使用的资金规模小，想获得借款的资信和担保的要求又比较高时，融资租赁的方式是满足企业发展的便利而合适的选择。所以，融资租赁的业务模式尤其适合中小企业融资。企业通过融资租赁公司获取的资金不计入其银行征信系统，也不占用其在银行的授信额度，这更有利于企业通过租赁公司的融资平台与银行开展全方位、深层次的合作。而且，通过融资租赁，企业避免一次性大额资金投入，在满足企业融资需求的同时还不会导致其负债率上升，同时丰富了大额消费品的营销方式。尤其在公共服务事业和基础设施领域，如医疗卫生、公交、热力、自来水等领域，前期投入大、投资回收期长，融资租赁的优势可以得到很好发挥。

二　中国融资租赁业发展基本情况

中国的融资租赁诞生于20世纪80年代初，是改革开放政策的产物。1980年，中国国际信托投资公司率先引进租赁方式。1981年，第一家中外合资租赁公司——中国东方租赁有限公司成立。同年，中国国际信托投资公司与国家物资总局共同组建成立了中国租赁有限公司，这是我国第一家全国性综合类融资租赁企业。这些公司的成立，在扩大国际经济技术合作与交流、开辟利用外资新渠道以及引进国外的先进技术和设备等方面发挥了积极作用。但由于理念上的偏差，加之我国法律、政策、税收、环境等各方面配套不完善，融资租赁业发展缓慢。后来，由于欠租严重、政策调整等多种因素的影响，融资租赁业风险全面爆发，该行业更是陷入较长时间的停滞阶段。直到2007年后，融资租赁业才开始重新步入正轨，步入快速发展时期。

1. 中国融资租赁业运行基本情况

根据商务部统计数据，截至2015年底，我国登记在册的融资租赁企业共计3615家，同比增长76.8%。其中，内资试点企业189家，同比增长24.3%；外资租赁企业3426家，同比增长81.0%。行业从业人数总计32581人，同比增速为15.3%。

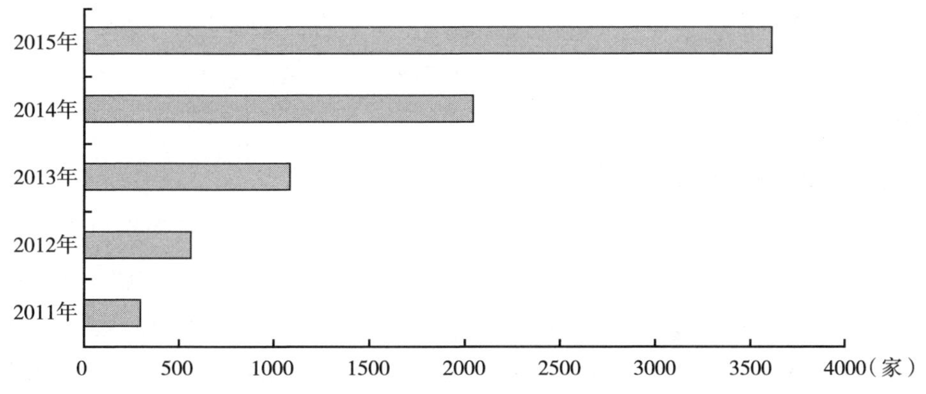

图1　2011～2015年我国融资租赁企业数量

资料来源：商务部。

融资租赁业的高速发展不仅体现在融资租赁企业数量上，还体现在注册资本、资产总额、税前利润等各方面财务指标均同步大幅增加。商务部统计数据显示，截至2015年底，全国融资租赁企业注册资本金总额为14645.1亿元，同比增速为163.2%。其中，内资试点企业注册资本金总额为1006.8亿元，同比增速为20.4%；外资企业注册资本金总额为13638.3亿元，同比增速为188.4%。资产总额方面，全国融资租赁企业资产总额16271.8亿元，同比增长47.8%。其中，内资试点企业资产总额3800.9亿元，同比增长20.0%；外资企业资产总额12470.9亿元，同比增长59.0%。2015年，全国融资租赁企业实现总收入1137.7亿元，同比增长17.2%，其中融资租赁业务收入856.6亿元，同比增长21.3%。全年融资租赁企业税前总利润213.6亿元，同比增长100.5%。全年融资租赁企业共缴纳税收103.8亿元。

融资租赁业近年来的快速发展有多方面的原因：其一，融资租赁集融资与融物为一体，这一独特优势在近年来的经济形势下得以充分发挥。其二，融资租赁具有产品促销和投融资的功能，契合了“中国制造2025”这一战略的需要。事实上，产品促销是融资租赁除融资以外的另一核心功能。作为制造业大国，我国许多产业近年来出现了产能过剩。许多制造企业利用融资租赁特点，纷纷成立融资租赁公司，以租代售、借租促销，扩大自身产品的销售。其三，部分企业和投资机构借融资租赁平台，整合上、下游厂商形成供应链，提供除生产以外的附加金融服务，以实现产融结合，扩大自身发展。

2. 中国融资租赁业发展的主要特征

（1）融资租赁业在全国发展存在严重不平衡现象，区域差别巨大。东部地区融资租赁企业数量占据绝大部分，达到全国总数的92.0%；中部、西部和东北地区融资租赁企业数量在全国占比分别为2.5%、3.5%和2.0%。从省市分布情况来看，上海、天津、广东领跑全国，当地政府均依托其区位、经济等优势，在融资渠道、税收政策等方面予以扶持，积极发展融资租赁业。截至2015年底，上海融资租赁企业有1216家，数量位居全国首位；另外是天津589家、深圳508家，三地企业数量占全国的64.0%，而且上述三地融资租赁企业数量保持持续较快增长趋势，上海更是全国融资租赁企业数量增长最快的地区。这一方面与当地经济发展水平高、政府重视等因素密切相关，另一方面也指明了其他地区融资租赁业的发展方向与前景。

（2）融资租赁业涉及的租赁物范围日趋扩大，但整体上仍然集中在传统行业。商务部统计数据显示，融资租赁资产总额排名前五位的行业分别是工业装备、基础设施及不动产、交通运输设备、通用机械设备和能源设备。其中，排名前三位的行业融资租赁资产总额均超过千亿元，前五位的行业融资租赁资产总额占行业资产总额的 56.6%。这从侧面表明固定资产投资仍然是拉动我国经济增长的主要动力。相比之下，在发达国家如美国，融资租赁物范围更加广泛，其基础设施类融资租赁业务占比在 5% 以下。值得注意的是，能源设备、节能环保设备等融资租赁业务资产增长较快，表明融资租赁在能源结构调整及环境治理等方面业务拓展较快，也说明融资租赁业发展紧跟中国经济发展及调整节奏。

（3）融资租赁业务扩展功能有待进一步加强。以上海为例，其融资租赁业务集中于单笔业务金额超过 3000 万元的大型业务和单笔业务金额在 50 万～3000 万元的中型业务，单笔业务金额小于 50 万元的业务占比很低。这表明融资租赁仍尚未被小微企业充分利用，业务扩展功能有待加强。

3. 中国融资租赁业发达省份的支持政策和做法

融资租赁业的发展与政府政策的支持密切相关。我国该行业发达省份的支持政策和做法如下。

（1）上海市：自 2013 年上海自贸区成立以来，上海市先后出台各种政策鼓励融资租赁产业的发展，如"统一内外资融资租赁企业准入标准、审批流程和事中事后监管制度。探索融资租赁物登记制度，在符合国家规定前提下开展租赁资产交易"，"允许和支持各类融资租赁公司在试验区内设立项目子公司并开展境内外租赁服务"，"将试验区内注册的融资租赁企业或金融租赁公司在试验区内设立的项目子公司纳入融资租赁出口退税试点范围。对试验区内注册的国内租赁公司或租赁公司设立的项目子公司，经国家有关部门批准从境外购买空载重量在 25 吨以上并租赁给国内航空公司使用的飞机，享受相关进口环节增值税优惠政策"等。一系列扶持政策的出台有效促进了上海融资租赁业的发展，促使融资租赁企业在自贸区内快速集聚。目前，上海自贸区内既有中飞租赁、东航租赁等从事飞机、船舶、大型设备租赁等大型融资租赁企业，也有以中小型设备租赁、服务中小企业为主的小型租赁公司。

（2）广东省：广东自贸区方案获批后，广东省政府把发展融资租赁业作为重要内容进行积极扶持，提出"将依托南沙双区叠加战略优势，落实全国内外资融资租赁行业统一管理体制改革试点等一批融资租赁先行先试政策，打造融资租赁业的服务高地、推动形成千亿元级的融资租赁产业集聚区，打造华南地区融资租赁中心”，“支持符合条件的内地和港澳地区机构在自贸试验区设立金融租赁公司、融资租赁公司，开展飞机、船舶和海洋工程设备等融资租赁业务。统一内外资融资租赁企业准入标准、审批流程和事中事后监管，允许注册在自贸试验区内由广东省商务主管部门准入的内资融资租赁企业享受与现行内资融资租赁试点企业同等待遇”，“鼓励融资租赁业创新发展，对注册在自贸试验区海关特殊监管区域内的融资租赁企业进出口飞机、船舶和海洋工程结构物等大型设备涉及跨关区的，在确保有效监管和执行现行相关税收政策前提下，按物流实际需要，实行海关异地委托监管”，广州、深圳、珠海均推出支持融资租赁发展的相关政策。

（3）天津市：天津市借鉴融资租赁业发达国家和地区做法，利用国务院对东疆核心功能区发展融资租赁业务的优惠政策，发挥港口、空港优势，以飞机租赁和船舶租赁为发展重点。天津自贸区方案明确提出要“做大做强融资租赁业，服务实体经济发展”，并且在片区功能划分上由天津港片区重点发展融资租赁等现代服务业，提出“统一内外资融资租赁企业准入标准、审批流程和事中事后监管，允许注册在自贸试验区内由天津市商务主管部门准入的内资融资租赁企业享受与现行内资融资租赁试点企业同等待遇”，“支持金融租赁公司和融资租赁公司设立专业子公司。支持金融租赁公司和融资租赁公司设立项目公司，经营大型设备、成套设备等融资租赁业务，并开展境内外租赁业务”，“允许融资租赁企业开展主营业务相关的保理业务和福费廷业务。支持租赁业境外融资，鼓励各类租赁公司扩大跨境人民币资金使用范围”，“对注册在自贸试验区海关特殊监管区域内的融资租赁企业进出口飞机、船舶和海洋工程结构物等大型设备涉及跨关区的，在确保有效监管和执行现行相关税收政策前提下，按物流实际需要，实行海关异地委托监管”等，一系列鼓励政策的出台使融资租赁业在天津自贸区如雨后春笋般迅速发展。

4. 融资租赁业将成为中国现代服务业的主要形态

积极发展融资租赁业，是我国现代经济发展的必然选择。伴随着中国经济的持续发展，融资租赁业在我国经济发展中将发挥越来越重要的作用，其在我国经济中的分量也会越来越大，未来将会成为国内现代服务业的主流业态。从发展趋势来看，我国融资租赁业下一步将朝着深入拓展业务领域、深化非融资功能、加强制度建设三个方向发展。

（1）深入拓展业务领域。目前我国融资租赁业仍集中在工业装备、交通运输设备、基础设施及不动产、通用机械设备和能源设备等传统领域，未来应进一步拓展业务领域，大力发展与制造业升级改造以及提升现代服务业相关的业务领域，如新能源设备、文化产业设备、农业机械、医疗器械等，这应该成为融资租赁企业今后拓展业务的重点。

（2）深化非融资功能。前文提到融资租赁除了融资功能之外，还有融物的功能。它在促进设备销售、盘活固定资产、满足企业技术改造的需要等许多方面均可以发挥重大作用，而这些方面是国内融资租赁企业需要努力开拓的领域，潜力巨大。

（3）加强制度建设。融资租赁业的长期健康发展与完善的制度和环境息息相关，我国应进一步完善融资租赁相关的法律法规和配套政策，例如加强租赁物登记公示系统建设、明确不动产和无形资产的租赁业务法律法规、加强租赁资产流通机制建设等。在拓宽融资渠道、完善会计税收制度、加强人才引进和培养等方面也有许多工作要做。此外，还需要考虑建立一些新的相关制度，以适应新形势需要，例如可以考虑建立专门的海外投资保险制度，助力企业“走出去”开展跨国融资租赁业务。

三　河南省融资租赁业发展状况及建议

1. 河南省融资租赁业发展基本情况

截至目前，河南省融资租赁企业仅有 17 家，其中外商投资融资租赁企业 15 家，内资融资租赁试点企业 2 家，注册资本共计 32. 8 亿元，主要从事工业装备、通用机械设备、采矿和冶金专用设备、建筑工程设备、交通运输设备、医疗制药设备、节能环保设备等融资租赁业务。从总体来看，河南省融资租赁业发展较晚，起点较低，规模较小，覆盖面窄，市场渗透率尚不足1%。无论是融资租赁公司数量、规模、实力，还是行业的整体影响力，河南不仅无法与上海、天津、广东等融资租赁业先进省份相比，而且远远低于全国5.2%的平均水平，甚至还远不及周边省份。

究其原因，可以概括为以下几个方面：一是社会认知度低。许多企业停留在一次性买断设备的传统观念上，对融资租赁这一新型的融资方式不熟悉。二是经营者融资难度大。前期资金投入大，回笼慢，金融机构对融资租赁行业及业务兴趣不大，融资门槛高，授信额度低。三是信用环境不佳。承租方拖欠租赁费现象严重，融资租赁企业对承租人的风险评估比较困难，对承租人租赁物的抵押或担保困难。四是企业从业经验不足。融资租赁企业对行业的相关法律法规、信用体系、操作程序、盈利方式等业务不够熟悉，缺少经验。部分融资租赁企业围绕单一业务开展租赁服务，无法满足市场需求。

2. 河南省发展融资租赁业的主要机遇

（1）稳中有进的经济形势为河南省发展融资租赁业提供了良好契机。中国经济步入新常态，经济增速将从高速增长转为中高速增长。在政府收紧银根、银行严控贷款和企业负债率上涨的背景下，融资租赁可以减轻企业一次性大额投资带来的过大资金压力。此外，支持融资租赁业发展的驱动力也仍然存在，加之融资租赁本身具有缓解中小企业融资困难、加快商品流通、扩大内需、促进技术更新、提高资源配置效率等独特优势，与当下河南省经济转型升级之所需正好契合。随着支持融资租赁业发展相关财税政策的陆续到位，越来越多的企业会从节税角度选择以融资租赁方式而非直接购买方式获取设备。此外，融资租赁业在我国依然是朝阳产业，许多领域、功能和市场亟待开发，在河南省的发展潜力更显巨大。

（2）建设“四个大省”为河南省发展融资租赁业提供了必要条件。河南省经济总量连续多年位居全国第五，2016年更是突破4万亿元大关，保持年均增长8%的良好态势。作为新兴的工业大省，河南在装备制造、汽车制造等领域优势突出，为发展融资租赁业提供了良好的技术和设备支撑。河南省服务业发展步伐不断加快，2016年河南省第三产业增加值为1.7万亿元，增长9.9%，在全省产业结构中占比为41.9%。近年来河南着力建设先进制造业大省、高成长服务业大省、现代农业大省和网络经济大省等都为融资租赁业的发展提供了必要条件。

（3）加速推进的城镇化为河南省发展融资租赁业提供了广阔的发展空间。2016年底全省常住人口城镇化率为48.5%，同比提高1.65个百分点，2017年河南省城镇化率目标仍维持在提高1.6个百分点左右。新型城镇化改革正成为拉动河南省经济增长的新引擎。与此同时，河南省各级政府统筹推进铁路、公路、水运、航空、输油气管道和城市交通基础设施建设，由于融资租赁的时间节点较长，可以降低企业采购设备的成本，更适合公共基础设施建设的投资。河南省同步推进的工业化、信息化、农业现代化进程等，与城镇化一道，为融资租赁的业务扩张提供了广阔的发展空间。

（4）“一带一路”建设为河南省发展融资租赁业提供了良好的国际环境。河南作为“一带一路”上的重要节点，随着国家“一带一路”战略的实施，河南的企业“走出去”力度不断加大。2016年河南省对外承包工程和劳务合作对“一带一路”国家完成营业额6亿美元；对外投资对“一带一路”国家中方协议投资额4.3亿美元。融资租赁可以带动设备出口，助力河南省参与建设“一带一路”工作。

（5）自贸区建设为河南省发展融资租赁业提供了绝佳机会。中国（河南）自由贸易试验区于2016年8月获批，并已正式挂牌。这既有利于河南顺应全球经贸发展新趋势，拓展经济增长的新空间，同时也为河南省发展包括融资租赁业在内的现代服务业提供了前所未有的良机。从国内其他自贸区情况来看，2015年，沪、津、粤、闽四大自贸区扩区及挂牌完成，四个自贸区均把发展融资租赁业作为试点的重要内容之一，各自有明确而差异化的定位，出台各种政策鼓励融资租赁产业的发展。当年上海、天津、广东（含深圳）、福建（含厦门）融资租赁企业数量分别增长169%、75.8%、

62.5%、97.2%。由此不难推测，河南自贸区挂牌后融资租赁企业将会有井喷式增长。

3. 河南省支持融资租赁业相关政策探讨

近几年河南省先后出台了一系列支持融资租赁业发展的文件。例如《河南省人民政府办公厅关于支持郑州航空港经济综合实验区发展的意见》《河南省人民政府办公厅关于转发进一步扩大有效投资行动方案的通知》《河南省人民政府办公厅关于促进融资租赁业发展的实施意见》（以下简称《实施意见》）等系列文件，均提到鼓励发展融资租赁业，积极发展飞机、大型制造、施工、运输等设备设施融资租赁服务，尤其是《实施意见》提出了河南省融资租赁业发展的重点领域和方向：装备制造、工程机械等优势产业发展厂商融资租赁，优势装备制造业融资租赁，参与基础设施建设，支持现代农业发展等。

4. 河南省融资租赁业发展建议

（1）政府和各相关部门进一步出台更具体、更具可操作性的支持政策。融资租赁业发展需要政策支持，尤其是政府在税收、资金等方面的支持。例如，可以考虑允许售后回租业务开具增值税专用发票，便于承租人纳税时抵扣租赁利息支出以降低其融资成本；可以借鉴新加坡、中国香港、爱尔兰等融资租赁发达国家和地区的做法，允许开展飞机、船舶等经营性租赁业务的融资租赁公司参照执行扣减融资成本的差额征税政策，降低租赁公司税负；可以允许承租人将设备维修费、保养费和租金均计入经营成本；对于公共设施建设和符合河南省“十三五”规划发展方向的重大项目，争取政策性银行为其提供相应中长期贷款；允许金融租赁公司将借款、发债、资产证券化、保理、信托等融资成本及相关费用纳入租赁业务可抵扣融资成本范围，进一步拓宽金融租赁公司融资渠道及降低融资成本。

（2）拓宽融资租赁资金来源渠道。融资租赁业属于资本密集型行业，缺乏通畅的资金渠道对融资租赁业来说无异于无源之水、无本之木。从发达国家融资租赁业发展经验来看，银行是融资租赁业发展壮大的中坚力量。河南省可以考虑放宽限制，例如允许金融机构入股融资租赁公司，适当放宽金融业与融资租赁业之间资金融通的限制，允许其吸收各种基金组织的暂时闲置资金。允许部分实力较强、经营管理水平较高的融资租赁公司发行租赁基金或金融债券等，使其可以从资本市场上筹资。

（3）加强行业管理，加大宣传力度。政府要优化信息发布平台，完善现有融资租赁统计制度和方法，做好信息统计工作。要提高统计数据的及时性、准确性，便于业界、学界和公众查询、分析与评价。借鉴国外经验，加强融资租赁机构与融资租赁行业协会的联系，加强行业内信息交流与沟通，提升行业整体服务能力和水平。加强融资租赁业理论研究与宣传，提高中小企业对融资租赁的认知度，鼓励企业利用融资租赁方式解决融资难题。融资租赁机构本身也要通过有效宣传手段推介公司业务，介绍融资租赁业务知识。

（4）加强专业人才培养。融资租赁涉及领域广，对从业人员要求高。从业人员需要具备金融、法律、贸易、产品甚至专业技术等多方面的知识，而河南省乃至全国的此类复合型人才缺口较大。政府机关或相关协会应经常举办融资租赁业相关的活动，例如座谈会、博览会、交流会等，加强专业人才的培养；融资租赁公司应不断开展从业人员的在职培训，不断提高其从业人员的综合能力和业务素养，同时加强复合型人才的引进；政府应支持鼓励高等院校开设相关专业，培养该领域专门人才；行业协会和融资租赁机构可采用联合办学、委托培养等方式培养融资租赁人才。

B.19
供给侧改革背景下河南省物流业现状及发展对策

李云江*

摘　要：　本文总结了河南省近年来物流业发展情况，分析了行业发展存在的问题，围绕供给侧改革对物流发展的要求，提出应该从降低物流总费用、创建便捷的交通运输环境、加快专业物流发展、探索实施商贸物流标准化示范工程、支持智慧物流创业创新等几个方面，推进供给侧改革背景下的物流业发展。

关键词：　物流业　供给侧改革　效率　对策

河南省地处中原，承东启西，地理位置优越。在东部产业转移、西部资源输出、南北经贸交流中发挥着重要的桥梁和纽带作用。物流业是一个复合型产业，涵盖了仓储、运输、包装、信息服务、寄递等多个服务行业，被喻为促进经济增长的“加速器”。区域物流业发展水平也就成为衡量区域经济发展水平的重要指标之一。目前，河南正在实施粮食生产核心区、中原经济区、郑州航空港经济综合实验区、郑洛新国家自主创新示范区、河南自贸区等五大国家战略，使得物流业也呈现蓬勃发展的态势。客观、准确地分析河南物流发展状况，并结合目前供给侧改革背景，研究提出河南物流业发展对

* 李云江，河南省商务厅流通业发展处。

策，对促进河南省产业结构优化升级、推动中原经济区经济全面协调发展、使河南真正成为中原经济区的核心增长极，都具有非常重要的意义。

一　河南物流业发展现状

1. 产业规模快速增长

“十二五”期间，全省物流业增加值年均增长10%以上。2015年，全省社会物流总额93538.48亿元，增长9.0%；全省物流业增加值1981.59亿元，增长8.8%，占全省GDP的5.4%，占服务业增加值的13.6%。2016年前三季度，全省社会物流总额73361.6亿元，按可比价格计算，同比增长8.2%，增幅同比回落0.9个百分点，但比上半年提高0.3个百分点，且比全国增幅大2.1个百分点。

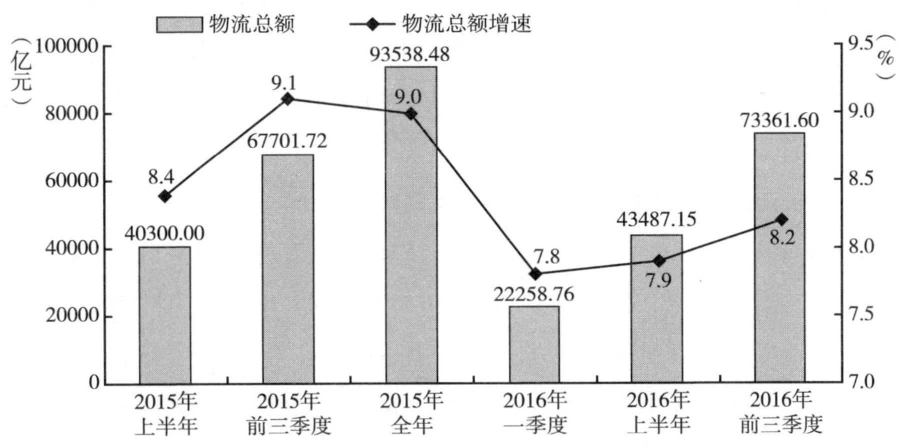

图1　2015～2016年河南省社会物流总额趋势变化

预计2016年全省社会物流总额9.8万亿元，增长8.6%；全省单位与居民物品物流总额有望突破200亿元，增长35%左右；全省工业品物流总额、外省流入物流总额预计分别为7.8万亿元、0.84万亿元，分别增长7.8%、5.6%；农产品物流总额、再生资源物流总额保持稳定增长，分别增长4.6%、12.3%。上述数据总体反映出物流业已成为推动经济社会发展的重要力量。

2. 冷链物流蓬勃发展

河南是全国最主要的食品生产基地。鲜肉及肉制品以及速冻食品产出量分别占全国的13%和72%。其中，鲜肉和肉制品向省外输出份额超过60%，速冻食品向省外输出份额超过50%。据调查，全省各类冷库储存量总和超过330万立方米。其中，冷藏库约104万立方米，冷冻库约226万立方米，二者比例大致为3∶7；另有冷藏车约6700辆，总承载量超过8万吨。2016年，全省生鲜食品冷链利用率约为40%，果蔬、肉制品在物流环节的损腐率分别下降到16%和7%以下，已接近发达地区水平。大数据、云计算、物联网等新型信息技术在冷链物流中的应用比例大幅提高。在模式创新方面，以鲜易供应链为代表，建立了全国首家垂直生鲜食材B2B电商交易平台（鲜易网）和全国最大的冷链资源交易电子商务平台（冷链马甲网），2016年注册用户超过47万，交易额超过50亿元，开拓了河南冷链物流的新天地。另外，华夏易通物流开发运营了“冷链共同配送信息服务平台”，实现了全物流环节温湿度实时监控。思念集团也建成了车载无线远程温湿度智能监控平台。以便携式智能终端为手段的实时数据监控与处理已成为冷链物流行业的常态运营模式。

3. 电子商务与快递物流融合发展势头良好

2016年1～9月，全省快递业务量55785.15万件，业务收入64.66亿元，总量均居全国第9位，分别增长60.85%和47.80%。其中郑州市快递业务量和业务收入在全国主要城市中位居第16和第14。全省已建成各类电商园区近百家，吸引大批的电商平台、应用、服务、物流、支付等企业集聚，一批知名的电商、物流、支付企业在河南设立总部、分支机构或运营中心，有力地提升了河南流通基础设施网络服务能力。全省共有15个县（市）列入国家电子商务进农村综合示范县（市），洛阳市被商务部确定为国家电子商务与快递物流协同发展试点城市。依托淘宝网、天猫、京东、苏宁等知名电子商务平台，好想你红枣、怀庆府山药、信阳五云茶叶、封丘津思味树莓、兰考五农好酱菜等一批地方农产品成为知名网销农特产品。

4. 跨境电商智能物流体系初步形成

目前，郑州机场已开通国际全货机货运航线29条，覆盖亚、欧、北美、南美、澳五大洲，占当前郑州机场已开通全货机航线34条的85.3%。全省以航空运输方式进出口额约占全省外贸总值的60%。郑州航空港正在成为中部地区进出口货物的集散地、转运枢纽。卢森堡航空、俄罗斯空桥航空、美国UPS和DHL等四十余家国内外知名航空巨头纷纷抢滩入驻，其中，欧洲最大货运航空公司卢森堡国家货运航空已将郑州机场作为其全球第二大枢纽机场。这也吸引了越来越多的知名企业选择郑州航空口岸通关。中欧班列（郑州）“一干三支”铁、海、公多式联运项目获批国家首批多式联运示范工程项目（全国十六家之一）为下一步推动货物在海铁、公铁、空铁之间的无缝衔接打下了良好基础。中欧班列（郑州）开行频次加密，每周“去四回四”，领跑国内中欧班列。菜鸟中国智能骨干网、阿里巴巴中西部区域跨境电商服务中心、京东中部一级电商运营中心、苏宁云商华中物流枢纽项目、中外运中部区域空港物流网络枢纽、中国邮政航空邮件处理中心、中通快递国际业务总部及航空货运基地等加快建设，跨境电子商务仓储、物流体系不断完善，“智慧物流”完整产业链正在逐步形成，航空货运、海铁联运、郑欧班列等多种运输方式对跨境电商业务的运能保障不断提升。

5. 运行效率不断改善

物流成本低速增长，各类“降本增效”举措稳步推进，物流运行效率和质量不断改善。预计2016年全省社会物流总费用6500亿元，比上年增长7.1%，增幅上升0.2个百分点；全省物流业完成增加值2000亿元，增长8.9%，保持较快增长。全社会完成货运量22.8亿吨，增长6.5%，增幅回落4个百分点。完成货物周转量7850亿吨公里，增长3.3%。商品总库存量明显回落，货物周转速度提升。2016年前三季度，仓储成本增速放缓，仓储费用增速同比回落0.7个百分点。省内零担货运龙头企业河南长通物流联合中部7省重点物流企业成立了全国首个跨省域物流联盟“中中物流联盟”，共享物流网点和资源，并以甩挂运输试点为依托，实现联盟内企业间无障碍互换挂车；郑州城市共同配送联盟积极探索“最后一公里”物流配送问题，建立公共信息平台，改造升级配送网络，构建配送车辆运营及配套体系，降本成效明显。

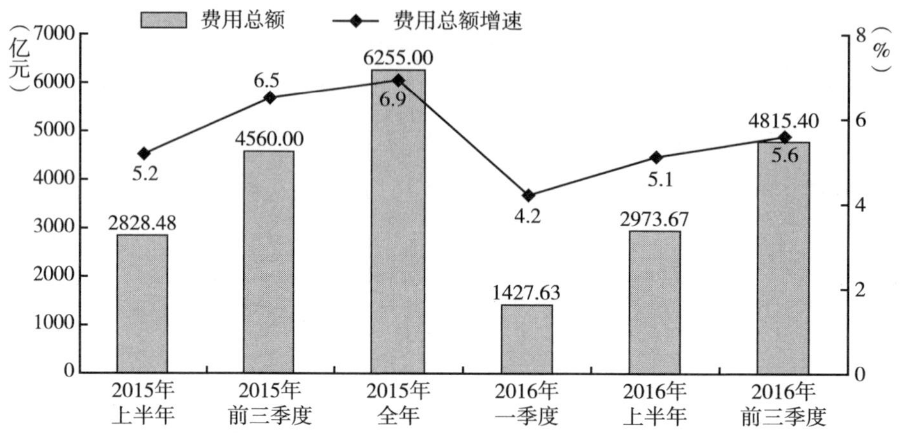

图2　社会物流总费用趋势变化

6. 企业整体实力明显增强

近年来，随着五大国家级战略相继落地，国内外物流龙头企业不断抢滩河南，这也促使河南本土物流企业乘势而上，加快向现代物流企业转型。物流豫军数量稳定增加，规模不断扩大，第三方物流服务水平不断提升。截至目前，全省共有各类物流企业5500多家，其中A级物流企业84家（5A级6家、4A级36家、3A级35家、2A级7家）。另外，全省有13家物流企业进入全国先进物流企业榜单，2家物流企业入选全国物流百强企业榜单，27家物流企业进入全省服务业百户领军企业名单。在冷链物流领域，双汇、鲜易控股、大用运通、华夏易通等7家企业入选冷链物流国内百强企业，双汇、鲜易控股、众荣稳居国内10强。在物流装备制造领域，冰熊、中集、新飞及红宇4家企业在国内冷藏车市场占有率达到了64%。2016年，河南保税物流中心、郑州国际航空物流园区被认定为国家级示范物流园区，另有21家物流园区被省政府认定为省级示范物流园区。

7. 信息化程度稳步提升

据调查，物流企业自身建设网站的比例为93.3%，所有重点物流企业使用了物流软件进行运营管理，并能够提供财务、业务等信息化管理，平均投资额度为156万元。开展运输服务的物流企业使用GPS定位服务的比例达到了100%，车辆安装GPS车载终端的比例高达85.6%，98%的物流企业使用手机App软件进行业务管理。另外，有14.3%的物流企业搭建了公共信息服务平台，为全社会和全行业提供物流大数据，实时发布货物信息、车辆信息、仓储信息、多式联运信息等，实现供需匹配、撮合交易等快速服务响应功能。

二　供给侧改革背景下河南物流业面临的问题和挑战

《国民经济和社会发展第十三个五年规划纲要》强调“要突出抓好供给侧结构性改革”，并提出了“去产能、去库存、去杠杆、降成本、补短板”等五大任务，用以提高整个供给体系的质量和效率。物流是连接供给体系和需求体系的桥梁市场要素，合理、有效配置物流、商流、资金流、信息流等要素资源，已成为供给侧改革的核心任务。同时，作为战略性、基础性产业，物流业也是供给侧结构性改革的重要对象和内容。在供给侧改革的大趋势下，河南只有清醒认识行业存在的问题和不足，努力补齐发展的短板，才能应对新常态下的挑战，由物流大省成长为物流强省。当前，河南物流业存在的主要问题有以下几方面。

1. 结构性矛盾突出

（1）企业主体结构方面。全省物流企业整体小、散、弱的现状没有得到彻底改善，注册资本不足1000万元的物流企业占比超过52%，5A级物流企业（6家）仅占物流企业总数的0.1%，占A级物流企业总数（84家）的5.9%。道路运输经营者中个体运输户超过90%，“劣币驱逐良币”的现象已经出现，使得行业集约发展举步维艰。

（2）总体运力结构方面。随着产业结构调整的深入以及网络购物的快速兴起，原来占绝对优势地位的大宗商品物流需求大幅度缩水，与之配套的铁路货运等传统运输方式的运力逐年呈现过剩势头。据调查，自2013年以来，铁路货运量开始逐年递减，2015 年初跌回谷底，基本等同于 2010 年之前的水平。随着郑欧班列的开通，特别是 2016 年郑欧班列加密运营，带动河南铁路货运量首次开始回升。

（3）仓储能力结构方面。河南通用仓储设施面积折合人均约 0.6 平方米，其中高标准仓储设施占比不足 2%，处于严重短缺的状态。近年来，随着电子商务的快速发展，居民消费需求发生了重大变化，以货物堆叠存放、人力分拣入库出库为主的大量老旧仓库已远远落后于行业发展的整体水平，不能适应现代化仓储的需要，亟待升级改造。导致仓储设施短缺的另外一个主要原因是仓储用地供给不足。由于仓储用地需求量大、收益率相对偏低、回报周期较长等原因，一些地方政府往往不愿将其纳入用地规划，即使纳入规划，也会增设如投资强度、税收贡献等用地附加条件，致使仓储项目用地立项难、审批难。仓储设施供给严重不足，造成了近年来仓库租金快速上涨的实际，也是物流成本居高不下的主因之一。

（4）基础设施结构方面。河南公路通车里程约 27 万千米，其中高速公路 6448 千米，铁路运营里程有望突破 8000 千米，物流基础设施初具规模。但是，基础设施之间的转承衔接还不够畅通，集疏运体系还不够健全，各类基础设施的运营部门之间缺乏有效沟通与深层次合作，这些都制约着多式联运的发展。

（5）资金投入结构方面。2016 年，全省物流行业相关投资整体下滑。前三季度，全省物流相关行业投资完成 1137.95 亿元，比上年同期下降 1.3%，增速低于第三产业投资 19 个百分点，低于全省固定资产投资（不含农户）14.3 个百分点。一方面，大量资源沉淀在传统物流领域难以退出；另一方面，新兴物流领域资金投入严重不足，企业无法通过技术改造与模式创新向技术密集型的高端物流转型，行业难以培育出新的增长点。行业两端同时出现了物流需求不足和物流有效供给不足这一矛盾现象。

2. 物流成本居高不下

据统计，2015 年，河南省社会物流总费用与 GDP 的比率为 16.9%，比全国水平低约0.9个百分点。2016年估测值为16.2%；从2015年向前回溯十年，该数值一直维持在17%左右。2015年，全国社会物流总费用与GDP的比率约为17.8%，这一数值高于美、日、德等发达国家9~10个百分点，高于全球平均水平约7个百分点。中国在全球化供应链绩效指数排名中列第28位，这与其全球第二大经济体的地位极不相称。物流费用过高已经成为经济健康发展的“拦路虎”。之所以出现这样的问题，有物流行业自身的原因，但更多的是受到高税收成本、高行政成本、高融资成本等三重藩篱的桎梏。

（1）高税收成本。营改增之后，运输、仓储企业整体税率分别由3%、5%调整为11%、6%，虽然计税基数也相应改变，但大部分物流企业实际整体税负有所上升，平均幅度在2%左右。究其原因，主要是物流行业属于轻资产行业，可抵扣项目较少，处于增值税抵扣第一链条上的个体运输户、因临时货物装卸而外购劳务的企业等，都没有开具增值税发票的能力和资格，这导致物流企业无法取得足额的发票作为进项抵扣。同时，占物流经营成本较大比重的过路费、过桥费，也是在2016年第四季度才被部分纳入进项抵扣范围。

（2）高行政成本。条块分割、地区封锁、妨碍全国统一市场和公平竞争的各种因素仍然存在；配送车辆进城难、通行难、停靠难、卸货难，罚款多、收费多等问题依然突出。另外，公路收费过多、油气等燃料价格相对较高、针对物流行业的燃油补贴政策一直未能出台等，也导致物流行业负担较重。

（3）高融资成本。由于缺乏固定资产作为抵押物，大多数民营物流企业很难从银行获得贷款，即便经由担保公司或其他银行指定方式获得贷款，也会大幅度拉高融资成本，使企业背上沉重的还贷负担。以融资租赁为代表的新型融资行业在内陆地区还处于探索起步阶段，尚未形成气候，加之以车辆为租赁物的项目目前还受到上牌、过户、抵押政策的诸多限制，不易操作。同样，在诸如土地供给、城市道路通行权等公共资源方面，物流企业也很难得到合理配置。

3. 物流供给效率和质量仍有待提高

改革开放之初，物流业的迅猛发展基本上是依赖于低准入门槛、低廉人力资源和低土地环境成本。近年来，人口红利时代结束，环境保护被提到国家战略层面，物流业的粗放式发展已濒临淘汰，但基于成本控制，许多物流企业仍没有主动创新升级其服务质量与效率。

（1）转型升级缓慢。近年来，随着消费方式的快速转变，生活性物流潜力得到充分释放，单位与居民物品物流保持高速增长，电商物流、快递物流、冷链物流成为物流业发展的主要动力。而生活性物流的一大特点就是小批量、多批次，个性化、灵活化。随着越来越多的行业在供给侧改革的推动下完成转型升级，相信将会衍生出更加多样化的物流需求。而现有物流服务大部分是为传统的大批量、少批次的生产性需求配套的，加之传统物流业转型缓慢，尚未能充分地满足新需求。

（2）存在恶性竞争。过度追求低成本，忽视服务质量升级，造成了物流业务严重同质化，而同质化服务导致物流企业之间的恶性竞争现象，以价格战为主的竞争方式进一步挤压了企业的利润空间。为了降低成本，部分物流企业不惜客货混装、普危货混装、超载、违规作业，拉低了全行业的服务质量。2016 年 9 月 21 日，全国公路“治超”工作启动，在一定程度上抬高了公路运输成本，原有的公路运输货源开始向铁路运输转移，进一步挤压了传统物流企业的生存空间。

（3）行业信誉风险增加。河南本土物流企业大多为客户提供“代收货款”业务，每年全省代收货款量超过 6000 亿元，居全国第一，成为河南零担货运企业重要收入来源。近期国家上调了银行卡收单费率，河南省数千家零担物流企业将面临亏损。为应对这一变化，批发零售企业及物流企业普遍拒绝刷卡交易，而采用现金交易，全省银行卡 POS 机刷量下降了 50% 以上。但数千亿元代收货款以传统现金方式流通，产生巨大的资金安全、企业失信等风险隐患，中小物流企业携货款潜逃案件将持续增加，亟待加强监管。

（4）标准化程度亟待提高。全国市场统一开放以及经济全球化进程的逐步加快，使得供应链上、下游企业对物流设备设施、服务规范、术语标志等方面的标准化需求日益增强。目前，供应链上、下游各节点企业在产品外包装、托盘、周转箱等单元化物流器具使用上标准各异，断链现象比较普遍，尚不能实现全程带板运输和托盘循环共用，物流行业标准体系明显落后，亟待制定、修订相关标准，并切实提高企业贯标率。

三　供给侧改革背景下物流业的发展对策

作为集生产性服务业与生活性服务业于一体的物流产业，近年来在国民经济中的地位得到了稳步提升。国家高度重视物流业的发展，颁布了多个纲领性、指导性的文件，努力营造健康的政策环境。在经济“新常态”的影响下，物流业也进入新的发展阶段。

加强物流领域供给侧改革，一是要“两端发力”，二是要“多措并举”。“两端发力”是指推进物流业供给侧结构性改革要同时从微观层面和宏观层面入手。在微观层面，要以充分发挥市场在配置资源上的作用为重点，抓住新技术革命的机遇，激发企业的活力，加快创新驱动，发掘行业新价值，不断增加优质供给，形成推动行业健康持续发展的新动能。在宏观层面，要着眼于创新行业管理体制和管理方式，提高各项政策的落地率和执行水平，加大公共设施的投入，放松行业管制和约束，打破制约行业发展的瓶颈，为市场主体营造公开、平等、规范的治理环境。“多措并举”是指推进物流业供给侧结构性改革要贯彻高效、便捷、智慧、创新、连通、协调、标准、自律等八项主要原则。

1. 降低物流费用是物流业供给侧改革的首要任务

建立和完善收费公路退出机制，打破地方垄断，将已到期的收费路桥及时退出收费行列。有针对性地制定政策，对仓储类设施规划、用地比例设置硬性规定或立法保护，解决仓储物流设施用地难问题。增加物流企业进项税可抵扣项目，落实自 2016 年 5 月 1 日起，将房屋租赁费、过路过桥费和保险费等，按规定纳入物流企业增值税进项税额抵扣范围的政策，并依据实际情况，适当扩大可抵扣过路、过桥费的范围和抵扣比例，确保物流行业税负“只减不增”。建设推动将“货物运输服务”和“物流辅助服务”合并为“综合物流服务”税目，统一按6%的增值税率执行。减少物流领域行政审批事项，进一步推广网络申请、网络年审、异地年审、合并年审等措施。在物流领域加快推进工商登记“一照多址”，解决物流企业需要设立多个分公司、经营网点等非法人分支机构的实际问题，并切实落实物流企业总部机构汇总申报缴纳企业所得税的政策。落实国家支持小微企业发展的各项税收优惠政策，对小型微型物流企业、快递企业减半征收所得税，对从事国家鼓励类项目，且进口国内不能生产的先进设备的小微物流企业，免征进口关税。

2. 大力发展自贸区物流业

抓住自贸区先行先试重大机遇，充分发挥区位优势和立体多元物流产业优势，围绕将自贸区建设成为服务于“一带一路”建设的现代综合交通枢纽目标，复制推广上海自贸区经验，加快建设贯通南北、连接东西的现代物流体系。

一是推进服务贸易自由化，加大物流领域对外开放。推进工商登记制度改革、实行负面清单管理、深化金融领域开放、加强事中事后监管，改善服务贸易整体环境，积极有效吸引外资，促进物流业与国际接轨。加快国际航运中心建设，带动运输、分拨、仓储、物流、快递、供应链等一批专业化物流企业发展壮大。鼓励跨国公司建立整合贸易、物流、结算等功能的营运中心。加快发展融资租赁业，解决物流企业融资需求。大力发展航运金融、航运保险业，鼓励境内外运输保险公司和保险经纪公司等航运服务中介机构设立营业机构并开展业务。

二是复制通关便利化政策，创新监管服务模式。实行“先进区、后报关”“批次进出、集中申报”等海关监管举措，采取“通关无纸化”“第三方检验结果采信”等检验检疫措施，提高通关速度；加快互联互通，完善国际物流网络基础条件，对区内仓储企业实施联网监管，对不同类别、不同性质的货物实施“系统联网 + 库位管理 + 实时核注”管理模式，实现物流仓储的动态、实时管理，促进国际物流大发展。

三是扩大国际物流规模，实施国际多式联运工程。推动卢森堡货航物流基地等项目尽快落地和建设，加快郑州陆港公铁、海铁联运设施建设，开通郑欧班列经土耳其至欧洲新线路。支持郑州新郑机场开辟新国际航线，加密航班，建设国际航空货运枢纽和物流中心。建设国际化物流基地和国内集疏分拨中心，完善郑州航空港陆空联运体系，提升郑州—卢森堡“双枢纽”支撑能力，建成航空快件公共分拨中心、进口冷链食品批发交易中心等项目；推进中欧班列（郑州）“一干三支”铁海公多式联运国家示范工程建设，建成汽车整车、粮食进口口岸，完善多式联运监管中心功能，强化郑州国际物流中心地位。支持邮政国际邮件郑州口岸、郑州国际邮件集散分拨中心、河南省国际快递物流港等建设；加密与与郑州建立国际邮件互换关系的国外城市的直达航班，协调国外邮政公司加大对郑州互换局的直封力度等。

3. 支持河南跨境电商智能物流体系建设

规划建设一批跨境电子商务物流项目，推动洛阳、开封、焦作、南阳等有条件的地方建设电子商务物流中心。鼓励电商企业以河南自贸区为入口，引进全球产品线开展进口业务，吸引相关仓储、物流基地落户自贸区，并以自贸区为窗口和桥梁，建设发展海外仓、境外物流中心等基础设施。大力支持“单一窗口”综合服务平台建设，实现“单一窗口”与国家交通运输物流公共信息平台深度融合和资源共享。鼓励快递、物流企业开展跨境电子商务服务业务。加强快递末端配送能力建设，着力解决快递配送“最后一公里”问题。

4. 创建良好的交通运输环境

推广标准化物流运输车型和新能源运输车辆，全面淘汰行业内的黄标车和非标车。推动物流配送车辆更新升级，制定政策，适当给予财政补贴。建立物流配送车辆分类管理机制，推广厢式货车配送。对物流配送车辆通行证管理制度进行必要的调整，设置进城车辆环保标准，逐步取消配送车辆数量限制，鼓励由新能源车辆承担城区配送任务。在郑州市试点成功的基础上，城市共同配送试点范围逐年扩大，制定共同配送支持政策，加大节点设施投入，最大限度整合资源，提高效率。进一步放开铁路运输市场主体限制，吸引民营资本参与，降低铁路短驳运输成本。

5. 支持智慧物流创业创新

支持企业研发创新，鼓励物流企业应用物联网、云计算、大数据、移动互联网等先进技术，研究推广物流云服务，将物流业技术改造升级纳入技改专项资金支持范围，推动智能仓储、智能交通、智能配送等智能物流的发展。建立全国仓储地理信息系统，支持物流园区信息互通，提高货仓利用效率。全面实施对载重货车的动态监控，提升驾驶安全水平。在商贸物流行业中推广使用国家统一物品编码、电子条码、电子二维码、电子标签（RFID）、自动识别、货物跟踪、智能交通、物联网等先进技术。加强冷链物流技术标准的推广应用，鼓励鲜活农产品、药品物流企业实施软硬件改造，对物流全过程进行温控监测、质量监测，最终实现全透明、可视化、可回溯、可追溯。支持物流企业开发应用内部信息管理系统，提高企业信息化管理水平。依托信息技术的进步，探索发展绿色物流、逆向物流，鼓励商贸物流企业开展货物外包装回收、再利用业务，鼓励再生资源回收企业拓展物流废弃物回收、再生渠道。

6. 探索实施商贸物流标准化示范工程

保障商贸物流标准体系执行率，不断提高商贸物流设备设施标准化水平，逐步提升商贸物流企业标准化程度。支持托盘运营商建设托盘共用网点，推广异地退租、异地维修保养、回购返租等业务，推行托盘独立条形码识别技术，实现托盘互换互认，在一定区域、一定范围内迅速实现托盘循环共用。在试点地区建设商贸物流标准化信息服务平台，对标准化托盘（笼、箱、筐）、标准化运输车辆、标准化仓库等物流设备设施的持有，流转信息进行电子化管理，统筹配置，动态更新，实时发布，不断提高设备设施的租用率和周转率。鼓励供应链上、下游企业开展物流标准化配套改造，实现整托收发货物的无缝对接。

7. 探索建立线上物流服务评价体系

在物流综合信息服务平台上增设物流企业、社会运输车辆、承运人员服务质量评价功能，推广以企业组织机构代码、公民身份证号码、车辆牌号等为统一认证代码的实名注册登录方式，通过实时服务评价，逐步建立物流行业服务质量评价体系，适时推出红黑榜公告制度，加大社会监督力度，提升行业自律水平。

案　例　篇

Case Studies

B.20 优化环境　搭建平台　全力打造内陆开放新高地

崔书莉　邹　鹏*

摘　要：　近年来，郑州经济开发区抢抓郑州航空港经济综合实验区战略机遇，深度融入国家“一带一路”战略，坚持对内开放和对外开放齐头并进，“引进来”与“走出去”融合发展，在不沿海、不沿边、不沿江的情况下，郑州经开区将引资、引技、引智有机结合，形成了全方位、宽领域、多层次，内外通融、流通便捷的开放格局。目前，郑州经开区积极谋划，先后推动建设了国际陆港、郑欧班列、跨境贸易等国际化对外开放平台，初步形成了与沿海相当、与国际接轨的对外开放体系，确立了在全省乃至整个中部地区的对外开放窗口地

* 崔书莉，郑州经济技术开发区商务局；邹鹏，郑州经济技术开发区党政办公室。

位，向着习近平总书记提出的“连通境内外、辐射东中西”和“买全球、卖全球”目标不断迈进。

关键词：“一带一路”　对外开放　产业集群　平台建设

近年来，郑州经济开发区（以下简称郑州经开区）区抢抓国家“一带一路”战略机遇，深度融入郑州航空港经济综合实验区建设，坚持对内开放和对外开放齐头并进，促进“引进来”与“走出去”融合发展，一手抓承接国内外产业转移、培育优势产业集群，一手抓开放平台搭建、构建全方位的对外开放格局，郑州经开区成为内陆地区对外开放的重要窗口。

一　主要做法

1. 优化承接环境，培育产业“大集群”

郑州经开区紧紧抓住国际国内产业分工调整的重大机遇，依托辖区制造业、物流业等优势产业，科学制定产业发展规划，不断优化承接产业转移环境，产业发展明显加快。

（1）坚持规划引领，加快主导产业集聚。结合辖区原有产业特点和现状，郑州经开区制定了《汽车城建设规划》《现代物流业发展规划》等产业发展规划，明确了产业发展主攻方向，在空间上统筹规划，按照产业类别和产业关联分区布局，引导非主导产业合理退出，形成产业链和集聚效应，初步形成了“汽车及零部件、装备制造、现代物流”三大主导产业集群。谋划实施制造业“3366”工程和现代物流“10 个百亿元”工程①，主导产业

① “3366”工程，即制造业领域 3 个超 500 亿元、3 个超 300 亿元、6 个超 100 亿元、6 个超 50 亿元的项目或园区；“10 个百亿元”工程，即 10 个年营业收入超 100 亿元的现代物流项目或园区

发展链条不断完善，产业规模不断向“千亿元级”目标迈进。

（2）实施大项目带动，加快新兴产业集聚。大项目建设是区域发展的支撑力量。按照“引进一个项目，带动一个产业链”的思路，以装备制造业、战略性新兴产业为重点，坚持引资、引智、引技术、引平台相结合，实施大项目引领带动。郑州经开区引进的富士康液晶面板项目总投资380亿元，将建设全球最先进的第六代低温多晶硅（LTPS）生产线，量产后将打破日韩垄断，并带动上、下游产业链集聚，形成光电产业集聚地。

（3）通过技改重组嫁接，推动传统产业向高端迈进。传统产业不是包袱，而是转型的重要资源。通过加大技改、增资扩股、重组嫁接、盘活存量、就地转型等方式，郑州经开区加快传统产业产品由低端向高端转型。双汇集团通过成功收购美国史密斯菲尔德公司，成功推出了采用美国技术、工艺及原料，供应国内高端市场的美式低温高档肉制品，深受市场欢迎。富泰华电子、四方达超硬材料等公司通过建设工程技术研究中心推动企业由单纯制造加工向研发设计生产销售一体化转型，产品均达到国际先进水平。

（4）加快“走出去”步伐，培育竞争新优势。近年来，郑州经开区越来越多的区内企业通过转型提质，在吸纳国内外先进生产要素发展壮大的同时，积极建立海外营销网络，开拓海外业务，代表中国品牌走向世界。宇通客车连续多年荣获世界客车联盟（BAAV）颁发的大奖，取得欧盟WVTA整车认证，在欧美市场实现了批量销售。中铁装备集团成功打破欧美技术垄断，产品远销全球各国，市场占有率和科技实力国内第一、世界第二。

2. 发挥区位优势，构筑开放“大平台”

2013年以来，郑州经开区抢抓国家实施“一带一路”和郑州航空港经济综合实验区战略机遇，依托辖区内铁路集装箱中心站、保税物流中心、出口加工区等区域，谋划推动了郑州国际陆港、中欧班列（郑州）、中国（郑州）跨境电子商务综合试验区等一系列对外开放平台。

（1）完善工作机制。省、市、区三级分别成立了工作领导小组，分别由主管副省长、副市长和区党政主要负责人任组长，建立起了“企业为主体、省市区联动、各部门协同”的工作机制，充分发挥郑州国际陆港开发建设有限公司和河南省进口物资公共保税中心有限公司的主体作用，实行市场化运作。

（2）创新模式。郑州经开区进一步用好、用足、用活先行先试政策，积极探索业务模式、商业模式、监管模式等方面的创新。建立了“五单比对”监管模式，实现了全程有效监管、税收应收尽收。郑州经开区创新的“1210 通关模式”，成为海关总署在全国复制推广的“郑州模式”。创新开展了 O2O 商业模式，为顾客带来全新购物体验。

（3）建立“多式联运”物流体系。通过申建郑州多式联运海关监管中心、郑州铁海联运中心，实现了郑州国际陆港与青岛港等海港、郑州航空港、郑州公路港的卡口互联、无缝衔接，构建起了公、铁、空、海有效衔接的“多式联运”物流体系，助推郑州经开区物流产业全面融入全球物流体系。

（4）实施通关便利化。跨境电商综试区信息化平台日均处理能力达到 500 万包以上，实现了口岸管理部门“三互”和关检合作“三个一”，在满足有效监管的同时实现了“秒通关”。

二　实践效果

1. 主导产业核心竞争力显著增强

通过承接国内外中高端产业转移，郑州经开区产业规模不断扩大，产业集聚效应凸显，主导产业竞争力显著提升。2015 年，全区规模以上工业总产值首次突破千亿元大关，达到 1182 亿元，增长 13.9%，2016 年保持稳步增长，达到了 1285 亿元，增长 5.8%。其中主导产业占比达到 70% 以上。

（1）汽车产业迅速壮大。通过补链、延链、强链，3 家整车厂、6 家专用车厂、100 余家零部件企业建成，整车产能达到 100 万辆，就地配套率超过 50%，成为中西部地区整车生产增速最快的区域之一。2016 年产值完成 680 亿元。

（2）装备制造业快速提升。通过技术创新引领，郑州经开区培育了一批具有自主知识产权和自主创新能力的高端装备制造优势企业。其中，中铁装备全年营业额增长70%，自主研发了全球首台超大断面马蹄形盾构机，并在蒙华铁路成功运用，成为全国高端制造的典范。海尔100万台空调项目顺利达产，全年产值增长105%。2016年产值完成270亿元。

（3）现代物流业蓬勃发展。通过招大引强，郑州经开区引进了京东、中海油等5个总部经济项目，新加坡丰树、普洛斯，上海宇培等现代物流项目116个。谋划的10个精品百亿元“园中园”全部启动建设，2016年国际物流园区也成功获批筹建“全国电子商务物流产业知名品牌创建示范区”。郑州经开区全力推动现代综合物流公路港建设，打造与航空港、国际陆港高效衔接、互为补充的国际化平台，已成为河南省现代物流业发展的核心区、引领区和郑州市建设丝绸之路经济带核心节点城市的强力支撑，2016年营业收入实现670亿元。

2. 对外开放水平大幅提升

郑州经开区抢抓国家实施“一带一路”战略和支持“互联网+外贸”模式等机遇，实现四大平台建设全面推进等战略目标，形成多层次、全覆盖的开放平台支撑体系。

（1）郑州国际陆港规划建设快速推进。郑州国际陆港港口功能逐步完善，“四港一体”的多式联运物流体系基本建立，初步发挥了“连通境内外、辐射东中西”的物流通道枢纽作用，实现了与郑州航空港一体联动、相互补充，与郑州共同形成带动航空港实验区发展的“双核引擎”。铁路口岸正式通过验收，全年完成货运吞吐量13万标箱，位居全国前三位，同比增长30%。国际陆港空、铁、公、海“四港一体”多式联运功能日臻成熟，由核心型货物集聚地向自贸型集散中心转变，成为建设“一带一路”现代综合交通枢纽的强力支撑。配套设施建成投用。多式联运监管中心一期通过海关验收。集疏中心公铁仓库、保税仓库等9个单体建筑建成投用。四港联动互通立交桥工程完工，经开十八大街与经北四路连接通车，内外通达、设施完善的路网和配套体系基本形成。口岸建设发展迅猛。汽车整车进口口岸运营顺利，2016年11月18日开通首班进口整车班列，满载整车80辆、货值2亿元，是全国内陆汽车进口口岸单次进口汽车货值最大、数量最多的班列，口岸经济发展和开放平台建设实现了又一重大突破。进境粮食指定口岸一期基本竣工，二期具备开工条件。邮政口岸完成往返邮路双向测试。以三大功能口岸为主，与省内外口岸互联互通，逐步构建了口岸大通关体系。

（2）中欧班列（郑州）保持全国领先。2016 年全年开行 251 班（去 137 班，回 114 班），增长 61%，总货重 12.86 万吨，总货值 12.67 亿美元，成为全国 23 家开行班列中唯一实现双通道（阿拉山口西通道、二连浩特中通道）、双向常态（每周“去三回三”）运行的班列，总载货量、境内集货辐射地域、境外分拨范围均居中欧班列首位，成为“一带一路”上最活跃的铁路物流载体和陆上贸易通道。辐射范围稳步扩大。向东与沿海港口、韩日等国家和地区开展空铁、海铁联运，向西辐射哈萨克斯坦、蒙古等亚洲国家和波兰、德国等欧洲国家，合作伙伴超过 1700 家，形成东西“双核心”的物流集疏枢纽，奠定了郑州作为内陆主要货源地节点和铁路枢纽节点“双节点”的城市地位。“运贸一体化”战略全面铺开。创新开展过境中转业务，拓展国际贸易、冷链物流等业务。创新“互联网 +”模式，推动“郑欧商城”电商平台和线下实体展销体验中心正式运营，引进五十余家企业入驻，实现了“线上 + 线下”运贸一体化。示范带动效果显著。郑欧国际铁路货运班列“一干三支”铁、海、公多式联运项目获批国家多式联运示范工程。与俄铁、德铁等境外铁路公司直接建立合作关系，成为全国唯一一家“自主操作境内外组货、报关报检、选择物流承运商和境外物流分拨商”的班列。

（3）跨境电子商务领跑全国。第一，总业务量大突破。2016 年全年跨境电商进出口单量突破 8300 万单，货值 64 亿元，同比增长 65%，进口保税模式走货量全国第一。征收关税 6.5 亿元，同比增长 4 倍。第二，出口总量大突破。打通出口关键环节，全年出口单量突破 3000 万单，同比增长 5 倍。通关效率大突破。“秒通关”信息化平台持续优化升级，实现 24 小时无纸化作业、智能化比对，每秒突破 500 单，通关效率位居全国前列。企业引进大突破。2016 年新引进跨境备案企业 200 家，总数达到 1359 家，阿里巴巴 1688 进口货源平台、中邮集团等知名企业在此落地或开展战略合作，搭建了较为完善的跨境电子商务产业链和生态链。物流成本持续降低。综合查验中心和保税仓储设施等项目基本建成，保税物流中心“1+6”智能仓库投入使用，物流成本降低20%。跨境产品逐渐多元化。新增海外仓6座，进一步丰富进口货源种类，货物由食品、化妆品为主向电子产品等多元化迈进，物美价廉的进口商品逐渐成为常态。同时，首创O2O体验中心，线上线下交易融合，实现了现场自提服务功能，为顾客带来全新购物体验。

（4）河南自贸区于2016年8月获批，郑州片区规划71平方千米，经开区块41平方千米，占郑州片区总面积的58%，目前已启动规划设计等工作，成为自贸区的核心区。郑州经开综保区于2016年12月6日正式获国务院批复，出口加工区A、B区和河南保税物流中心整合工作全面启动，成为全省对外贸易增长的新引擎。

（5）区域知名度、美誉度显著提升。2014年以来，习近平总书记、李克强总理、张德江委员长先后到郑州经开区考察调研，并提出殷切期望。习近平总书记勉励郑州经开区要建成“连通境内外、辐射东中西”的物流通道枢纽，朝着“买全球、卖全球”目标不断迈进，推动中国制造业实现“三个转变”。三年来，郑州经开区承接国内外考察团近千次接待十万余人次，目前，郑州经开区已成为河南省乃至中部地区最具活力的区域之一。

三　下一步工作思路

下一步，郑州经开区将以河南自贸区建设为统揽，搭平台、建通道，不断提升对外开放水平，促进开放型经济加快发展。一是优化承接产业转移环境，做大做强主导产业，加快实现三个千亿元级产业集群目标，确立全省制造业主基地和现代物流中心的地位。二是充分利用政策叠加优势，加快自贸区、经开综保区、跨境电商综试区核心区建设，全力打造多式联运国际物流枢纽，确立全省对外开放窗口地位，为河南自贸区建设提供支撑。力争到“十三五”期末，实现“千百万”目标（全区地区生产总值超千亿元、公共财政预算收入超百亿元、企业主营业务收入超万亿元），综合实力进入全国开发区第一方阵。

B.21

郑州锅炉股份有限公司借助电子商务实现转型升级

袁文卓　崔红旗*

摘　要： 郑州锅炉股份有限公司是一家有着悠久历史的传统加工制造企业，近年来，公司审时度势，顺应网络经济时代趋势，大力应用电子商务营销模式，实现了生产经营和管理方式的根本转变，经济效益和品牌影响力显著提升。2015～2016年连续两年，公司跨境贸易合同额年均增幅超过170%，产品远销美国、俄罗斯、韩国、印尼等六十多个国家，国际市场占有率大幅提升，企业经营管理实现华丽转身。

关键词： 郑锅股份　电子商务　转型发展

创建于1945年的郑州锅炉股份有限公司（以下简称"郑锅股份"），历经风雨，已经走过七十多年的历程。在几代郑锅股份人的努力下，一家手工作坊逐渐成长为一家集科研、开发、生产、设计、销售、服务于一体的现代化锅炉压力容器制造企业集团，旗下拥有子公司7家，公司技术水平、制造工艺、生产规模均居中西部地区领先地位。

七十多年的发展历程中，特别是我国改革开放以来，郑锅股份坚持以技术创新引领企业发展，先后与清华大学、西安交大、中科院等院校密切合

* 袁文卓，河南省商务厅电子商务办公室；崔红旗，郑州锅炉股份有限公司。

作，通过产学研相结合的模式，获得130项国家专利，完成35项省、市重大科技攻关项目，获得70项部、省、市科技进步及优秀产品奖，创造了多个行业第一。生产出中国第一台6吨水冷三旋涡内分离循环流化床锅炉，国内首创两翼烟道锅炉，第一家实现化工“三废”同步回收余热锅炉，第一家攻破高海拔缺氧技术难题，在西藏那曲创造了世界最高海拔（4700米）运行纪录的3×46MW锅炉，锅炉行业一流的75t/h中温中压生物质发电锅炉，国内首创的立式倒π形结构余热锅炉，国内高效锅炉推广目录排名第一的116MW循环流化床锅炉等，创新使郑锅股份始终处在国内外锅炉行业的领先地位。

近年来，在宏观经济结构调整、市场竞争激烈的形势下，作为省级高新技术企业的郑锅股份也面临着新的挑战。站在公司发展的十字路口，郑锅股份及时调整与拓展发展思路，顺应网络经济发展大势，迅速引入电子商务新思维、新模式，投入专项资金，组建了专业的企业电子商务中心，下设UED、SEO、PPC、多渠道推广、大数据开发应用、市场信息和国际贸易等七个业务部门，运营人员120余人，运营规模国内行业领先。公司搭建的品牌营销网站，可提供中、英、法、俄、西等多语种服务；根据产品类型、不同客户群体搜索的需要，郑锅股份分别建立了主站、行业网站、分公司网站、各产品线分站等各种类型和语言的网站600多个，形成了庞大的营销网站群。该公司利用电子商务理念和网络营销手段实现了传统销售模式和渠道的改造和重塑，有力地拓展了国际、国内两个市场。

在河南省商务厅的指导下，在郑州国家高新技术产业开发区的大力扶持下，郑锅股份积极融入河南省电子商务国际市场推广“双十计划”，开展精准市场营销。以产品驱动品牌，以市场验证产品，以电子商务体系为支撑，通过优化生产的架构流程、提高人员的主动性和参与度，快速激活了国际、国内两个市场，步入跨越式发展轨道，企业转型的同时实现了巨大变化。与技术开发同样重要的便是生产的品质管控，为将研发成果完美转化成优质产品、提升产品的生产效率，引入了精益化生产管理。优化生产的架构流程、运行方式、人力资源实效等，减少了企业的资源损耗，繁复无用的环节被精简，人员的主动性和参与度得到提高，全员品质管控意识增强，效率显著提升，实现日产锅炉超500台、人均产值350万元。

一　经营理念根本转变

郑锅股份始终把观念转变放在企业发展的首位。近年来，公司树立互联网思维，将电子商务融合确立为公司发展战略，并贯彻于企业经营管理全过程。公司坚持并不断深化网络经济时代经营理念，企业发展在“科技进步推动、市场竞争驱动、客户需求拉动”新“三驾马车”的共同作用之下，以最快的速度、最低的成本，为用户提供最美好的体验。

二　营销模式不断创新

随着企业电子商务应用的不断深入，公司营销模式不断创新。公司产品销售渠道由传统的单一渠道转变为线上线下相结合，营销方式由业务员地推为主转变为网络精准营销为主，销售区域由以国内为主扩展到国际和国内营销并重；渠道营销完成了微营销布局，开通了自媒体平台；国外Facebook等社会化媒体询盘量每月达3000多条，根据电子商务信息，成交的合同额占比达65%。同时，郑锅股份通过大数据对市场动态、趋势进行分析，有针对性地制订客户服务方案，提高了经营措施的精准度和有效性。

三　市场空间显著拓展

通过电子商务渠道，郑锅股份对国内外锅炉市场的用户需求、市场发展趋势、同行实力、产业政策有了更加全面、精准、细致的了解，优化了企业发展定位；充分利用互联网的开放互联、时间连续、空间距离缩短等特性，打破时空界限、地域与国界限制，使过去封闭固定的区域市场转变成国内外开放灵活的全球、全方位市场，进一步扩大了潜在的市场份额。经过近几年的不懈努力，公司的产品由以国内销售为主，实现了远销美国、俄罗斯、韩国、哥斯达黎加、越南、印尼、斯里兰卡等六十多个国家，市场空间得到显著拓展。

四　管理方式快速转换

郑锅股份摒弃了传统的管理方式和作风，顺应互联网发展趋势，构建了体现短、平、快特点的企业内部组织构架，优化业务流程和人员结构，出台了阶梯递增式激励措施，企业决策、营销策略、产品研发、生产计划、客户服务、物流配送等经营环节全面提速，实行 24 小时全天候响应；电子商务的应用使企业传统的销售人员减少了 2/3；电商融合激发了员工的积极性和生产活力，员工自觉利用业余时间学习钻研技术，提高业务技能，新产品研发速度和交货时间跨度从 2015 年的 60 天缩短到了 20 天，员工收入比 2015 年提高了 29%。

五　经济效益大幅增长

电子商务直接面对客户，减少了中间环节，拓宽了信息传播渠道，极大地降低了企业销售成本，公司年销售费用下降了 41%。激活了潜在市场，提高了竞争力，企业市场占有率稳居中西部锅炉行业第一。与此同时，公司海外市场快速扩大，跨境合同额自 2014 年以来实现了每年 170% 以上的增长幅度，销售国别达到六十多个国家。由于海外订单普遍比国内订单利润高，电子商务在拓展市场空间的同时，大幅提高了企业利润，2016 年企业销售利润增长 20% 以上。

六　发展战略全面提升

电子商务融合促进了企业国内、外两个市场快速扩展，“一带一路”带来了新的市场空间，为企业提供了难得的发展机遇。郑锅股份顺应新形势，把握新常态，提升发展新战略。充分利用宏观经济结构调整的有利时机，发挥产品技术优势，以电子商务为动力，深耕国内外市场；以“智能制造+互联网”为依托，以工业机器人代替产业工人，以先进加工装备+算法，替代传统工人的技艺，以生产线+传感器替代人的监督，搭建锅炉行业的智慧工厂，生产出更加智能、环保、高效的锅炉产品；郑锅股份以“大数据”“云计算”、远程控制技术为依托，采用智能化控制与物联网技术相结合的方式，建立国内首个锅炉用户在线状态跟踪、监控和远程诊断的大数据中心，进行燃烧及两相流在线动态检测与数据分析、污染物排放检测与数据收集，创造全新的“互联网+物联网”产品服务模式。郑锅股份在拓展新的经济效益增长点的同时，肩负起降低环境污染、坚持绿色发展的社会责任，努力成为一个具有国际市场竞争力的环保型、智能化高端装备制造的一流知名企业。

B.22

万邦物流城立足“三农”全力保障与服务民生

杨广立　李保全*

摘　要：　万邦物流城作为商务部农产品现代流通综合试点单位、全国跨区域农产品骨干网络建设试点市场、农业产业化国家重点龙头企业、全国农产品“综合十强市场”之一，致力于构建农产品生产标准化、物流集散化、终端配送现代化的“产供销一体化”链条，保供应、稳物价、降成本、促流通，全面服务“三农”及亿万消费者，全力做好民生工程，在全国“南菜北运”“西果东输”“北粮南运”体系中，发挥了重要作用。

关键词：　万邦物流　“产供销一体化”　民生工程

三国时期的魏国曹植《上责躬应诏诗表》：“君临万邦，万邦既化”，使“万邦”一词具有雄壮威武的气势。大唐帝国时代的“天朝上国，万邦来朝”则体现出海纳百川的包容气度。而今天的万邦物流城，更是被赋予一种新的含义，以生鲜批发为主业，完善产供销链条，打造智慧农业，连南贯北，承东启西，包罗万象，承载着国计民生，关系着千家万户。

---

* 杨广立、李保全，河南万邦国际农产品物流股份有限公司。

一　深耕农业领域十余载，转型升级，引领时代潮流

2002年，万邦物流公司（前身为郑州农产品配送中心有限公司）投资建设了刘庄蔬菜批发市场，秉承“服务郑州、惠及中原、辐射全国”经营理念，全力服务市民和商户。多年来，万邦物流始终严抓农产品质量安全，丰富和保障郑州市民“菜篮子”供应。时任国务院总理温家宝曾亲临市场视察，并鼓励市场做大、做强、做稳，多为商户、为农民办实事。商务部、农业部及省市各级领导也多次到市场视察指导工作。

2010年，为顺应郑州市城市快速发展大局，响应政府市场外迁政策号召，万邦物流公司提前规划、带头搬迁，在中牟县开发建设现代化、一站式的河南万邦国际农产品物流城项目，进行转型升级。公司充分依托郑州市区位优势、河南省农产品资源优势，从供应单品蔬菜向供应综合性农产品转变，从保障郑州市区向保障全省、辐射全国转变，重点打造“在国际上有影响力、国内有辐射力、对省内外资源有整合力”的大型农产品物流中心。

2016年，河南万邦国际农产品物流城已发展成为全省乃至全国农产品流通行业的翘楚。物流城已成功实现郑州市区二十多个农批农贸市场的整合搬迁，大大缓解了郑州市城区各类市场混杂、交通拥堵局面，促进了郑州城市合理规划、市容整洁文明，带领郑州市农产品流通行业走上规范化、现代化快速发展之路。

目前，万邦物流城入驻国内外农产品经销固定商户达6000家，流动商户达5万家，实现农产品“买全国、卖全国”，全年交易额达850亿元，交易量达1500万吨，其中近一半农产品供应省内各地市，一半以上辐射全国二十多个省、区、市。郑州市消费的农产品80%由万邦市场供应。万邦市场已成为商务部农产品现代流通综合试点单位、商务部农产品集中连片试点单位，全国跨区域农产品骨干网络建设试点市场、农业产业化国家重点龙头企业、农业部定点市场、全国农产品“综合十强市场”、河南省示范物流园区，在全国“南菜北运”“西果东输”“北粮南运”体系中，发挥了重要作用。

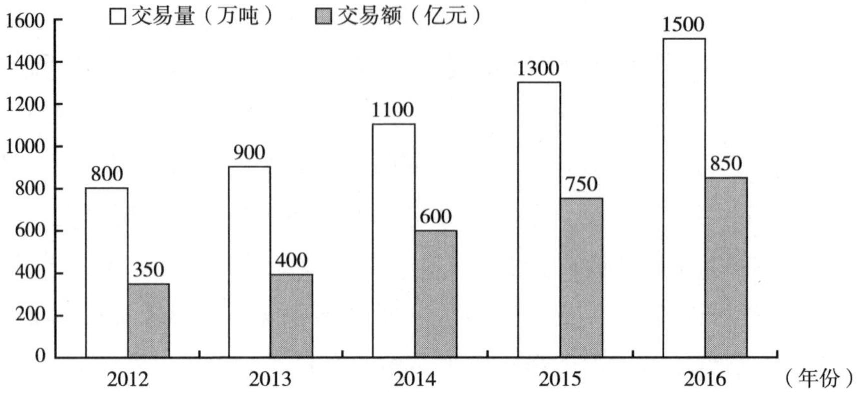

图1　2012～2016年河南万邦国际农产品物流城交易情况

二　企业发展思路及战略规划

1. 企业发展思路

为深入贯彻国家中央一号文件要求，以党的十八大以来历届全会精神为指导，以“服务‘三农’、保障民生、服务全国”为宗旨，万邦公司致力于大型农产品集散批发市场建设及升级改造，积极构建农产品供应保障体系，进行农产品产销一体化发展及农业科技信息化体系建设。依托资源和区位优势，万邦物流坚持政府引导、社会投资、市场化运作相结合，逐步推进农产品产销衔接、农超对接及线上线下协同发展，最终成为国内乃至国际规模最大的各类农副产品“一站式”交易、储备和调控中心。

2. 企业战略规划

（1）打造农副产品“一站式”物流中心，布局多层级物流体系，服务亿万民众。万邦公司将重点建设及完善“一城、十二交易区、五个中心”的总体布局，打造国内一级综合农副产品物流平台。在此基础上，该公司规划在郑州市建设多个二级生鲜电商仓储配送中心，进而向河南省内其他地市推广复制多级分销中心，形成稳定、高效、便捷的农产品流通体系，更好地服务社会民生。

（2）打造农产品“产供销一体化”格局，延长产业链条，提升农产品价值。在生产环节，万邦公司积极进行25000亩的现代都市生态农业示范园区建设，走第一、第二、第三产业融合发展道路；在供应环节，继续做大做强农产品市场；在销售环节，进行农产品直营店及冷链物流配送项目建设等。通过完善农产品“产供销一体化”流通体系，农产品流通效益提高了，建设万邦农业生态圈，促进农业产业持续发展壮大。

（3）提升市场信息化、科技化管理水平，创新发展“互联网+农产品”高效物流，包括推进全场电子结算及质量追溯体系建设、“互联网+冷链物流”项目，以及建设万邦农产品电商平台，有效结合万邦市场、生鲜超市、农业基地等线下实体平台，打造“线上农产品平台，线下农产品展厅”模式，形成集大宗交易、跨境贸易于一体的电商园区与线上平台，服务于全国农户、经销商户、合作社、基地等，拓宽农产品销售渠道，提升营销效果，实现企业、行业转型升级。

三　多举措保障农产品供应、降低流通成本

农产品流通关系国计民生，事关广大城乡居民的“菜篮子”“果盘子”“米袋子”，万邦公司自运营以来，致力于打造农产品“一站式”物流中心，建设“产供销一体化”链条，推进市场信息化建设和电子商务平台项目建设，促进农产品市场转型升级、降低物流成本、提高流通效益，多举措建设和保障农产品流通行业中的“民生工程”。

1.打造各类农副产品“一站式”物流中心，以规模化、集约化降低农产品流通成本

万邦物流城根据郑州市三环内市场外迁政策，通过对市区零小散乱、单一性农产品市场的整合、承接，并进行合理规划布局，建设规模化、综合性的各类农副产品交易、储藏与集散中心。经过5年的发展建设，万邦公司已投资70亿元，建成3000亩的蔬菜、果品、水产、冻品、粮油、干调、副食肉类、牛羊肉等交易区及配套设施，实现年交易量1500万吨，成为国内最

大的农产品物流中心，为省内外各级农批农贸市场、大型超市、酒店等客户群体提供品种齐全、质优价廉、服务周到的“一站式”采购平台，大大加快了农产品流通周转速度，节约了农产品采购、存储与运输成本。

2. 打造农产品“产供销一体化”格局，从而减少农产品流通中间环节，降低物流成本

万邦物流城着力从农产品生产源头、供应配送、超市直销等环节层层降低流通成本，积极进行农产品生产示范园区建设、冷链物流配送项目建设、农产品直营店建设等，完善农产品“产供销一体化”流通体系，提高农产品流通效益。

在超市直销环节，万邦物流成立河南万邦商业连锁有限公司，在郑州市运营万邦生鲜旗舰店，实现万邦农产品“一站式”直供郑州市民，蔬菜、果品、水产等相较于同类型超市，价格降低 10% ~25%。该公司还在规划开展“千家万店”工程，以郑州市为中心向周边辐射，让标准化生鲜连锁店走进每一个大型社区，降低农产品流通成本，惠及郑州市千家万户。

在供应配送环节，万邦物流成立河南万邦前程物流有限公司，以国内冷链甩挂物流为主，以市内冷链物流配送为辅，拥有各类型物流车 200 多辆，提供全过程、全方位、全天候的综合物流服务，同时对集团公司下属的生鲜超市提供配套的物流配送服务。通过农产品冷链运输，农产品的冷藏保鲜得到保障，可有效降低农产品流通过程中 10% ~20% 的损耗。

在生产种植环节，公司正在建设 25000 亩的现代都市生态农业示范园，将农业生产加工、科普展示、休闲观光有机结合，走第一、第二、第三产业融合发展道路。有针对性、规模化培育种植各种有机农产品和标准化农产品，提高农产品质量、降低农产品生产成本。同时，通过深加工、休闲采摘、科普教育等方式，万邦物流将产品价值与利用率实现最大化。

3. 提升市场信息化管理水平，降低市场管理成本，设立公共交易区，让利于民

公司积极进行信息化建设，设立万邦指挥中心，依靠 1300 多个监控点，形成对物流城的全方位网格化管理，实时监控与处理市场内出现的交通、治安、消防等异常情况。建设农产品综合信息平台，发布农产品价格、产量、交易量等综合数据分析报告，指导本地及省内外农产品种植和生产；建设电子结算及“万邦一卡通”平台，掌握市场的每笔交易，规范市场管理，实现市场无币化交易，提高交易效率。公司通过信息化建设、优化与创新市场组织管理模式，进而减少市场管理人员数量，降低市场运营成本，提高市场经营效率。

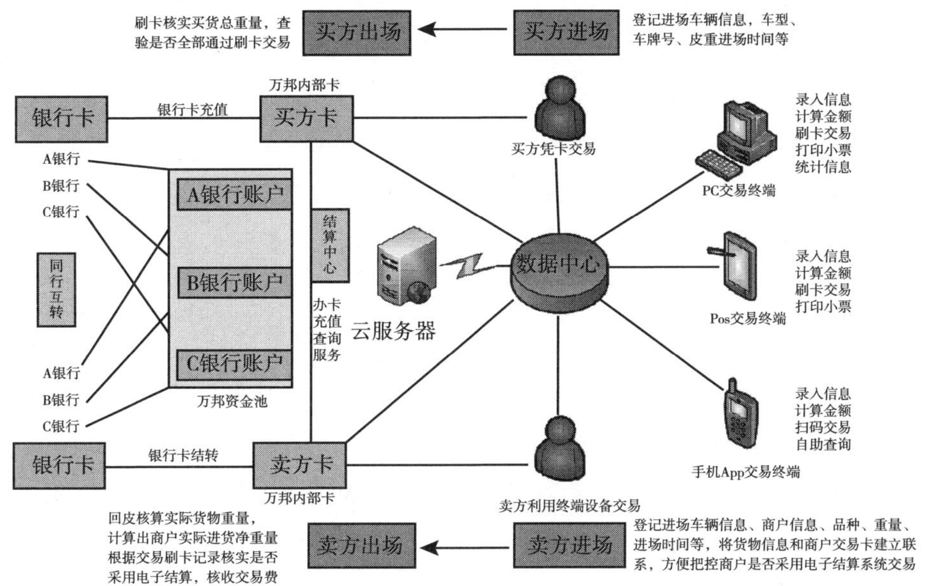

图2　万邦物流城电子结算流程示意

4. 进行农产品电子商务项目建设，减少流通环节，降低农产品交易成本

公司已投资2000万元，建成万邦农产品电子商务产业园区及千禾电商线上平台，线下展区已入驻果品、粮油等优质商户五十多家，线上平台已注册商家达2000多家，物流区聚集顺丰、圆通、菜来乐等知名快递配送公司，逐步形成B2B、B2C、O2O等各种形式的电子商务模式，逐渐实现农产品线上线下交易的有效结合，减少中间环节，降低流通成本。同时，公司正在规划建设万邦农产品跨境电子商务产业园，致力于实现农副产品“买全球、卖全球”，让市民享受到更优质的产品与服务。

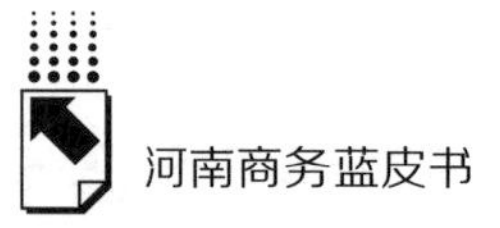

四 重点建设公益性市场，以产业发展带动群众致富

万邦公司自建设、运营以来，在国家商务部、河南省商务厅等各职能部门的大力支持下，取得了快速发展。作为一家河南省本土企业，公司始终以“服务‘三农’、保障民生”为宗旨，着力走第一、第二、第三产业融合发展道路，构建农产品“产供销一体化”链条，通过多种方式承担社会责任、带动农民脱贫致富、促进区域经济发展。

1. 打造农产品流通产业集群，带动农户脱贫及第二、第三产业发展

万邦物流城现已建成集蔬菜、果品、淡水鱼等众多业态为一体的综合性物流园区，带动各类固定商户6000多家，流动商户5万多家，并以“一产脱贫”为中心，带动第二、第三产业人员增收。

（1）带动农户脱贫致富。万邦市场通过“商户+基地+农户”经营模式，带动省内外农业基地500万亩、农户200万户，其中带动中牟县及郑州市周边农业基地30万亩、农户15万户，人均增收2000元以上。市场的稳定发展有力解决了郑庵、姚家、官渡、刘集等周边乡镇果蔬种植户卖难、滞销问题，大大增加了基层农民收入。同时，市场在中心区域设有3万平方米的公共交易区，为本地农户自产自销的农产品提供免费交易场所，每年免除摊位费达500余万元，惠及中牟县数万农民。

（2）增加第二、第三产业就业岗位和人均收入。万邦市场内直接带动分拣、加工、包装、运输、清洁、装卸等务工人员达5万人（仅市场三轮运输车辆就有2000辆，吸纳就业5000人）；带动市场周边房屋出租、酒店餐饮、休闲娱乐等其他从业人员达3万人，80%以上为农民工，每年带动周边“三产”及服务业产值达20亿元。

2. 自建农业生产基地，将贫困农民纳为产业工人，实现精准扶贫

刁家乡位于郑州市中牟县东南边界，土壤多为沙土地，是全县的贫困乡镇。2014年，万邦公司选址刁家乡，规划建设2.5万亩的万邦现代都市生态农业示范基地，积极探索“土地流转、社区推动；倒包返租、合作经营”

的农业新模式，将农业生产加工、科技科普展示、休闲观光娱乐有机结合，提高农业和农产品附加值，发挥“第一、第二、第三产业融合，探索推进六产效应”。让被流转土地农民有三方面的收益：一是有出租土地的收益；二是与公司开展合作，利用园区的设施进行高效农业种植、加工、服务业获得的收益；三是通过为农场种、养殖业提供劳动力而获得稳定的工资报酬。目前一期近万亩的农业园区已经建成投产，可有效带动周边乡镇贫困农民就业 2500 人，大大加快脱贫进程，提高农民生活水平。

3. 创新发展，争取政府股权投资，共建公益性农产品批发市场

万邦物流城粮油调味品市场项目规划合理、管理先进、效益突出、风险可控，是河南省商务厅跨区域农产品流通基础设施建设的重点支持项目，是河南省利用中央财政资金，对农产品流通企业投资入股以扶持企业发展的首次尝试。河南省商务厅通过机制创新、模式创新，采取股权投资方式，并成立工作组对该项目进行多次实地考察调研后，按照“政府出资、市场运作、重在激励、及时退出”的原则对项目进行 1.2 亿元股权投资。项目在维护政府资金安全，实现保值增值，提升企业信誉度、满足企业融资需求的基础上，不影响企业的日常经营管理。通过退出定向回购，实现财政资金的循环使用和滚动支持，从而真正发挥出政府资金“四两拨千斤”的杠杆作用，长期、高效地促进公益性农产品流通体系建设。

万邦公司的良好发展态势，主要得益于国家出台的一系列支持农产品流通业发展的有利政策，得益于各级党委政府的大力支持，更是与各级商务部门的扶持引导密切相关。下一步，公司将按照既定目标与规划，坚持以“立足‘三农’，保障民生、服务全国”为宗旨，充分发挥区位、交通和资源优势，不断创新发展模式，完善产业链条，促进转型升级，为加快现代农产品流通体系建设、促进河南经济和社会发展做出更大的贡献。

B.23
富士康河南投资之路浅析

张 艳 薛建鲁 张海波 孙 丹*

摘 要： 富士康，作为全球最大的3C（电脑、通信、消费性电子）产品代工企业，自2010年进入河南省以来，直接间接投资了四十余家公司，投资领域除代工生产电子产品外，还涵盖了金融、物流、房地产、农业、信息服务、职业培训等，为河南省开放型经济发展做出了巨大贡献。本文从2016年富士康在河南省投资的项目着手，探析富士康作为代工企业巨头如何在复杂多变的形势中积极转型，寻求突破之路。

关键词： 富士康 再投资 河南

一 富士康在河南的发展现状

富士康科技集团是专业从事电脑、通信、消费电子、数位内容、汽车零组件、通路等6C产业的高新科技企业。自1974年在台湾肇基，特别是1988年在深圳建厂以来，富士康迅速发展壮大，成为全球最大的电子产业专业制造商。富士康在中国大陆、台湾地区以及美洲、欧洲和日本等地拥有数十家子公司，在国内华南、华东、华北等地创建了八大主力科技工业园区。2010年7月，郑州市政府与富士康签署了项目投资协议，由富泰华工业（深圳）有限公司和中坚企业有限公司共同投资鸿富锦精密电子（郑州）

---

* 张艳、薛建鲁、张海波、孙丹，河南省商务厅外资管理处。

有限公司，标志着富士康正式迈出在河南的投资步伐。截至2016年底，据不完全统计，富士康在河南投资各类企业（含内外资独立法人企业、分公司等）44家。其中法人企业为39家（外商投资企业16家，再投资企业23家），分公司为5家。

从投资地区来看，富士康投资项目以郑州为中心，辐射河南省洛阳市、鹤壁市、南阳市、濮阳市、济源市及兰考县，直接配套项目还涉及商丘市和周口市。

从投资时间来看，富士康2010年设立了3家公司，2011年设立了2家，2012年设立了7家，2013年设立了11家，2014年设立了4家，2015年设立了12家，2016年设立了5家（见表1）。

表1　富士康在河南省投资项目情况

单位：家

项目	2010年	2011年	2012年	2013年	2014年	2015年	2016年	合计
法人	3	2	7	9	4	12	2	39
非法人	0	0	0	2	0	0	3	5
合计	3	2	7	11	4	12	5	44

从投资额来看，排名前三的项目为：鸿富锦精密电子（郑州）有限公司，投资额近400亿元，合同外资134亿元。郑州逸凯新世代科技有限公司，投资额280亿元，注册资本154亿元。富泰华精密电子（济源）有限公司，投资额170亿元，注册资本约60亿元。

二　2016年富士康在河南省扩张情况

2016年，富士康在河南投资情况可以从巩固代工主业、提高配套优势、完善其他投资等三个方面来分析。

1. 巩固代工主业

（1）鸿富锦精密电子（郑州）有限公司。该公司2010年7月成立于郑州航空港区，是富士康落户河南的首家企业，当时按照国家对外商投资的规定，投资额达到2.98亿美元，是富士康在河南代工业的主要企业。2010年12月，随着建设进度的加快，该公司进行了增资，投资额增加到5.96亿美元，到2011年3月，开始苹果手机的生产，2011年5月开始批量出货。2011年5月，富士康又进行了增资，投资额增加到8.9亿美元。2012年3月，投资额增加到11.9亿美元。2012年7月，投资额增加到14.9亿美元。

从2011年5月到2015年底，该公司苹果手机生产线增加到55条，维修线10条，生产规模实现了巨大飞跃，苹果手机型号已经从4系列跨越到6系列。富士康在河南生产苹果手机报关出货量超过4亿部，2015年生产手机1.39亿部，同比增长16.9%。2015年富士康在河南企业进出口额为496.5亿美元，同比增长27.2%，占河南省进出口额738.4亿美元的67%。2016年富士康所属企业进出口3172亿元，增长2.1%，占全省进出口的67.3%。

2015年9月，苹果手机6S发布，又面临着苹果手机系列7的备产，按照常规，该公司需要继续增加投资规模。2016年春节前后，增资事宜经过多轮磋商才被纳入日程。因为增资金额巨大，郑州航空港、郑州市政府、河南省政府、商务部等多家单位对此事进行商讨，最终决定由具有省级权限的郑州航空港审批此次增资事宜。但增资事宜突然出现新的困难，在台湾被否。直到2016年4月，富士康母公司鸿海集团对外宣布，增加对郑州该公司15亿美元的投资，注册资本将增加至20亿美元。2016年9月，苹果手机系列7已经发布，9月1日该公司通过审批变更了经营范围。10月1日，全国外商投资审批改革正式实施，该公司于10月19日通过备案完成了增资手续，投资额由14.9亿美元一举增加到59.5亿美元，注册资本由5亿美元增加到20亿美元，鸿富锦精密电子（郑州）有限公司成为河南省规模最大的境外投资企业。

（2）河南裕展精密科技有限公司。该公司是2015年10月由鸿富锦精密电子（郑州）有限公司投资的一家再投资企业，投资额903万美元，经营范围为：第三代及后续移动通信系统手机、基站、核心网设备以及网络检测设备及其零组件、新型电子元器件、数字音视频解码设备及其零部件等，与鸿富锦精密电子（郑州）有限公司经营范围基本一致，属于母公司的扩产项目。

2016 年，随着富士康企业在河南整体规模的扩张，按照富士康发展战略，该公司增资被提上日程。2016 年 6 月，公司增资方式确定，9 月，增资手续进入审批阶段。9 月 5 日，增资手续完成，由香港 Star Vision Technology Limited 公司现汇出资 4000 万元人民币并购该公司的增资部分。该公司投资总额增加至 2 亿元人民币，注册资本为 1.4 亿元人民币。

富士康在河南发展的良好态势决定了该公司扩张的步伐远未结束。2016 年 11 月，全国实施外商投资备案制后，该公司通过备案手续实施了新的增资计划，公司引进了 5 个新的战略投资者，投资总额增加至 3.8 亿元人民币，注册资本增加至 2 亿元人民币。

（3）鸿富胜精密电子（郑州）有限公司。该公司是 2015 年 10 月由香港中坚企业有限公司和鸿富锦精密电子（郑州）有限公司共同投资的一家中外合资企业，投资额 4500 万美元，属于鸿富锦精密电子（郑州）有限公司代工生产的扩产企业。

2. 提高配套优势

（1）郑州逸凯新世代科技有限公司。2015 年 11 月，郑州经开区管委会与英慧有限公司在郑州签署第六代低温多晶硅（LTPS）薄膜晶体管液晶显示器件项目投资协议，并于 11 月 8 日举行项目奠基仪式。目前项目用地已经具备土地出让条件。文物发掘保护和场地平整招标程序已完成。投资方英慧有限公司隶属富士康旗下，在 IT、通信、消费类电子产品制造方面居于世界前列，掌握着以低温多晶硅等新技术为主导的中小尺寸面板制造技术。“第六代低温多晶硅薄膜晶体管液晶显示器件”被认为是目前全球高端应用市场最具发展前景的主流显示技术之一，具有分辨率高、反应快、亮度高、功耗低等优势，主要用于中高端智能手机、平板电脑等中小尺寸显示领域。

该液晶显示器项目 2014 年就有传闻要上马，但落地过程却一波三折。2015 年 2 月，英慧公司在郑州经开区首先设立了郑州亿群企业管理咨询有

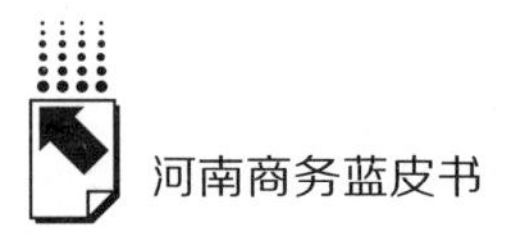

限公司，投资额1600万美元，经营范围为“企业经营管理”，该公司应该为投资显示器项目的前期筹备公司。但之后投资项目停滞，直到2015年11月，双方才正式签约。2016年1月27日，该公司以股权转让方式进行增资，由河南投资集团、郑州投资控股有限公司和英慧有限公司三家同时投资，公司投资总额增加到280亿元人民币，注册资本增加至160亿元人民币，其中英慧公司出资45.94%。

该公司属于富士康在河南投资项目的配套及转型项目，除了满足代工需求外，还属于富士康公司本身加快转型发展的关键举措。但该公司成立后，要面临多重考验才能顺利落地。此项目落地过程与富士康进入河南投资的情形迥异，从2010年的郑州速度到2012年的济源速度，富士康投资企业从建设到开工基本用了几个月时间，而该项目时间跨度已超过一年，目前未有新进展。影响因素如下。

一是“鸿普恋”影响。2016年2月，鸿海集团将对夏普投资超过6500亿日元（约合58亿美元）。夏普董事会全票通过这一收购协议。也就是说，日本夏普公司同意鸿海集团提出的收购要约。这是日本技术企业有史以来接受的最大一起海外企业收购。2016年8月11日，富士康表示，中国反垄断部门已经批准公司对夏普的收购交易。这一进展为富士康全面完成38亿美元收购夏普铺平了道路。而夏普主业是显示器生产，富士康在维持夏普经营的同时势必会影响郑州该项目投资。

二是美国政局更迭对项目产生影响。2017年1月，鸿海集团创办人郭台铭表示，他正在考虑在美国兴建一座面板制造工厂，投资额将超过70亿美元，这家工厂生产的并非iPhone所用的小型面板，而是大型面板。富士康之所以跟随苹果回美国建厂，在于其很大一部分营收来自为苹果公司代工。此前，受苹果系列产品销量及分厂家代工策略的影响，富士康的营收首次出现下滑。但为了能够获得苹果公司更多订单，富士康还收购了拥有OLED技术的夏普。除了手机显示屏外，富士康还看到了美国境内巨大的电视显示屏市场。

据分析，让郭台铭最终下定决心在美国建厂的原因，是美国新任总统特朗普就职演讲时所讲的内容，即一切以“美国优先”，同时遵守雇美国人、买美国商品的原则。另外，贸易和关税政策也一并倾向美国国内企业，但会对在其他地方生产的企业收取重税。富士康美国建厂的决策可能是基于苹果在特朗普压力下做出的回应。如果富士康正式启动在美投资显示器项目，将对郑州显示器项目造成影响。

三是富士康广州项目的冲击。2016 年 12 月 31 日，广州市政府与富士康子公司 Sakai Display Production 签署合作框架协议。根据合作协议的内容，富士康将在增城投资 610 亿元建立 10.5 代 8K 显示器全生态产业园区。项目计划 2017 年开工建设，年产值近千亿元。如果广州项目如期落地，那么对郑州项目也会造成影响。

（2）正一特殊材料（河南）有限公司。该公司位于国家级濮阳经济技术开发区内，注册于 2015 年 11 月，注册资本 1500 万美元，主要生产及研发光学膜、保护膜、3C 胶带产品和胶水等化学产品。该公司为富士康集团智能手机及智能平板电视等提供电子化工材料，即生产电子用显示屏涂布、高性能胶水、电子油墨和研磨液等产品。该生产项目属于电子化学品企业，所需原料大部分靠外购，而且用量很小，龙头带动作用不强。目前濮阳市正积极通过该项目加强与富士康企业的关联关系，吸引富士康集团投资其他项目，以此扩大富士康集团投资效应。2016 年 6 月 2 日，为更精确地为富士康代工主业做好配套，该公司对经营范围进行了变更，将产品进行了细化。

（3）兰考裕富精密科技有限公司。该公司由香港中坚企业有限公司于 2015 年 12 月 21 日投资设立，投资额 2.9 亿美元，注册资本 1 亿美元。经营范围为：设计研发光学镜片、金属配件等。为富士康代工电子产品提供玻璃盖板。项目一期投资 42.5 亿元，占地面积 570 亩，规划建设面积 40 万平方米，投产后每天可生产手机盖板玻璃产品 21.6 万片，年产量可达 5500 万片，年产值 19.5 亿元，年可实现税收 9300 万元，可安排就业 1.7 万人。二期投资 53.1 亿元，占地面积 785 亩，投产后每天可生产智能手机玻璃盖板产品 27 万片，年产量可达 7000 万片，年产值 25.3 亿元，年可实现税收 1.2 亿元，可安排就业 2.1 万人。

目前，该项目临时办公区已投入使用，1 号、2 号厂房及能源站桩基建设已完成；3 号厂房及能源站桩基建设正在加快推进。1 号厂房和能源站主体工程正在进行厂房基础建设。为加快项目建设进度，该公司 2016 年 12 月对企业经营范围、项目属鼓励类等内容进行了备案变更。

（4）兰考裕德包装科技有限公司。该公司由富士康旗下顺盈实业有限公司于 2015 年 12 月投资，投资额 3600 万美元，注册资本 1200 万美元，属于富士康的配套项目。生产的手机环保包装产品主要以甘蔗、竹子等环保材质为原料，混合制成纸浆，然后经过 TMP 三段式成型和裁切而成。目前，该项目三条生产线已投入运行，日均可生产手机包装产品 21 万个，产线用工已达 1100 多人，当地用工率达到 90% 以上。项目全部建成投产后每天可生产手机环保包装产品 47 万个，年产量可达 1.15 亿个，年产值 2.53 亿元，年可实现税收 1140 万元，可安排就业 2200 人。

3. 扩大投资领域

（1）河南豫誉新能源汽车服务有限公司。由富泰华工业（深圳）有限公司 2015 年 8 月投资，注册资本 145 万美元，投资领域为新能源汽车。

（2）富阳新能源科技（南阳）有限公司。该公司由香港中坚企业有限公司于 2015 年 9 月投资设立，计划分三年在南阳市建成 500MW 地面太阳能光伏电站。目前已完成 100MW 建设任务。

（3）河南贸发置业有限公司。由鸿富锦精密电子（郑州）有限公司与上海和谐进出口贸易有限公司于 2015 年 10 月底设立，投资额 725 万美元，投资方向为房地产开发。

（4）富豫新能源汽车服务有限公司。由鸿富锦精密电子（郑州）有限公司于 2015 年 12 月投资，投资额 1450 万美元。投资方向为新能源汽车领域。

（5）烟台飞虎乐购信息科技有限公司郑州分公司。飞虎乐购是一家专业从事 3C 类、百货类商品网上 B2C 销售的电子商务公司，主要针对富士康内部员工服务，产品涉及 IT 计算机、手机通信、摄影摄像、影音、家电、日用百货等方面。2016 年 3 月，为满足河南省庞大的富士康内部员工消费需求及河南巨大的市场，富士康决定在郑州设立烟台飞虎乐购信息科技有限公司郑州分公司。

（6）河南冠鸿置业有限公司。由鸿富锦精密电子（烟台）有限公司和佛山普立华科技有限公司于2016年4月共同投资设立，注册资本1304万美元。

三　富士康的发展模式

1. 渐进式转型

富士康公司经过持续努力，先后获得无线网络技术、光学锻膜技术、网络品片设计技术、纳米技术、超精密复合纳米加工技术、纳米级测量技术、绿色环保制造技术以及精密模具制造技术等，这些技术推动了富士康由加工制造的代工向科技制造转型。落户河南之时，富士康开始了国内销售渠道和销售网络的布局，通过先后实施飞虎乐购计划、万马奔腾计划等逐步展开市场营销领域的转型。

2. 发展模式转型升级

除了中间环节的加工制造外，富士康还积极向前端和后端服务运营延伸，前端即与高校签署合作协议建立强大的人才储备来提高自身在全球产业链中的竞争力，后端则为收购电子商务网站、参与入股来建立线上线下运营渠道，通过接触客户把握市场，同时发展自有品牌。

3. 丰富和完善销售渠道

除了传统的销售渠道外，富士康集团通过不断完善互联网手段来销售产品。首先，利用网络进行全球目标客户搜索，建立全球客户数据库，评估潜在客户，通过网络对潜在客户进行产品销售；其次，利用全球网络营销机构，进行交互式市场销售，将自身产品信息和网站植入一些全球知名的网站进行销售传播。最后，富士康集团还利用搜索引擎优化企业网站搜索功能，使企业在行业内始终处于领先地位，从而拓宽销售渠道。

四　富士康对河南经济的影响

富士康入驻前，河南已经显示出强大的吸引产业集聚的优势，经济综合实力显著增强，农业综合生产能力不断提高，工业经济快速增长，城乡市场繁荣活跃，服务业不断发展。但作为一个传统的农业省份，河南经济外向度相对较低，出口也和沿海地区有较大差距。正是在这个背景下，富士康的落户直接影响河南的 GDP、出口、就业等方方面面。

（1）提高了农民工的消费水平。富士康落户前，新生代农民工在消费水平上逐渐向城市看齐，有限的就业机会、微薄的收入与不断膨胀的消费需求之间的矛盾，导致新生代农民工融入城市比以往的农民工更加困难。因此，富士康对大量青壮年农民工的吸纳，在一定程度上提高了农民工的消费水平。

（2）提高了河南省的外贸水平。富士康的到来，极大地改变了河南的出口结构，机电产品出口大幅增长，同时也标志着河南的对外开放和招商引资进入一个新的阶段。据郑州海关统计，从 2011 年到 2015 年河南进出口总值连年升高，到 2016 年 12 月，河南进出口总值近 712.2 亿美元，其中近七成由富士康相关公司贡献。

（3）增加了劳动就业。富士康仅航空港区鸿富锦建成后就吸纳了二十多万人就业，除了富士康相关公司吸纳就业外，毗邻富士康厂区而开展的商业、文化、娱乐、健康等服务也带动一大部分人就业。

富士康近几年在河南的蓬勃发展无疑为河南带来了前所未有的机遇，但随着对河南经济生活的逐步渗透，独有的富士康模式也为当地经济带来了风险。

（4）外迁的压力。2016 年 8 月，富士康与印度马哈拉施特拉邦政府签订协议，将在未来五年投资 50 亿美元在该邦建设电子设备制造厂。同时据报道，富士康将在印度安得拉邦建立全球最大的制造代工园区。富士康 2020 年以前将在印度设立 10 ~ 12 个制造据点，加强布局在线服务、移动互联网、电子商务和再生能源等业务。如果富士康开始在印度增加投资，那么其在河南及国内的投资将会面临外撤压力。

（5）转型的压力。从富士康在河南投资的众多项目来看，只有代工及其配套项目发展顺利，其他投资的新能源、商贸、房地产、农业等项目，都没有大的进展。富士康在河南企业进出口占河南全省的近七成，如果转型失败，当地进出口总值会面临较大压力。

（6）创新的压力。作为一家代工企业，富士康企业在科技创新方面无疑是佼佼者，但在富士康启动转型时，原有的技术、知识、人才很难与转型同步。尤其是代工企业发展过程中核心技术缺乏的短板让富士康的转型充满变数。以苹果产品为例，其中的处理器、闪存芯片、电池、扬声器等高端元器件均来自美国、日本和韩国的厂商。另外，代工客户因担心技术泄密常以减少订单或断绝生意来往来压制代工企业的自主创新，这也会造成代工企业产品创新的困境。这种困境给富士康在当地的持续、稳定、健康发展带来很大不确定性。

B.24

临颍致力于打造中国休闲食品产业基地

王玉成　刘汝良*

摘　要： 近年来，临颍县依托其农副产品资源优势和农产品深加工基础优势，把休闲食品作为全县最具标志性的主导产业倾力培育、精心打造，实现了其从农业大县向工业强县的新跨越，先后荣获全国食品工业强县、全国食品安全示范县、河南省对外开放先进县、中国休闲食品产业基地、“中国休闲食品之都”等荣誉。

关键词： 临颍县　食品产业　产业集聚

一　河南省临颍县食品产业的发展历程

临颍县食品产业从无到有、从小到大、从弱到强，从时间段划分大体经历了三个发展阶段。

1.20世纪80年代前后

党的十一届三中全会后，临颍县南街村围绕“农”字发展集体企业，先后兴办了面粉厂、挂面厂、方便面厂等，形成了“以工促农、工农连接”的发展氛围，短短几年时间该村壮大了集体经济，南街村麦粉、南街村方便面走出临颍、走出河南、走向首都北京，叫响全国。紧随其后，同是县城近郊村的北徐、龙堂村也开始发展面粉产业、面制品产业。在强村经济的引领下，各乡镇大力兴办面粉加工厂，催生了一大批面粉、面制品加工企业，形

* 王玉成，漯河市商务局；刘汝良，河南省商务厅国内经济合作处。

成了“强村经济”现象，奠定了临颍食品工业发展的基础。

2. 20世纪90年代前后

1992 年，漯河市被确定为全省首个内陆特区，临颍县借助这一机遇，建立了铁西开发区、黄龙工贸城，响亮地提出了招商引资的口号，动员全县局委、乡镇干部走出去开展招商。从改革开放的前沿福建等地引进了恒安集团、亲亲公司、盼盼集团等一批闽商企业入驻开发区，并获得了巨大效益。在他们的带动下，一批福建晋江创业者来到临颍，租用当时破产企业场地厂房，带着技术、简单设备开始创业闯市场。在当时休闲食品种类不丰富的年代，这些企业开发的虾条、米果、果冻等产品以独特的口味、新颖的包装一举占领市场。企业迅速完成了原始积累，开始不断扩规模、上产能，发展壮大。联泰、巧巧、劲牛、恒欣等闽商企业把总部建在临颍，形成了“闽商抱团投资临颍”现象，为临颍县发展食品产业奠定了基础。

3. 全省产业集聚区战略实施以来

全省产业集聚区战略的实施，为临颍县食品产业发展提供了前所未有的发展平台和机遇。原来在老工业区的闽商食品企业发展都遇到了空间瓶颈，借势“退城进园”，入驻集聚区二次创业，企业规模迅速扩大，产值连年翻番，盼盼、联泰、亲亲等企业由产值不足亿元成长为产值超 10 亿元企业。同时，临颍县借势大力开展以商招商、亲情招商、落地招商、产业招商。新引进了养元六个核桃、福建雅客、中国食品包装、美国嘉吉等三十多家知名企业进驻集聚区，迅速壮大了临颍食品产业规模、完善了产品体系、丰富了产业链，更为重要的是构筑了相互协作、上下延链、左右补链的抱团发展态势，形成了区域品牌效应和规模竞争优势。特别是近两年，中大生物、路得科技等 13 家生物科技类企业的入驻，为临颍在更高层次、更高水平引进知名食品企业、做强做优食品工业打下了基础。

二　河南省临颍县食品产业发展现状

通过多年来的精心培育，临颍县食品产业形成了一定的规模竞争优势和

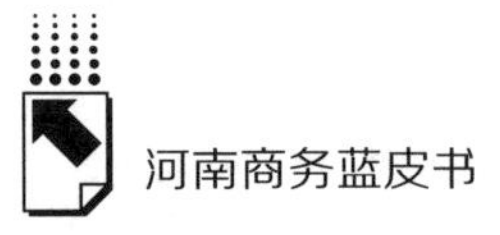

区域特色。2016 年，全县休闲食品产业主营业务收入突破 400 亿元，约占全县规模工业企业主营业务收入的 70%，为县域经济快速发展提供了核心支撑。主要呈现以下五个特点。

1. 产业集聚，横向成群

全县休闲食品集聚特色明显，拥有各类规模以上休闲食品企业 100 多家，其中 60% 集中在产业集聚区，从业人员 5 万多人，年加工小麦 130 万吨、加工玉米 100 万吨。产品包括烘焙食品、膨化食品、糖果、果冻果脯、功能饮料等 8 大类 2000 多个品种，其中薯片、虾条、法式小面包、果冻、巧克力棒、蛋白饮料等“拳头”产品日产量全国最大，国内市场占有率 30% 以上。

2. 产业配套，纵向成链

休闲食品产业的持续快速发展，带动上游原材料种植的规模经营和农产品结构的调整优化，同时带动下游产业及彩印、制罐及包装产业快速发展。联泰、中大、天冠等企业在临颍县进行规模化、标准化原材料基地建设，带动小麦和玉米原料基地种植 20 万亩，小辣椒种植 30 万亩；区内美国嘉吉、路得生物科技、中大生物科技等 13 家生物科技类企业抱团发展，生产食品所需的食用香精、香料、天然色素、淀粉糖等产品，推动休闲食品产业向营养化、品牌化、高附加值方向发展；在下游食品包装配套产业方面，已有嘉美制罐、奥瑞金包装、金佰瑞包装等十多家规模以上包装企业进驻。临颍休闲食品产业形成了良种培育、规模种植、面粉加工、食品生产、食品添加剂、包装印刷的完整产业链和研发、检测、电商、物流配送一体化的综合配套体系，链式发展特色鲜明。

3. 名企荟萃，名牌聚集

临颍县先后培育引进知名休闲食品企业五十多家，主要有：美国嘉吉（世界 500 强）、河北养元智汇饮品（国内最大的蛋白饮料生产企业）、福建盼盼（最大的法式面包生产企业）、福建雅客（最大的糖果生产企业）、福建亲亲（果冻行业前三强）、伍氏美食（全国最大的工业化营养膳食企业）、加多宝（凉茶饮料领导者）、奥瑞金公司（金属容器制造行业领军企业）、中国食品包装公司（罐装行业龙头企业）、河南路得生物科技公司（亚洲最大生物秸秆提取低聚木糖企业）、南街村集团、北徐集团、龙云集团、河南金龙面业公司（驰名全国的临颍本土企业）以及河南中大恒源生物科技公司（天然色素行业标准制定企业）等，拥有中国驰名商标16个、河南省著名商标33个、河南省名牌产品11个，国家和省级农业产业化龙头企业17家。

4. 注重创新，以研促产

临颍县与中国农大、中国农科院、江南大学、郑州大学、河南农大、北京工商大学等十多家知名院校合作，建成院士工作站2个，省级工程技术研究中心、企业技术中心26个，引进工程院院士2名、“千人计划”专家4名、博士36名，推动200多项科技成果在企业转化；培育出市级以上高新技术企业38家。

5. 监管有力，品质可靠

临颍县把食品安全作为经济发展的生命线，建立全方位、全过程的政府监管体系、行业自律体系和社会监督体系，努力打造绿色、健康、安全的休闲食品。投资近亿元，建成国家级标准的质检研发中心和全省唯一的膨化食品质量监督检验中心；全县四十多家企业成功申报“县长质量奖”“市长质量奖”；无公害产品、绿色食品、有机食品认证46个；建成国家级农业标准化示范区3个、省级农业标准化示范区10个，临颍县先后荣获全国食品安全示范县、全国农业标准化示范县等称号。

三　河南省临颍县发展食品产业的主要做法

1. 立足实际，准确定位

临颍县农业资源丰富，耕地88万亩，粮食年产量达七十多万吨，是国家粮食核心区建设800个产粮大县之一；年出栏生猪130多万头，被确定为全国生猪调出大县；小辣椒、大蒜等各类蔬菜产量达260多万吨，其中无公害蔬菜基地面积31.3万亩，被省政府确定为无公害蔬菜示范县。历任县委、县政府在谋划产业发展中，都围绕“农”字做文章，把农业资源优势转化为食品加工优势。在产业培育中，一张蓝图绘到底，重心不偏、精力不散，尤其是全省产业集聚区战略实施以来，食品产业的主导地位进一步确立，在产业选择上坚持“四不要”原则，即“不是食品行业及其关联产业的不要、不是亿元项目的不要、不是名企名牌的不要、不是行业百强的不要”。靠着这样的选择和坚持，临颍招引了8家休闲食品前十强，四十多个中国驰名商标和省级著名商标。

2. 建好载体，搭好平台

产业集聚区建设之初，高投入聘请国内知名规划设计单位，编制完成产业集聚区总体发展规划、空间发展规划、控制性详细规划和产业发展规划等各类专业规划，并做到与全县土地利用总体规划、城市总体规划“三规合一”。建设中按照“产城一体、产城互动、产业绿色、生态优先”的工作思路，紧盯生态城市的标准，着力打造水清、树绿、天蓝、宜业、宜居、宜投资的产业集聚区。目前，产业集聚区建成“七横十五纵”路网框架，率先在全省实现了集中供热、供气、供水、供电等配套设施全覆盖；建设了40万平方米的三大职工综合服务中心和11万平方米的职工综合培训园区，新建一高、颍川中小学、新区幼儿园、文化活动中心、医院等，满足职工安家、教育、医疗、购物、休闲等全方位生活需求；建成了投资融资、人力资源、土地整理、科技创新、食品安全、电商物流等六大公共服务平台，为企业发展提供“一站式”服务。

3. 强力招商，开放带动

临颍县把招商引资作为抓住战略机遇的重大举措长期坚持，探索形成了各级主要领导亲自招商、以商招商、定点式招商、跟进式招商、持续式招商、精细化招商等模式，推动全县掀起了策划、引进、建设项目的高潮。

（1）强化招商队伍，完善基地管理，实施专业招商。在坚持全民招商的基础上，临颍县把实施专业招商放在更加突出的位置。一是从组织结构上强化。组建福建、深圳、江浙、成都、京津五大招商基地，依托15个乡镇组建专业招商局，由乡镇党委书记兼任专业招商局局长，实施“1/2”工作法，构筑全方位、立体式的专业招商队伍。二是从理论指导上提升。组织人员编写《临颍县食品产业招商图谱》，深入研究产业发展现状，深挖行业发展潜力，找出薄弱环节和产业链缺失，大力引进上、下游配套企业，发展壮大产业集群，丰富产业内涵。三是从队伍培养上提升。每年坚持聘请相关专业人士，从商务礼仪、招商技巧、产业发展、法律法规等方面，对招商人员定期实施轮训，不断提升专业招商队伍的整体素质和工作水平。四是从基地管理上细化。招商基地每年要招引 1 个超亿元重大项目，实施“招商基地年访百企”“招商人员月访五企”活动，并纳入招商人员绩效管理。五是从基础资料上完善。建立完善“重点客商库、意向项目库、签约项目库和招商引资网”的“三库一网”，确保随时掌握招商引资最新资料。

（2）领导驻地带队，依托行业协会，实施落地招商。按照“根植闽东南、深耕珠三角、决战长三角、开拓京津唐”战略部署，每个基地明确一名县级领导，分包带队开展招商。重点在长三角、珠三角地区，实施“县级领导驻地带队、专业招商局跟进突破”的落地招商。

（3）重用招商干部，落实税收分成，完善体制机制。一是重用招商干部。大胆选拔任用一批招商引资工作成效显著的干部，在近年干部调整中，招商局先后有 2 名同志任乡镇长、5 名同志升正科级、12 名同志升副科级。二是强化招商考核。严格实施招商引资“一票肯定、一票否定”考核机制，将实际打入地款或保证金视为完成项目签约。县直单位引进超亿元重大项目“一票肯定”，直接取得评先资格；招商局、乡镇专业招商局、招商基地每年要引进一个超亿元项目，引进超 10 亿元重大项目“一票肯定”，完不成招商任务“一票否定”，无论其他工作完成得多么好，也不能参与评先。三是落实“税收分成”。乡镇招来的项目，集中摆放到产业集聚区，企业产生的税收，县乡财政按比例分成，让乡镇有利可图、名利双收。目前，全县 15 个乡镇进驻产业集聚区的亿元项目达五十多个。

（4）优化环境，打造品牌。主动适应新常态，摒弃以拼资源、拼政策换来短暂发展的做法，借力“七区同建”筑平台，充分发挥载体、环境、服务、发展后劲优势，营造环境招商新优势。一是筑强平台。以产业集聚

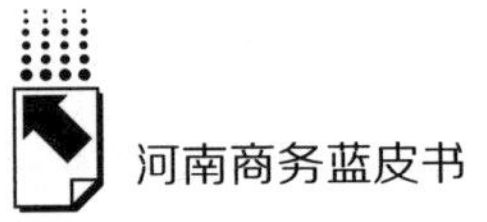

区、现代家居园区、现代物流园区为开放招商的主战场、主阵地，着力打造中部地区配套服务最为完善的投资热土。持续完善金融、通信、污水处理等配套设施，区内基本实现基础设施、生产配套设施、生活服务设施“三到位”；人力资源、电子商务、质检研发、土地整理、资金融通、技术创新等平台日趋完善，三大园区承载能力和服务功能持续提升。二是强化服务。从源头统筹项目招引与项目落地关系，实施“一个项目，一名县领导，一个责任部门”的重点项目指挥部制度，坚持周调度、月汇报、季讲评，提供全程“保姆式”服务，及时解决项目推进中的困难问题；以“重点企业群体培育”行动为载体，着力在企业融资、行政服务、用工保障等方面提供服务。同时各有关部门积极争取政策支持，激发企业发展热情，努力推动企业尽快做大做强。品牌化服务正在成为临颍招商引资的又一张“名片”。三是优化环境。开展“铁腕正风、亮剑肃纪”、行政审批“瘦身”、“项目周边环境治理”等系列专项行动，查办涉企案件 13 起，为企业挽回经济损失 3000 多万元，行政审批效能大幅提升，营造了风清气正的好环境，提升了企业扩产达能、以商招商的积极性。2016 年，盼盼食品、豪峰食品、御江食品等企业或向总部争取项目，或招引合作伙伴，或利用现有土地，挖潜存量土地、盘活闲置资产，新上项目，相继投产，形成临颍经济新的增长点。近年来，入驻食品项目均实现当年开工、当年投产。联泰食品从开工到投产用了 10 个月，亲亲食品、巧巧食品用了 9 个月，盼盼食品二期用了 6 个月，嘉美制罐用了 5 个月，临颍“软环境服务”带来的是“临颍速度”。

2016 年 12 月，临颍县被中国副食流通协会授予“中国休闲食品之都”称号，以此为契机，临颍县将致力打造食品产业升级版，力争到 2020 年，新引进和培育知名休闲食品企业 30 家以上，规模以上休闲食品企业达到 200 家以上，全县休闲食品产业产值力争突破 600 亿元，使临颍“中国休闲食品之都”牌子更加光彩夺目。

区 域 篇

Regional Topics

B.25

2016～2017年郑州市商务发展回顾与展望

李宏伟*

摘 要：2016年全市商务工作平稳运行，总体良好，实际吸收外资、引进市外资金、对外投资和社会消费品零售总额四项指标全面持续增长，对外贸易降幅持续收窄。2017年郑州市经济增长仍将面临下行压力，但经济增长的质量不断提高，供给侧结构性改革加快推进，消费需求基本稳定。郑州要围绕打造中西部地区开放门户，加快内贸流通、创新推动供给侧结构性改革两条主线，做好自贸区建设、跨境电商综试区建设两大重点工程，努力开拓商务发展新境界。

关键词：郑州市 对外开放 自贸区

* 李宏伟，郑州市商务局。

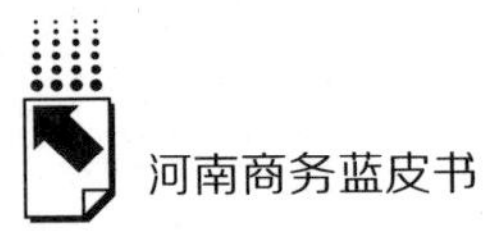

2016年是“十三五”规划开局之年，是国际商都规划实施的起步之年，也是郑州发展极不平凡的一年，8月中国（河南）自贸区获批，12月郑州成功入选国家中心城市，郑州市商务发展层次得到巨大提升。2016年全市商务工作平稳运行，总体良好，实际吸收外资、引进市外资金、对外投资和社会消费品零售总额四项指标全面持续增长，对外贸易降幅持续收窄。

一 2016年郑州市商务发展指标完成情况及特点

（1）引进境内外资金稳定增长、质量提高。2016年全市实际吸收外资40.3亿美元，同比增长5.4%，引进市外资金1814.4亿元，同比增长4.5%。新增外商投资71家，比2015年同期增长22.4%。全市新批投资额1000万美元以上外资企业22个，占新批总数的31.0%。实际到位资金数额排前五位的行业是制造业、商贸服务业、房地产业、能源供应业、建筑业，分别占全市实际吸收外资总量的42.9%、19.5%、19.4%、10.4%、3.6%。

（2）对外贸易总额降幅逐月收窄，呈现回稳态势。2016年全市外贸进出口完成550.3亿美元，同比下降3.5%。其中，出口317.0亿美元，增长1.5%，进口233.3亿美元，下降9.5%；进出口和出口增速分别高出全国平均水平3.3个和9.2个百分点，进口与全省平均增速持平，出口高出全省平均增速2.0个百分点；郑州进出口和出口总额分别占全省的77.3%和74.0%，继续位居中部省会城市第一。

（3）国内消费稳中有进，新业态消费持续快速增长。2016年全市社会消费品零售总额3665.8亿元，同比增长11.3%，高于全国0.9个百分点。新业态消费快速增长，2016年郑州市电子商务交易额4900亿元，同比增长33%；网络零售交易额735亿元，同比增长40%。城乡市场增速同步提高，批零餐饮业增速回升，汽车类、家电家具类消费增长，消费价格温和上涨。

（4）对外投资增长迅猛，企业境外投资意愿较强。随着“一带一路”战略实施，本市企业“走出去”步伐不断加快，全市国外经济技术合作广度和深度大幅拓展。全市国外经济技术合作境外投资额15.2亿美元，同比增长50.1%。龙头企业带动作用明显，河南省美景集团有限公司美国穆尼航空项目，河南国基实业集团有限公司莫桑比克、赞比亚等国公务员住宅项目，河南省经研银海种业有限公司塔吉克斯坦“农业科技示范园”等境外投资重点项目进展顺利。

二　2016年采取的主要措施和工作亮点

1. 扩开放、提层次

（1）全面提升国际化水平。市政府印发了《进一步扩大开放全面提升国际化水平的意见》及《郑州市进一步扩大对外开放全面提升国际化水平三年行动计划（2016～2018年）》，围绕“三大中心”建设，制定了明晰的发展目标和指标体系，敲定了开放平台国际化、口岸通关国际化、经济贸易国际化、城市服务国际化、人才科技国际化、生活配套国际化六项重点任务，同时发布了第一批推进城市国际化的重点项目，包括融入国家战略、开放平台、开放型经济、国际交往、国际化功能等111个项目。

（2）开放平台建设不断取得进展。2016年8月31日，党中央、国务院决定设立中国（河南）自由贸易试验区，郑州作为河南自贸区的核心片区，积极做好挂牌前各项筹备工作，加快做好郑州片区选址、规划及上海、天津等自贸区经验复制推广工作，并成立专门机构加强统筹协调、沟通衔接，认真探索发展模式创新和制度创新，为内陆地区实践高标准国际经贸规则探索新模式，为全面深化改革和扩大开放积累新经验。

（3）两港、两区建设取得新进展。至2016年底，郑州开通客运航线186条、全货机航线34条，旅客吞吐量首次突破2000万人次，达到2070万人次，居国内机场第15位；货运量45万吨，跃居国内机场第7位，初步实现了“1天＋N小时”通达全球主要市场的通航目标。郑欧班列全年实现开行251班（137班去程，114班回程），总货值12.67亿美元，总货重12.86万吨，提前近两个月完成年度总目标。

（4）全市口岸功能进一步完善。水果口岸、冰鲜口岸、汽车口岸、肉类口岸、澳洲活牛口岸获批并投入运营，邮政口岸正式开展业务，水生物口岸已通过国家验收并先行开展业务，粮食口岸已获批并开工建设，同时筹备申建药品、植物种苗等口岸，贸易便利化水平不断提升，大通关机制基本形成。

（5）中国（郑州）跨境电子商务综合试验区成功获批并加快推进，郑州市政府召开了全市动员大会，先行先试，重点支持“单一窗口”综合服务平台与10家人才培训和企业孵化基地、6家省级跨境电商示范园区建设。

2. 重招商、壮规模

2016年，全市新开工项目209个，投资总额2271.3亿元；新签约项目383个，签约总额4162.7亿元。“四力”项目进展明显，2016年全市共有76个“四力”项目取得明显进展，投资总额1610.4亿元。其中，已投产项目17个，投资总额170.6亿元；新开工项目27个，投资总额658.9亿元；新签约合同项目47个，签约总额1000.9亿元；新签订框架协议项目22个，拟投资额573.4亿元。“五职”招商加速推进，2016年确定的73个“五职”招商项目已全部开工，总体进展顺利，呈现投产项目多、项目质量高等特点。经贸活动招商扎实开展，全力推动黄帝故里拜祖大典、省投洽会等特色经贸活动平台上水平、树形象，第十届河南投洽会邀请参会企业1091家，签约41个项目，签约总额258.9亿元。

3. 稳外贸、保份额

面对严峻形势，郑州开展了进出口进度督导调研，督促各县（市）、区采取有效措施遏制下滑趋势。郑州认真贯彻落实国家、省关于促进外贸健康发展政策，坚持货物贸易和服务贸易出口并重，多措并举增强本市外贸竞争优势。报请市政府出台了《关于促进加工贸易创新发展的实施意见》，郑州市成功获批中国服务外包示范城市和国家级加工贸易承接转移示范地。2016年全市有外贸出口业绩的企业达到2026家，同比增加130家，占全省出口企业的38.4%。其中出口百万美元以上企业491家、千万美元以上企业75家、上亿美元企业8家。全市机电产品出口293.2亿美元，增长2.2%，占全市出口额的92.5%，比上年提高0.7个百分点。

4. 强内贸、活流通

（1）完成内贸流通体制改革发展综合试点工作。郑州市重点围绕现代物流这一主线，在体制、机制、模式等方面开展探索，各项工作取得初步成效，并在构建“四港联动”多式联运模式、构建跨境电子商务与物流的协同发展机制、构建新型市场集群、创新公益性农产品基础设施建设模式等方面初步提炼出可复制推广的经验。

（2）开展品牌集聚区建设。积极促进传统商业设施升级，丹尼斯大卫城店、丹尼斯·庆都生活广场2个集聚区被认定为第二批河南省品牌消费集聚区。截至目前，全市省级品牌消费集聚区总数已达到10个。

（3）加快特色商业街区建设。指导各县（市、区）按照特色街区建设规范，完善设施建设，优化经营业态，完善服务功能，不断提升特色商业街的档次和影响力。做好“老字号”保护促进工作。组织指导企业参与“老字号”申报工作，郑州市苑陵茶叶有限公司的“百年恒昌”被命名为第四批“河南老字号”。郑州市“中华老字号”达到3家，“河南老字号”达到7家。

（4）不断壮大会展业。2016年全市举办展览238个，同比增长1%；展览面积236万平方米，同比增长4%。其中举办3万平方米以上展会16个，展览面积86万平方米；国家级流动展览10个，新创办展会7个，国际性会议8个，会展业实现经济社会效益约210亿元。郑州国际会展中心和中原国际博览中心的展场出租率分别为32%和33%，在全国处于较高水平。2016年郑州市被评为全国优秀会展城市、中国会展名城，并入选中国最具竞争力会展城市和中国最具办展幸福感城市。

5. 抓电商、增动能

（1）完善顶层设计，做好规划引导。郑州市制定出台了《开展电子商务示范体系创建工作的实施意见》，通过纵向开展国家、省、市、县四级示范联创，横向扩大示范创建范围，在全市形成完善、全面的电子商务示范体系。培优引强，壮大电商市场主体。

（2）重点培育科技含量高、成长性高、附加值高的电子商务企业。世界工厂网、企汇网、鲜易网、中华粮网、全球内衣网、中钢网等一大批本土电子商务平台发展壮大，位居全国细分行业前列，郑州悉知、中钢网、雪阳坯衫、金鹏信息、景安网络、企汇网、黑蜘蛛等多家电商企业在新三板上市。

（3）分类发展，增强电商产业集聚。已建成各类电商园区二十多个，河南省电子商务产业园、郑东新区电子商务大厦、河南网商园等成为郑州市电子商务的核心发展区和重要承载地。

（4）深入推进电子商务示范创建。全市认定备案电商企业600余家，国家级电子商务示范基地2个、国家级示范企业3家，省级示范基地13个、省级示范企业六十余家，全市电商产业呈现快速、健康、有序的发展态势。

三　2017年商务发展对策建议

2017年，郑州市经济增长仍将面临下行压力，但经济增长的质量在提高，供给侧结构性改革在提速，消费需求基本稳定，新三大国家战略与老三大国家战略叠加效应持续增强。围绕打造中西部地区开放门户、加快内贸流通创新推动供给侧结构性改革两条主线，做好自贸区建设、跨境电商综试区建设两大重点工程，着力开放招商添动力、发展电商增活力、稳定外贸促转型、扩大消费蓄能量、搞活流通惠民生、强化监管优环境，综合施策，精准发力，努力开拓郑州市商务发展新境界。2017年，预计全市社会消费品零售总额增长10%以上；货物贸易进出口额增长3%，占全省份额保持稳定；服务贸易进出口额增长12%；跨境电商交易额达到100亿美元；实际吸收境外资金与上年目标持平；引进域外境内资金增长5%；对外承包工程和劳务合作完成营业额增长8%；电子商务交易额和网络零售额均增长18%以上。

1.积极扩大对外开放

（1）稳步推进自贸区建设。落实中央关于加快建设贯通南北、连接东西的现代立体交通体系和现代物流体系，服务于“一带一路”建设的现代综合交通枢纽的要求，按照国家批复的总体方案，认真研究细化试验内容和改革突破点，做好郑州片区实施方案及规划编制工作，在跨境电商、国际多式联运、现代物流、供应链金融、高端制造业、服务贸易、政府服务等重点领域开展改革试验创新，做好上海自贸区“28+6”和国务院新出台的19条成功经验复制推广工作，全面对标国际经贸规则，加快政府职能转型，推进监管模式创新，促进投资贸易便利化，在更广领域激发各类主体和要素的开放活力，打造直接面向世界的对外开放高端平台。抓好自贸区面向全球的宣传、推介和招商，吸引世界500强、国内500强、行业前10强和跨国公司入驻。建立评估体系和推广机制，开展制度需求和先进经验研究，梳理试点任务清单，组织好自贸区半年及一周年建设评估，总结可复制推广成果及发展建议。

（2）加快建设跨境电商综合试验区。大力推进跨境电子商务制度、管理和服务创新，构建高效、便捷、安全的跨境电子商务管理模式。加强线下跨境园区建设，制定产业扶持政策，加强跨境电商产业链关键环节的招商引资，推进传统产业转型发展。

（3）着力打造开放平台。加快推进国际航空货运枢纽建设。完善航空货物中转集散中心、国际快件分拨中心等功能设施，积极拓展“一带一路”国家和地区航线布局，推进与国际陆港、中欧班列（郑州）的协调合作，实现“一带一路”相关国家地区物流体系全覆盖。加快推进国际陆港建设。积极申建陆港保税物流中心，提升国际枢纽地位。中欧班列（郑州）不断拓展增值服务，持续降低运营成本，逐步将物流优势转化为贸易优势。整合海关特殊监管区。推动新郑综合保税区转型升级，整合提升出口加工区和河南保税物流中心，申报经开保税区。大力发展口岸经济。依托口岸、海关特殊监管区及跨境电子商务等平台，加快口岸经济发展。

（4）统筹推进对外开放。制订并组织实施《2017年郑州市对外开放工作行动计划》，督促各市直部门制订实施专项开放工作方案，强化对市直部门开放工作考评，形成开放合力，不断完善全方位、宽领域、多层次、内外融通的开放新格局。加快开展城市规划、配套功能、人才国际化工作，提升郑州市城市国际化水平。举办高层次的全市对外开放工作领导干部培训班，提升招商引资人员业务水平。

2. 推动招商引资转型升级

（1）谋划推进一批重大项目。针对世界500强和国内领先企业，有的放矢地谋划一批主导产业突出、带动能力强的重大项目作为招商引资主攻方向。确保全年谋划招商引资项目不少于100个。

（2）开展多层次招商活动。积极组织参加国家、省政府举办的重大经贸活动，促进一批在谈项目取得实质性进展。围绕战略产业，自主谋划一批招商引资活动，推动市领导与目标企业的高层互访。

（3）推进“四力”（国际影响力、国内辐射力、国外资源整合力、高成长力）项目引进。突出高端产业、高成长性行业和战略新兴产业，筛选出一批科技含量高、投资规模大、带动能力强的龙头型企业和标志性项目，由市领导分包，采取主动对接、高层洽谈等形式，招大、引强、选优，新引进50个“四力”项目签约落地。

（4）持续开展“五职”［各县（市、区）、开发区党政正职、主管招商引资、工业和城建的行政副职领导招商］招商。继续发挥各县（市、区）、开发区“五职”领导的示范带动作用，不断提升项目质量、促进产业升级。加大考核力度，确保“五职”项目当年签约当年开工，促进“五职”招商责任制有效落实。

（5）创新招商模式。构建政府、企业、商协会、驻外机构“四位一体”招商网络，注重引资与引技、引智并举，实现知识、技术、管理与国内外先进水平的融合与对接；探索股权引资模式，促进战略性新兴产业落户郑州；开展外企回访活动，从外资存量中挖潜，促进已投资外资企业增资扩股、境外借款、境外上市；加强与知名企业的合作，加快推进PPP合作招商模式。狠抓项目落地。

3. 推动外经贸提质增效

（1）促进外贸进出口稳步增长。加大招商引资工作力度，着力引进产业链条长、出口带动能力强的重大项目和新兴产业项目。培育一批发展潜力大、技术含量高、带动能力强的外贸转型升级基地，争创省级、国家级外贸转型升级示范基地。综合运用促进加工贸易产业转移资金，引导各县（市）区开展产业招商、集群招商，加大承接力度，支持重点承接地与沿海或港澳台共建加工贸易产业园。开展国际市场巩固拓展行动，组织郑州市优秀企业和特色商品参加国内外知名展会，抢抓订单，巩固老客户，开发新客户，力争参展规模、企业数量、商品质量都有新的突破。落实进口贴息政策，促进先进技术设备、关键零部件和紧缺资源型产品进口。争取汽车平行进口试点，发挥郑州市指定口岸多的优势，扩大汽车整车、粮食、肉类、水果、冰鲜水产品等进口规模。

（2）以模式创新促进外贸转型发展。做大做强跨境电商，集中资金扶持、培育壮大一批跨境电商产业园区和企业主体，吸引国内外龙头电商企业投资郑州市跨境电商产业，推动跨境电商自由化、便利化、规范化发展，培育外贸竞争新优势。大力引进一批全流程外贸综合服务企业，培育支持一批市级、省级外贸综合服务企业，推动外贸供应链整合，鼓励传统外贸和制造企业上线开展跨境贸易，加快形成跨境电商平台企业、外贸综合服务企业、金融服务企业、智能物流仓储企业融合互动的跨境电商产业链、生态链。

（3）加快发展服务贸易。以国家服务外包示范城市建设为契机，大力发展服务外包，做大做强在岸外包，扩大离岸外包规模。发挥服务外包产业园区和龙头企业示范带头作用，推荐园区参与省级服务外包示范园区评比，扶持一批“专、精、特、新”的创新创业型服务外包企业。积极引导国家知识产权创意产业试点园区、郑州软件园、金水科教园等服务外包产业集聚区拓展服务外包业务，大力培育服务外包本土品牌，形成引领与带动作用，推动郑州市服务外包整体工作提升，助推服务贸易发展。加快推进全市服务贸易体系构建和提升整合工作，利用中国（河南）自由贸易试验区建设平台，整合内部资源，借力外部资源，拓展深化服务贸易，组织参加服务贸易、服务外包招商和项目对接活动，持续扩大服务贸易与服务外包规模。

（4）推动本土企业加快“走出去”。拓展对外承包工程市场。推动电力、城建、路桥、水利、房建等行业有条件的企业拓展境外承包工程业务。

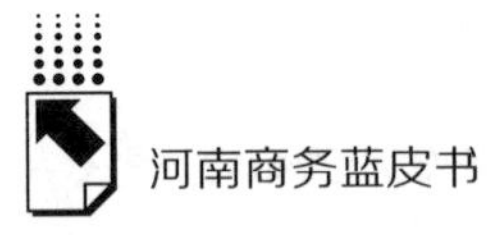

积极推动对外承包工程企业通过强强联合、强弱联合、以老带新、借船出海等多种方式，大力拓展国际市场。支持境外投资重点项目建设。重点支持宇通跨国客车工业园和城市交通项目、河南国基实业发展有限公司莫桑比克等国住宅项目等境外重点投资项目加快推进。

4. 着力打造消费增长新引擎

（1）培育重点商贸企业、打造知名商圈。加强重点商业项目跟踪服务，加快培育龙头商贸企业，提升企业现代化水平。积极打造二七、郑东 CBD 等重点商圈，提高其影响力和辐射力。开展特色商业街区示范创建，实施品牌消费集聚区培育行动、“老字号”保护和促进行动。

（2）实施“互联网 + 流通”行动。大力培育和发展内贸流通新模式、新业态，引导传统流通企业转型升级。推动实体零售业创新转型，线上线下融合发展，通过电商拓宽销售渠道，办好实体店增强体验感，改变千店一面、千店同品现象，在兼顾低消费群体的同时，适应中高端消费群体需求，着力增加智能、时尚、绿色、健康商品品种，大力发展多功能复合商业业态，由销售商品向引导生产、创新生活方式转变，由分散独立的竞争主体向融合协同新生态转变。

（3）推进农产品流通体系建设。推进农产品批发市场升级改造，支持超市企业扩大生鲜农产品经营销售。以实施中央财政支持河南省冷链发展试点为抓手，加快推进农产品冷链物流配送体系建设，开展农产品冷链物流标准化示范工作，提高冷藏冷冻类农产品、食品冷链流通率，降低流通环节损耗率。

（4）实施展会培育工程。以建设国家会展中心城市为目标，突出服务产业发展、规模效益提升两大核心任务，树立专业化、品牌化、国际化、信息化四大发展理念，实现品牌打造新突破、产业服务新突破、营销宣传新突破、国际接轨新突破、人才建设新突破等五大新突破。

5. 着力发展电商培育新动力

（1）抓好电商政策促进。研究推进“互联网 + 流通”行动计划，加大政策扶持，在电商示范创建、电商园区和平台建设、电商统计、电商人才培训等方面给予重点支持。

（2）开展电子商务示范体系创建。以示范企业、示范园区（基地）、示范教育（培训）基地、示范乡（镇）和领军人物培育发掘为主体，构建郑州市电子商务示范体系，形成多区域、多模式、多元化、全方位的电子商务发展态势。

（3）推进电商进社区、进农村。加大电商培育力度，将电子商务大讲堂常态化、常效化，依托连锁企业、龙头物流企业、居民服务企业及电商企业，建成一批集网络购物、商品代收、智能终端配送、家庭服务等功能于一体的社区电商服务网点，形成便利快捷的社区消费服务网络。组织线上线下农产品对接活动，大力发展特色农产品电子商务。鼓励农民专业合作社、创业农民应用电子商务，扩大就业创业渠道。

6．强化行业管理创优消费环境

（1）加强商贸行业管理。加强对现有早餐示范店和早餐车的日常管理，引导早餐示范项目规范化经营。深入开展“文明餐桌”活动，倡导节约用餐、理性消费。做好全市成品油经营企业的日常服务，重点在新建道路、新建城区或产业聚集区规划布点，组织开展“诚信兴商”宣传，规范行业商协会信用评价，搭建商务领域信用平台，加快商务领域信用系统建设。

（2）加强商务领域日常监管。强化双打领导小组办公室综合协调职能，牵头做好打击侵权假冒工作。强化商务综合监管执法，建立网格化监管执法模式。推进县级商务部门开展流通领域市场监管公共服务体系试点创建；完善12312举报咨询服务中心系统建设，提高商务监管服务质量；加强单用途商业预付卡管理联合执法工作。加强典当、拍卖行业监管和日常督查。依法加强对报废汽车回收企业的日常监管。

B.26

2016～2017年开封市商务发展回顾与展望

程崇兴　郝海燕*

摘　要： 2016年，开封市在突出重点中实现整体推进，在破解难题中促进大局稳定，在创新机制中狠抓工作落实。自贸区开封片区成功获批，跨境电子商务综合试验区开封拓展区顺利推进。大气污染防治非法加油站治理初战告捷，各项主要商务指标均居全省前列，实现了“十三五”良好开局，为全市经济稳增长保态势做出了积极贡献。

关键词： 开封市　开放招商　自贸区　电子商务

2016年，全市社会消费品零售总额840.9亿元，增幅居全省第2位；实际利用外资59940万美元，同比增长5.8%，增速居全省第3位；对外贸易41483万美元，增幅居全省第5位；实际到位省外资金476.7亿元，同比增长8.2%，居全省第7位；对外直接投资1220万美元，完成全年目标的105.5%，同比增长16.1%；对外承包工程营业额7810万美元，完成全年目标的104.3%，高出全省平均增速6.3个百分点。

---

* 程崇兴、郝海燕，开封市商务局。

一　2016年开封市商务发展特点

1. 开放招商有新突破

2016年，开封市委、市政府继续把开放招商作为助推经济发展的头等大事落到实处，措施更加得力、成效更加显著。一是注重营造氛围、激发动力。市委、市政府召开全市对外开放大会，印发了《2016全市对外开放招商实施意见》《2016全市对外开放行动计划》等文件，全面激发了全市上下开放招商的新动力。二是注重创新方式、扩大成效。开封市商务部门提请市委、市政府印发了《补齐产业招商短板意见》《加快对外开放、打造内陆开放高地先行区行动方案》《经开区转型升级行动方案》等一系列政策；组织举办了清明文化节、菊花文化节、上海招商恳谈会、厦门产业招商推介等特色招商活动；与犀牛会（北京）信息技术有限公司上海分公司签订战略合作协议，成立了开封市人民政府驻上海招商联络处；举办了首届汴商大会，成立了汴商联合会等，进一步扩大了招商平台，拓展了招商渠道，提升了招商成效。全年市级以上招商活动共签约项目159个，投资金额达1167亿元。三是注重挖掘潜力、扩大外资规模。促进开封国际城一号实业开发有限公司、开封市宝钢气体有限公司等多家企业追加投资；赴中国香港、澳大利亚、新西兰等地开展招商活动，拜访对接了鑫网易商集团有限公司、香港华彩集团等一批重点客商，扩大了利用外资范围和渠道，促进全市实际利用外资超额完成目标任务。

2. 县区招商有新亮点

开展了重点产业集中招商活动，力推大员上阵、示范带动，成立了由8名市级领导任组长的招商小组，建立了市级领导招商台账制度、年度招商述职制度、招商信息通报制度等工作机制。全年，市级领导带队外出招商累计超过百次，小分队招商160批次，各县、区围绕各自主导产业招商引资亮点纷呈，如杞县引进了熙潮型材生产项目、皮革生产项目、年产18万立方米中密度纤维板项目、华联城市广场项目；城乡一体化示范区引进了广佳汽车饰件项目、盛达电机项目等。

3. 外经外贸有新提升

一是政策落实到位。邀请郑州海关有关专家举办了业务知识培训；帮助美达食品、福德居食品等企业申报信用保险、进口贴息等优惠政策，调动了企业开拓国际市场的积极性。二是平台搭建到位。全面打造“走出去、请进来”的政策平台、合作平台，印发了《开封市赴沿海地区开展针对加工贸易企业招商引资活动工作方案》，开展了进出口企业外汇产品推广活动，组织了中原橡胶、瑞野灯饰等近20家骨干企业参加广交会、亚欧博览会和东盟博览会。三是企业培育到位。坚持抓大扶新的培育原则，建立了“一条龙”服务体系，快捷办理相关手续，努力帮助企业做好出口“第一单”；推动中联重科、奇瑞汽车转至本市自营出口；双全机械、鼎诚置业相继在美国设立公司；十一化建在沙特、越南等地投资项目资金超过3亿元，带动外派劳务近1300人。截至目前，全市进出口企业超过1800家。

4. 自贸区建设有新成就

一是申建基础全省领先。在全省兄弟地市竞争激烈、开封基础相对薄弱、工作人员严重不足的严峻形势下，作为市政府申建自贸区的牵头部门不等不靠、逆势而上，通过多次赴国家自贸区研究院、省直部门对接学习，把握最新政策，数十次邀请上海自贸区专家到开封调研、调整完善申建方案，组织召开了多部门参与的协调论证会，拿出了高质量、高规格的规划方案，为成功获批打下了坚实基础。二是经验推广制度创新全省领先。围绕推广上海自贸区“28＋6”经验，市政府发布了《关于印发进一步推广上海等自贸试验区及其他先进地区可复制改革创新经验工作方案的通知》《关于做好上海自贸区试点经验复制推广工作的责任分工》等文件。同时，省政府结合实际，对联审联批、投融资体制等方面进行了一系列改革，在全省率先实现“三证合一”和“五证合一”，经验复制推广、制度创新实施等工作走在了全省前列。三是工作机制全省领先。自贸区队伍组建、网站建设、机构设置等基础性工作同步推进，全市各职能部门、窗口单位一周内全部完成入驻，工作人员快速组建等，为自贸区各项工作的开展夯实了基础。

5. 电子商务有新发展

一是园区基地建设取得重大进展。杞县电子商务产业园被命名为河南省电子商务示范基地；河南万宝电子商务创业基地引进百度、支付宝等二十多家电商企业，被命名为省级电子商务创业基地；祥符区电子商务产业园实现当年建设当年投入运营。截至目前，全市已规划筹建电子商务园区10个，总投资16亿元，总建筑面积42.7万平方米。二是电子商务示范企业培育取得新成效。择优评选了开封市第一批电子商务示范基地2家、示范企业22家。开封新供销电子商务有限公司、河南农投电子商务科技有限公司等4家企业被省商务厅命名为河南省第四批电子商务示范企业。2016年，全市电子商务交易额320亿元，网络零售额82亿元，占全市社会消费品零售总额的1/10，连年增速均保持30%以上。三是电子商务进农村扎实推进。杞县成功入选河南省电子商务进农村综合示范县；通许县和祥符区分别与阿里巴巴集团签署了农村淘宝项目；尉氏县引进的河南天之河电子商务有限公司建设了县级物流仓储中心，投入80辆19座电动汽车用于农村电商物流，解决了“最后一公里”的配送问题。云书网、京东、苏宁易购等电商企业在各县重点乡镇和行政村布点，打造农村电子商务网络。目前，全市已建成农村电子商务网点800多个。四是跨境电商发展平台快速搭建。开封市商务局报请市政府印发了《中国（郑州）跨境电子商务综合试验区开封拓展区实施方案》，为全市跨境电商发展提供了政策支撑和组织保障；成功申报城乡一体化试验区为省级跨境电子商务示范基地。全市跨境电商企业达到七十余家，跨境电商交易额900余万美元。

6. 整顿内贸秩序有新举措

一是加强了成品油市场管理。围绕推进大气污染防治攻坚战，颁发了《关于印发开封市打击非法加油站（点）工作实施方案的通知》，建立了部门联动执法、通报工作机制，完成了车用汽柴油的国五标准升级工作，保证了群众用油安全，得到省大气污染防治工作办公室的充分肯定。二是规范了餐饮行业管理。结合市委、市政府“文化＋餐饮”战略的实施，开展了首届“百家餐饮名店”活动，对第一楼等22家餐饮名店进行了表彰；与旅游委联合对全市旅游购物场所的7家标准化试点企业进行实地考察和评分，评定4家旅游购物示范店和1家旅游购物推荐店；成功申报杞县莫家酱菜、开封庞记宜清斋2家“河南老字号”；认定朱仙镇明德堂饭庄等36家企业为“开封老字号”。

二 2017年开封市商务发展展望

全面贯彻党的十八大和十八届三中、四中、五中、六中全会精神，认真落实全省商务工作会议部署，坚持以大招商促进大开放、大开放促进大发展的理念，突出以补招商短板为重点，千方百计扩大出口规模，坚持实施“走出去”战略，全面提升本市对外开放发展水平，大力发展服务业，继续开展好整顿和规范市场经济秩序工作，建立优良的市场经济环境；下大气力做好局属商贸企业的服务管理工作，实现全市商务工作又好又快发展，以优异的成绩迎接党的十九大胜利召开。

预计，2017年全市引进市外资金593.6亿元，其中省外资金510.1亿元，增长7%；引进5000万元以上项目176个，其中亿元以上项目132个；县区招商“532”工程力争引进投资5亿元以上重大项目35个，10亿元以上重大项目15个；实际利用外资增长5%，进出口增长5%，服务贸易增长12%，社会消费品零售总额增长12%，对外承包工程营业额增长8%；电子商务交易额增长28%，网络零售额增长30%以上。

三 2017年商务发展对策

1. 依托功能定位，着力推进招商

一是突出抓好自贸区开封片区的招商。把自贸区建设作为扩大对外开放、加快转型升级、破解发展难题、实现科学发展的最有效、最关键的战略性举措，牢固树立“发展靠投资、投资靠项目、项目靠招商”的理念，紧扣自贸区开封片区功能定位，以“一中心六片区”为招商方向，大力开展精准招商，着力引进一批总部经济、金融创新、电子商务、文化传媒等业态。二是突出抓好产城融合示范区的招商。以开港大道建设为契机，高规格完成国家产城融合示范区空间布局规划、产业规划，城乡一体化示范区、祥符区、尉氏县要谋划好各自片区产业发展方向，制订专项招商方案，加快展开项目布局。三是突出抓好郑汴产学研结合示范带招商。以东京大道西延为契机，做好两侧空间规划和产业规划，重点引进一批院校和科研机构，引导社会资本建设文化创意园区，布局文化创意、健康养老、电子商务、创客经济等创新产业项目，打造郑汴创新创业走廊，形成郑、汴两市智慧聚集地带。四是突出抓好沿黄生态带招商。配合郑汴沿黄生态带总体规划，示范区、祥符区、龙亭区要在统一规划下先行发展，着力引进生态保护、农业观光、健康养老、休闲服务等产业，在保护生态前提下谋划好沿黄流域的开发。五是突出抓好功能区块统筹整合招商。以自贸区开封片区整体规划为基础，细化做实CBD（中央商务区）、运粮河组团及开港经济带等详细规划，明确功能定位、业态定位，调动全市力量，借助自贸区平台，科学规划自贸区内外、“四带三区”“两核六组团”产业布局，制定招商项目投资指南、投资项目册，统一对外宣传。

2. 依托重点产业，着力推进招商

结合补齐产业短板“1＋13”方案，依托清明文化节、第十一届投洽会、菊花文化节等特色重大招商活动，持续开展重点产业集中招商活动，通过实施“专业化办会、产业化招商、小分队对接、主要领导推进”等方式，狠抓主导产业招商，加快开发区转型升级和创新发展。一是突出招大引强。要紧盯国内外500强、央企和行业龙头企业，加强对其产业布局、投资趋向跟踪研究，建立重要客商资源库和知名企业信息库，建立完善重点客商跟踪制度，完善全市重大招商引资项目库，选择有投资意向的大企业、大集团进行重点联系、重点推介、重点跟踪、主动对接，力争引进一批世界500强企业、国内500强企业和一批科技含量高、投资规模大、带动能力强的重大项目。二是突出集群化引进。要坚持龙头带动、市场带动、配套带动、技术带动，大力引进龙头型、基地型企业，吸引配套企业和关联企业集群发展，加快培育特色产业集群，大力开展集群招商，迅速做大特色产业集群规模。各县区要根据自身产业特点和优势，以主导产业为突破口，以“三区”建设为依托，重点打造1～2个亮点产业集群。三是突出节点项目引进。补齐链条缺口，补强薄弱环节，提升关键节点，完善配套能力，提高市场竞争力。要力争在汽车及零部件、电动车、纺织服装、生物医药、电子信息等重点产业引进一批龙头型企业，带动产业集群快速发展。要在装备制造、高端化工、新能源、新材料等重点产业延链、补链上率先取得新突破。四是突出服务业开放力度。重点引进名企、名牌、名品、名吃、名店等，整体打造开封服务业品牌。把商务中心区和特色商业区作为加快服务业发展的主要载体，建成一批大型城市综合体，培育一批金融服务、文化创意、艺术交易、商务中介、总部经济等特色楼宇，形成一批文、商、旅融合的特色商业街，大力培育会展业并使其与现代物流、电子商务有机融合，打造功能高复合、空间高密度、就业高容量的服务业群体。

3. 以自贸区建设为载体，提升投资贸易便利化水平

一是着力营造投资贸易便利化环境。借力自贸区开封片区建设机遇，坚持以创新促开放、促招商，打造一流的政务环境，实现政策招商向投资环境招商转变；加快自贸区口岸平台建设，积极申建综合保税区，引入社会资本建设国际艺术品交易中心，以及文化艺术品、涉农产品、大马力拖拉机等保税仓，大力发展口岸经济；着力打造服务贸易创新发展区和文创产业对外开放先行区，促进国际文化旅游融合发展。二是着力促进加工贸易产业集聚。以保税区、保税仓建设为平台，以特色出口加工区建设为抓手，抢抓国务院出台支持加工贸易企业向中西部转移的政策机遇，积极承接沿海地区加工贸易企业，逐步形成一批布局合理、功能配套、产业集聚的加工贸易园区。三是着力促进传统贸易转型升级。抓好《中国（郑州）跨境电子商务综合试验区开封拓展区建设实施方案》贯彻落实，建立“市场导向、企业主体、政府推动、社会参与”的开封跨境电子商务品牌建设培育和激励机制；鼓励全市外贸企业加强自主技术研发，培育跨境电商品牌，掌握海外营销渠道，推动出口从传统的生产成本优势向技术、质量、服务、品牌等新的核心竞争优势转化，提高产品国际竞争力；充分利用跨境电子商务“单一窗口”综合服务平台，加快推进和完善电子商务综合园区平台建设，加大电子商务和跨境电商企业招商力度，着力引进知名电商企业，扩大电商规模，为跨境电商信息流、资金流、货物流“三流合一”提供支撑。

4. 注重带动引领，培育“三外”工作新优势

发挥开放引领作用，坚持“走出去”与“引进来”相结合的发展方式，培育增强外资外贸外经新优势。一是着力提升利用外资规模和质量。围绕中国港台、日韩、欧美等地区和国家精准策划境外招商活动，以河南自贸区获批为契机，加快外资企业引进步伐，力争引进一批新的外资项目；围绕近年来签约的外资项目，加强跟踪服务和后期管理，提高利用外资水平；围绕国家新政策，加强对利用外资政策法规的研究学习，全面推行外资备案管理制，加强事中、事后监管，进一步提升投资便利化与规范化水平。二是着力培育对外贸易新增长点。加强对外贸进出口企业的扶持和服务，用足、用好、用活中央和省外经贸发展扶持政策，帮助企业申请外经贸区域发展资金等各类扶持资金，全方位支持传统出口企业科技研发、技术改造、培育自主品牌、建设境外营销网络和公共服务平台；组织企业参加广交会、东盟博览会等展会，加大“一带一路”沿线国家新兴市场开拓力度，逐步提高“一带一路”新兴市场外贸进出口比重；鼓励企业大力发展跨境电子商务，加快传统贸易方式转型升级，培育一批跨境电子商务平台和企业。三是着力加快“走出去”工作步伐。扩大十一化建、河南四建、开封市金亿商贸有限公司等骨干企业的龙头带动作用，促进工业、建筑、农业等行业“走出去”对外合作。积极推进劳务平台建设，充分利用好杞县、祥符区2家县级对外劳务合作平台，强化政策支撑、加强专项资金使用，整顿对外劳务市场秩序。抢抓国家支持建设援外农业示范中心的机遇，发挥开封市农业比较优势，加快“走出去”的步伐。

5. 强化重点领域改革，着力促进内贸流通创新发展

积极顺应消费结构升级和需求变化新趋势，发挥好内贸流通供需衔接作

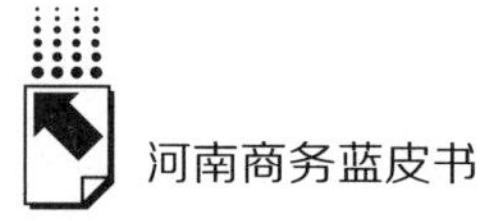

用，着力推进重点领域改革取得新成效。一是完善市场监测体系。探索建立全市商务领域大数据库和市场运行监测新的指标体系，扩大信息采集范围，健全信息采集网络，规范信息采集流程，提高数据准确率和时效性，更好引导消费需求。完善生活必需品应急保供预案，提升市场应急保供能力。二是引导提升供给品质。引导流通企业增强品牌意识，实施“老字号”保护和促进行动，加强动态管理，推动“中华老字号”“河南老字号”企业运用互联网等信息技术，提升生产工艺，创新商业模式。三是提高消费和现代化流通水平。着力优化城乡商业网点布局，加快中心商务区、商业聚集区和便民商业服务点建设，形成城乡配套、层次分明、点线结合的消费立体网络体系。推动品牌消费集聚区建设。四是持续推进电商进农村。开展电商专家下乡活动，组织线上线下农产品对接，打造特色农产品品牌和农村电子商务产业链。加快工作进度，开展督导检查，搞好绩效评价，进一步畅通工业品、生活服务下乡和农产品进城双向渠道，促进农民增收、农业增效。五是加快启动电商进社区工程。依托连锁企业、龙头物流企业、居民服务企业及电商企业，整合社区人力及服务资源，创新组织模式，建成覆盖居民“衣、食、住、行、娱”等社区电商服务网点，形成便利快捷的社区消费服务网络。

6. 围绕创优环境，着力取得市场监管新成效

坚持法定职责必须为，强化法治思维，依法加强商务领域市场监管执法，规范行业秩序，加强事中、事后监管，建设法制化营商环境。一是深化重点领域整治。组织开展成品油市场专项整治“回头看”行动；持续做好报废汽车回收拆解市场监管；持续加强对典当、拍卖企业的线上监控和实地巡查。强化打击侵权假冒，强化行政执法与刑事司法衔接。二是优化商务诚信环境。配合推进诚信体系建设，依托信用信息平台，建立并发布商务诚信“红黑榜”。推进重要产品追溯体系建设。

B.27

2016 ~2017年洛阳市商务发展回顾与展望

白宏涛　董焕杰*

摘　要：　2016 年，面对复杂多变的国内外经济形势，全市商务系统认真贯彻落实洛阳市委、市政府决策部署，抢抓机遇，加快发展，实现了“十三五”商务经济发展的良好开局，有力地促进了全市经济社会发展和民生改善。2017 年，洛阳商务紧紧围绕市委、市政府“9 + 2”工作布局和“四高一强一率先”的奋斗目标，着力构建现代开放体系，加快洛阳自贸片区建设，实施产业精准招商，拓展国际经贸合作，加快电子商务及服务外包产业发展，推进商贸流通业改革发展，为洛阳经济社会持续健康发展提供强有力的支撑。

关键词：　现代开放体系　洛阳自贸片区　服务外包

一　2016年洛阳市商务发展指标完成情况

1. 招商引资

2016 年，全市实际利用省外境内资金 709.9 亿元，同比增长 7.4%，占省定目标 707.3 亿元的 100.4%，总量居全省第 2 位，增速居全省第 15 位。

* 白宏涛、董焕杰，洛阳市商务局。

全市实际吸收外资 26.88 亿美元，同比增长 5.3%，占省定目标 26.8 亿美元的 100.2%，总量居全省第 2 位，增速居全省第 12 位。

2. 货物贸易

2016 年，全市货物贸易完成 17.56 亿美元，同比下降 9.9%，占省定目标 20.87 亿美元的 84.1%，总量居全省第 4 位，增速居全省第 12 位。其中出口 15.36 亿美元，同比下降 5.7%，总量居全省第 3 位，增速居全省第 10 位。进口 2.2 亿美元，同比下降 31.3%。

3. 服务贸易

2016 年，全市服务贸易完成 46400 万美元，同比下降 12.7%，占省定目标 58383 万美元的 79.5%，总量居全省第 3 位，增速居全省第 14 位。

4. 对外经济合作

2016 年，全市完成对外承包工程营业额 5.34 亿美元，同比增长 32.5%，占省定目标 4.35 亿美元的 122.7%；境外投资中方协议额 18.3 亿美元，超额完成省定 459 万美元的任务；外派劳务完成 1925 人，同比下降 69.4%。

5. 商贸流通

2016 年，全市社会消费品零售总额完成 1807.4 亿元，同比增长 12.6%，占省定目标 1797.7 亿元的 100.5%。

二 2016 年商务发展采取的主要措施

1. 加快构建现代开放体系

2016 年，由市商务局牵头起草的《关于构建现代开放体系的指导意见》以市委、市政府文件印发实施，明确了构建现代开放体系的总体思路、基本原则、发展目标，确定了“完善支撑平台，强化载体功能，做强开放经济，密切人文交流”四大主要任务，谋划了自贸区建设、建设跨境电子商务综合试验区、围绕“565”产业精准招商等 7 个重大专项，为全市新一轮扩大对外开放指明了发展方向。

2. 中国（河南）自由贸易试验区洛阳片区申建工作扎实推进

一是积极复制推广上海自贸区成功经验。积极复制推广上海自贸区“28＋6”成功经验，目前已完成23项，正在复制推广4项。二是认真提出洛阳片区区域规划方案。按照国家对自贸区选址明确的5项原则和省里的要求，洛阳片区区域规划方案出台，洛阳片区规划面积26.66平方千米被纳入河南省总体规划。三是研究上报自贸区功能定位。认真研究并修改完善省总体方案对洛阳片区的功能定位；梳理并提出洛阳片区的创新试验点、可突破的法律法规条款，提出上报改革创新举措。

3. 开放招商成效显著

2016年，全市签约亿元以上招商引资合同项目391个，投资总额1813.3亿元，其中10亿元以上项目72个，投资总额1122.9亿元。开工项目322个，开工率82.4%；其中10亿元以上项目开工42个，开工率58.3%。

强力推进“565”产业精准招商。按照洛阳市委、市政府确定的“五大主导产业、六大新兴产业、五大特色产业”的现代产业体系要求，围绕16个重点产业，绘制产业链图谱，编制产业招商路线图，瞄准重点地区、重点企业，实施精准招商。2016年，已引进厦门钨业股份有限公司投资20亿元的重型凿岩工具生产、凤凰卫视文化产业发展（上海）有限公司投资18亿元的“玄奘之路”体验式文化旅游度假区等308个现代产业体系项目，占全市签约项目总数的78.8%。308个重点产业项目的成功引进，促进了全市从“洛阳制造”向“洛阳智造”转型，加快了产业结构调整步伐，提升了产业核心竞争力。

招大引强持续发力。通过行业招商、链条招商、商会招商、小分队招商、以商招商、驻地招商等方式，加强与境内外知名企业的交流与合作，促进了河南南浦化工有限公司投资60亿元的丙烷－聚丙烯酰胺产业链项目等72个10亿元以上重大招商项目落户洛阳，为打造千亿元级产业集群奠定了扎实基础。

创新招商方式方法。以优势产业为招商主攻方向，洛阳相继在上海、深圳等区域开展了电子信息、智能终端、新材料产业推介洽谈会，成功签约产

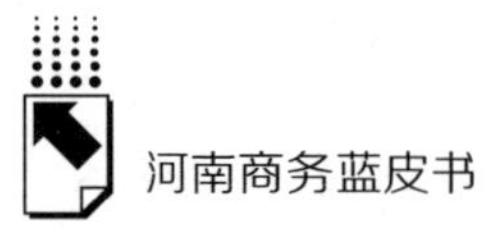

业项目23个、投资金额24.7亿元。利用第34届牡丹文化节平台，洛阳邀请1918名客商来洛参加经贸交流活动，签约招商项目89个、投资总额951.5亿元。洛阳相继组织参加了中国·廊坊国际经济贸易洽谈会、第19届厦交会、中国（郑州）第二届国际创新创业大会暨跨国技术转移大会等重大招商活动，拓展了招商引资合作领域。

4. 拓展市场遏制外贸下滑

2016年，面对外贸下滑的严峻形势，洛阳市商务局认真贯彻落实国家、省、市关于促外贸稳增长的系列政策措施，全年共组织外贸培训会、对接会6次，培训人员1000多人次；相继组织100多家企业参加广交会、第七届东盟（曼谷）中国进出口商品博览会等境内外重要贸易展会；为230多家企业办理了对外贸易经营资格备案手续。一是国际市场有效拓展。2016年，全市共有603家企业与全球173个国家和地区发生贸易往来，出口商品477种，进口商品223种。二是与“一带一路”沿线国家贸易持续扩大。2016年，洛阳市对“一带一路”沿线国家外贸进出口总额8.11亿美元，占全市进出口总额的46.2%。其中出口7.82亿美元，占全市出口总额的50.9%；进口2894万美元，占全市进口总额的13.1%。洛阳市对“一带一路”沿线国家中的柬埔寨和印度尼西亚进出口增长迅速，分别同比增长572.9%和244.6%。三是民营企业进出口同比增长，成为洛阳进出口主力军。2016年，洛阳市民营企业进出口总额7.71亿美元，同比增长9.9%，占全市进出口总额的43.9%，其中出口6.83亿美元，同比增长7.7%，占全市出口额的44.5%；国有企业进出口总额7.45亿美元，同比下降18.0%，占全市进出口总额的42.4%；外商投资企业进出口总额2.4亿美元，占全市进出口总额的13.7%。四是机电产品在洛阳市进出口产品结构中占绝对主导地位。2016年，全市机电产品进出口11.4亿美元，占全市进出口总额的64.9%。五是积极推动跨境电子商务工作的开展。成立了洛阳市推进跨境电子商务工作领导小组，起草了《洛阳市推进跨境电子商务工作实施方案》（征求意见稿），积极同国内跨境电商综合服务企业对接；向省商务厅推荐申报了3家河南省跨境电商示范园区和2家培训孵化基地。

5. 对外经济合作规模扩大

一是加快融入“一带一路”，进一步扩大对外经济合作。抢抓国家实施“一带一路”的战略机遇，充分发挥洛阳在矿山设备、电气设备、工程机械、农业机械等方面的优势，积极开拓国际市场，扩大对外经济合作。2016年，洛阳与“一带一路”沿线的乌兹别克斯坦、伊拉克、缅甸、柬埔寨等10个国家实现对外承包工程及劳务合作营业额5.04亿美元。二是对外投资和经济合作队伍进一步扩大。2016年，全市新批对外投资资质企业13家，全市对外投资和经济合作企业累计达到82家，洛阳栾川钼业集团股份有限公司对其香港分公司增资18亿美元，用于收购境外英美资源集团下属铌磷业务(巴西)以及境外自由港集团下属铜钴业务（刚果)。

6. 电子商务产业发展势头强劲

2016年，洛阳市电子商务交易额完成1710亿元，同比增长24.8%，其中网络零售总额249亿元，同比增长29.7%。2016年，洛阳市政府出台了《构建现代产业体系电子商务产业实施方案》《洛阳市加快推进农村电子商务发展实施方案》。目前，洛阳网商经营主体队伍不断壮大，达到5500家。电子商务已渗透全市国民经济的绝大多数行业，在统计的16个行业门类76个行业大类中，有14个行业门类70个行业大类存在电子商务交易活动，企业电子商务应用率达到60%，总数超过5万家。其中，大型企业电子商务应用率为72%，中小企业电子商务应用率为51%。洛阳网商园、洛阳信息科技城、洛阳关林电子商务产业园、中浩德电子商务产业园、洛阳863电子商务产业园等被明确定位为电子商务专业园区，一大批企业相继进驻。截至目前，洛阳市共有1家国家级电子商务示范企业，18家省级电子商务示范企业、7个省级电子商务示范基地，数量全省领先。新安县获批全国电子商务进农村综合试点县，已建设县电商运营服务中心1个，建成乡镇电商服务站11个、村级服务站81个。栾川县、宜阳县被确定为省级电子商务进农村示范县。

7. 商贸流通改革发展工作持续推进

扎实做好国家小微企业创业创新基地城市示范工作。按照市政府工作部署，市商务局研究起草了《洛阳市促进商贸物流电商集聚区发展实施办法》《洛阳市促进典当融资发展实施办法》等文件，为商贸流通改革发展明确了目标任务和发展路径。

洛阳市入选河南省内贸流通体制改革发展省级综合试点城市。市政府出台了《洛阳市国内贸易流通体制改革发展省级综合试点工作实施方案》，确定从“完善流通网络体系、推进电子商务普及、推进流通体系建设、推进现代物流发展、加强内贸流通监管”5个方面开展试点工作，成立了以市长为组长的工作领导小组，并建立了以市长为总召集人的联席会议制度，明确工作任务、项目建设标准、市级财政配套资金，保障工作顺利推进。

争创国家级、省级品牌。2016年，洛阳泉舜购物中心、洛阳中央百货大楼有限公司、洛阳丹尼斯百货有限公司南昌路店已通过省厅审核，拟授予其省级平安商场称号；洛阳王府井购物中心有限责任公司、栾川凤凰天街、宜阳锦华购物广场、伊川永辉商业广场4个项目入选“河南省品牌消费集聚区”；洛阳市荣获“河南省2016年消费促进月活动先进单位”称号。

三　2017年商务发展展望

2017年洛阳要全面贯彻党的十八大和十八届三中、四中、五中、六中全会精神，深入学习贯彻习近平总书记系列讲话精神，主动适应经济发展新常态，按照省第十次党代会明确洛阳的“巩固提升洛阳中原城市群副中心城市地位，建设全国重要的现代装备制造业基地和国际文化旅游名城，推动豫西北各市与洛阳联动发展，形成带动全省经济发展新的增长极”的四大战略定位，加快构建现代开放体系，力促重大专项落实；加快自贸区建设，打造中西部对外开放合作新高地；立足“新战略定位”精准招商，构筑经济发展新的增长极；大力开拓国际市场，扩大对“一带一路”沿线国家的对外贸易和国际经济合作；加快建设跨境电子商务综合试验区，为外贸转型升级提供新路径、新动力、新载体；加快电子商务产业和服务外包产业发展，为洛阳经济转型升级增添新动力；加快商贸流通服务业发展，繁荣市场，扩大城乡消费，为洛阳经济社会持续健康发展提供强有力的支撑。

2017年，预计全市社会消费品零售总额增长11%；货物贸易保持稳定；服务贸易增长12%；跨境电商交易额增长25%；实际利用外资质量提高，规模与上年持平；实际到位省外资金增长7%；对外承包工程及劳务合作完成营业额增长8%，对外直接投资保持稳定；电子商务交易额增长28%，网络零售额增长30%以上。

四 对策建议

1. 强力推进现代开放体系重大专项工作落实

2017年，市商务局作为构建现代开放体系的牵头部门，对现代开放体系确定的"自贸区建设、综保区申建、完善一类航空口岸功能、加快铁路口岸开放、建设跨境电子商务综合试验区、实施精准招商、发展城市会展经济"7个重大专项，明确了重点工作完成时限、责任单位、责任人，定期督查，确保工作落实。

2. 全力以赴推进河南自贸区洛阳片区建设

加快编制完成洛阳自贸片区相关规划。组织市相关职能部门对洛阳自贸片区规划区域范围内产业发展、空间及土地利用等情况深入调研，以河南省自贸区总体方案、洛阳片区实施方案为依托，聘请国内高规格的专业团队，编制洛阳自贸片区产业发展规划、空间规划，为洛阳片区发展提供路径。

扎实开展洛阳自贸片区各项改革试点任务。根据河南自贸区《总体方案》及洛阳片区功能定位，围绕河南自贸区加快政府职能转变、扩大投资领域开放、推动贸易转型升级、深化金融领域开放创新、增强服务"一带一路"建设的交通物流枢纽功能等主要建设任务，扎实推进洛阳片区内各项改革试点工作，为片区内企业营造法治化、国际化、便利化的营商环境，吸引高层次人才集聚、国内外知名企业落户。

3. 大力开展精准招商

紧紧抓住国家实施"一带一路"发展战略和实施中部崛起、加快中原

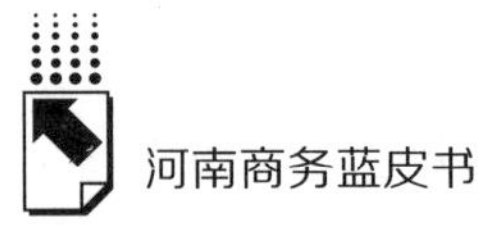

经济区建设的机遇，突出重点，创新方法，高起点谋划、超常规运作，持续深入开展重点产业招商行动，重点引进一批产业集群、产业链项目，加快产业结构调整和优化，以大开放、大招商推动大发展。

继续推进产业精准招商。围绕“565”现代产业招商体系，按照“有龙头、有配套、重点要提升产业，有龙头、没配套、重点要抓好配套，没有龙头的小散企业、重点要建龙头”三个层次，列出重点对接的企业名单，由相关市直部门牵头，成立16个招商团队，由承接产业项目落地的县区实施，市商务局综合协调组织，分类、分层次组织开展产业精准招商，力争引进10亿元以上重大项目80个。

抓好重大招商活动。抓好牡丹文化节招商活动，邀请一批重要客商来洛，签约对接一批重大招商项目。组织参加厦交会、河南省投洽会等国家和省重大招商活动，拓宽招商渠道。围绕“565”产业体系，组织产业专题对接活动，提高招商针对性。同时，着力加强与各地洛阳商会、洛阳异地商协会等各类商协会的联动合作，借助商会的力量扩大招商。

力推重大项目落地。完善项目台账，尤其是重大招商项目台账，针对近年来10亿元以上签约未开工项目，排出项目预计开工的时间节点和工程进度，切实做到“一个项目、一名领导、一套班子”，紧盯招商项目进度，并继续实施重点招商项目“定期督查、定期通报”制度，加大协调服务力度，及时解决项目推进中的困难和问题，督促重大项目早开工、早建设。

4. 力争外贸进出口保持稳定

强化外贸政策落实。认真贯彻落实国务院、省政府关于促进外贸稳定增长的政策措施，及时解决对外贸易工作中遇到的重大问题，积极为符合条件的企业申报外经贸发展促进资金等财政支持资金，鼓励企业开展新产品研发、生产线改造升级等活动，增强出口产品竞争力。

组织企业参加境内外展会。及时向企业发布境内外中国品牌展销会信息，有针对性地组织企业参加境内外重点贸易展销会，拓展俄罗斯、巴西、非洲、中东、印度等新兴市场，扩大出口规模。积极组织全市企业参加广交会、华交会、东盟博览会、高交会等国内重点展会，宣传企业形象，争取订单。

力推跨境电子商务发展。力争将《洛阳市推进跨境电子商务工作实施方案》尽快以市政府名义印发，按实施方案的安排推进跨境电商工作的开展；争取上半年在引进国内知名跨境电商企业方面取得实质性进展。

加快外贸载体建设。加强与市口岸、海关等部门的联系和沟通，积极推动综合保税区的申报，力争早日获批投入运营。推动洛阳外贸公共服务平台建设，为全市外贸发展提供新的动力。

积极培育外贸出口新的增长点。通过调研、召开座谈会，举办培训，上门服务等措施，积极推动全市农产品、布鞋等产品出口，力争取得实质性进展。借助河南自贸区洛阳片区平台，力争在引进大型外贸出口企业方面取得一定突破。

5. 组织企业走出去开拓国际市场

推动优势企业到境外投资建厂。支持中信集团、一拖股份等优势企业到境外投资建厂，参与国家级合作工业园区开发，带动一批中小企业入园投资，以大带小合作开拓“一带一路”沿线国家新兴市场。

推动企业开展国际工程承包。鼓励中铁隧道集团、中油一建公司等企业开展对外工程承包，带动技术及产品出口。引导对外投资和经济合作企业增强品牌意识和合作意识，提升洛阳市对外经济合作水平。

利用展会平台拓展对外投资合作市场。依托境内外各项经贸交流活动，组织企业参加东盟博览会、亚欧博览会、厦门投洽会等双向投资平台，开展“走出去”对接活动，提高国际市场占有份额。

提升对外劳务合作发展水平。建立健全劳务培训机制和对外劳务合作协调机制，提高外派劳务业务水平，加强外派劳务企业管理，促进外派劳务市场健康有序发展；鼓励一拖国贸、洛阳农力等企业积极开拓新的劳务市场和领域，改善外派劳务结构。

6. 加快电子商务和服务外包产业发展

完成电子商务与物流快递协同发展试点城市项目验收工作。按照洛阳市电子商务与物流快递协同发展试点城市工作推进进度，在做好项目申报的基础上，扎实做好评审工作，迎接商务部、财政部和国家邮政总局三部委的绩效评价验收。

推动电子商务重大专项支撑项目的建设。以传统企业电子商务转型为主体，以网络零售、物流快递为两翼，完善电子商务发展环境，促进企业电子商务应用。

持续推进示范创建工作。积极组织企业创建国家级、省级电子商务示范企业、示范基地，开展好市级电子商务示范企业、示范基地评定，全面开展河南省电子商务企业备案工作。

做好服务贸易和服务外包工作。研究制定洛阳市服务贸易、服务外包"十三五"规划，研究出台加快发展服务贸易、服务外包的实施意见；协调、组织、改选服务外包协会、餐饮协会，完善服务外包公共服务平台建设，用协会加平台模式，推动服务外包、餐饮业发展；加强会展业管理，推动会展业发展。

7. 加快商贸流通服务业发展

继续抓好小微企业"两创"和内贸流通体制改革省级试点工作。继续抓好小微企业"两创"工作，重点做好小微企业"两创"政策的宣传与落实，组织开展小微企业资金申报审核工作，增强小微企业创业创新能力；持续抓好内贸流通体制改革省级试点工作，重点做好内贸流通体制改革试点任务的落实，争取利用一年左右时间，基本实现流通现代化水平不断提高、流通主体核心竞争力显著增强、法治化营商环境更加优化的发展目标。

加快市场体系建设。继续抓好电子商务进农村工作；抓紧研究出台《洛阳市二手车流通管理办法》和《洛阳市商业网点管理办法》；启动改造提升和疏解外迁中心城区大型批发市场计划，培育整合、规划布局商品市场两个重大专项工作，努力完成相关工作任务；促进商业基础设施建设，大力发展社区商业；引导通河、宏进等大型农批企业搞好市场设施建设，重点推进物流配送、仓储冷链、检验检测、电子结算等功能的提高，巩固完善市场经营能力和管理水平；引导推进大张实业、丹尼斯等大型商超继续开展农超对接，扩大农产品销售比例；做好全市农产品冷链物流情况调研工作，拟订促进发展农产品冷链物流的政策措施；做好河南金属交易中心验收准备工作；抓好报废汽车回收拆解和二手车交易市场监管工作。

强化应急保供体系建设。修改完善《洛阳市生活必需品市场供应突发事件应急预案》，打造预案完善、货源充足、渠道畅通、企业可靠、投放及时、布局合理的应急调运体系。进一步加强生活必需品、重点流通资料、生产资料、应急管理和酒类流通等系统的市场运行监测工作，争取继续保持全省领先。建立完善市、县级猪肉和市级冬春蔬菜储备制度。

强化商务领域监管。继续推进商务综合行政执法体制改革试点工作，提高综合行政监管执法能力。打击流通领域假冒伪劣和侵犯知识产权行为，着力抓好整顿规范，营造良好市场环境。持续加大商务领域诚信宣传力度，推动商务信用公共信息服务平台建设；加强流通行业管理，推进重要产品追溯体系建设，加强药品流通行业管理，改善流通安全环境。

B.28
2016～2017年平顶山市商务发展回顾与展望

李建超*

摘　要：　2016年，平顶山市商务系统积极适应经济发展新常态，自觉践行新发展理念，努力克服国际国内总体经济环境不利因素影响，进一步深化商务领域改革，如狠抓开放招商、扩大消费、推动电子商务发展、促进外贸进出口及对外经济合作、加强商务综合行政执法等重点工作，取得了较好成效，实现了“十三五”平稳开局。

关键词：　平顶山市　开放招商　对外贸易

2016年，平顶山市商务工作坚持稳中求进总基调，牢固树立和践行新发展理念，以供给侧结构性改革为主线，扎实推进扩消费、促开放、稳外贸、惠民生等各项工作，积极应对风险挑战，较好地实现了“十三五”开局。

一　2016年平顶山市商务发展运行分析

（1）吸收外资工作：2016年，新批外商投资企业4家，合同外资44175

* 李建超，平顶山市商务局。

万美元，占省定目标40772万美元的108.3%；实际吸收外资31873万美元，占省定目标31798万美元的100.2%，增长5.2%。

（2）引进省外资金工作：2016年，引进省外项目492个，合同省外资金1888.3亿元，增长104.4%；实际到位省外资金442.3亿元，增长7.2%，占省定目标441.4亿元的100.2%。

（3）对外贸易工作：据海关统计，2016年，平顶山市完成进出口总值45690万美元，下降33.9%，占省定目标71895万美元的64%。其中出口37951万美元，下降36.5%；进口7739万美元，下降16.9%。

（4）内贸工作：2016年，全市共认定电子商务企业102家，建立监测样本企业104家，全市市场体系建设、电子商务、规范和整顿市场秩序等工作也取得了明显成绩。

（5）对外开放平台载体建设工作：2016年，国家海关总署、国家质检总局正式批复设立郑州海关平顶山办事处和河南检验检疫局平顶山办事处，为促进全市外向型经济的发展创造了有利条件。

二　2016年商务工作的主要措施及成效

1.开放招商厚植优势、务实推进

一是完善各项支持政策。平顶山市起草了《2016年开放招商工作行动计划》《鼓励外来投资的优惠办法》，修订完善了《招商引资工作考评办法》。二是坚持大员上前线。据不完全统计，2016年市领导及各县（市、区）主要领导带队招商外出洽谈项目100多批次。三是积极开展“请进来”活动。2016年，平顶山市邀请接洽了北京、陕西、贵州等8个省的河南商会会长及会员企业，香港工商、传媒、青年精英访豫团等团组，香港文汇报，阿里巴巴网络公司，苏宁云商集团股份有限公司等一批境内外客商前来参观考察。据不完全统计，2016年平顶山市邀请接洽了各类招商引资考察团组、企业等400余人次。四是狠抓重点招商活动。平顶山市先后组团参加了第十届中国（河南）国际投洽会、第十九届中国国际投洽会等大型招商

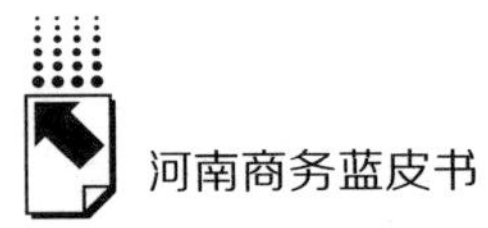

活动。平顶山市认真抓好自主举办的各类招商活动，围绕第六届华合论坛分别在长三角地区（上海）、珠三角地区（深圳）、京津冀地区（北京）、闽东南地区（泉州）开展招商活动，共签约项目156个，投资总额1555.7亿元。筹办了第六届华合论坛经贸活动和海内外电商与传统企业对接会，会上签约项目73个，投资金额609.44亿元。五是推进外经工作"走出去"。协助平高集团办理对外投资许可证，与印度古伯德签订EPC合同，总投资约2000万美元。完成华城荣邦股份有限公司投资美国Natura City，LLC（内图拉）公司合作开发加州尔湾市的BlueBay Condominium（蓝湾公寓）项目申报，总投资6200万美元。六是加强项目落地督查和建设。将项目"三率"纳入考评内容，实行月通报、季督查、年考核工作机制。七是外资服务工作扎实开展。全市共有51家企业参加了2016年度联合年报，其中，合资企业29家，合作企业4家，独资企业18家，联合年报通过率为100%。进一步完善项目库，在全市范围内征集的对外招商项目，筛选整理入库项目196个，总投资2100多亿元。

2. 对外贸易奋力进取、逐步回稳

一是骨干企业出口支撑有力。平顶山市共有舞钢公司、平高集团、神马实业等10家重点进出口企业，其进出口额占全市的80%。目前该市已形成能源、化工、冶金建材、装备制造、轻工食品五大产业优势，拥有神马、舞钢、平高、平棉4个河南省国际知名品牌，钢材、纺织品、机电装备、化工产品、服装已成为该市主要出口产品。二是出口主体规模持续扩大。2016年全市新增外贸备案登记企业55家，其中帮助鲁山县景鑫商贸有限公司、宝丰金石新材料有限公司、平顶山市美伊金属制品有限公司等8家企业转为自营出口。三是服务外贸企业扎实有效。积极组织外贸企业参加春、秋两届广交会，共为15家企业申请展位48个，接待外商500余人次，签订意向出口合同5000余万美元；组织召开了四十多家出口企业参加的中国信保政策宣讲会。

3. 内贸工作协调发展、成效显著

一是提高市场保供能力。平顶山市商务系统深入实施扩内需促民生战略，以改善消费结构、完善流通网络、促进消费升级、突出商务惠民为重点，全面提高商贸流通业发展水平，着力打造“民生商务”，取得了明显成效。二是增强市场监测实效。全市共有监测点104个，覆盖全市所有县（市、区），涵盖批发、零售、餐饮等主要流通行业，监测的商品涵盖21大类600种消费品和11大类300种生产资料，较为完善的市场监测体系已经形成。三是规范商贸行业发展。抓好全市13家典当企业和1家分支机构、14家拍卖企业、3家报废汽车回收拆解企业和1家分支机构的年审工作。全市340余座正规加油站于10月底前全部完成油气回收改造工作，监督各加油站按期按质量标准升级油品，确保置换工作无遗漏。做好冷链物流综合示范项目申报工作，组织康龙实业集团股份有限公司、豫田食品责任有限公司、硕丰养殖专业合作社、河南豫西建业农产品物流园有限公司申报冷链物流综合示范项目。四是行业管理不断规范。开展了规模发卡企业资金存管工作专项检查，督促规模备案企业严格落实预收资金保障措施，积极防范资金管理潜在风险。持续开展市场监管达标示范工程建设。五是重拳打击侵权假冒行为。平顶山市检察、监察、公安、商务等部门建立了行政执法和刑事司法衔接机制，“两法衔接信息平台”建成并投入使用，全市共有13家执法单位进入信息共享平台。2016年，全市共对侵权假冒违法犯罪活动立案1194起，涉案金额1553万元；已经办结的案件有991起，涉案金额达912万元；先后捣毁制假售假及生产伪劣食品、药品窝点11个，端掉制售假烟窝点3个；移送司法机关58起。

4. 电子商务进展顺利、亮点纷呈

一是切实加大扶持力度。平顶山市印发了《关于加快电子商务发展的实施意见》，设立专项资金1000万元予以扶持。市政府正在筹备设立电子商务投资发展基金，基金总金额2.5亿元，将对该市电子商务产业发展发挥有力的推动作用。2016年，全市已有102家电子商务企业通过省商务厅认定备案。二是不断拓宽合作领域。不断推进与阿里巴巴公司、苏宁易购、京东、百度、欧洲制造之窗等大型知名网络企业合作。三是推动电商集聚发展。2016年，平顶山市电子商务产业园、互联网电子商务园以及新华电子商务产业园等先后投入运营。新城区双创孵化中心被命名为省级电子商务示范基地，宝丰酒业、叶县亿品达电子商务公司被授予省级电子商务示范企业称号。平顶山市的首家跨境电子商务平台——华中商城启动运营，并一直保持着良好的销售业绩。进一步推进了舞钢智慧007、叶县808电子商务平台，郏县圣光药流通以及宝丰宝酒电子商务等本土电商平台的快速成长，这四家电商平台已经成为该市电子商务发展的新生力量。四是农村电商蓬勃发展。2016年，该市推动电子商务进农村工作取得了较大突破：鲁山县被命名为国家级电子商务进农村示范县；叶县扎实推动农村淘宝项目，该县的亿品达电子商务有限公司在发展农村电商方面取得了显著成效，共计建立村级服务点155个，电商综合便民服务体系初步形成。

三　2017年平顶山商务发展对策

2017年，预计全市社会消费品零售总额增长11%；实际利用外资增长5%；实际到位省外资金增长7%；货物贸易增长7%；服务贸易增长12%；对外承包工程及劳务合作完成营业额增长8%，跨境电商交易额增长25%；对外直接投资保持稳定。

1. 强力推动开放招商，着力提升招商引资水平

一是大力推动产业集群和产业链招商。积极落实平顶山市“5+5”产业发展规划，认真贯彻“一县（区）一主业”和主业做大、辅业做强的总体要求，以及打造“三城两地一区”的发展思路，继续开展大招商和招大商活动，进一步推动大员招商。二是创新招商方式方法。推动“政策招商”向“产业招商”转变，开展“主导产业招商”“产业链招商”“节会招商”“以商招商”“亲情招商”等多种方式，努力做到“精准招商”。组建各种形式的招商小分队赶赴长三角、珠三角和京津等经济发达地区主动开展招商活动，促进项目对接。突出高层次产业链和价值链招商，建立国内外客商库和招商项目库，研究企业投资需求，提高对接成功率。三是扎实办好各项招商活动。2017年，平顶山市将围绕“5+5”产业发展规划，以改造提升传统产业、培育壮大战略性新兴产业，加快发展服务业为目标，以开放招商为主线，在长三角、珠三角、闽东南地区开展项目对接活动，着力做好项目洽谈、签约，狠抓项目落实。四是做好招商项目库建设工作。结合全市产业优势和发展规划，梳理一批具有良好发展前景的优质项目，谋划、包装和整合一批重大项目，为企业了解和前来投资提供便利。五是持续优化投资软、硬环境。对重大产业项目优化配置土地资源，加强供气、供电、供水、供油、交通运输、通信等公用基础设施建设。持续提升行政服务的质量和水平，重点加强招商引资信息处理和受理服务以及招商引资项目联审联批、外商投诉机构等相关服务平台的建设，构建良好的营商环境、法制环境和公平有序的市场环境。

2. 培育外贸发展新优势，巩固外贸回稳向好势头

一是狠抓外贸政策落实。研究出台关于促进外贸出口的实施意见，落实出口退税限时办结制，进一步提升贸易便利化水平。制订出具体的重点外贸企业调研服务方案，确保“送政策上门、送服务上门”活动取得实实在在的成效。二是抓好骨干企业出口稳增长。巩固和扩大神马、舞钢、平高、平棉 4 个河南省国际知名品牌优势，着力培育发展平煤机、圣光医用、河南隆鑫机车等外贸企业争创知名品牌，积极做好与神马国际贸易公司对接，争取增加出口份额。三是培育外贸新的增长点。对河南隆鑫机车、力帆车业、鲁吉兰等出口潜力企业进行全方位跟踪服务，对平高集团、平煤机签订的对外承包工程出口设备项目实行动态跟踪。在维护和稳定好欧美、东盟等传统市场的同时，鼓励外贸企业开拓新兴市场，主动对接国家“一带一路”战略和河南自贸区平台，挖掘国际市场潜力，培育外贸新的增长点。四是做好出口基地培育和创建工作。认真贯彻落实《平顶山市出口基地管理办法》，加大市级出口基地培育，扩大传统出口产业规模，扶持新兴出口产业发展，对外贸企业相对集中、产业优势明显的集聚区加快推进出口基地创建工作，着力构建一批产业链完整、带动力强的出口产业集群。五是积极扩大进口。落实国家、省进口贴息政策，促进先进技术设备、关键零部件和紧缺资源型产品进口。六是加快郑州海关平顶山办事处和河南检验检疫局平顶山办事处的建设和运营。2017 年重点加快“两个办事处”的各项筹建工作，尽快通过上级海关和商检部门验收。七是切实推动对外合作。贯彻落实对外投资合作政策，举办各类银企对接活动，争取更多的国家政策和金融信贷支持；通过有选择、有节奏、有力度地推进国际产能合作，不断带动该市装备、技术、标准和服务“走出去”抢占国际市场；强化服务和监管，完善对外投资合作项目库，及时发布对外投资合作指南、支持政策、风险预警信息，进一步规范外派劳务投诉处理工作。

3. 持续推动跨境电商和电子商务工作发展

一是扩大跨境电商作用力，培育服务贸易新活力。通过不断加强与国内外知名电子商务平台的合作，努力搭建多元化的网上交易平台，在加快本市跨境电子商务长足发展的同时，有力地扩大电子商务在国际贸易及对外经济合作方面的应用。二是加快电商发展步伐，支持和培育电商园区建设。继续支持鲁山县国家电子商务进农村综合示范县建设，积极推动叶县农村淘宝、新城区双创孵化中心、平顶山市华中商城等电商项目发展，进一步培育发展本土电商平台。加强和阿里巴巴公司、苏宁易购等知名网络企业的持续合作，有效承接境内外知名电子商务企业到本市落户。加快跨境电商和电子商务发展速度，继续加强电子商务与传统企业的融合对接，助推传统企业转型发展。三是推进电商进社区工作。利用市政府与正大集团合作建设城市冰箱和正大优鲜连锁店的契机，探索电子商务进社区的新模式。依托连锁企业、龙头物流企业、居民服务企业及电商企业开展电商进社区工作，整合社区人力及服务资源，创新组织模式，建成“衣、食、住、行、娱”等社区电商服务网点。四是强化监管规范发展。持续做好电商企业备案工作，坚持线上线下治理相结合，深入开展电商侵权假冒治理行动，促进电商规范发展。

4. 促进内贸流通创新发展，持续提升商贸服务水平

一是强化供需衔接作用。实施“老字号”保护和促进行动，推动品牌消费集聚区建设，引导境内外资金投向电子商务、生活性服务业等领域；继续实施餐饮、住宿等八大居民生活服务业转型行动计划；推进流通企业不断扩大绿色商品的采购和销售，加快散装水泥的绿色产业体系建设。二是大力推进重点领域消费。继续倡导绿色消费，注重创新汽车流通模式，进一步加快淘汰黄标车和老旧汽车拆解工作，不断发展规范二手车以及旧货市场，有效扩大全链条汽车消费；通过加强多方联动，大力开展农产品产销对接活动和消费促进月活动等，不断引导消费、促进消费、扩大消费。三是进一步加强运行监测和调控工作。提高生活必需品、重要生产资料监测分析和预报水平，完善市、县应急预案体系，搞好重要时段市场供应，切实加强信息引导、产销对接以及储备吞吐，全力以赴保障重要生活必需品供求基本平衡。四是积极发展城市生活服务业。适时在全市范围组织美食大赛、行业技能大赛、家电展、汽车展等，着力提升从业人员的整体素质，激发居民的消费热情，推动全市相关行业快速发展。建立完善的商贸服务统计工作体系，逐步形成规范化、制度化、科学化的统计工作机制。五是加快农村市场体系建设。加大扶持力度，引导和鼓励大型商贸流通企业向农村延伸，加快农村连锁店、超市、便民店等的发展，改善农村市场环境，提升消费水平。

5. 强化商务执法工作，不断规范市场秩序

一是深化商务综合监管执法改革。进一步整合执法职能，规范执法行为，建立行政管理职能和行政执法职能既相对分离又衔接配合的商务综合执法新体制。二是积极拓展商务监管领域。在进一步强化对拍卖、典当以及成品油、单用途商业预付卡等方面商务监管的同时，积极探索加强商品现货交易、直销、融资租赁以及旧货交易等行业的监管。三是加大打击侵权假冒工作力度。继续完善和加强两法衔接信息共享平台，继续深入开展各项专项治理活动，推进跨部门跨区域执法协作，开展集中整治、联合惩戒，严厉打击各类侵权假冒违法犯罪行为。四是搞好商务领域诚信建设。大力开展诚信兴商宣传活动，建设商务信用信息服务平台，建立并及时发布诚信企业“红名单”和失信企业“黑名单”；进一步落实《关于加快推进重要产品追溯体系建设的实施意见》，大力推进八大类重要产品追溯体系建设，继续加快中药材流通追溯体系建设。

B.29
2016～2017年安阳市商务发展回顾与展望

常 剑*

摘 要： 2016年，面对复杂严峻的经济形势，安阳市围绕招商引资、对外贸易、内贸流通、电子商务等重点工作，多措并举，迎难而上，商务工作保持了良好发展态势。2017年，安阳市将继续深入贯彻落实省委、省政府决策部署，全力推进商务工作健康快速发展。

关键词： 安阳市 招商引资 内外贸易 电子商务

2016年以来，安阳市在省委、省政府的坚强领导和全市上下的不懈努力下，深入推进招商引资，着力拓展对外贸易，全力抓好内贸流通，大力发展电子商务，商务工作保持健康快速发展。

一 2016年安阳市商务发展回顾

2016年全市引进省外资金563亿元，同比增长8.3%。实际利用外资49075万美元，同比增长5.7%。受国际市场持续低迷、进口原辅材料价格持续低位徘徊、全市大气防治企业停产等因素影响，安阳市外贸形势复杂严

* 常剑，安阳市商务局。

峻，全市进出口完成59.4亿元（含滑县），同比下降1.9%。全市社会消费品零售总额完成662.6亿元，同比增长11.9%。

1. 突出主导产业，大力开展精准招商

安阳市认真组织参加第十届河南投洽会。共签约31个项目、投资总额203亿元，包括安阳市与中国冶金科工股份有限公司战略合作项目、中国五矿“互联网+”综合物流园、居然之家超大型家居休闲购物广场、北京华能150MW风电一期等一批重点签约项目。安阳市抢抓融入京津冀协同发展机遇，举办安阳融入京津冀协同发展推介会暨重点项目签约仪式。共签约60个项目，投资总额450亿元。安阳市精心举办第八届航空运动文化旅游节经贸活动。共签约31个项目，投资总额196亿元。林州市CBD城市综合体项目、安阳县华润风力发电项目、内黄县陶瓷博览城等一批重点项目成功签约。

2. 狠抓项目落实，健全招商工作机制

进一步完善主要领导抓招商工作机制，市主要领导亲自参与，带头招商，推动重大项目取得进展。全市成立了由市长任组长的专题招商活动领导小组，下设六个专项招商小组，分别由六位副市长任组长，大力开展专题招商。在抓项目落实上，坚持重大项目推进工作周例会制度，完善重点招商项目台账机制，强化招商引资督导考评机制。认真落实《安阳市招商引资工作奖惩办法》，引导形成了各县（市、区）重招商、抓招商的浓厚氛围。在全市共同努力下，本市与中国建筑、湖南粮食集团、蓝时集团等知名企业签订了战略合作协议；与清华大学电子商务交易技术工程实验室合作成立互联网+应用技术学院；居然之家、鼎创旭飞等重点项目落户安阳；国旅安阳城奥特莱斯、康体文化产业园、内黄果蔬城、中海清华机器人、中广核风电项目、瑞能200MW光伏发电、豫北铁路口岸加工区、中国供销社海外购等项目加快建设；光远二期、采日光伏、中华梦幻谷等已顺利建成。

3. 加强政策扶持，大力拓展对外贸易

一是加强外贸政策扶持。安阳市人民政府相继出台了《关于促进外贸稳定增长的具体措施》《关于进一步加强自由贸易协定实施和原产地签证行动的实施方案的通知》等政策措施。二是大力发展跨境电子商务。成立跨境电子商务领导小组。加快豫北跨境电子商务园区建设，打造规模化、标准化的跨境电子商务示范园区。三是服务企业发展。积极为企业申报外经贸发展专项资金、会展业扶持资金。

4. 积极搭建平台，规范对外劳务合作

设立对外劳务服务大厅，为劳务人员和外派企业免费提供对接服务，与市职业技术学院建立合作关系，确定外派劳务培训基地，开展“百场”出国务工政策宣讲活动二十余次，发放宣传资料6万余份，全年通过平台输出劳务人员589人次。全年共外派劳务4054人次，完成年度目标的101%；外经营业额620万美元，完成年度目标的110.3%；外经合同额200万美元，境外投资额1970万美元，完成年度目标的398%。

5. 打造民生工程，着力抓好内贸发展

扎实推进早餐工程，进一步规范网点经营秩序、扩大早餐网点数量，目前全市网点增加到226个。抓好再生资源回收工作，全市再生资源回收备案企业151家。落实市委、市政府关于大气防治工作要求，对全市范围内废品收购站（点）进行拉网式排查，完成大气污染防治治理任务。加强典当、拍卖行业的监督检查工作，规范特种行业管理。

6. 持续招大引强，加快发展电子商务

电子商务发展态势良好，全市开展网络营销的生产企业及批零企业达1000余家，个人在电商平台开设店铺达5000多家，中小企业应用电商比例接近30%。创建电子商务省级示范基地2个，省级示范企业4家。林州市获评“国家电子商务进农村综合示范县”，安阳县获评“全国供销社系统电子商务示范县”。豫北跨境电商园、安阳市电商综合产业园（河南易商谷）等6家重点电商园区建成。安阳师范学院和电子商务交易技术国家工程实验室合作的安阳师范学院“互联网+”应用技术学院正式挂牌成立。通用“出口易”跨境交易平台、中原钢材现货网、中国铁合金现货交易网、扁担百百网、邮乐网、未来易购等一批本土特色应用平台快速发展。电子商务精准扶贫工作加快推进，电子商务“进农村”工程已在全市1189个行政村开通建设了电商服务站点。

二 2017年发展展望

2017年，是实施“十三五”规划的重要一年，是供给侧结构性改革的深化之年。总体来看，当前和今后一个时期，国家经济发展长期向好的基本面没有改变，但宏观经济调控难度加大以及宏观经济运行存在不确定性。在国内外经济形势仍处在复杂多变的背景下，安阳市商务发展面临不少挑战：国际市场需求不足，出口商品国际竞争力不强，外贸进出口形势不容乐观；市场流通体系不尽完善，亟待建立健全扩大消费长效机制；电子商务企业规模小，集聚度低，对经济的贡献度还不高。商务工作责任在肩、任重道远。

2017年，安阳市将紧紧围绕建设区域性中心城市目标，坚持不懈推进开放招商，努力提升外贸发展水平，千方百计扩大消费需求，努力开创商务工作新局面。预计，2017年安阳市引进省外资金增长7%，实际利用外资增长5%；全力遏制外贸下滑势头，促进外贸质量提升；社会消费品零售总额增长11%。

三 对策建议

1. 招商引资方面

大力开展“主导产业招商攻坚年”活动。2017年要在主导产业招商上实现重大突破。发挥全市6个专题招商组牵头示范作用，突出“一对一”“点对点”精准招商活动。各县（市、区）围绕主导产业成立专门招商组，深入研究论证，明确方向和目标企业，专题研究、专业推进、专人负责，开展驻点招商和小分队招商，提升招商实效。深入开展招商活动。除组织参加好国家及省组织的厦洽会、高交会、东盟博览会、河南投洽会等招商活动外，安阳市组织好航空运动文化旅游节经贸活动。抓好长三角、珠三角、京津冀等重点区域的招商活动，同天津滨海新区开展深度合作，促进重大产业和项目转移落地。围绕龙头企业招大引强。优化招商方式，对重点产业的区域分布、对外转移愿望强烈的区域和企业进行深入了解和动态跟踪，登门拜访，主动出击。加强与已有投资的国旅、保利、中车、国药等央企的对接，挖掘有价值的招商线索。进一步完善招商引资机制。修改完善《招商引资奖惩办法》，明确考核目标为各县（市、区）的主导产业，同时突出大项目、带动力强的项目，突出外资项目、突出落地项目。研究出台“飞地项目管理办法”，引导各县（市、区）围绕主导产业招引项目。研究出台“关于成立主导产业招商引资指挥部”的文件，建立落地项目统筹机制，使项目落地实现围绕产业合理布局。健全奖励激励机制，出台对招商有功人员的奖励政策，激发社会各界投身招商一线的热情和潜力。抓好重点招商项目跟踪落实，包括林州市北汽集团战略合作项目、吉利集团战略合作项目、内黄县安派新能源电动汽车总装线项目等。

2. 对外贸易方面

落实外贸进出口奖惩政策。贯彻落实《安阳市外贸进出口工作奖惩办法》《关于促进加工贸易创新发展的实施意见》《关于加快发展服务贸易的实施意见》等外贸促进文件，优化产业结构，推动外贸产业升级。加大扶持服务外贸企业力度。坚持每月外贸工作座谈会机制，深入落实涉外企业“一对一”帮扶机制，帮助企业解决生产经营中的具体问题。联合海关、国税、商检等单位，定期做好外贸业务、跨境电子商务培训，使跨境电子商务在本市企业得到更广泛应用。利用商贸集团安阳分公司可以在银行开出大额信用证的能力，帮助代理出口企业转入商贸集团安阳分公司出口，使之逐步变为自营出口。重点扶持培育进出口大户发展。加大与安钢、安彩、永达、凤宝等进出口大户的联系，建立重点企业专人负责联络机制，帮助企业及时解决问题。大力扶持汤阴县农产品出口基地发展，加强产业集聚。积极组织企业参加国内外展会。利用“一带一路”、中韩自贸协定、澳大利亚减免关税的契机，开展“自贸区优惠政策进百企”活动，扩大自贸协定关税优惠政策的宣传覆盖面，鼓励企业大力开拓自贸区及周边地区市场。加快实施市场开拓境外百展计划，引导支持100家企业参加省“千企百展”活动。积极组织企业参加春秋季广交会、华交会、亚欧博览会、东盟博览会、高交会等重点展会，帮助企业开拓国际市场。大力发展服务贸易。落实省、市在发展服务贸易方面的政策，鼓励企业完善境外售后服务，加大本市服务贸易出口额。积极参加省商务厅组织的北京服务贸易交易会，引导企业重点参加商务部香港服务贸易大会、上海国际技术进出口交易会等境内外知名专业展会。以中国文字博物馆、殷墟为依托，积极申报省级文化旅游出口基地。

3. 内贸流通方面

贯彻落实国家及省出台的各项扩内需、稳增长的政策措施，抓好限上企业零售额的增长，密切关注具有成长潜力的单位，不断将其培育壮大，拉动社会消费品零售总额持续增长。抓好放心早餐工程。加强监督管理，抓好主食加工配送中心改扩建工作，扩大固定网点数量，继续向有条件的县市延伸。推进家政服务体系建设。积极申报家政服务培训基地，做好家政服务培训工作，提高培训质量。发挥本市家政服务体系建设项目全国试点作用，抓好家政服务网络平台后续管理，打造家政服务网络平台亮点工程。建设城市再生资源回收利用体系。打造以回收站点为基础、分拣中心和集散市场为载体、综合利用为目标的再生资源回收体系，推动再生资源回收行业规模化、连锁化、产业化发展。

4. 电子商务方面

持续推进电子商务“三进”工程，尤其是电子商务“进社区”工程。加快推进百米生活、每天惠、江苏云柜等电商平台进社区，在全市选择条件成熟的五十多个社区开展电子商务进社区试点工作。扎实开展“百千万元计划”。力争2020年全市电商达到千家企业、万家网店、十万人从业、500亿元的销售额目标，争创1个国家级示范企业、20家省级示范企业、100家市级示范企业，形成各具特色、集聚发展的电商产业布局。抓好电子商务精准扶贫工程。采取以奖代补，专项补助等多种形式，加大政策扶持力度，健全农村电商基本硬件设施，围绕特色产品发展龙头企业。加强农村电商人才培训，支持大学生、个体工商户和农村致富带头人等开设网店，实现创业就

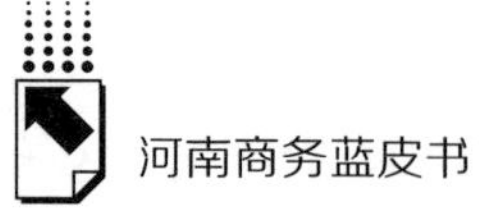

业。加快电商平台合作，培育本土品牌和平台。加大与阿里巴巴、京东、腾讯、百度等知名电商平台合作力度。大力培育通用跨境交易平台、中原钢材现货网、中国铁合金现货交易网、中国网库安阳运营中心等本土特色平台。依托安阳作为全国铁合金传统生产加工集散地的优势，扶持发展中国铁合金现货网，打造中国最大铁合金现货在线交易平台。依托安阳县、北关区、高新区等传统童装内衣产业园区，借助广州童装安阳产业园和童装会展中心等一批现代化童装内衣电商企业，加快建设中西部童装内衣电商产业中心。

B.30

2016～2017年鹤壁市商务发展回顾与展望

蔺其军　周永利　刘文谦*

摘　要：本文总结了2016年鹤壁市深入推进开放招商、持续扩大对外贸易、加快培育新业态新模式、加强市场体系建设、深入推进商务综合行政执法体制改革试点等商务工作取得的新成效，对2017年鹤壁市商务发展进行了展望。

关键词：鹤壁市　开放招商　跨境电商　商务综合行政执法

一　2016年鹤壁市商务发展指标完成情况

1. 引进省外资金情况

2016年，全市引进省外资金283.8亿元，同比增长9%，完成目标进度居全省第2位，增幅居全省第2位。

2. 实际利用境外资金情况

2016年，全市实际利用境外资金81394万美元，同比增长5.6%，完成目标进度居全省第6位，增幅居全省第7位，境外资金来源地主要集中在中国香港、巴哈马等地（见表1）。

* 蔺其军、周永利、刘文谦，鹤壁市商务局。

表1　2016年鹤壁市利用外资主要来源地

单位：万美元，%

利用外资主要来源地	实际外资	占比	利用外资主要来源地	实际外资	占比
中国香港	48861	60	美　国	5400	6.6
英　国	8050	9.9	韩　国	5227	6.4
巴哈马	10316	12.7	合　计	81394	100
中国澳门	3540	4.3			

资料来源：鹤壁市商务局。

3. 外贸进出口情况

2016年，全市进出口累计完成23190万美元，同比减少31.5%，其中：出口完成16363万美元，同比减少40%；进口完成6827万美元，同比增长8.5%。出口主要集中在美国、泰国、巴西等国家（见表2），主要出口商品有汽车零部件、镁及镁深加工产品、化工产品等（见表3）。

表2　2016年鹤壁市出口十大国别

单位：万美元，%

主要贸易伙伴	出口额	占比	主要贸易伙伴	出口额	占比
美　国	8253	37.6	加拿大	407	2.7
泰　国	1447	6.7	伊　朗	397	2.6
巴　西	939	4.5	俄罗斯	353	2.6
德　国	686	3.9	印度尼西亚	295	2.4
日　本	635	3.3	韩　国	272	2.3

资料来源：鹤壁市商务局。

4. 社会消费品零售总额完成情况

2016年，全市社会消费品零售总额实现205.89亿元，同比增长12.1%（见图1）。

表 3　2016 年鹤壁市主要商品出口情况

单位：万美元，%

商品种类	出口额	占比	商品种类	出口额	占比
汽车零部件	270	1.7	纺织服装	294	1.8
镁及镁深加工产品	1161	7.1	绿色食品	1030	6.3
化工产品	1512	9.2	机械制造及设备	469	2.9
电子产品	10227	62.5	毛发制品	677	4.1

资料来源：鹤壁市商务局。

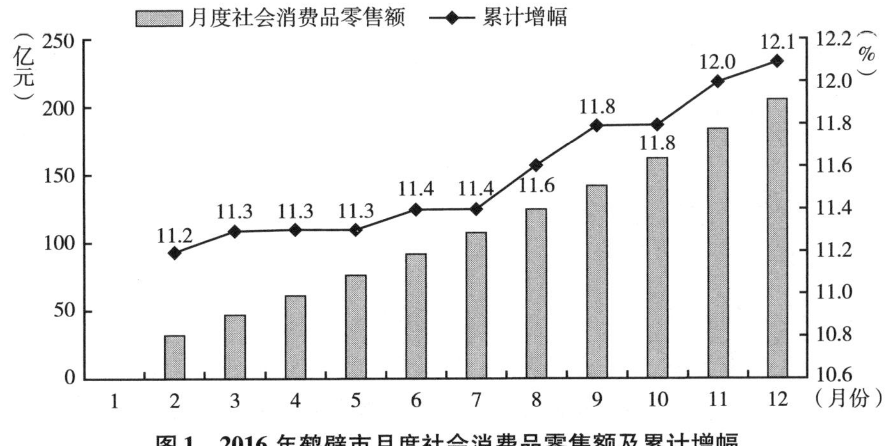

图 1　2016 年鹤壁市月度社会消费品零售额及累计增幅

资料来源：鹤壁市统计局。

5. 对外承包工程和对外直接投资完成情况

2016 年，对外承包工程完成营业额 1612 万美元，同比增长 57.8%，完成省定目标的 146.1%，完成目标进度和增幅均居全省第 3 位；对外投资累计完成 2004 万美元，占省定目标 330 万美元的 607.3%，同比增长 568%，完成目标进度居全省第 4 位，增幅居全省第 5 位。

二　2016年主要工作措施及成效

1. 开放招商成效显著

一是工作机制更加完善。2016 年初，鹤壁市委、市政府出台了《2016 年加快重点产业发展推进机制》，明确了 12 个重点产业推进组、4 个驻地招商组、1 个督导组的工作重点，进一步落实完善了开放招商工作机制。各县区围绕各自主导产业开展招商，努力提高招商质量。各招商组注重引项目与引资金、引智力与引平台相结合，注重招大引强与扶持本地企业以商招商、做大做强相结合，努力提升招商实效。2016 年，鹤壁市新落地超亿元项目 109 个，总投资 420 亿元；新签约超亿元项目 130 个，总投资 482 亿元。

二是举办重点经贸招商活动。举办了第八届中国（鹤壁）民俗文化节经贸洽谈活动，其间签约 13 个项目，总投资 52.1 亿元，中国国际经济技术合作促进会、汇源集团等 100 多名企业协会客商参加会议。鹤壁组团参加了第十届中国（河南）国际投资贸易洽谈会，其间共签约项目 30 个，总投资 307 亿元。组团参加第十九届中国国际投资贸易洽谈会，与厦门泉州商会、泉商资本集团、厦门恒盾建设工程有限公司等企业对接洽谈了智慧旅游、文化创意等项目。

2. 努力发展对外贸易

一是积极发展跨境电商。积极申请纳入中国（郑州）跨境电子商务综合试验区试点范围。积极宣讲国家和省促进跨境电商发展的政策，组织企业参加省贸促会举办的跨境电子商务（进口）创新发展培训班。邀请阿里巴巴国际站来鹤壁市举办外贸新丝路走进鹤壁·鹤壁市电子商务生态峰会，提高企业开展跨境电商水平。加大大龙网、网来云商、阿里巴巴等国内知名跨境电商企业招商工作力度，达成初步合作意向；全市跨境商务应用类企业已达 30 家；鹤壁跨境电商产业园、天章跨境电子商务园有望 2017 年运营；鹤壁国际商品城跨境电子商务、玖洲跨境电商物流园区等项目规划完成；河南鹤壁国际购物中心、大用保税国际、天章跨境电商等 O2O 体验店开业营运。积极承接产业转移。加快综合服务、物流、融资、电子商务等平台建设，积极争取将鹤壁市列为省级加工贸易梯度转移承接地。引导县区和企业加快出口基地建设步伐，围绕基地建设加快综合服务、物流、融资、电子商务等平台建设工作及申报筹备工作。加快推进鹤壁综合保税区申建工作。

二是大力拓展国际市场。围绕“一带一路”，鹤壁组织企业参加第十三届中国—东盟博览会、广交会、台湾（邯郸）品牌产品博览会、印度贸易博览会等展会；组织企业参加首届美国—华中商务峰会、2016 河南省与境内外重要商协会经贸合作对接会、中国对非洲可持续发展投资论坛、中国—拉美企业家峰会等，扩大企业对外经贸交流。

三是发挥贸促职能作用。充分利用中国、省贸促会国内外客商资源优势和省会建立的中美企业对接项目（CMP），欧洲企业服务网络，马来西亚、英国等联络机制平台优势，积极与省贸促会建立招商引资联络机制，组织东大高温材料有限公司等五十多家企业参加首届美国—华中商务峰会、2016 河南省与境内外重要商协会经贸合作对接会等，促进企业对外项目合作和贸易合作。鹤壁市被省贸促会表彰为河南省贸促工作先进单位。

3. 电子商务发展迅速

搞好电子商务发展顶层设计，鹤壁市出台了《关于加快电子商务发展扶持办法》《电子商务“十三五”发展规划（2016 ~2020 年）》。全年对接电子商务项目 197 个，签约 27 个、落地 26 个。鹤壁积极推进去哪儿网河南国际旅行社项目、河南中意国际供应链管理有限公司跨境电商园项目等 8 个重点项目合作，同时推进网来云商跨境电商服务中心项目、阿里巴巴（鹤壁）跨境电商服务中心等一批重点项目对接洽谈合作。全市认定备案电商企业 193 家，评审通过 5 家省级电子商务示范企业、2 家市级电子商务示范基地、8 家市级电子商务示范企业。打造了中国（鹤壁）农业硅谷产业园、鹤壁市民鑫电商孵化创业园、鹤壁邮政电子商务/大学生创业孵化园等一批电子商务园区。持续推进淇县电子商务进农村综合示范工作，该项目顺利通过商务部验收。

4. 内贸流通体系更加完善

一是保障供应促消费。加强市场监测，掌握重要商品市场供求情况，指导流通商贸企业组织适销对路的商品，重点保障主要生活必需品供应。建立健全突发事件生活必需品市场供应应急管理机制，及时消除生活必需品市场异常波动。积极组织商贸流通企业开展“消费促进月”活动，促进消费。

做好农产品现代流通体系建设。推进大型集散地和销地批发市场建设，完善市场功能。加快各类批发市场信息化建设，实行电子化结算，推广标准化销售和电子商务、冷链物流等流通模式创新。

二是加强商务领域行业管理。鹤壁市编制了“十三五”成品油分销体系规划、2016 年油库加油站发展规划；加强成品油市场规范化管理。2016 年，鹤壁市金属回收总公司共回收拆解各类报废汽车 3072 辆，其中黄标车 2823 辆。大力推广散装水泥、预拌混凝土和预拌砂浆，出台了《鹤壁市预拌混凝土预拌砂浆生产使用管理办法》。积极开展文明餐桌行动，扎实做好商务领域安全生产工作，加强对典当、拍卖、二手车交易等特殊行业监管工作，防范各类风险。

5. 商务综合行政执法体制改革全面推进

作为全国商务综合行政执法体制改革试点市，鹤壁市出台了《商务综合行政监管执法体制改革试点工作实施方案》（鹤政办〔2016〕46 号），印发了《机构编制委员会关于全市商务综合行政执法机构编制问题的通知》（鹤编〔2016〕25 号），市、县区商务稽查机构高半格配置，全市共增加事业编制 59 名，各乡（镇、办）、行政村均设立了商务监管员、协管员，全市共增加监管执法人员 800 多名，形成了市、县（区）、乡（镇、办）、村纵向到底的监管执法网络，实现了监管区域全覆盖。按照行政管理与行政监管执法职能相对分离的原则，鹤壁市将分散在商务部门内设机构的商务行政执法职能进行整合，统一交由稽查机构集中承担，共梳理行政职权 94 项（行政处罚 67 项，行政检查 15 项，其他职权 12 项），涉及监管执法行业 15 个，解决了职能、职责分散，监管缺位、不到位等问题，实现了监管领域全覆盖。建立了以“双随机一公开”监管执法模式为手段的监管执法工作机制，修订完善规章制度 76 项，录入 2700 多家监管企业基本信息，监管执法行为更加规范化、制度化。建立豫北协作区联席会议制度，建立健全 12312 举报投诉网络，形成了商务领域监管执法社会共治的新局面。2016 年基本完成了商务综合行政执法体制改革试点工作各项目标任务，在中期评估中被商务部评定为优，商务部、中央编办在全国 10

个试点城市总结可推广可复制经验，对鹤壁市16项工作给予肯定和认可。

6. 积极“走出去”开展经济合作

鹤壁市建立了参与“一带一路”建设项目库、推进国际产能和装备制造合作项目库。组织企业参加泰国投资说明会、东盟博览会、厦洽会、第四届中国海外投资大会，积极开展对外交流活动。2016年，鹤壁市河南飞天农业开发股份有限公司等4家企业在印度尼西亚、美国、柬埔寨等国家设立公司，全市对外投资取得历史性突破。进一步规范对外劳务合作业务，落实《涉外劳务纠纷投诉举报处置办法》，建立了分工明确的投诉举报处置工作机制和投诉举报统计制度。加强外派劳务人员疫情防范、安全教育，切实做好外派人员的服务保障工作。

三 2017年商务发展形势及展望

1. 商务发展形势分析

（1）招商引资方面。面对全球经济下行压力，发达国家推动制造业回归，周边国家加大招商引资力度，经济发达省份推进产业回归，周边地市招商同质化竞争，招商形势日趋严峻。但是粮食生产核心区、中原经济区、郑州航空港经济综合实验区、中国（河南）自由贸易试验区、中国（郑州）跨境贸易电子商务综合试验区等五大国家战略规划实施和“一带一路”建设，给鹤壁市对外开放工作带来了很好的发展机遇。尤其是郑州航空港经济综合实验区、中国（郑州）跨境贸易电子商务综合试验区的建设实施，为鹤壁引进外向型企业提供了机遇。

（2）对外贸易方面。当前对外贸易增长形势严峻：一是世界经济增长的不确定、不稳定因素增加，外部需求难有明显回升。二是企业经营成本进入全面上升期，劳动力、原材料、土地、环境等要素面临成本上升和供应趋紧的双重压力。三是进出口企业数量少，外贸进出口的大幅增长有一定困难。四是受开展大气污染防治工作影响，镁加工、化工行业部分外贸企业未能正常生产经营。五是外贸企业融资困难致使外贸进出口业务流失较大。六是企业适应外贸新常态能力不强，转型升级慢，开拓国际市场能力弱。七是服务贸易项目和企业少，没有专业的服务外包企业，是造成鹤壁市服务进出口下降的主要因素。但同时鹤壁市外贸工作也面临难得的发展机遇：一是国家“一带一路”战略和郑州航空港经济综合实验区战略带来的机遇。二是随着经济全球化、贸易自由化、区域经济一体化发展，全球贸易量将继续扩大，双边和区域自由贸易协定数量持续增强，一些国家与中国商讨签订自贸协定意愿增强，为延伸产业链条、优化要素配置带来机遇。三是本市出口基地建设蓬勃发展，产业集聚功能增强，产业抱团发展的活力将大大增强，为吸引外向型企业投资和产业转移提供了便利条件。四是跨境电子商务发展迅速，鹤壁市已初步制定跨境电子商务发展规划和实施方案，规划了跨境电子商务产业园区，国际购物中心跨境电子商务产业园、天章跨境电子商务产业园等项目正在建设。与阿里巴巴、世界工厂网、大龙网、网来云商等知名度高、在国内外具有广泛影响的跨境电子商务平台洽谈的项目正在推进，正在积极引进全流程的外贸综合服务企业，充分利用国家支持政策，有望通过2~3年努力，引进10~20家外贸企业，促进对外贸易跨越发展。

（3）市场流通方面。国家经济增长方式由过去的投资驱动向消费驱动转变，随着居民收入提高，消费能力增强，个性化、多样化消费成为主流，网络消费快速发展，随着高收入人群和中等收入人群增加，对高质量品牌产品的消费和高品质服务消费的需求增加，消费明显出现分层。促进绿色消费，推广节能产品，稳定住房消费，放宽提取公积金支付房租条件，升级旅游休闲消费、提升教育文体消费、鼓励养老健康家政消费等，这些将成为新的消费增长点。

2. 2017年商务发展展望

2017年，鹤壁市将认真贯彻落实中央、省委、市委经济工作会议精神，牢固树立和贯彻创新、协调、绿色、开放、共享发展理念，继续以开放招商统揽商务工作全局，实现引进省外资金增长7%，实际利用外资质量提高，规模与上年持平，货物贸易保持稳定，服务贸易增长12%，对外承包工程及劳务合作完成营业额增长8%，社会消费品零售总额增长12%，电子商务交易额增长28%，网络零售额增长30%，努力保持商务各项指标在全省的先进位次，为全市实现“十三五”良好开局做出积极贡献。

四　对策建议

1. 进一步提升开放招商实效

一是积极承接产业转移。围绕全市重点产业链和价值链，认真研究分析重点区域产业转移趋势，紧盯行业龙头企业和知名品牌，既注重产业链中重大战略支撑项目的招商，又注重延链补链项目的招商，注重前端研发和后端营销等高价值环节招商，增强招商实效。加强对国内外产业转移趋势的研究和分析，找准承接契合点，积极承接北京、上海、江苏等重点区域的产业转移。围绕鹤壁市“5＋5”重点产业和新型业态，策划组织好“小、精、特”的专题推介活动。坚持全市招商一盘棋，市产业推进组、驻地招商组、各县区信息共享、协同推进，提高招商的针对性和实效性。二是组织举办好重大招商活动。组织参加好第十一届中国（河南）国际投资贸易洽谈会、中国国际投资贸易洽谈会以及赴日本、韩国、英国、俄罗斯等国参加境外经贸活动等，借助民俗文化节、食博会、文博会邀请更多的重量级客商来鹤壁考察洽谈项目。利用好全国创新驱动助力工程示范市、“海绵城市”试点市等本市40个“国字号”金字招牌和良好自然生态、发展环境，积极开展城市营销，宣传推介好鹤壁。三是抓好重点招商项目跟踪落实。谋划确定100个重点招商项目，从中精选出汉能移动能源产业园、清华紫光数码产业园、复星文化旅游等30个重大项目，建立会商研判机制，分产业、分区域明确责任单位责任人，实施产业推进组、驻地招商组、县区和产业集聚区三级联动，通过台账管理、动态监控、跟踪督导，实现招商项目落实工作制度化、规范化、常态化，协调解决近年来已签约项目落地过程中遇到的困难和问题，着力提高“三率”。四是抓好开放平台建设。加快推进综合保税区申建进程；深度推进与中国科学院、中国农科院、中南大学等科研院所、高等院校的合作，建设一批创新平台；积极创建特色产业基地和出口基地，增强鹤壁市对外来投资的吸引力。积极争取将鹤壁市列入省级加工贸易梯度转移承接地。

2. 大力发展网络经济

鹤壁市认真实施《电子商务“十三五”发展规划（2016～2020年）》。加强网络经济项目招商工作，力争落地2～3个重点电商项目。积极发展跨境电子商务，引导企业开展跨境电子商务应用，力争年内建成运营1～2个跨境电子商务产业园。大力开展电商培训，组织跨境电商高峰论坛，继续开展电子商务大讲堂活动，依托人社部门、职业技术学院等高校及鹤壁市新农邦商学院开展电子商务课程，为鹤壁市电商企业提供人才保障。规范电子商务产业园区建设，引导电商产业园健全完善电商生态产业链，积极引进包括互联网金融、软件开发、摄影设计广告、物流供应链、人力资源服务、数据分析及服务、园区管理等各类电商服务企业，带动鹤壁市电商企业快速发展。深入推进电子商务进农村，建设集仓储物流、智能分拣、电商创业、孵化培训、后勤服务于一体的淇县现代电商物流快递园区，加快乡级示范站、村级示范点建设，畅通工业品下乡、农产品进城双向流通渠道，督促指导淇县按照电子商务进农村实施方案，做好电子商务进农村工作。

3. 促进外贸稳定增长

一是加强平台建设。加快跨境电子商务服务平台和体系建设步伐，充分利用国家外贸政策支持，引进外贸综合服务企业，培育外贸代理、报关报检、仓储、物流等外贸服务业一体化的综合服务平台。借助综合保税区平台优势，利用开发区闲置厂房，规划建设跨境服务贸易产业园，力争2～3年实现入驻企业20家、进出口贸易10亿美元。加快跨境电子商务园区规划建设，积极推进与重庆大龙网、网来云商等跨境电商平台开展合作，培育和引进一批跨境电商经营主体入驻园区。积极推进开展电子口岸和国际贸易“单一窗口”平台建设，进一步提高出口退税效率，规范进出口环节经营性服务和收费，减轻外贸企业负担。

二是鼓励企业“走出去”。组织企业借助广交会、深圳高交会等国家级国际性经贸活动平台“走出去”，抢抓订单，开拓国际市场，在境外设立营销机构、办事机构。积极融入“一带一路”战略，推动进出口企业加快建立沿线境外营销网络。瞄准高端装备制造、镁深加工、汽车零部件和电子电器、清洁能源和新材料、绿色食品、轻纺等行业，努力引进外向型项目，积极承接沿海加工贸易产业转移项目，培育外贸增长点。引导企业开拓新兴国际市场，巩固欧盟、美国、日韩等传统市场，开拓东盟、中亚、非洲、拉美、大洋洲等新兴市场，优化外贸国际市场布局。

三是用足用活各类外贸促进政策。加快国家、省外贸专项资金拨付进度，加强跟踪问效，发挥好政策资金促进外贸稳增长调结构的重要作用。尽快出台鹤壁市外贸促进政策，做好出口信用保险、外贸品牌产品建设、服务贸易、国际营销网络和小微企业融资等方面的宣传和指导、扶持工作，加强与三产部门联动，举办服务贸易政策、服务贸易统计培训班。重点做好外贸企业电子商务培训，组织进出口企业与重点电子商务平台开展对接活动，利用电商扩大对外贸易。

四是加强出口基地建设。引导县区、企业创建外贸服务平台。在壮大镁加工、电子信息两个省级出口基地基础上，着力培育纺织服装、农产品深加工、专业化工等出口基地。积极开展跨境电子商务工作，加强与国内知名电商的深度合作，建设一批跨境电商示范园区和综合服务贸易示范园区。积极融入中国（郑州）跨境电子商务综合实验区建设。

4. 加快流通产业发展

推进农村现代市场体系建设，不断完善农村流通设施，建立适应城镇化的农村日用消费品流通体系。做好市场监测工作，搞好市场运行分析，密切关注市场动态，采取有效措施，确保鹤壁市生活消费品市场供应平稳。进一步加强成品油市场管理，做好成品油市场运行监测预警、行政许可初审工作，完善成品油市场布局，加强乡镇加油站建设。开展商业领域安全生产检查督导活动。深入开展文明餐桌活动，树立文明新风尚。

5. 强化商务领域市场监管

狠抓商务综合行政执法监管体制改革试点各项工作的落实。认真梳理、严格落实法律法规赋予商务部门的监管职责，进一步扩展实际执法领域。系统梳理成品油、单用途商业预付卡、拍卖、典当、商业特许经营、再生资源回收、零售商促销、对外劳务合作等领域的行政处罚权限，做到有法必依、执法必严、违法必究。打击侵犯知识产权和制售假冒伪劣商品的行为，规范市场经济秩序。继续深化酒类流通管理。围绕大气污染防治攻坚战，持续开展成品油市场专项整治行动。

B.31

2016～2017年新乡市商务发展回顾与展望

薛永宏　马　坤*

摘　要：2016年面对复杂严峻的经济形势，新乡商务系统认真贯彻落实市委、市政府工作部署，坚持"稳中求进"总基调，突出"招商引智扩投资、搞活流通惠民生、稳定经贸增活力"三大工作重点，多策并举，主要商务指标平稳运行，总体良好，对全市稳增长、保态势工作做出了积极贡献。

关键词：新乡市　开放招商　跨境电商

一　2016年新乡市主要商务指标完成情况

（1）招商引资工作。全年实际利用外资8.9亿美元，同比增长7.5%；市外资金实际到位636.2亿元，同比增长8.37%。其中省外资金实际到位546.9亿元，同比增长8.02%。

（2）外经贸工作。全年外贸进出口完成9.7亿美元，同比下降5.8%；对外承包工程营业额1750万美元，同比增长8.2%；境外投资1.2亿美元，同比增长10.1%。

（3）扩大消费工作。全年社会消费品零售总额完成785.2亿元，同比增长10.7%。

* 薛永宏、马坤，新乡市商务局。

二 2016年新乡市商务工作回顾

（1）开放招商工作向全方位、宽领域延伸。2016年以来，为适应新常态下对外开放的新要求，市委、市政府研究出台《关于大力开展“一招四引”工作的实施意见》，对外开放从招商引资、引智扩展到引资、引智、引金、引企联动发展，成功举办了“2016年中国医药创新与发展高层论坛”“中国科学院青年科学家新乡行暨青促会科技成果转化活动”“2016年新乡市政金企对接会活动”等重大招商引智活动，共达成合作意向46个，洽谈推进科技成果转化项目13个。华为新乡云计算数据中心、西部控股集团南太行大健康产业园、3D打印产业园、福建五经科技绿色建筑PC产业化基地等一批重大产业项目成功落地；新飞家电产业园、中原印刷科技产业园、金祥家具产业园、节能环保产业园、跨境电商产业园等一批特色鲜明的产业集群初具规模；市政府与上海沪江网签署“互联网+”运营中心城市、智慧教育及蚂蚁雄兵基金项目合作协议，开放招商工作实现向全方位、宽领域延伸。全年新签约亿元以上招商项目169个，总投资787.5亿元；新开工亿元以上招商项目132个，总投资578亿元。

（2）跨境电子商务发展加速。新乡市研究起草了《跨境电子商务综合试验区建设实施方案》，以中国（郑州）跨境电子商务综合试验区新乡园区为平台，不断推广跨境电商新应用模式。积极引导传统实体企业逐步转型，全市共有300多家外贸实体企业依托国内著名第三方跨境电商平台“阿里巴巴全球速卖通”，实现了跨境电子商务平台与传统产业深度融合。新飞电器与武汉网来云商就跨境电商合作成功签约；综合信兴物流公用型保税仓库正式投入使用；平原新区依托电子信息、医疗健康、印刷包装三大主导产业，谋划打造跨境冷链物流产业；经开区、牧野区、红旗区保税仓和保税物流中心正在谋划筹建，这些都为建设跨境电商综合试验区提供了重要的保障支撑。

（3）企业“走出去”步伐不断加快。积极引导外经企业融入国家“一带一路”战略，推荐上报币港皮业埃塞俄比亚工业园区项目、省二建巴基斯坦电厂项目、第二建筑发展有限公司塔吉克斯坦电厂项目作为全省“一带一路”优先推进项目；将河南中亚控股集团有限公司在塔吉克斯坦投资建设20万吨尿素生产线项目作为新乡市合作项目向中欧合作基金进行推荐。目前，全市各类外经企业已达到32家，省二建、恒通路桥等公司分别在阿尔及利亚、孟加拉等国家进行投资或设立分公司。

（4）电子商务发展呈现良好局面。新乡市先后制定出台了《关于促进电子商务发展的实施意见》《电子商务五年发展规划》等政策文件，明确了全市发展电子商务的路线规划。主动帮扶电商企业发展壮大，协助175家企业通过省商务厅电子商务企业认定。积极指导新乡县、延津县、获嘉县等3个县（市）成功创建省级电子商务进农村示范县，推动国家863新乡科技产业园、市朝歌电子信息科技园成功创建河南省电子商务创业基地，协助河南机电高等专科学校、市职业教育中心、河南省工业科技学校等3所院校成功入选省电子商务职业教育实训基地。目前，全市已拥有4家省级电子商务示范基地，11家省级电子商务示范企业，1家省级电子商务继续教育基地，1个国家级电子商务进农村综合示范县，3个省级电子商务进农村综合示范县。

（5）商务监管力度持续增强。一是对商务系统大气污染防治油控监管力度持续增强。新乡市商务监管部门认真贯彻落实市委、市政府大气污染防治双创等工作要求，制定出台了《新乡市大气污染防治攻坚战成品油市场专项整治方案》，成立四个专项督导组对全市成品油市场进行严格监管。二是对老旧汽车报废回收拆解企业监管力度持续加大。严格落实《新乡市老旧汽车报废回收拆解企业环保巩固提升活动工作方案》，建立工作台账，对报废汽车回收拆解企业回收车辆进行现场核查，督促企业规范使用回收证明并进行备案。全年完成回收报废汽车6069辆，其中黄标车5186辆。三是对已取缔的黑加油站（点）监管力度持续增强。重点针对无照站点、有安全隐患、油品质量无保证、油气回收装置不健全等情况，在全市范围内开展多次专项整治活动，共查处取缔黑加油站点548个，收缴不合格油品14

吨，治安拘留违法经营人员192人、刑事拘留3人，起到了有效的打击和震慑作用。四是商务领域市场监管体系持续完善。新乡市监管部门强化生活必需品日报制度，通过市、县两级商务预报平台共发布各类信息近4000条。市商务局、辉县市、延津县成功创建省级流通领域市场监管公共服务体系达标示范单位。辉县市成为全省首批商务综合执法改革试点单位。推动12312商务举报投诉服务热线实行24小时举报投诉受理，全年共受理办结举报96件。

三 2017年商务发展对策

2017年是党的十九大召开之年，也是全面落实省、市党代会决策部署的第一年，做好商务工作责任重大，使命光荣。2017年商务工作要紧抓郑洛新国家自主创新示范区、国家产业集聚集群创新发展综合改革试点市及中原城市群郑新融合发展建设的重大发展机遇，以“一招四引”为抓手，在提升开放招商实效、推动跨境电商发展、完善商品市场体系、促进外贸增长、加强市场秩序监管等方面下大功夫，力争全年实际利用外资增长5%左右，达到9.4亿美元；实际利用省外资金增长8%左右，达到587亿元；社会消费品零售总额增长11%左右，达到881亿元；外贸进出口增长5%左右，达到10亿美元左右，实现商务主要工作目标在全省晋位升级。

1. 大力开展“一招四引”项目落实年活动

全面贯彻落实《关于大力开展“一招四引”工作的实施意见》，大力引进发展潜力大、关联程度高、带动能力强的强链及延链项目，着力引进一批企业总部，进一步扩大金融业、服务业、社会事业、基础设施和农业领域的开放力度，积极培育大企业（集团）、先进制造业专业园区，加快推动本市产业结构调整和转型升级。一是围绕主导产业，抓好重大项目招商。突出大集团引领，大项目支撑，园区化承载、集群化发展，围绕发展高成长性制造业和战略性新兴产业，高起点谋划引进一批投资强度高、科技含量高、关联度高的龙头型、基地型、集群型项目，突出抓好华为云计算中心、百威啤酒产业园、西部控股集团大健康产业园、中纺院绿色纤维、华兰基因抗体生产基地、新能源电动汽车等一批重大产业集群和重大产业项目建设，加快产业优化升级。力争全年引进国内外 500 强或行业龙头企业 5 家以上；各县（市、区）围绕本地主导产业至少开工建设 1 家投资 10 亿元以上的重大产业项目，持续提升集群效应。二是创新招商方式，抓好重大平台招商。抓好集聚区平台招商。积极引导全市产业集聚区按照培育壮大主导产业要求，围绕“一园一业”，推动产业集群式引进、链接式转移，每个省级产业集聚区突出发展 1 个百亿元产业集群、争取开工建设 1 家投资 10 亿元以上的龙头企业、引进 3 个投资 5 亿元以上的项目、实施 10 个主导产业链项目。不断加大力度推动发展千亿元先进制造业专业园区，构建特色鲜明的“一区多园”，将产业集聚区打造成为吸引创新创业的重要平台。抓好“一区两港”、中部科技创新基地平台招商。重点瞄准高成长性服务业、电子商务、互联网、云计算、大数据等与新乡市主导产业相关的行业龙头企业开展精准招商，重点引进国内外知名机构和企业建立区域性总部、分支机构、研发中心等机构，建设中原城市群有影响力的企业总部港。进一步创新金融发展机制，吸引银行、保险、证券等机构入驻，强化金融集聚，打造中原城市群有影响力的金融港。依托大东区规划建设，鼓励各县（市、区）将引进的高、精、尖产业项目入驻中部科技创新基地，积极推进中部科技创新基地建设。抓好重大活动平台招商。按照务实、简约、创新的原则，围绕全市优势支柱产业、战略性新兴产业、现代服务业以及 3D 打印、“互联网 +”等新业态产业，突出集群式引进、专题性推介、区域性对接，集中在二、三季度开展专题招商节会活动。京津冀地区集中在北京市，突出绿色、环保、科技招商；长三角地区集中在上海市，突出高端制造业、互联网招商；珠三角地区集中在深圳市，突出大健康、电子信息招商；在郑州市突出郑新融合，承接产业转移，并积极谋划在以上地区举办一批有重大影响力的招商活动。境外招商方面主要委托香港中原发展促进会（香港《大公报》）、台湾中华两岸连锁经营协会等媒体和协会开展境外招商，以其特有的平台优势推介新乡、宣传新乡，提升新乡市对外开放形象和知名度，并适时举办专题招商。抓好绿色环保招商。大力引进节能环保产业，着力构建循环、低碳、高效发展新模式，结合新乡市农业、旅游、文化等生态资源，谋划引进一批占地少、科技含量高、绿色环保的招商项目，重点抓好与中纺院、中兵、中航、京沪高校的深度对接，深化在科学技术、绿色节能环保领域的合作，推动中国节能环保集团中原节能环保产业基地、西部控股集团大健康产业园、宝泉震云主题文化园等项目开工建设。三是完善配套服务，强化项目落实。完善各类招商公共配套服务平台建设，结合区域功能定位和资源优势，加快搭建产品公共检测平台、科技创新平台和基金运作平台，充实完善招商引资项目库、客商资源库，支持平原示范区、高新区、经开区打造人力资源，科技创新，融资服务三大平台，打造吸引外来资金“新洼地”。继续推进招商签约项目跟踪、落实制度化、规范化、常态化，着力推动瑞典山特维克集团和安徽驰纬集团智能装备制造产业园、深圳大数据产业联盟“云梦管家”产业基地、上海凯宝中药大品种产能提升与配方颗粒智能化生产线、赛伯乐投资集团众创大厦、软通动力新乡城市创新综合体、北京大学基础医学院等一批重大跟踪洽谈项目尽快签约；推动华为（新乡）云计算数据中心项目、3D 打印产业园、福建五经科技集团绿色建筑 PC 产业化基地、三峡新能源发电及垃圾发电项目、河南王府井平原商业小镇等一批重大签约项目尽快开工，力争合同履约率、项目开工率、资金到位率均进入全省先进行列。

2. 加大跨境电商建设力度

以中国（郑州）跨境电子商务综合试验区新乡园区为抓手，依托“一区两港”、中部科技创新基地建设，培育扶持一批市级跨境电子示范园区，加快外贸转型升级力度。加快推动在新乡跨境贸易示范园内建立“国际贸易单一窗口服务平台”，实现政府与企业、企业与企业之间互联互通和信息共享。坚持“一区多点”和“进出口并重”原则，依托经开区、牧野区物流园和高新区保税仓，将其他有条件的县（市、区）补充为产业链功能配套区，重点抓好以 B2B（企业对企业）为代表的主流电商模式推广，规范提升 B2C（企业对终端消费者）跨境电商发展水平。积极引进一批知名跨境电商企业和信息技术服务、电商运营、物流仓储、支付等配套企业入驻园区，形成集聚效应。支持本地跨境电商企业做大做强，支持经开区、红旗区、牧野区发展保税仓和创建保税物流中心，支持有条件的县（市）发展跨境电商，达到互为补充。

3. 加大外向型经济建设力度

一是完善外贸公共服务平台建设。结合本市跨境电商和综保区申建工作，一个窗口对外，一站式服务，完善配套服务体系，加大扶持力度。二是加大外贸出口基地培育力度。积极推动高新区争创省级制冷出口基地，支持高新区、经开区争创省级服务外包专业园区。充分利用好新乡市作为首批国家加工贸易梯度转移承接地的优势，利用各种重大招商引资活动，积极承接加工贸易转移，力争再引进一批出口外向型项目。三是加快培育一批有实力的企业“走出去”发展。研究制定新乡市“走出去”规划，落实企业境外投资以备案为主的管理模式，实行企业对外投资自主权。推动本市传统产业向境外转移富余产能，带动装备、材料、技术和服务“走出去”。

4. 加大传统商贸业态转型力度

一是推动传统商业企业升级转型。积极引导百货大楼、平原商场等有较强竞争力的本地优势传统商业企业在发展传统业态的同时，紧跟新兴消费趋势，加强与电子商务服务企业合作，搭建微博微信新媒体、微电商、网络团购等电商平台，以传统业态的品牌效应带动网络销售平台发展，通过网络销售平台对传统商业模式进行提升，促进传统商业企业转型发展。同时鼓励本地优势传统商业企业借助外力或强强联合，建设集购物、餐饮、娱乐为一体的多领域、多业态的新型商业综合体。二是推动城乡商贸流通方式升级转型。农村方面，重点以电子商务进农村综合示范建设为抓手，以特色农产品网络销售为突破口，整合商贸流通万村千乡店、供销合作社网络等资源，打通农产品进城和工业品下乡双向流通渠道，健全涉农电子商务支撑服务体系，推动农村商贸流通方式优化升级。城市方面，重点以发展城市社区电子商务应用为抓手，以建设“一刻钟生活服务圈”为突破口，搭建团购、本地生活服务、家政服务等多种应用平台，拓展美团外卖、百度外卖、58同城等线上线下社区电子商务模式，提高家政服务、日用品购物、休闲娱乐、美容美发、洗染餐饮等服务终端水平。三是推动传统农贸市场升级转型。采取政府引导、企业参与、市场化运作的方式，抓好农贸市场升级改造工作。积极扶持“农超对接”，探索“农批零对接”“基地直供”等鲜活农产品流通新模式，结合电子商务应用，打造连锁、物流、电商融合发展，有形市场与无形市场、线上线下融合发展的现代商品市场流通体系。四是推动会展经济发展。加强与国内知名展览组织和相关产业组织的交流合作，探索引进一批专业展会。扶持培育专业展会，如百泉药交会，扩大展会规模，提高展会档次，促进商务、酒店、展览等会展资源集聚发展。

5. 加大商务领域市场监管力度

优化监测样本结构，探索开展对消费集聚区、大型购物中心等新兴零售业态销售情况监测，通过网络、新闻媒体发布信息，提升公共信息服务能力。落实完善重要生活必需品储备制度，健全市县应急预案体系，建立完善投放网络，增强应急保障能力。完善商务监管基础设施建设，深化12312举报投诉服务，健全商务执法队伍，持续加大整顿和规范市场经济秩序力度，强化商务领域大气污染防治控油和老旧汽车报废回收拆解监管力度，及时发布商务系统诚信“红黑榜”，打击流通领域假冒伪劣、商业欺诈等违法行为，确保规范诚信经营，营造安全消费环境。

B.32

2016～2017年焦作市商务发展回顾与展望

常绪凯*

摘　要：　2016年，面对国内外经济下行压力，焦作市把握经济大势，适应新常态，应对新挑战，稳中求进，改革创新，实现了商务工作健康平稳发展。本文总结了焦作商务工作取得的成绩，指出了存在的问题，并就2017年焦作市商务发展提出了对策建议。

关键词：　焦作市　产业集群招商　电子商务

一　2016年焦作市商务发展指标完成情况

2016年，全市实际利用外资8.3亿美元，同比增长5.1%，总量居全省第6位；实际利用省外资金577.1亿元，同比增长7.1%，总量居全省第4位；实际利用市外资金1486.6亿元，同比增长7.4%。货物进出口完成19.5亿美元，同比下降4.7%，占省定目标21.99亿美元的88.7%，总量居全省第2位。其中，出口完成14.24亿美元，同比下降3.7%，总量居全省第4位；进口完成5.26亿美元。全市社会消费品零售总额实现698.9亿元，总量居全省第13位；同比增长11.9%。

---

* 常绪凯，焦作市商务局。

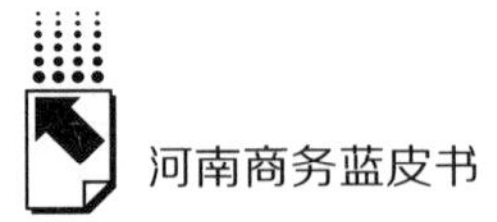

二 2016年主要措施及成效

1. 开放招商深入推进

（1）搞好政策指导。各级党委、政府把开放招商作为“一把手工程”，坚持高位推动。市委、市政府主要领导深入基层、深入实际，多次组织召开招商引资工作座谈会，分析新形势，研究新常态，坚持搞好顶层设计，提出近学许昌、远学扬州，早日跻身全省“第一方阵”的工作目标，要求围绕打造千亿元产业集群以及文化旅游、电子商务等优势产业，招大引强、招新引优，重点引进一批具有突破性、引领性和方向性的重大项目，为开展招商引资工作指明了方向。焦作市通过出台《关于进一步完善招商引资工作机制的实施办法》等一系列政策措施，健全、落实了招商引资分包、督查、考核机制。14 个市直部门分别制订了本部门开放招商专项行动计划。2016年全市新引进项目 1021 个，项目总投资达 2062.5 亿元。

（2）搭建豫商大会平台抓好节会招商。各级各部门把握新常态，迎接新挑战，突出抓好开放招商工作。一是成功举办第十一届豫商大会。按照“会前抓招商、会中抓签约、会后抓落实”的总要求，顺利举办第十一届豫商大会。二是抓好节会招商。重点组织参加了第 10 届中国（河南）投洽会等一系列大型招商活动，共签约项目 31 个，总投资 190.3 亿元。三是积极开展小分队招商。全市共派出 500 多支招商小分队，分赴上海、北京、深圳、广州等地，围绕焦作市优势产业集群，紧盯国内外 500 强、行业龙头企业以及商协会，开展一对一洽谈、点对点对接，引进了武陟产业新城、温县新兴科技产业园、中站物流金融、马村九里山太极文化园等重大招商引资项目。全年全市新引进亿元以上项目 441 个，项目总投资达 1692 亿元。

（3）推进产业集群招商。围绕打造千亿元产业集群以及文化旅游、科技金融等优势产业，各部门制定产业招商路线图，推动优势产业集群化发展。全市新引进 28 个 10 亿元以上项目，项目总投资 425.8 亿元。产业集群方面，引进了总投资 680 亿元的武陟县产业新城、总投资 84 亿元的温县金水新兴科技产业园等项目。文化旅游方面，引进了总投资 50 亿元的云台山文旅养产业综合体、总投资 30 亿元的太极小镇等项目。科技医疗方面，引进了总投资 10 亿元的高端医疗设备、总投资 6.6 亿元的无人机等项目。现代服务业方面，引进了总投资 35 亿元的云计算数据中心、总投资 30 亿元的焦作跨境电子商务产业园等项目。

（4）加快电商产业招商。市委市政府把电商产业作为促进经济转型升级的重要抓手，制定了《焦作市关于支持电子商务发展的若干意见》等政策措施，在政策、人员、资金、用地、供电等方面提供要素保障。各级部门多策并举，全力推进，加快实施电子商务进农村、进社区、进企业和跨境电子商务工程，使焦作市电商产业呈现蓬勃发展的良好势头。全年全市电子商务交易额 711.4 亿元，同比增长 30.5%；网络零售额 73.9 亿元，同比增长 29.9%。

（5）优化投资环境。深入开展招商引资项目落地年活动。重点对第 11 届豫商大会签约项目及 2015 年以来招商引资重大签约项目进行了三次督导；建立部门协作推进机制；深化行政审批制度改革。公开 17 项行政审批服务事项清单，取消 6 项、下放 3 项行政审批服务事项，压减 34.6%。严格执行“三集中、三直接”和“审批授权首席代表负责制”。全年办理办结行政服务事项 450 件，差错率为零，投诉率为零。

2. 对外贸易平稳发展

（1）落实外贸政策。焦作市贯彻落实国务院和省政府促外贸稳增长政策措施，协调相关部门出台了《扩大农业对外开放促进食品农产品出口实施方案》和《促进外贸稳定增长十项措施》等配套政策；健全全市对外贸易目标考核体系，对各县、市、区重点外贸企业目标进度逐月通报，督促指导外贸目标的完成；充分发挥市外贸联席办公会议作用，协调海关、商检、外管、国税、出口信用保险等部门，为外贸企业在海关报检、出口保险、出口退税、境外人民币结汇手续诸方面提供便利服务；积极复制自贸区成功经验，在河南德众保税物流中心实施 14 项优惠措施，让企业享受自贸区创新带来的政策红利。

（2）开拓国际市场。努力开拓国际市场，积极融入国家“一带一路”战略，组织企业参加了京交会、东盟博览会等展会，成效显著。

（3）强化跟踪服务。建立了进出口企业监测分析系统，动态分析，定期通报；积极推进进出口业务申报无纸化、产地证签证无纸化、通关单签证电子化，办理出口原产地签证4047单，签证金额3.27亿美元；主动跟进德众跨境电子商务产业园、经开通港物流园区“跨境电商+外贸综合园区”的论证建设，打造更加便利的外贸服务平台；联合焦作海关、检验检疫部门举办了焦作市落实自贸协定和原产地签证工作宣讲会和跨境电子商务与焦作转型发展报告会，联合省贸促会举办了商事认证及开拓国际市场业务政策宣讲会。

3. 商务惠民工程持续提升

（1）城市市场。①帮助企业开拓国内市场。组织商贸企业参加了中国绿色食品博览会、中国西部采购商大会等系列展会；组织企业开展了“2016年消费促进月”活动，开展各类促销活动100多场；组织企业开展了“豫货网上行”“阿里巴巴焦作产业带”等网络销售活动，成效显著。②加快商贸企业转型升级。扎实推进焦作市作为河南省内贸流通体制改革发展省级综合试点城市建设，制定实施《焦作市国内贸易流通体制改革发展综合试点工作实施方案》《焦作市商贸服务业提升三年行动计划》，组织开展了商务中心区、特色商业区、商业功能区、零售业节能环保示范创建活动。③推动家政服务建设。2016年，全市家政服务网络中心加盟企业1658家，涉及保姆、保洁、护理、维修、配餐、搬家等家庭生活的各个方面。组织培训家政服务人员750名，提供家政服务类信息11万余条（次），安置人员就业2万余人（次）。④推进文明餐桌活动。组织召开各层次文明餐桌活动动员会、座谈会、观摩会35场（次），印发文明餐桌温馨提示牌、海报、宣传画、台卡25000多幅（套），各餐饮企业、机关、学校食堂相继开展了“适度点餐、合理消费、剩菜打包”抽奖打折或赠送纪念品等形式多样的活动。在全市评选表彰文明餐桌活动示范企业29家、示范机关食堂7家、示范学校食堂18家、示范街4条、文明服务员110名。⑤抓好放心早餐工程和“老字号”培育工作。目前，全市设置放心早餐网点45个，供应早餐品种85个，日销售近万份。组织培育“老字号”品牌，组织开展了名家、名店、名品评定工作。⑥加强商务领域流通市场监管。落实酒类流通备案制度、随附单检查制度，不断加强单用途预付卡管理工作力度，规范经营行为。

（2）农村市场。推动农村市场体系建设。完善农产品流通项目库建设，征集、筛选建设项目22个，组织申报伊赛肉业为全省农产品冷链流通标准化示范企业。②强化农产品网上购销对接活动。为农民提供产前、产中、产后购销信息对接服务，注册商户信息1882条，供求信息3324条，成交额6703.89万元。

一年来，全市商务工作保持了良好发展态势，但还存在一些不容忽视的矛盾与问题。招商引资方面，引进项目质量不高，缺乏一些科技含量高、市场前景好、利润空间大的项目，招商引资的力度还需进一步加大。对外贸易方面，出口结构不优，出口产品以资源型、原料型初级产品为主，终端成套设备和机电、高新技术等高附加值产品不多。近年来，本市出口总量位居前列，很多企业开拓了国际市场，但大部分是原字号产品，精加工、深加工、利润空间大的产品较少。国内贸易方面，现代商贸服务业发展相对滞后，传统服务业存在小、散、乱的问题；电子商务建设仍处于起步阶段。

三　2017年商务发展对策

1. 突出抓好招商引资工作

（1）抓好“一赛一节”招商活动。按照“节会搭台、文旅为媒、经贸唱戏、助力转型”的宗旨，落实“会前抓招商、会中抓签约、会后抓落实”的工作要求，2016年4～6月，焦作市在长三角、珠三角、京津冀等地区重点组织开展3场节会专题推介招商活动；7～8月，协调推进签约项目前期工作；9月，举办“一赛一节”项目集中签约活动；会后至年底，深入开展项目专项督导落实。各级各部门围绕本市主导、优势产业广泛开展小分队招商和驻地招商，力争把“一赛一节”打造成为焦作市 2017 年开放招商的主阵地。

（2）推进“6 +3”产业招商。围绕打造六大产业集群、培育发展新兴产业和城市水系建设，强力实施“6 +3”（工业六大产业和文化旅游、电子商务、现代农业）产业招商行动计划，成立 8 个产业招商小组，明确招商领域和职责分工，组建专业招商团队，争取签约一批与焦作市优势产业相配套、与城市建设相适应的重点项目。各县市区要按照“一园一主业、一地一特色”的要求，明确主攻方向，提高招引项目质量。

（3）引进行业龙头企业。紧盯国内外 500 强和行业龙头，精准开展“一对一”“点对点”叩门招商，积极承接产业整体转移，加快集群发展、做大做强。比如依托隆丰皮草产业园建设国际化皮毛加工基地和销售中心，依托蒙牛乳业百亿集群项目、沁阳超威电池与德国 MOLL 公司合作等龙头项目，带动产业集聚和规模化发展。

（4）融入国家“一带一路”战略。积极申报河南省自贸区试点城市。有选择地组织参加第 11 届中国（河南）国际投资贸易洽谈会，赴欧美、日韩、中国港台经贸洽谈等活动，深化与其他省、市和“一带一路”沿线国家、地区的经贸合作，加强与河南自贸区各城市的交流合作，加快郑焦融合发展，推进焦作市工业产业集聚区，温县、博爱产业集聚区创建省级经济技术开发区，提升对外开放水平。

2. 全力推进电子商务建设

（1）加快电子商务平台建设。继续深化与阿里巴巴等知名电商平台的合作，加快推进云计算、大数据和跨境电商平台建设，积极扶持壮大怀庆府等本土电商平台，加快推动全市小微网商集聚发展，着力建设好焦作电商生态圈和焦作电商产业带，推动本市特色产品卖全国、销全球。

（2）加快跨境电商试点建设。抢抓焦作市纳入中国（郑州）跨境电子商务综合实验区试点城市机遇，围绕焦作跨境电子商务生态圈项目推进两仓 + 通关平台建设，依托德众保税物流中心打造德众全球购跨境进口电商平台，依托通港物流园打造跨境出口电商平台，力争 2017 年建成覆盖全市特殊监管区域（场所）的国际贸易“单一窗口”，启动中国·秘鲁、焦作·利马“两国双园”合作项目，利用进出口大数据+“两信一保”开展退税融资、结汇汇差、跨境理财、信用证融资等供应链金融服务，以海外仓为载体，建设太极文化国术馆，构建焦作市“一区多园、一园多点、多主体运行、多模式发展”的跨境电商格局。

（3）推动电商与实体经济融合发展。加快推进“互联网+流通”行动，积极支持专业市场、传统百货等传统大型流通企业开展网络批发、零售业务。鼓励各类生产企业加快电商应用，引导企业开展网上订货、网络直销等业务。

（4）健全电子商务配套体系。认定一批市级、争创一批省级、培育一批国家级电商示范企业、示范园区，打造一批品牌电商园区。积极探索设立政府产业引导基金和担保基金，引导更多社会资金投入电子商务产业发展。着力强化电子商务业务培训、人才培养。

3.培育外贸发展新优势

（1）加强出口基地建设。做大做强羊剪绒、汽车零部件、造纸省级出口基地、省级服务外包示范园区。加大出口基地公共服务平台建设，建立出口基地培育机制，支持符合条件的产业集聚区申报省级出口基地，培育创建更多国家级省级出口基地，促进全市产业结构转型升级和整体加工水平的提高。

（2）提升对外贸易质量。充分利用焦作市与郑州航空港经济综合实验区战略合作的优势，积极引进新材料、电子信息等出口型临空产业项目。巩固轮胎、汽缸套、钛白粉、六氟磷酸锂、皮草等优势产品市场占有率，打造产业链高端产品。扩大成套设备、机电、高新技术等高附加值和直接面对消费者的终端产品出口，巩固和扩大焦作市外贸优势。

（3）创新服务方式。发挥市外贸联席办公会议作用，积极复制推广自贸区成功经验；推动内陆与沿海通关协作，为进出口企业创建绿色通道。组织企业参加境内外展会，搞好政策业务培训，推进企业利用电子商务开拓国际市场。组织做好中小开项目和进出口项目库建设，完善涉外法律服务平台，高效办理出口贸物原产地签证，进一步提高贸易便利化水平。

（4）实施“走出去”战略。鼓励化工、电力、皮革等优势产业向境外转移。鼓励本市企业参与境外农业合作开发和矿产资源开发。鼓励更多的劳动力走出去经商、走出去就业，切实维护外派劳务人员的合法权益。建立健全焦作市产业损害预警机制，做好反倾销、反补贴和保障措施等涉及进出口公平贸易的工作。

4.积极做好搞活流通扩大消费工作

（1）完善城乡市场体系。扎实推进焦作市作为河南省内贸流通体制改革发展省级综合试点城市建设。继续加强流通体系基础设施建设，推进农产品批发市场、农贸市场升级改造，支持超市企业扩大生鲜农产品经营销售，不断优化农产品供应链。推动市级商业网点规划修编和县级（域）商业网点规划修编，指导规范焦作市商贸服务业健康发展。

（2）推进民生工程建设。推动农村商业网点上档升级，建设方便、快捷、安全的农村市场体系。加大放心早餐工程、文明餐桌示范店和家政服务网络中心的覆盖面。支持社区商业中心和社区便利店发展，支持标准化菜市场升级改造。组织参加夏、冬两季农产品网上购销对接活动。加快再生资源回收利用体系、再生资源回收利用基地项目的建设。完善餐饮住宿业综合服务体系，开展零售、酒家酒店行业分等定级。组织搞好“老字号”申报工作。

（3）搞好市场监管。扎实推进焦作市作为河南省商务综合执法试点城市建设。做好单用途商业预付卡管理，抓好成品油市场秩序专项整治，加强二手车交易、报废汽车回收拆解行业管理，完善典当、拍卖等特殊行业管理，组织开展全市典当行业非法集资治理活动。

B.33
2016 ~2017年濮阳市商务发展回顾与展望

曹泽利*

摘　要：　2016年，濮阳市主动适应经济发展新常态，紧紧围绕全市经济社会发展大局，按照“保持态势，创新优势，转型升级，赶超发展”总体要求，坚持稳增长、保态势、调结构、促转型、惠民生工作主线，开拓创新，攻坚克难，提升精准招商水平，积极稳定外经外贸，大力发展电子商务，搞活流通扩大消费，实现了商务“十三五”良好开局，为推动全市经济总量、人均数量、发展质量“三量齐升”做出了积极贡献。

关键词：　濮阳市　招商引资　电子商务

一　2016年濮阳市商务发展指标完成情况

（1）招商引资。全市实际利用境外资金6.33亿美元，利用省外资金210.8亿元，分别增长10%、8.5%，增速分别位居全省第1、第4。

（2）对外贸易。全市货物进出口4.84亿美元，同比下降17.6%。其中：出口4.14亿美元，同比下降17.9%；进口0.69亿美元，同比下降15.4%。

（3）对外经济。全市对外承包工程和劳务合作完成营业额6.15亿美

---

* 曹泽利，濮阳市商务局。

元，总额居全省第2位；外派劳务8539人次，总数居全省第1位；对外直接投资827万美元，同比增长103%。

（4）社会消费。全市实现社会消费品零售总额530亿元，同比增长12.6%，增速居全省第2位。

二 2016年取得成效及主要措施

1.招商引资工作迈上新台阶

以产业招商为引领，以招大引强为重点，创新方式方法，大力开展精准招商，积极承接产业转移。一是招大引强成效显著。全市新签约、新开工亿元以上项目分别为372个、304个，其中：5亿元以上项目分别为72个、77个，10亿元以上项目分别为70个、32个。德力西智能电气中部基地、王老吉中部创新基地、大数据智慧生态产业园、恒大悦龙台等一批重大项目落地开工。濮阳市商务局与协鑫、中建材等四十余家知名企业签订合作协议，与力帆、德国巴斯夫等八十余家行业龙头开展了深层对接。二是新兴产业招引突出。全市新签约、新开工新兴产业项目分别为52个、38个，分别占总签约、总开工项目的13.9%、12.5%。森源集团、南京嘉远、江苏韩森、天能低速电动汽车专用电池等新能源项目顺利下线；红狮涂料、富士康（正一）特殊材料产业园、中建材“三新”产业园等一批新材料项目落地开工；华电福新、天润新能、中国电力等一批风力发电、光伏发电、风光互补项目相继落地；苏宁云商、京东、阿里巴巴等一批知名电商落户濮阳市。三是专题活动务实有效。濮阳市商务局组织参加了第十届河南投洽会、第二十届厦门投洽会、产业转移系列对接活动等国家、省办活动。围绕传统优势产业和战略性新兴产业，相关县区举办了第三届中原（濮阳）石油天然气装备展销会、中国·濮阳涂料产业发展研讨会、中国（濮阳）石化产业精细化发展大会等十余项专题招商活动。四是机制环境更加优化。市、县党政主要领导亲力亲为，各产业招商组组长和相关市领导带头实干，各产业招商组、各县（区）协力推动，凝聚了强大招商合力。市级层面先后召开四十余次调度会、专题会，研究解决困难问题，推进签约项目开工落地。国检濮阳办事处办公大楼基建工程按期完工，2016 年 11 月下旬搬迁新址办公，彻底结束了濮阳无检验检疫机构的历史。海关机构申建取得实质性进展，郑州海关濮阳监管办事机构即将获批。濮阳市外向型经济公共服务平台建设加快推进，平台将为企业提供“单一窗口”服务。

2. 对外经贸工作取得新成效

落实国家、省促进外贸稳定增长一系列文件精神，厚植传统优势，培育竞争新优势，推动了对外经贸转型升级。一是外贸新增长点不断涌现。新备案外贸经营资格企业 62 家，全市外贸企业数量增至 988 家；新发生外贸业务企业 11 家，全市有外贸业绩企业增至 150 余家。中原油田、濮耐股份、可利威化工位列全省出口 50 强；龙丰纸业位列全省进口 50 强。二是外贸新业态快速发展。大力发展跨境电商，草编制品、羽毛制品、石油钻采配件、耐火材料等产品并出口到三十余个国家和地区。大力支持服务贸易，工程技术、出国劳务、文化杂技、旅游等服务贸易出口进入全省前列。三是外贸产业集群出口优势凸显。不断培育壮大化工、石油装备、电光源等优势出口产业，基地内企业出口占全市的 80% 以上，成为出口主阵地。台前县、范县分别成功创建省级出口（羽绒）、国家级出口（泥鳅）食品农产品质量安全示范区，为扩大农产品出口提供了支撑。四是新兴国际市场不断拓展。濮阳先后组织 122 家企业，赴国外考察，参加涉外展会，与世界上 120 余个国家和地区发生了对外贸易往来，其中：“一带一路”沿线国家 53 个，进出口额占全市的 49.2%。河南杂技集团成功收购美国布兰森市综合艺术活动中心。濮阳与巴基斯坦瓜达尔市签订了友好城市合作意向书。

3. 商贸流通工作展现新活力

完善城乡市场流通体系，扩大社会消费，加强市场监测和监管，建设良好市场秩序。一是电子商务工作实现新突破。全市电子商务交易额 240 亿元，同比增长 20%，其中：网络零售额 38 亿元。范县、濮阳县先后成功获批国家级、省级电子商务进农村综合示范县，全市省级以上示范县达到 3 个。在全省率先出台了《农村电商扶贫支持办法》（试行），从 2016 年到

2019年，市、县财政每年安排4300万元的电商扶贫专项资金，用于农村电子商务扶贫工作。全市建成了一批电商扶贫示范点和物流配送网点，培育了一批农村电商龙头企业和农产品品牌，促进了一批贫困人员就业。开发区、华龙区、台前县电商园区不断完善提升，濮阳成功创建为省级电商示范基地。台前县电商产业园被列为2016年度省级电子商务扶持基地类项目。濮阳成功创建省级电商示范企业4家，全市省级电商企业达到5家。新增认定备案电商企业119家，全市经省商务厅认定备案电商企业达到169家。建成了濮阳市特色产品展览馆，推动特色农副产品上行销售。二是扩大商贸服务业规模总量。育龙头、扩库容，推动传统商贸转型升级、积极发展商贸新业态，组织开展品牌展、信用消费优惠、绿色消费行、餐饮美食等专题促销活动，2016年全市商贸服务业销售额达到1387亿元，其中批、零、住、餐分别达到544亿元、709亿元、10亿元、124亿元，成为推动全市服务业发展和拉动消费的主要力量。三是推动商贸服务项目建设。濮阳市完成了《商贸服务业“十三五”发展规划》编制工作，明确了“十三五”期间全市商贸服务业发展战略、定位及目标。围绕建设区域性物流中心，有效推进豫北商贸物流园等6大商贸物流项目建设。加快建设农贸市场、连锁超市、冷库冷链等流通设施项目，不断完善全市农产品市场流通体系。

4. 商务监管工作实现新提升

强化酒类随附单管理，新增备案登记企业36家，全市酒类备案登记企业累计7123家。启动应急猪肉储备工作，猪肉储备量达到750万吨，保障了市场应急供应。加强散装水泥“禁现”宣传，全市散装水泥供应量达到127万吨，占省目标的101.6%。督导2座油库、165座加油站完成了油气回收装置综合治理，督导成品油企业严格执行国V标准成品油进行升级。做好农村偏远地区加油站布点，将新建和升级改造加油站135座。加强黄标车、老旧汽车淘汰专项治理，全年共回收汽车6574辆，其中黄标车5253辆。牵头做好“双打”工作，先后组织开展互联网领域侵权假冒专项整治行动、中国制造海外形象维护“清风”行动等专项行动，有力维护了市场经济良好秩序。全年累计出动执法人员1000多人次，检查各类企业400余家，办理行政处罚案件6起。全面落实行政执法责任制，开展服务型行政执法工作，有效提升了商务工作效能和水平。

三　2017年商务发展展望

总体来看，2017年濮阳面临的外部环境依然复杂严峻。世界经济仍处在深度调整阶段，复苏动力不足，不稳定、不确定因素增多，新兴市场国家与我国同质化竞争加剧，贸易保护主义兴起，美国经济政策随着政府更替而前景不明朗。新常态下我国发展面临诸多矛盾和风险，结构性问题突出，有效需求增长乏力，实体经济困难较多，区域和行业趋势持续分化，经济下行压力依然较大。濮阳市产业结构仍然处于新旧艰难调整转换之中，科技创新能力不强、动力不足，新业态、新模式发展较慢，融资难、融资贵、用工难、投资后续支撑能力不足，资源环境约束趋紧、生态环境问题突出等，都为商务发展带来不小的挑战。

但同时濮阳也面临着诸多的有利条件。在对外开放方面：世界经济缓慢复苏，世界贸易量持续增长，外部需求正在改善，“一带一路”建设深入实施，为全市扩大对外经贸提供了新的机遇。国际产业分工格局加速调整，国内区域经济一体化加快发展，国内外产业加速转移的趋势仍将持续，濮阳市地处中原城市群的重要辐射区，北接京津冀、东接环渤海，对外承接产业转移的区位优势更加凸显。同时，濮阳市基础设施、能源交通等支撑能力不断提升，产业配套、平台保障等逐步完善，在扩大招商引资上仍有很大空间。在社会消费方面：随着工业化、城镇化加快发展和消费结构升级，城乡居民收入不断增长，居民消费预期不断增强，濮阳市消费市场发展空间广阔。全国内贸流通体制改革释放巨大红利，城乡流通体系不断完善，进一步改善了消费环境，提振了消费信心，拉动了消费需求。教育、旅游、文化、养老、健康等服务类消费快速增长，电子商务、互联网购物等新型消费业态渗入城市乡村，社会消费潜能得到释放，为扩大消费注入强劲的动力。

预计，2017 年全市实际利用省外资金增长 7%；外贸进出口增长 5%；境外直接投资增长 10%；社会消费品零售总额增长 12.5%。

四 对策建议

1. 持续开展精准招商，增强赶超发展动力

加大招商引资力度，突出精准性和实效性，实施招商引资“六大提升”。一是提升精准谋划水平。按照“分级负责、突出重点、各有侧重、专业推进”的原则，突出抓好若干全局性的产业。继续瞄准长三角、珠三角、京津冀等产业转移输出地，着力招引国内外 500 强、行业龙头企业和高新科技企业，引进产业链高端集群项目。二是提升招商活动质量。组织参加好厦洽会、河洽会、郑州承接产业转移等国家、省举办活动。同时，组织开展好自办活动。“请进来”方面，重点办好第十二届豫商大会、海峡两岸石油化学工业科技经贸交流大会；“走出去”方面，重点开展好广州、佛山，重庆、成都，长沙、武汉，北京、天津等专题活动。三是提升项目落地效果。在谈项目抓签约，签约项目促开工，开工项目快投产。筛选一批带动力强的重大招商项目，落实“四个一”推进机制，由市级领导分包，高层调度推动，加快项目推进。四是提升招商方式方法。综合运用协会招商、园区合作招商、PPP 模式招商、驻地招商、产业基金招商等方式，深化与中国石化工业联合会等“国字头”行业协会的合作，加强与北京通州开发区等园区的深度合作，谋划、包装一批 PPP 项目，重点区域长期蹲守、定点突破，积极承接产业转移。五是提升精准招商机制。成立若干重点产业招商组，各自围绕一个主攻产业、组建一支专业队伍，开展专业化招商。强化驻外办事机构招商职能，将招商引资工作实效作为考核的主要内容。出台“招商项目异地落户管理办法”，对落户到其他县（区）的招商项目，在税收分成等方面实行利益共享。修订招商引资目标管理考核办法，对重点产业招商组和县（区）实行分类管理、科学考核，树立发展导向。六是提升投资发展环境。落实国务院关于扩大对外开放积极利用外资 20 条措施，研究制定促进对外招商引资的工作意见。出台“关于招商项目实行两个零接触推进的实施意见”，实现客商与职能部门、与被征地群众“两个零接触”。完善重大项目预审机制，提前对重大项目的选址、环评、土地、融资等事项进行综合研究论证，提高项目成熟度和落地效率。

2. 持续推进对外经贸，厚植转型发展优势

转变外贸发展方式，突出开拓“一带一路”国际市场，实施对外经贸工作“5个优化”。一是优化贸易投资环境。主动对接天津港集团，谋划包装“无水港”PPP项目，加快建设“无水港”。争取在濮阳市设立海关办事机构并启动相关业务。启动建设进口保税仓和出口监管仓规划。建立濮阳市外向型经济公共服务平台，建设多位一体的信息合作机制和共享平台。二是优化出口市场格局。组织企业参加广交会、东盟博览会、亚欧博览会等知名展会，与境外经销商直接对接；支持有条件的企业建立境外营销网络，形成多元化外销渠道。巩固传统市场，开辟新兴市场，特别是加大对“一带一路”沿线市场开拓力度，不断优化出口市场分布，扩大海外市场份额。三是优化出口产品结构。充分利用出口基地支持政策，加强2个国家级、5个省级出口基地建设，支持企业建设公共服务平台，参与行业标准制定，加大科技研发投入，不断提高出口产品科技含量和附加值，推动产品优化升级。发挥1个国家级、3个省级出口工业品、农产品质量安全示范区作用，加快培育出口品牌，促进自主品牌出口。立足濮阳市新兴战略产业，培育一批新的出口产业集群。四是优化出口贸易方式。扶持河南杂技集团、华晨杂技、东北庄杂技等发展壮大，叫响濮阳杂技品牌，扩大杂技出口规模。发挥中原油田油气勘探开采技术、人才、管理、品牌优势，扩大工程技术服务贸易。扶持刀书画、通草浮雕、麦秆画、黑陶等文化产品出口。落实国家、省支持加工贸易发展的政策措施，承接沿海发达地区梯度转移，培植一批加工贸易出口新增长点。五是优化“走出去”布局。以参与“一带一路”建设为重点，邀请相关专家来濮阳市宣讲，加强贸易规则研究，增进企业对沿线国家政治、法规、文化、经济的了解，指导企业按规则参与合作。围绕对外合作产业重点，组织企业参加沿线国家知名展会和外出考察。支持企业开展企业及产品国际认证，加大产学研投入和自创品牌，参与“一带一路”建设，扩大对外承包工程和境外投资规模。

3. 持续发展电子商务，拓宽创新发展空间

加快发展电子商务，实施“电商八大工程”。年内争取全市电商交易额达到290亿元，同比增长20.8%。其中，网络零售额完成50亿元。一是园区建设提升工程。加快范县电子商务产业园建设，积极推进已建成电商园区完善提升，逐步将园区打造成为集创新研发、创业孵化、人才培训、技术扩散、综合配套于一体的电商集聚地。二是电商主体培育工程。推动规模以上工业企业、农业产业化规模企业“触网”，推动传统商贸流通企业建立电子商务营销渠道，支持电商龙头项目和行业领军企业在濮阳市设立区域总部、运营中心及配送中心，启动小微电商主体孵化工作，不断壮大电商队伍。年内全市认定备案电商企业80家。三是电商示范创建工程。强化电商示范园区、示范企业的示范引领作用，促进园区建设提升，促进企业健康成长。年内评定市级电商示范园区2个、示范企业10个；创建1个省级电商示范园区、3个省级示范企业。四是跨境电商提升工程。濮阳市制定出台《跨境电子商务发展规划（2017～2019年）》和《关于促进跨境电子商务健康快速发展的实施意见》，濮阳市作为第三阶段试点市全面融入郑州跨境电子商务综合试验区建设。年内争取全市跨境电子商务贸易额达到1.9亿美元。五是农村电商巩固工程。扩大电子商务在农业农村的应用，畅通“工业品下乡、农产品进城”双向流通渠道，构建健康稳定的农村电商市场体系。年内培育农村电商扶贫龙头企业2家；建设县级电子商务运营中心2个、乡级服务站15个、村级服务点80个、区域电商物流中心1个。六是社区电商完善工程。适应社区居民生活需求变化，以线上与线下融合、商品与服务融合为导向，大力提升社区商业信息化、规范化水平，满足社区居民便利化、个性化消费需求。七是本土产品上行工程。发挥政策的引导扶持作用，推动本土特色产品的品牌化、标准化、电商化建设，加快市特色产品展览馆提升和阿里巴巴濮阳运营中心、网来云商（濮阳）跨境电商服务中心等项目建设，推动全市产品上行销售。八是万人电商培训工程。与郑州大学等高等院校建立合作培养机制，打造专业人才培训基地。依托三力培训学校、东方龙培训学校等专业培训机构，开展电子商务应用专项培训。举办领导干部电子商务研修班。年内全市累计培训电商人员12000人次。

4. 持续搞活商贸流通，增添共享发展活力

围绕流通领域供给侧结构性改革，实施商贸流通“5个加强”。一是加强行业规划实施。以《濮阳市商贸服务业“十三五”发展规划》为引领，着眼于发展大商贸、大市场、大流通，以提升发展质量为重点，以创新融合发展为突破，以良好的营商环境为支撑，突出关键领域，实施重点推进，推动全市商贸服务业实现跨越式发展。二是加强骨干企业培育。加大政策支持力度，按照“限上企业抓增长、上限企业抓入库、近限企业抓培育、新建企业抓跟踪”的工作思路，完善工作措施，重点培育一批品牌响、规模大、档次高的大型商贸流通企业。三是加强重点项目推进。围绕打造核心商圈、构建商贸服务网络体系，谋划建设一批重点商贸服务项目。引进全国知名品牌，推动一批新型业态商贸流通项目建设，提升商贸服务业发展水平。四是加强农村市场完善。引导一批设施先进、管理规范、流通规模大的标准化农贸市场、农批市场和农业产业化龙头企业，加快建设高效、畅通、安全、有序的农产品现代流通体系。优先支持濮阳县、范县、台前县地区农产品流通体系建设。五是加强行业环境优化。强化市场运行监测和调控，确保市场平稳运行。发挥牵头作用，加强商务领域社会诚信体系建设，协调开展打击侵犯知识产权和制售假冒伪劣商品专项活动，优化市场经营环境。加强商务综合执法机构和队伍建设，完善和规范执法制度，大力开展商务领域综合监管执法。加强成品油、单用途商业预付卡、二手车交易市场、报废车拆解企业、拍卖、典当等行业管理工作。

B.34

2016 ~2017年许昌市商务发展回顾与展望

李长军　杜向伟*

摘　要：2016 年，许昌市坚定不移实施开放带动战略，全力扩大开放招商，着力促进对外贸易回稳向好，不断拓展“走出去”发展空间，持续抓好市场体系建设，加速发展电子商务，商务工作呈现稳中有升的良好态势。2017 年，面对新的形势任务，许昌市商务系统将抢抓机遇、奋力进取，努力实现商务工作新跨越。

关键词：许昌市　招商引资　电子商务

一　2016年许昌市商务发展指标完成情况及特点

2016 年，全市商务工作在经济下行压力持续加大形势下稳中有升，主要商务指标运行良好，保持了快速增长。

（1）招商引资成效明显。全年实际到位省外资金 441 亿元，同比增长 8.4%，增速居全省第 4 位；实际利用外资 7.19 亿美元，同比增长 5.7%，增速居全省第 5 位。

（2）商贸流通稳步增长。全年实现社会消费品零售总额 794 亿元，同

* 李长军、杜向伟，许昌市商务局。

比增长 12.3%，增速居全省第 7 位。

（3）外经合作平稳发展。全市新增境外投资项目 3 个，项目增资 1 个，对外投资中方协议额 3853.7 万美元，完成年度目标的 434%。

（4）对外贸易逆势回升。实现进出口 122.96 亿元，同比增长 4%，其中出口 113.94 亿元，同比增长 8%，出口总量居全省第 2 位，在外贸形势总体下滑的形势下实现逆势增长。

（5）电子商务发展迅猛。全市电子商务交易总额 409 亿元，同比增长 28.6%。其中跨境电子商务交易额 11.2 亿美元，同比增长 9.8%。

二 2016年采取的主要措施

1.科学谋划、高位推动，掀起开放招商新高潮

（1）在总体设计上，许昌市 2016 年初制订了《2016 年对外开放和“5651”招商引资行动计划》，明确了目标任务、重点工作和保障措施；全市召开了对外开放工作会议，在新的起点上对推进开放招商工作进行了全面安排部署。

（2）在氛围营造上，实施“二分之一”工作法，市、县两级党政负责人把一半工作时间和精力用于开放招商工作。制定开放招商考评奖惩办法，每月通报、每季度公示县（市、区）开放型经济指标完成情况，年底综合考评、兑现奖惩，层层传导压力、激发内生动力。

（3）在政策支持上，许昌市先后出台《关于促进外贸稳定发展的实施意见》《关于支持企业“走出去”发展的若干意见（试行）》等文件，为打造开放型经济提供了有力的政策保障。

2.创新方式、办实活动，打好招商引资“组合拳”

（1）注重招商队伍专业化。选配专职专业人员，在长三角、珠三角、京津冀等地设立 21 个驻地招商点，加强与国内外 500 强企业和行业龙头企业的联系对接；积极加强与欧洲合作、开拓东盟市场，分别与中国经济联络中心、东盟国际贸易投资商会，建立了合作关系。

（2）注重招商活动精准化。在办好三国文化周、花博会等传统招商活动的同时，许昌市每季度在京津冀、珠三角、长三角等经济发达地区组织专题招商活动，每次突出 1～2 个县（市、区）和重点产业，开展专题对接。2016 年，许昌市先后在深圳、香港、天津、上海等地组织了专题招商，开展了硅产业论坛、名优特色商品展等活动，宣传推介了许昌，签订了一批合作项目。

（3）注重招商方式多样化。鼓励引导本地企业和投资者积极开展产业链招商，围绕装备制造、超硬材料、再生金属及制品、生物医药等产业，促成了森源、黄河、豪丰、瑞达生物等一大批企业与西门子、法拉利、天津医药集团等国内外行业龙头企业的合作。同时，积极把境外重点商业协会、企业请进来考察，促成双方合作，先后邀请中国香港、德国、瑞士、日本、韩国等地重要客商莅临实地考察，引入废旧汽车自动化拆解、高端智能自动化停车系统等项目。

3. 抢抓机遇、选准方向，深度融入“一带一路”建设

（1）中东欧方向，着眼推动本市装备制造、再生金属等特色产业转型升级，2016 年许昌市先后两次组织 45 家企业赴德国、捷克、瑞士等国家进行对接，沙尔平公司 5 次组织德国企业到许昌考察，目前共签订合作项目 11 个、合作意向 8 个，其中，中德（许昌）工业园已上升为省战略，中德再生金属生态城、年产 80 万吨精密不锈钢连轧等一批项目相继开工建设。

（2）东盟方向，着眼提升许昌市在东盟的影响力，推动更多的许昌制造“走出去”，连续 2 年组织企业赴泰国参加东盟（曼谷）中国进出口商品博览会，2016 年 11 月组织 36 家企业参展，展品涉及机械加工、电力电气、食品饮料等 8 大类 135 种产品，许昌市组团规格、参展规模均位列国内参展地级市首位，共达成合作意向和产品销售协议 26 个，合同金额 3.8 亿美元。2016 年许昌市对东盟地区出口同比增长 165.2%。

4. 多措并举、综合施策，力促对外贸易回稳向好

（1）加强政策业务培训。针对外贸企业开拓国际市场能力不足，出口下滑的问题，在全市外贸企业先后开展出口信用保险业务培训会、“走进非洲”档发行业风险管理高峰论坛、进出口食品安全讲堂暨《美国 FDA 食品安全现代化法》配套法规培训等 5 次专题培训，累计培训外贸企业 500 余家，帮助企业掌握最新外贸政策，调整市场结构，提升了企业的综合竞争力。

（2）推进开放平台建设。全市对外开放平台建设有了大的突破，继许昌出入境检验检疫局挂牌开检之后，许昌海关正式开关，“关检一体化”建设取得重大突破，魏都区保税仓库成功获批。依托众品海关监管场所，跨境电商出口监管场所开展升级建设，在全省率先开展一般模式跨境电商出口。

5. 建管并重、惠及民生，内贸流通水平持续提升

（1）农产品市场体系建设持续推进。许昌市连续 3 年把推进市区农产品市场建设列入民生实事，持续推进。完成了中原国际农产品物流港配套项目，新建改造提升市区 3 个农产品二级市场，50 个社区生鲜便利店建设的任务。

（2）内贸流通现代化水平规范提升。许昌市大力实施国家商贸物流标准化专项行动计划，以全国商贸物流标准化专项行动第二批重点推进企业河南鲜易供应链有限公司为依托，完成并推进了基于物联网、北斗导航、托盘运用、商品的可视化和食品安全追溯等现代信息技术的应用推广。开展品牌消费集聚区创建工作，在全市重点培育了 4 家集商贸、餐饮、文化、休闲和旅游于一体的品牌消费集聚区，有 3 家已通过省专家组验收。许昌市制定了《国内贸易流通体制改革发展综合试点实施方案》，逐步推进国内贸易流通体制改革发展省级综合试点工作。

（3）综合监管工作扎实有效。牵头开展打击侵权假冒违法犯罪专项行动，全市行政执法部门打击侵权假冒共立案 762 起，结案 760 起，涉案金额 1800 余万元，罚没 500 余万元，净化了市场环境。开展了商务领域互联网金融风险专项整治工作，对典当、电子商务、拍卖、现货交易场所、租赁业务等利用互联网开展的金融活动进行摸底排查、清理整顿。

开展“诚信商贸流通示范企业”评选活动，营造诚信经营环境，提振了消费信心。

6. 深挖潜力、大力推动，电子商务发展迅猛

（1）扶持本土电商企业做大做强。做好电子商务企业的认定备案和示范企业、基地创建工作，累计获省认定备案电子商务企业达到388家，新增省级示范企业3家、示范基地1家，评选认定市级示范电商企业6家，示范电商基地2家。采取政府补贴、购买服务的模式启动电商培训工程，鼓励以校企合作、企业和协会自办等多种方式培养电子商务人才，年开展电商培训10万人次。政府全力推动，电商企业快速发展的氛围浓厚，如鲜易控股旗下鲜易网已发展成国内最大的深度垂直生鲜食材B2B交易系统，注册企业用户58.6万个，年交易额135亿元。

（2）强力推进跨境电商。大力实施跨境电子商务提速工程，许昌市先后引入阿里巴巴、EBAY、亚马逊等世界知名电商企业来开展业务，培训企业，提升传统企业跨境电商应用水平。推动建设阿里巴巴国际站B2B、速卖通B2C许昌跨境产业带，提升外贸企业线上竞争力，成功孵化出许昌靓发、百斯特、龙祁、盛源、金福源等销售明星企业，2015年上线至今累计交易额突破1.1亿美元。许昌蜂产品、陶瓷、机械制造、特色农产品等出口快速增长，仅蜂产品一项2016年出口近1亿美元，其中有近50%是通过电商渠道销售的。

（3）扎实推进电子商务进农村工作。依托特色产业集群和产业基地优势，积极探索和培育电商专业村，全市涌现出8个电商村，其中6个入选阿里巴巴中国淘宝村。坚持政府引导、企业主导的原则，建成村级电商服务点400多个。目前，全市农村电商从业人员2万多人，各类网络商铺上万家。

（4）着力完善配套服务。引导维库、863软件、河南杰夫等24家电商服务商共同发起成立了许昌跨境电子商务产业联盟，搭建具有公益性质的跨境电商综合服务平台，推出“产业+基地+基金”模式，为电商企业提供摄影、模特、培训、推广等专业性服务，助推许昌电商崛起。

三 2017年商务发展指标预测及形势分析

2017年外部环境依然严峻复杂，世界经济还处在深度调整和缓慢复苏期，贸易保护主义和“逆全球化”思维抬头，不确定不稳定因素明显增多，为开放型经济发展带来新的挑战。国内经济运行结构性矛盾较为突出，经济增长内生动力不足。全市经济下行的压力依然较大，投资、消费、出口增长乏力，商务发展面临的形势依然严峻。

同时也要看到，当前经济长期向好的基本面没有变，经济运行总体平稳的态势没有变，全市发展基础和优势持续形成，面临着诸多机遇和有利条件。一是发展态势好。全市经济体量不断扩大，综合竞争优势不断增强，主要经济指标持续增长，综合实力位居全省第一方阵，许昌已成为全省发展的优势地区。二是发展活力足。许昌已与160多个国家和地区建立经贸合作关系，全方位、宽领域、多层次的对外开放格局正在逐步形成。许昌出入境检验检疫局、许昌海关相继设立运行，出口加工区和保税物流中心正在积极申建，拥有国家级外贸转型升级专业型示范基地、国家级科技兴贸创新基地两个“国字号”出口基地。在2016年《河南社会治理发展报告》中，许昌市经济发展环境指数、行政环境指数、法治环境指数均居全省第1位。三是发展空间大。近期，《促进中部地区崛起“十三五”规划》《中原城市群发展规划》正式印发，国家明确支持郑州建设国家中心城市，郑州大都市区规划即将颁布，许昌与郑州融合发展已成为国家战略的重要内容，许昌在河南省乃至全国发展格局中的战略地位更加凸显，竞争优势进一步增强。当前的许昌已进入蓄势崛起赶超发展的新阶段，拥有广阔的发展空间和巨大的投资需求，蕴藏巨大活力和无限商机，为广大客商投资兴业、成就事业提供了广阔舞台。

基于以上分析，预计，2017年全市实际利用省外资金增长7%；实际利用外资质量提高，规模与上年持平；进出口保持稳定，社会消费品零售总额增长11%，开放招商对全市经济社会发展的综合带动作用持续增强。

四　2017年商务发展对策

1. 强力推进开放招商

坚持开放带动主战略，以开放转换动力、推动改革、促进发展。许昌市深度融入“一带一路”，加快拓宽开放领域，主动承接产业转移，引资和引技引智并举，推动开放招商总量与质量双提升。

（1）搞好招商顶层设计。抓住全球产业重新布局和实施“中国制造2025”的机遇，围绕全市明确重点发展的十大产业链和四大战略性新兴产业，加强对产业转移研究和分析，精选目标区域，谋划产业招商专题行动，不断提高招商引资的精准化、科学化水平，逐步培育、壮大一批富有特色、体系完整、辐射力强的优势产业集群。

（2）创新招商方式。把产业集群招商放在更加重要的位置，突出招大引优，瞄准国内外500强、行业龙头企业等重点对象，注重发挥驻地招商作用，对重点企业投资意向，派出专人，精准对接。突出企业主体地位，大力推行“政府主导、企业主体”的专业招商模式，积极推进与德国RSBK公司、东盟国际贸易投资商会、中国经济联络中心等知名商协会、中介机构的合作，开拓委托代理招商新渠道。

（3）务实办好招商活动。按照精简、务实、创新的原则，办好三国文化旅游周、中原花木交易博览会、中医药交易会等3项在许昌市举办的招商活动。紧盯京津冀、闽东南、长三角和珠三角地区优势产业，突出集群式引进、专题性推介。积极组织参加河南投洽会、高交会、东盟博览会等国家、省举办的重大经贸活动。

（4）创造更优环境。抓住河南省被国务院批准成立自贸试验区的机遇，主动融入，加强与郑州航空港经济综合实验区的对接，充分发挥许昌海关的作用，提升出入境检验检疫服务水平，积极申建国家级高新区、综合保税区，加快推进出口监管仓库、保税仓库、保税物流中心等开放平台建设。建立完善项目落地督查机制，切实做到月月有通报，季季有考核，年底综合考评，不断提升项目的履约率、开工率、资金到位率。

2. 积极融入“一带一路”建设

（1）落实兑现对“走出去”企业的支持政策。做好《关于支持企业“走出去”发展的若干意见》下发后的政策解读和宣传工作，对企业跨境并购、开拓国际市场、对外承包工程、境外参展考察等方面提供便利条件和政策支持。

（2）积极推动外经合作。加强对中亚、东南亚、非洲、欧洲等地区的合作，加快许昌市优势产品、富余产能的合作与转移。引导和鼓励发制品、电力装备、农业机械、特色农产品等企业走出国门，拓展国际市场，提升国际化经营能力和综合竞争力。支持承包工程龙头企业拓展对外承包工程业务，带动许昌市优势装备、技术、人才的对外合作。鼓励符合条件的企业申报对外承包工程经营权，扩大对外承包工程队伍。

（3）持续巩固扩大与德国、东盟方向合作成果。跟进与德方企业已签约项目，确保早日落地。加强与德国等中东欧国家的合作交流，适时组织许昌市企业赴德国开展项目对接活动。持续推进中德产业园项目建设，促进互利互赢发展。用好泰国东盟（曼谷）中国进出口商品博览会等平台，开拓东盟市场，推动更多的“许昌制造”“走出去”。

3. 持续扩大对外贸易

（1）用足用好各项支持政策。抓住国务院实施《关于促进外贸回稳向好的若干意见》的机遇，积极帮助企业争取国家降费、免税、补贴等优惠政策；不折不扣落实好已出台的奖补政策；用好发制品出口基地建设专项资金，扶持龙头企业开展品牌培育、产品研发和市场开拓，推动发制品产业集群发展壮大。对年出口额1500万美元以上的企业，一企一策开展指导服务，促进企业出口平稳增长。

（2）大力培育新的外贸增长点。继续保持机电产品出口高增长态势，加大行业引导及政策支持，力争机电产品出口份额占全市出口总额的20%以上，成为第二大出口产品和最具潜力出口产品。采取及时发布展位信息、给予展位补助等方式，引导组织参加国内知名展会，提高出口品牌知名度，

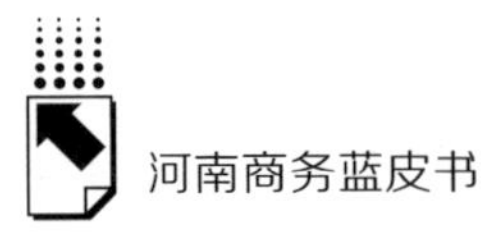

助推企业开拓国际市场。围绕装备制造、食品加工等特色优势产业，谋划、包装、策划一批出口型招商引资项目，加大引进力度，增加出口后劲。

（3）大力发展加工贸易。加快发展电子信息、新能源汽车、电力装备制造、汽车及零部件等先进制造业加工贸易，推动加工贸易向价值链高端跃升。

（4）优化外贸发展环境。推进外贸公共服务平台建设，做好现有出口基地动态管理、跟踪问效，支持禹州加快创建国家级出口陶瓷产品质量安全示范区。加快跨境电商口岸建设，大力开展一般模式跨境电商出口，促使外流的跨境电商统计数据尽快回流。

4. 提升内贸流通现代化水平

（1）推进市场体系建设。推进《许昌市商贸流通业发展规划》（2016～2020年）编制工作。完善市区农产品市场功能，进一步完善三级农产品市场体系，提升规范化运营水平。积极申报省级农产品流通体系项目，推动中原国际农产品物流港等项目参与全国农产品流通骨干网项目，争取国家开发银行资金支持。

（2）推进内贸流通改革试点工作。扎实推进国内贸易流通体制改革发展省级综合试点市工作，及时帮助协调解决试点工作推进中的热点、难点问题，确保内贸流通改革七项重点任务41项试点工作内容如期完成。

（3）大力发展连锁经营。加大对连锁经营的扶持和培育力度，提升服务功能，满足社区居民多样化、个性化的消费需求。到2017年底，全市连锁经营占社会消费品零售总额的比重力争达到20%以上，满足各类服务性需要。

5. 加速发展电子商务

（1）突出发展跨境电子商务。加大宣传推广力度，引导和支持许昌市传统外贸企业转型升级为跨境电商企业，继续抓好许昌跨境电商产业带、跨境电商基地、人才培训等项目建设。

（2）扎实做好电子商务进农村工作。有计划、有组织地加强对农村地区的电子商务宣传、推广、培训等，鼓励当地有典型带动作用的实体经营者开设网站或在第三方平台开设店铺，采用“电子商务+产业”“电子商务+创业”“电子商务+扶贫”等多种模式，帮助更多的农民利用电子商务脱贫致富。

（3）打造电子商务综合服务体系。积极培育电商经营主体，扶持本土电商企业发展，做大做强电商产业体系，积极支持引进国内外龙头电商企业。鼓励企业加大海外建仓力度，更好融入海外市场。加大电商培训工作力度。

6. 强化商务监管执法

复制推广试点地市的先进经验，梳理整合监管职责，促进监管执法职责与行业管理职责相分离。发挥整顿和规范市场秩序协调机制牵头作用，会同有关执法部门，针对群众反映强烈、影响市场经济秩序的突出问题，组织开展专项整治，严格市场监管，查处违法违规行为。加快推进禹州市中药材追溯体系建设。

B.35 2016~2017年漯河市商务发展回顾与展望

田梦霖*

摘　要：　2016年，漯河市商务局坚持开放创新谋发展，加快转型升级增动能，对外开放效益凸显，商贸流通繁荣发展，电子商务发展势头强劲，市场秩序监管到位，食博会影响力不断提升，各项商务工作取得了明显成效，为全市整体经济发展做出了积极贡献。

关键词：　漯河市　开放招商　电子商务

一　2016年漯河市商务运行情况

（1）利用境外资金：2016年，全市合同利用外资1777万美元；实际利用外资90032万美元，总量居全省第4位，完成省定年目标的100.2%，同比增长5.2%，增幅居全省第8位。

（2）利用市外境内资金：2016年，全市实际利用市外境内资金298.3亿元，完成市定年目标的100.44%，同比增长12.95%。其中，实际利用省外资金223.5亿元，总量居全省第15位，完成省定年目标的100.5%，同比增长7.5%，增幅居全省第13位。

* 田梦霖，漯河市商务局。

（3）对外贸易进出口：2016 年，全市进出口总值完成 70391 万美元，总量居全省第 11 位，完成省定年目标的 89%，同比增长 -5%，增幅居全省第 8 位。其中，出口 57550 万美元，同比增长 15%；进口完成 12841 万美元，同比增长 -46%。

（4）社会消费品零售总额：2016 年，全市社会消费品零售总额 491.6 亿元，同比增长 12.4%，增幅居全省第 6 位。

二 2016年主要工作及取得的成效

1. 开放招商持续发力，备足经济发展后劲

招大引强成果丰硕。漯河市持续把招大引强作为招商引资的主导方向，成功引进国内外 500 强、行业百强和知名品牌企业投资项目 27 个，签约投资 10 亿元以上项目 27 个，投资 30 亿元以上项目 10 个。2016 年全市重点项目中 80% 以上为外来投资项目，实际到位境内外资金占全市固定资产投资的 36%。

以商招商提质增效。筛选 100 家企业进行鼓励和引导，围绕产业、客户资源链开展以商招商，推动企业积极靠大联大、提质增效。2016 年，全市以商招商新开工项目 37 个，总投资额 149.4 亿元；续建项目 22 个，总投资额 123 亿元；签约及在谈项目 28 个，总投资额 156.6 亿元。

重大活动圆满成功。精心筹备食博会，创新“互联网 + 会展”模式，开展电子商务对接会、走进非洲专题会以及企业购销对接会等二十多场系列专题活动。在上海举办了漯河市承接长三角产业转移暨推介招商会，签约项目总投资额近 90 亿元，推动了与圆通快递、旺旺、乐通、申通、大福、泰格医药等知名企业的战略合作。承办了第八届军事物流与应急物流研讨会，先后组团参加了河南投洽会、厦门投洽会、东盟博览会、亚欧博览会、深圳高交会等国家、省政府主办的重大经贸活动，达成了一批重点项目意向。

“一带一路”加快融入。组织南德食品、曙光医疗器械、瑞尔美发制品等十多家骨干企业出访印度尼西亚、马来西亚、赞比亚、莫桑比克等“一带一路”沿线国家和非洲国家。在第十四届食博会期间，漯河市设立“一带一路”展区，召开“走进非洲对接会”。2016 年全市对“一带一路”沿线国家累计进出口 1.3 亿美元，占全市进出口总额的 19.4%，成为新的外贸增长点。

工作机制日益完善。领导带队外出招商，洽谈项目成为常态；商务、发改、工信、科技等 16 个部门发挥优势专题招商；驻外机构招商成为主力，目前全市驻外招商联络处等办事机构三十多个。每年春节前召开高规格开放招商大会，总结工作、表彰先进，安排部署当年招商工作，并组织对全市签约项目“三率”落实情况进行督导检查、动态管理。

2. 对外经贸难中求进，跨境电商成为亮点

政策扶持推进有力。联合阿里国际、中信保河南分公司、郑州海关、周口海关、漯河出入境检验检疫局等部门举办 13 场（次）外经贸政策宣讲培训，实地走访调研企业 23 家、培训近 1000 人次。组织二十多家企业参加广交会等十多个境内外知名专业展会，新增国际市场 22 个。

跨境电商快速发展。在全省率先引进阿里国际、黑蜘蛛、世界工厂网等知名跨境电商平台，推进阿里国际培训系统和漯河职院教学系统成功对接，为进出口企业搭建了跨境电商一站式服务平台，并举办了首届跨境电商峰会。2016 年全市有 49 家进出口企业加入阿里国际，3515、曙光健士、南街村、利通液压等一批本地龙头企业竞相开展跨境 B2B 业务，交易额 3120.91 万美元。东兴电商园入选全省首批跨境电商示范园区。漯河市获批全面启动跨境电商综试工作。

对外投资取得突破。积极培育有实力的企业“走出去”投资建厂，目前全市累计境外投资企业达到 6 家，2016 年全市对外投资额完成 354 万美元，增幅 221.4%，超出全省平均增幅 140 个百分点。

3. 商贸流通繁荣发展，活力动能明显增强

供需衔接更加有效。扎实做好市场监测，全年共发布分析材料 110 篇，综合信息 820 条；积极转化监测成果，有效引导居民消费，市场监测工作综合排名居全省前列。认真做好节日保供和酒类流通备案登记工作，编制

《生活必需品应急预案》，提高调控能力。加强成品油市场管理，编制《全市成品油分销体系“十三五”发展规划》，完成全市135个加油站和1个储油库的油气回收改造。

商业转型促进消费。积极引导龙头商业企业转型升级，实施“互联网+流通”。2016年大商、新玛特和千盛百货“天狗”电商平台销售额1.25亿元，同比增长62%；双汇商业连锁“万家便利”铺设网点41家，销售额同比增长144.4%。积极培育特色商业街区和平安商场，推动昌建外滩堤顶路、河上街民俗文化街成为全省首批特色示范商业街区，新命名2家市级平安商场，推荐2家省级平安商场。

电子商务释放潜能。积极开展示范创建活动，指导电商企业不断提档升级，规范化、品牌化发展。2016年新认定电商企业178家，已认定电商企业累计达到239家；新评定市级示范企业12家，新获批省级示范企业5家，累计培育市级示范企业（园区）36家，省级示范企业（基地）9家，年交易额超百万元的电商企业达到36家。2016年全市电商交易额91.62亿元，同比增长86.79%，超出全省平均增速56个百分点。

市场体系逐步完善。城市商业网点规划和商贸物流业规划已通过专家评审，推动双汇商业连锁和双汇物流获批全国冷链物流综合示范试点企业，双汇物流和双河农副产品批发交易市场入选国家级跨区域农产品流通骨干网建设试点项目。电商进农村深入推进，临颍、舞阳两县建有各类淘宝网店200个，带动2000多名农民创业致富，农村电商交易额同比增长101%，占全市电商交易总额的12%；临颍县电商进农村示范创建成效明显，已建成投用占地5000平方米县级配送中心1个，累计建成镇级配送中心13个，村级电商服务站230个。

4. 商务监管不断加强，市场秩序更加规范

梳理权责依法行政。对商务部门65项行政处罚职权进行全面梳理，修订完善了48项商务综合监管执法制度，为依法行政提供了法律依据。全面开展商务监管执法“双随机、一公开”工作，各县区商务局加大对本辖区内流通领域企业的监管执法力度。

专项活动卓有成效。积极开展大气污染防治攻坚战，强制拆除非法加油站点118个，非法储油库2个。开展单用途商业预付卡、农资、烟草、食品药品等领域打击侵权假冒专项整治行动，共查处“双打”案件380起，涉案金额6000多万元。开展商务领域互联网金融风险专项整治，排查典当、拍卖等企业16家。扎实开展再生资源清理整治工作，督导232家再生资源回收站点搬迁出城区。漯河市肉菜流通追溯体系通过中期评估，进入终验环节，已上传数据二十多万条。同时狠抓商务领域安全生产等各项工作。

三 2017年商务发展对策

1. 落实国家战略，推动“双向”开放

（1）深度融入“一带一路”，构建开放新格局。积极推动产品“走出去”。引导推动双汇、南街村、桂馥农业等优势食品、农产品企业深度开拓沿线国家（地区）市场，不断扩大出口规模。积极引进项目和资金。瞄准东南亚、俄罗斯中亚方向、中东欧方向等食品工业发达的沿线国家（地区），重点合作生产销售冷链食品、休闲食品和饮料制造等中高端食品，力争引进来一批具有牵动力和影响力的重大食品项目。积极引导企业“走出去”，到我国在沿线国家（地区）设立的二十多个境外经贸合作区实现抱团发展，有效带动漯河市相关领域的劳务、设备、产品输出，实现双向开放。推动漯河市食品企业和产品深度融入“一带一路”。

（2）主动对接河南自贸区，培育开放新优势。积极复制推广自贸区经验。坚持以探索推进投资便利化、贸易自由化等制度创新为核心任务，以复制推广外商投资准入前国民待遇加负面清单管理模式、国际贸易“单一窗口”“先照后证”“五证合一”“一照一码”等成功经验为基本要求，积极培育开放新优势。加快发展跨境电商。全面落实《漯河市关于加快推进跨境电子商务综合试验区建设工作方案》，形成多平台推进、多模式并存、线上线下有序结合的跨境电子商务发展格局。

2. 创新招商模式，提升质量水平

（1）强力实施专业化招商。强化产业招商。组建食品、装备制造和战略新兴产业、现代服务、电子商务等4个专业招商队伍，强力推进“六个一”产业化招商行动。坚持驻地招商。继续以市驻京、驻沪招商联络处为依托，在珠三角、长三角、京津冀等重点区域推进驻地招商常态化。推进部门专项招商。推动十多个市直有关单位，充分发挥各自的业务资源优势，开展行业专业招商，不断拓宽开放招商领域。

（2）积极探索创新招商模式。合作共建长效化。以承接沿海全产业链和产业集群转移为重点，与地方政府、国内外知名智库、商协会、科研院所、省市异地商会开展战略合作，探索“优势互补、利益共享、税收分成、股份合作”等合作机制，实施联合招商、园区共建。委托招商精准化。采取以政府购买服务或与知名招商机构合作的方式，借助专业的招商团队和海量的信息资源，开展专题招商活动，逐步形成政府推动、企业协会承办、市场化运作的招商引资新机制。

（3）务实开展系列招商活动。积极借会宣传推介。积极组团参加中国（河南）国际投资贸易洽谈会、中国中部投资贸易博览会、中国国际投资贸易洽谈会、中国高新技术交易会、中国－亚欧博览会、中国－东盟博览会等国家、省举办的重大经贸活动，借助高层平台大力宣传推介漯河。精心实施系列活动。全力以赴筹办好中国（漯河）食品博览会，把食博会作为漯河市承接产业转移的重要推介平台和成果展示平台。选择重点招商区域举办1次高规格、综合性的承接产业转移活动，通过开展若干次高层次、针对性强的系列活动，开展区域合作，对接洽谈项目。广泛开展专题对接。指导各县区商务部门围绕各自的主导产业，选择各自的重点招商区域，每季度至少组织1次市级领导参加的专题招商活动，洽谈、推动重大项目。

（4）狠抓签约项目督导落实。对近两年重大活动洽谈签约项目，逐个建立推进台账，推动其尽早履约、开工、达效。进一步完善开放招商工作考核评价体系及激励机制，漯河市制定出台《招商引资考核办法》，在法定权限范围内，研究制定新的招商引资政策。

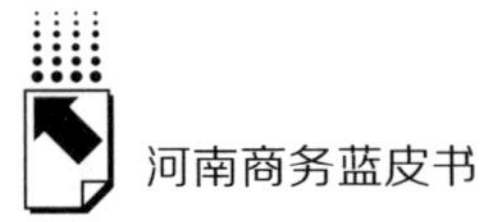

3. 创新发展观念，凸显消费活力

（1）完善市场监测体系。扩大信息采集范围，健全信息采集网络，规范信息采集流程，提高数据的准确性、及时性，更好引导消费需求。积极转化监测成果，探索建立漯河商务领域市场运行监测大数据库，提升市场应急保供能力和预警能力。

（2）引导提升供给品质。引导流通企业增强品牌意识，实施“老字号”保护和促进行动，加强动态管理，推动“老字号”企业运用互联网等信息技术，提升生产工艺，创新商业模式，培育漯河特色品牌。推动品牌消费集聚区建设，集聚品牌消费，促进品质消费供应。引导境内外资金投向电子商务、生活性服务业等领域，开拓高端和个性化生活服务消费市场。

（3）有效降低流通成本。持续推进内贸流通现代化，加快推动实施“互联网+流通”行动计划，培育发展新模式、新业态。积极指导实体零售业创新转型，推动线上线下融合发展，促进实体零售业转型升级。积极争创物流标准化试点，推进智慧物流配送体系建设。鼓励流通企业扩大连锁经营规模，引导中小流通企业通过联合采购、平台集聚、共同配送等方式提高组织化程度，推动供应链整合创新、协同发展。

（4）加强基础设施建设。积极申报中央财政支持，指导双汇集团进一步完善肉制品冷链物流供应链，力争走在全省乃至全国的前列，开创出漯河特色经验。

4. 优化结构调整，推动外贸转型

（1）进一步强化政策促进。贯彻落实国家、省和漯河市出台的一系列外经贸促进政策，用足用好外经贸专项资金，为企业减负助力。组织开展“送政策上门、送服务上门”活动，努力做到政策全覆盖，不断提升企业经营管理水平，确保进出口规模稳定增长。开展进出口目标完成情况专项督导，定期通报情况，层层传导压力，激发工作动力。

（2）不断开拓新兴市场。引导企业积极参加广交会、高交会、东盟博览会、亚欧博览会和德国文具展、韩国食品展、阿联酋食品展等一系列境内外知名专业展会，不断开拓新兴市场，实现出口市场多元化。积极引导双汇、银鸽等企业扩大设备、先进技术和紧缺原材料进口，促进对外贸易平衡发展。

（3）加快调整外贸结构。优化外贸主体结构，加快培育一批小而全、小而专、小而精的中小外贸主体，形成新的外贸增长点。实施“自主品牌出口增长”行动计划，优化外贸商品结构，推动对外贸易由规模数量型向质量效益型转变。

5. 突出引导促进，建设网络强市

（1）抓好电商引导促进。全面落实漯河市电商“十三五”发展专项规划，大力推进电商发展。持续推进电商示范创建工作，培育壮大本土知名品牌电商队伍，加强电商中高层人才培养，加快电商提质升级，壮大产业规模，培育发展新动能。

（2）持续推进电商进农村。争取将舞阳县纳入省级综合示范县，临颍县电商进农村示范创建深入推进，更加注重农产品进城，有效解决农产品“卖难”问题。开展电商专家下乡活动，组织线上线下农产品对接，打造特色农产品品牌和农村电子商务产业链。

（3）加快启动电商进社区。充分发挥现有的资源优势，依托双汇商业连锁和双汇物流的强大实力和品牌影响力，积极争取试点工作和示范社区。

（4）创新监管规范发展。持续做好电商企业备案工作，深入开展电商侵权假冒治理行动，维护电商市场秩序，促进电商规范发展。

6. 强化执法监管，创优市场环境

（1）深化商务综合监管执法改革。进一步梳理执法职责，整合执法职能，规范执法行为，强化执法协作。加强基层执法人员业务培训，坚持严格规范公正文明执法，积极探索“互联网＋商务监管执法”。

（2）统筹打击侵权假冒工作。强化行政执法与刑事司法衔接，推进跨部门跨区域执法协作。继续保持打击互联网、农村和城乡结合部、出口商品等领域侵权假冒高压态势。加强行政执法和日常监管，推进行政处罚案件信息公开。

（3）加强重点领域事中事后监管。将外商投资企业设立变更的审批、备案、监督检查和执法纳入商务部门权力清单和责任清单，加强事中、事后监管。继续开展商务领域大气污染防治攻坚战，加强成品油市场管控。开展典当、拍卖、融资租赁、商业预付卡等领域整治活动。高度重视商务领域安全生产，确保全年不发生重大责任事故。加强对商协会监管，促进商协会健康有序发展。

（4）搞好商务领域信用建设。开展“诚信兴商”宣传活动，落实《关于加快推进重要产品追溯体系建设的实施意见》，积极推进八大类重要产品追溯体系建设。肉菜流通追溯体系加快推进终验环节，不断延伸链条，扩大覆盖范围。

B.36

2016～2017年三门峡市商务发展回顾与展望

周光逸*

摘 要： 本文回顾了2016年三门峡市主要商务指标运行情况，总结了商务部门围绕目标职责和全年工作部署所做的主要工作，分析了2017年商务工作所面临的形势，对主要指标的运行进行了预测，并提出了相关的建议。

关键词： 三门峡市　开放招商　电子商务

2016年，全市商务系统认真落实党的十八大以来历届全会精神，紧紧围绕三门峡市委、市政府和河南省商务厅的各项工作部署，克服重重困难，积极抢抓机遇，持续探索创新，不断强化担当意识和责任意识，主要目标基本完成，重点工作推进有力，实现了"十三五"的顺利开局、扎实起步。

一 2016年三门峡市主要商务指标完成情况

1. 利用外资

利用外资目标继续保持高位运行态势。全年新批5家外资企业，合同利用外资1.05亿美元；全年实际利用外资10.63亿美元，占目标任务的100.4%，增长5.4%（见表1）。

---

* 周光逸，三门峡市商务局。

表1　2012～2016年三门峡市利用外资情况

年份	项目数(个)	实际利用外资数(亿美元)	同比增长(%)
2012	16	7.47	18.24
2013	20	8.69	16.32
2014	26	9.57	10.2
2015	14	10.08	5.4
2016	5	10.63	5.4

资料来源：三门峡市商务局（下同）。

2. 利用省外资金

2016年三门峡市引进省外资金项目118个，合同利用省外资金685.2亿元；全年实际到位省外资金352.2亿元，占省定目标的100.6%，同比增长7.6%（见表2）。

表2　2012～2016年三门峡实际到位省外资金情况

年份	项目数(个)	实际到位省外资金数(亿元)	同比增长(%)
2012	140	212.2	27.1
2013	115	260.7	22.9
2014	125	301.8	15.8
2015	101	327.3	8.4
2016	118	352.2	7.6

3. 社会消费品零售总额

受消费形势、市场规模、电子商务发展等多种因素综合影响，2016年全市社会消费品零售总额增速继续回落（见图1）。2016年，全市完成社会消费品零售总额441.1亿元，同比增长11.2%，高于全国平均水平0.8个百分点。

4. 货物贸易

在食用菌出口和铜精粉进口的强力拉动下，全市货物贸易呈现强劲增长势头，双双创下历史新高。2016年全市完成进出口总额10.92亿美元（见图2），同比增长149.3%，占目标任务的233.2%，增速居全省第一位，总

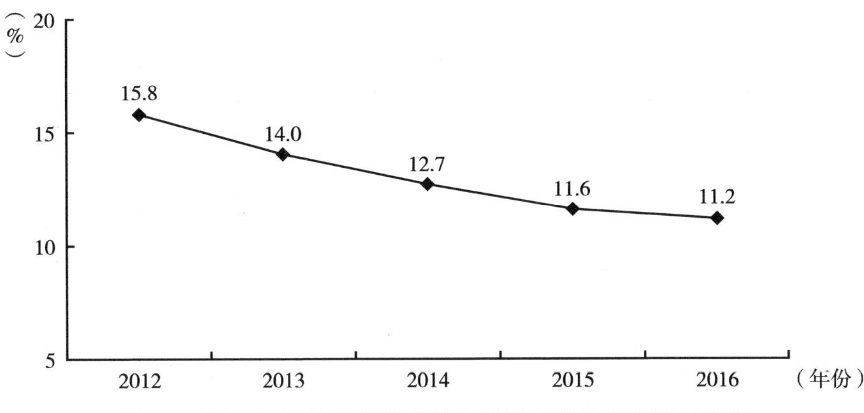

图1　2012～2016年三门峡市社会消费品零售总额增幅走势

资料来源：三门峡市统计局。

量攀升至第7位。其中，出口完成2.63亿美元，同比增长49.5%；进口完成8.3亿美元，同比增长230.1%。

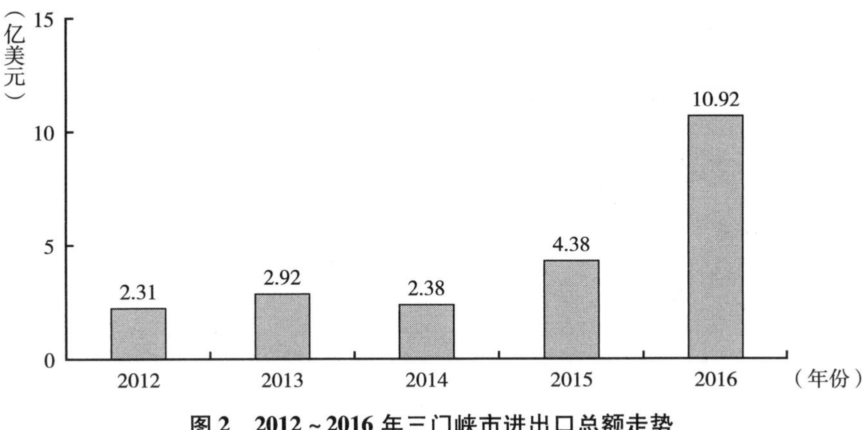

图2　2012～2016年三门峡市进出口总额走势

二　2016年采取的主要工作措施及成效

1. 强力推动开放招商

一是扎实安排部署。三门峡市先后筹备召开4次招商引资领导小组全体会议和全市对外开放工作会议，制订全市行动计划，分解下达重大活动任务。各县（市、区）积极行动，传达精神落实工作，营造了更加浓厚的招商氛围。二是紧盯主导产业。市政府与中国黄金集团签订战略合作协议，持续跟进黄金珠宝加工等目标企业；锦江集团铝产业链核心项目大宗商品物流产业园成功签约、开工建设；开展煤化工专题调研，与心连心、赛鼎工程公司等知名企业有效对接。三是推进大员上阵。市级领导带队赴各地招商四十余次，各县（市、区）累计开展大员招商 168 次。四是坚持坐地招商。发挥招商小分队“先锋队”“排头兵”作用，坚持扎根重点区域开展坐地招商。各县（市、区）按照“三专一委托”方式，围绕各自确定的专业园区，共组建专业招商队伍 20 支，累计外出招商 163 次，跟踪洽谈项目线索 152 个。五是组织重点活动。联合省工商联成功举办“百名客商三门峡行”活动，依托三门峡商会西安联谊交流会，举行重点项目推介会。

2. 加快发展电子商务

三门峡市出台“互联网 +”电子商务行动方案以及农业电商、工业电商、电商培训等系列政策，引领和推动全市电商工作开展。一是完善发展平台。淘宝、京东、苏宁、腾讯等知名平台先后布局，三门峡市电子商务产业园区开园运营，阿里巴巴三门峡产业带入驻企业 292 家，累计实现线上线下交易额 2 亿元。湖滨区电子商务创业园、众创空间等平台运行良好；点点商城等本土平台快速发展，卢氏县大众电商创业园成为全县工作亮点。全市共培育电商企业及经营主体 4522 家，引进各类电商平台 25 个。二是强化人才培养。促使三门峡电子商务产业园与郑州航空工业管理学院等单位达成人才培训协议，整合人社、教育、民政、扶贫、农业、残联等部门资源，分行业、分领域持续组织各类培训八十余场次 7450 人次。三是提升农村电商。灵宝市获批省级电子商务进农村综合示范市，3 个县（市、区）与阿里巴巴合作开展“农村淘宝”项目，已建成县级运营中心 3 个，村级服务站 155 个。截至目前，全市涉农网店总数达 2067 家，农产品线上交易额突破 12 亿元，涌现出了 212 个农产品电商品牌。四是强化宣传引导。注重发挥主流媒体正面宣传引导作用，在市内各主要媒体开设电商专栏，注重传统媒体与新媒体互动联动，广泛传播电商创业故事。新涌现出老醋男（拙雅生态农业）、山生有杏等一批明星电商企业，以及太阳果、山海食经、伏牛黑木耳等特色商标。

3. 全力壮大外贸规模

一是打造出口品牌。发挥三门峡市在食用菌方面的资源优势，注重出口型企业培育，新增食用菌登记备案企业 12 家，占全市新增企业的 19.4%。食用菌成为全市最大出口产品，累计出口 1.54 亿美元，同比增长 137.4%。二是开拓国际市场。巩固东盟国家等传统市场，努力开拓中东、非洲等新兴市场。先后组织企业参加东盟博览会、亚欧博览会、高交会等大型活动，搜集合作信息。首次组织全市名优产品走出国门，赴泰国参加 2016 东盟（曼谷）中国进出口商品博览会，签订合作意向 43 个，接触专业采购商 300 余家。三是加大扶持力度。用好用活各项政策，为企业发展提供支撑。联合检验检疫局、海关、国税等部门举办进出口企业外贸政策宣讲会；市产业集聚区依托中国黄金项目建设保税区仓库。四是探索跨境电商。三门峡市被确定为中国（郑州）跨境电子商务综合试验区第二批试点城市，并成立由市长任组长的跨境电商领导小组。广泛开展学习调研，强化职能部门协作，加快推行通关一体化进程。跨境电商产业园顺利开园，投资 15 亿元的三门峡市国际特色商品交易平台项目和投资 1.4 亿元的河南云企通电商物流快递产业园项目落地开发区。引导六十余家传统外贸企业相继“触电”，累计实现跨境交易额 2.5 亿美元。

4. 外经工作成效明显

一方面，规范促进对外劳务发展。推进外派劳务服务平台制度化、科学化和规范化，做大做优外派劳务市场。持续开展对外劳务宣传培训，与国开行合作推出“丝路微贷”业务，与三门峡中专、三门峡智源科技签署合作协议，引导和扶持农村富余劳动力、下岗再就业人员、大中专院校毕业生走出国门。全市外派劳务 952 人次，主要派往吉尔吉斯斯坦、玻利维亚、纳米比亚、赞比亚等 13 个国家。另一方面，引导企业参与国际竞争。依托江海集团、中非合作论坛资源优势，参加中国 - 加纳经贸论坛，尝试同加纳、赞比亚等非洲国家进行合作。昌通路桥承揽的吉尔吉斯斯坦南北路一期、二期工程顺利完工，产值1251万美元。

5. 引导促进商贸繁荣

一是培育商贸项目。万达广场、永辉超市、永乐电器等知名商贸企业相继开业，丹尼斯百货通过省级“平安商场”验收、义乌商贸城被认定为省级品牌消费集聚区。二是扶持惠民商贸。推动特色餐饮发展，举行豫西风味美食小吃节，引入马嵬驿小吃一条街“百味巷”。大营麻花顺利通过“老字号”评审，成为全市首家“河南老字号”企业。三门峡市组织开展诚信兴商宣传月活动，评选“文明餐桌”示范店、示范食堂，评选“诚信经营示范店”。推动家政服务协会筹建，落实家政网络中心扶持资金，家政服务市场呈现良好发展势头。三是规范特种行业。《关于加快推进重要产品追溯体系建设的实施意见》《预拌砂浆管理规定》等一系列文件相继出台。有效推动二手车市场改革，首家符合新标准市场投入运营。顺利完成黄标车提前淘汰财政补贴工作，联合服务窗口直接受理审核车辆401辆，补贴总额400余万元。有效防控非法集资，全市8家典当企业累计发放当金2.3亿元，经营状况平稳。

6. 务实推进市场监管

一是持续推进“标准化示范工程”。渑池县成功申报部级市场监管标准化示范工程，灵宝市、义马市获批省级标准化示范工程或重点推进单位，有效带动了全市商务市场监管体系建设。二是有效开展商务市场稽查。全市12312商务举报投诉机构受理并提供各类咨询服务774件。商务稽查出动执法人员2899人次，检查各类企业、商户1878家。三是加快完善协同执法体系。三门峡市与渭南市、运城市联合成立“三省三市”打击侵权假冒联席会议及联合执法机制，推进两法衔接信息平台建设，协调成员单位开展农资、食品药品、互联网、油气回收、出版物等市场专项整治。全市各级行政执法部门查办侵权假冒案件95起，涉案金额140.93万元。公安部门破获制售假冒伪劣商品案件9起，法、检两院审结7件，协同执法成效初显。

总的来看，2016年三门峡市商务工作取得了一定成绩，但仍然存在不少困难和问题：对外开放的综合协调作用需要增强，招商引资力度仍需加大；电子商务竞争优势仍不明显，知名品牌较少，配套支撑还不到位；对外贸易结构不合理，跨境电商需加快推进；三门峡市对外经济合作仍处于起步阶段，规模依然较小；商贸流通业区域辐射能力较弱，引导消费的作用有限；商务市场监管需要进一步厘清思路。

三　2017年商务发展形势及展望

2017年，是实施“十三五”规划的重要一年，是推进供给侧结构性改革的深化之年，也是全面落实省十次党代会、市七次党代会各项部署的开局之年，更是三门峡市加快转型发展、发力三次创业的起步之年，商务工作面临的外部环境更加复杂多变，承担的任务更加繁重艰巨。

1. 外部形势分析

（1）受世界经济潜在增长率下行、金融市场脆弱性加大、贸易保护主义兴起、逆全球化思潮上扬、美国经济政策随着政府更替而前景不明朗、英国脱欧进程影响难以确定等因素影响，2017年三门峡市的外部环境依然复杂严峻，世界经济不确定性进一步上升。

（2）国内经济运行虽然仍存在不少的矛盾和问题，但是当前世界正处在百年不遇的大变局之中，供求关系深刻变化，新技术、新业态、新模式层出不穷，我国仍处于发展的战略机遇期，宏观经济总体平稳的态势没有变。中央继续实施积极的财政政策和稳健的货币政策，国家制定出台了《促进中部地区崛起“十三五”规划》，即将配套出台新一批推动转型发展的政策措施，都为加快转型发展提供了重大的政策机遇。

2. 内部形势分析

（1）转型发展压力较大。产业结构调整任务较重，能源原材料产业在工业和整个经济结构中占比偏高，高新技术产业、现代服务业等占比偏低。新旧动能转换进展不快，一些传统主导产业生产经营仍然比较困难，接续替代产业对经济社会发展的支撑作用还不强。脱贫攻坚任务艰巨繁重，大气污染防治、安全生产压力较大。城市基础设施和公共服务有待进一步完善提高。促进经济社会发展的激励机制还没有形成。

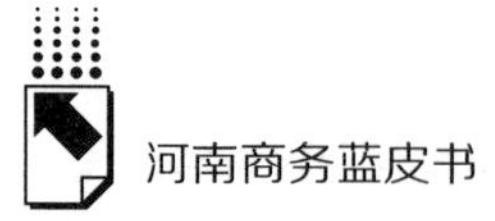

（2）比较优势依然明显。一是三门峡市仍然处在工业化、城镇化加快推进的发展阶段，新型城镇化、基础设施、脱贫攻坚、民生改善等方面都有着巨大的需求空间，将催生大量的有效投资。二是近年来持续推进了一大批打基础、增后劲的重大基础设施项目和产业项目，有效需求的潜力正在不断释放，将对经济平稳增长产生持续而有力的现实支撑。三是全市上下人心思稳、人心思进、人心思干的局面正在形成，敢于担当、干事创业的合力加速凝聚，为加快转型发展提供了强大保障。

3. 2017年展望

根据2017年内外形势，从总体上看，三门峡市商务指标具备持续平稳发展的有利基础，但也存在不少的问题和困难。

（1）利用外资。三门峡市利用外资连续多年居全省前列，2016年新批外资项目较少，且项目规模不大，后劲有限。根据掌握的情况，往年批准设立的企业资金已全部到位，在谈的项目较少，且几个在谈项目与报批落地还有一定差距，境外借款尚无新的意向，利用外资难以保持增长势头，三门峡市必须进一步加大招商引资力度，争取吸引更多的外资项目落户。

（2）省外资金。当前，市委、市政府对于招商工作更加重视，工作力度不断加大，方向重点更加明确，方式方法更加精准，虽然当前招商引资竞争更加激烈，但三门峡市仍有望争取到更多的优质项目落地。同时，随着“央企三门峡行”活动的持续深入，一批高质量的央企合作项目有望相继落地，以往签约内资项目的陆续开工，将带动省外资金的增长。预计2017年三门峡市利用省外资金将继续保持稳定增长态势。

（3）对外贸易。2017年，世界经济还将继续调整，国际贸易格局继续深刻演变，国际市场需求疲弱，全球贸易保护主义愈演愈烈，对中国贸易负面影响加大。但三门峡市食用菌出口初显规模，品牌正在形成，中黄金、灵宝黄金等企业进口铜精粉、金精粉势头平稳，通关机制日益健全，外贸队伍不断壮大，进出口有望继续保持增长态势，但势头将有所放缓。

（4）消费市场。随着市委城市工作会议的召开，三门峡市城镇化建设必将全面提速，消费品市场将迎来新的发展机遇。万达广场等一批大型商贸项目形成的龙头作用，将有效促进各种经营业态的不断增加、消费观念的逐步更新，并带动消费品市场平稳发展。与此同时，由于三门峡市商贸业规模较小，辐射能力较弱，受内外宏观经济形势、消费人群总量、电子商务加快发展等因素影响，在保持平稳增长的基础上，商贸业增速将继续放缓。

四　发展对策

1. 奋力实现对外开放新作为

一是切实发挥牵头作用。全面履行在对外开放方面的工作职能，站在更高层次，依托更宽领域谋划对外开放工作。围绕打造区域开放高地、加强黄河金三角开放合作、增强开放工作实效，三门峡商贸部门向市委、市政府提出切实可行的具体思路。扎实做好开放形势分析、研究制定新的开放政策、组织全市对外开放和招商引资专题培训班。二是着力完善工作体系。尽快调整充实市对外开放领导小组成员名单。坚持召开对外开放领导小组工作会议，实现工作例会常态化。完善开放目标体系，加强督查通报，确保目标任务落实到位。配合市委宣传部，着力加强对外开放宣传，营造良好氛围。三是务实拓宽开放领域。继续推动 13 个相关单位制订专项工作方案。跟进河南自贸区建设，复制推广改革经验。

2. 着力推动招商引资新提升

一是瞄准主导产业抓项目突破。以激活传统动能、培育新动能为主攻方向，围绕黄金、铝工业、铜加工、煤化工组建招商突破小组，通过引进大项目加速产业发展；大力引进现代物流、快递、旅游等新兴产业项目，带动现代服务业发展；紧盯农副产品深加工知名企业布点布局，依托大品牌、打造高品质。二是紧跟发展态势抓方式创新。着力推进《央企合作项目跟踪对接职责分工》落实，以“央企三门峡行”活动为主要载体，大力推进面向央企的招商引资工作。加强与三门峡市洽谈并有合作意向央企的沟通衔接，抓紧谋划一批有吸引力、可操作性强的合作项目。更加有效地引领和推动“坐地招商”，整合全市在资本输出地、产业输出地、技术输出地、信息汇聚地的招商资源，争取在上海、深圳等地设立坐地招商专职机构，精准谋划产业、策划项目、锁定目标。三是聚焦薄弱环节抓机制完善。完善线索跟踪机制；完善项目落地机制，抓好签约项目跟踪推进、开工项目跟踪服务，重点项目实行“五个一”落地推进机制。完善要素保障机制，加快完善重大招商项目要素供给保障政策和推进机制，协调有关部门优先保障重大项目的环评、土地、融资供给；完善奖励激励机制。

3. 加快培育电子商务新优势

一是培育产业集聚优势。发挥农副产品资源优势，围绕农产品上行，把电子商务产业园打造成辐射黄河金三角地区的农产品特色园区。继续推动颐高集团电商产业园项目建设，抓好市电子商务创业园、市众创空间暨创业孵化基地等各类园区发展，形成多层次电商集聚格局。二是形成产业融合优势。全面提升互联网与经济社会各领域的深度融合水平，打造市级农产品电商新品牌。推动精密量仪、陶粒砂、黄金、铝工业等产业建立行业电商网站，引导餐饮、住宿、旅游等商贸服务业电商化进程，加快电商进社区步伐，争创电子商务示范社区。三是实现人才支撑优势。积极引入电子商务培训企业、创业企业，继续落实《三门峡市电子商务人才培训行动计划》，缓解电商企业发展与人才短缺矛盾。四是增强基础配套优势。推动设立全市电子商务发展专项基金，在企业转型升级、人才培养、产业集聚、配套服务等方面给予电商企业全方位支持。抓紧规划建设三门峡市快递专业园区，吸引知名仓储、物流、快递企业落户，争取建设区域性总部或转运分拨中心，加快发展同城快递、农村快递、生鲜冷链物流建设，健全快递物流网络。创新监管模式，促进电商规范发展。

4. 深入挖掘对外贸易新亮点

一是以强力推进跨境电商为突破口。按照全省统一部署，精心谋划、有序开展跨境电商综合试验区试点工作，尽快起草出台行动计划和扶持政策，争取设立发展基金。全面加快跨境电商产业园建设，打造跨境电商线下基地；着力培育国际特色商品交易平台总部基地和O2O体验商城项目，打造跨境电商线上平台。二是以巩固壮大进出口额为着力点。继续发挥外经贸发展专项资金的引导撬动作用，充分利用广交会、东盟博览会、亚欧博览会等平台信息资源，精心组织“三门峡名优产品‘丝路行’活动”，积极承接以出口终端消费品为主的外向型项目转移，更加主动地开拓国际市场。三是以全面优化服务水平为支撑力。加大政策宣讲力度，加强组织培训与基层调研。充分发挥外贸联席会议作用，加快推进“单一窗口”平台建设，积极参与综合保税区和三门峡市铁路口岸建设。定期组织银企合作对接会，为外贸企业与金融机构牵线搭桥。推动新型文化服务出口，发展文化出口基地，培育骨干企业，打造服务贸易品牌。

5. 确保取得外经合作新业绩

一是壮大外经队伍。发挥昌通路桥、锦路路桥的示范带动作用，通过承揽境外工程开辟三门峡市工程企业新天地。支持黄金、水泥、化工、电解铝等行业龙头企业，发挥技术人才优势，到东南亚、中亚、俄罗斯等矿产资源丰富的国家参与矿山开发，建设大型冶炼和初级产品加工基地，重点推动中原冶炼厂完成香港贸易公司设立。持续组织企业参加国内外重点展会和对接活动，逐步促进承包工程与技术服务和运营管理相结合，推动业务由工程建设向项目融资、设计咨询、运营管理等高附加值领域拓展。二是扩大劳务规模。持续加强对外劳务服务平台建设，提升平台的运作运营水平。进乡村、进学校、进社区，广泛开展国际形势、国际环境、劳务政策的宣传，使社会各界了解对外劳务的优势和前景。建立服务信息资源库，实行劳务项目信息备案，有效推行“丝路微贷”项目，并创新实施更多的优惠措施，使更多的劳动力走出国门、得到实惠。三是防范外经风险。落实“走出去”促进政策，着力完善服务保障机制，积极争取各类政策性资金。争取建立对外投资项目库，主动帮助企业开展投资国别环境评估，有效规避风险。

6. 持续探索商贸流通新思路

一是加快商贸流通体系建设。着力优化布局，提升档次，完善功能，做大体量，加快构建主体多元、业态多样、布局合理、运作有序的现代商贸发展格局。围绕商务中心区和城乡一体化示范区的发展需要，优先为其推介、布局大型商贸流通类项目，相关领域扶持资金向其倾斜。继续跟踪推进全市在建的商贸项目，通过招商引资，不断引进知名商贸企业和新兴商贸业态。实施《商贸物流标准化三年行动计划》，争创特色商业街区示范工程，重点推进水果、食用菌、中药材大型龙头市场升级改造，并培育多功能乡镇商贸中心，完善农产品流通体系。二是规范商贸特种行业发展。深化二手车市场改革，协调相关部门，规范市场经营秩序。积极探索报废汽车行业改革，力争新增 1 家拆解企业。坚持推广散装水泥和预拌砂浆，争取建设 1 家预拌砂浆示范企业。在典当、拍卖、再生资源回收、成品油等特种行业，开展有效的探索创新，提升管理水平，促进行业健康发展。三是完善流通引导促进体系。扎实谋划开展消费促进活动，鼓励企业引进知名品牌壮大品牌消费，促进家政、餐饮等 8 大行业发展。着力做好市场运行监测分析，积极对接省商务公共服务云平台，让统计数据产生价值。

7. 全力争取市场监管新突破

一是从重点执法领域中寻求突破。结合全市实际，分阶段、分步骤抓好成品油、单用途商业预付卡等领域的执法工作，并稳步拓展执法监管范围。二是在务实开展工作中实现突破。要充分认识和正确对待商务领域市场监管面临的困难，创新方式，主动作为，实现从“要我管”到“我要管”的有效转变。结合“12312”商务综合热线，着力强化商务领域法律、法规的宣传普及，不断提升社会各界对商务执法的认同和支持。建立网格条块化监管执法模式，积极推行“双随机、一公开”，规范执法流程，提升执法水平。对于上级部门明确要求的执法工作和群众举报的相关案件，要敢于较真儿碰硬，主动“亮剑出剑”，增强执法效果，忠诚履职尽责。三是从健全执法体系上保障突破。建立商务稽查支队、12312 举报投诉服务中心、各相关科室衔接配合、协调联动的商务领域行政监管执法工作体制，探索“互联网 + 商务监管执法”。继续推进全市商务领域市场监管公共服务体系示范工程建设。四是在打击侵权假冒上争取突破。扎实做好牵头协调工作，引导各成员单位将日常监管与专项整治相结合，谋划开展一批有影响力、有成效、有价值的专项行动。有效推进行政执法与刑事司法衔接，继续推动行政处罚信息公开，助力打防结合、打建结合的长效机制建设。

B.37

2016 ~2017年南阳市商务发展回顾与展望

孔维征*

摘　要：　2016年，面对全球市场持续低迷，国内经济下行压力加大的严峻形势，南阳市商务系统坚持实施开放带动战略，着力商务领域供给侧结构性改革，突破重点、攻克难点、延伸长板、弥补短板、对外开放、招商引资、外经外贸、电子商务等重点工作取得了新的进展。本文总结了南阳商务工作取得的成绩、做法，就2017年南阳商务发展形势做了简要分析，并提出了发展对策。

关键词：　南阳市　开放招商　电子商务

一　2016年南阳市商务指标完成情况

（1）招商引资快速增长。2016年，全市实际利用省外资金466.9亿元，同比增长7.8%，完成年度目标的100.8%。实际利用外资58668万美元，同比增长5.4%，完成年度目标的100.4%。

（2）对外贸易回稳向好。2016年，全市货物贸易进出口完成162509万美元，完成年度目标的79.5%，同比下降15.0%，较一季度末、二季度末

---

* 孔维征，南阳市商务局。

降幅分别收窄 8.1 个和 0.7 个百分点，呈现逐步回升态势。服务贸易进出口 20732 万美元，同比增长 10.8%，完成年度目标的 100.7%。

（3）对外投资态势良好。2016 年，全市对外投资中方协议额完成 9496 万美元，同比增长 117.0%，完成年度目标的 197.3%，提前 5 个月超额完成全年目标。

（4）消费品市场平稳运行。2016 年，全市社会消费品零售总额完成 1598.7 亿元，同比增长 11.9%，完成年度目标的 99.9%，规模稳居全省第三位。

（5）电子商务持续快速发展。2016 年，全市电子商务交易额完成 392.4 亿元，同比增长 70%，其中跨境电商交易额完成 36 亿元。

二　主要特点和做法

1. 积极推进改革创新

一是推进商务行政审批制度改革。按照简政放权要求，南阳市承接省商务厅下放行政审批事项 1 项（对外劳务合作经营资格核准）；取消非行政审批事项 2 项（二手车鉴定评估机构的审核、鲜茧收购资格认定）；取消备案登记事项 1 项（酒类流通备案登记）。依据国家及省涉商法律、法规，实施权力清单和责任清单制度，梳理行政职权 23 项，其中行政审批事项 1 项，行政征收 1 项，行政处罚 9 项，其他行政服务类项目 12 项。制定了商务领域负面清单，其中外商投资领域负面清单 28 项，含限制类项目 15 项（子项 37 项），禁止类项目 13 项（子项 36 项）；外贸领域负面清单 177 项，含禁止出口货物 33 项，禁止进口货物 144 项。

二是申建国家级省拓展项目取得成功。获批中国（郑州）跨境电子商务综合试验区南阳拓展区试点，围绕试点工作的启动，南阳市起草了《中国（郑州）跨境电子商务综合试验区南阳拓展区建设实施方案》《关于成立中国（郑州）跨境电子商务综合实验区南阳拓展区申建工作领导小组的通知》《中国（郑州）跨境电子商务综合试验区南阳拓展区建设工作行动计划

（2016～2018）年》三份文件，扎实推进各项试点工作。

三是省级商务领域试点工作再获突破。2016年7月，南阳市被列为全省8个国内贸易流通体制改革发展综合试点之一，报请市政府出台了《南阳市国内贸易流通体制改革发展综合试点工作方案》，与市财政局联合下发了《关于印发〈南阳市关于河南省国内贸易流通体制改革发展重点试点任务资金使用方案〉的通知》，目前各项试点工作正有序开展。

2. 认真抓好顶层设计

南阳市编制了《商务发展第十三个五年规划》，建立了项目库，共征集“十三五”期间商务领域的重大工程、重大项目151个，其中已纳入省级项目26个；纳入国家重大项目、省级拓展项目1个，即中国（郑州）跨境电子商务综合试验区南阳拓展区项目；纳入市级项目124个，涉及投资额981.2亿元。报请市政府出台了《南阳市中心城区一体化招商项目落地工作流程》等文件，为当前和今后一个时期全市开放招商提供了政策支持。

3. 着力扩大对外开放

一是载体和平台逐渐完善。卧龙综合保税区顺利通过了国家验收；出口基地数量进一步增加，目前有国家级出口基地1个，省级出口基地5个。

二是融入“一带一路”步伐加快。南阳市组织部分企业赴西班牙、印度、中国香港等国家和地区开展经贸洽谈活动，参加了首届“一带一路”高峰论坛、中国·东盟博览会、亚欧博览会及非洲四国投资研讨会等重大活动，进一步促进了与“一带一路”沿线国家之间的交流与合作。

三是区域合作进一步深化。推进京宛战略合作，成功举办了2016年京宛投资贸易洽谈会，组织企业参加了京豫投资贸易洽谈会，签约30个项目，总投资额162亿元，建立了京宛投资合作长效机制；沪宛、杭宛合作深入推进。

四是积极融入长江经济带战略，充分利用中西部经济技术协作区平台，组织参加了在襄阳举办的汉江生态经济带建设会议。

4. 聚力提升招商引资

一是突出招大引强。瞄准500强企业、行业领军企业、大型央企、知名民营企业，高位对接，专班对接，取得了积极成效。2016 年，全市新签约 368 个项目，其中新签约 10 亿元以上项目 29 个，新开工 10 亿元以上项目 26 个，投资 80 亿元的南阳华耀城项目、投资 15 亿元的新能源汽车后桥精磨齿轮项目、投资 11 亿元的大型防爆电机专业化生产中心项目、投资 10 亿元的高速列车减震器等项目相继开工建设。

二是推进驻地招商常态化。南阳市商务局报请市政府出台了《关于加强驻地招商工作的通知》，建立健全了驻地招商督查、考评、信息上报等一系列制度。组织了珠三角、长三角驻地招商突击月和珠三角智能终端产业专项招商月活动。全市在珠三角、长三角、京津冀地区设立驻地招商联络处 48 个，派出驻地招商小分队 238 支次，长期开展驻地招商，驻地招商共洽谈对接目标企业 1849 个，达成合作意向 198 个，签约 102 个。

三是务实组织各类招商活动。积极组织参加了豫洽会、厦洽会、高交会、中博会、东盟博览会、亚欧博览会，精心组织举办了中国南阳第十三届玉雕节暨国际玉文化博览会和京宛投资洽谈会等自办活动。全年节会招商活动共签约亿元以上合作项目 117 个，合同引进资金 591.9 亿元。

四是服务综保区招商。引进深圳赛格电子有限公司入驻南阳，注册成立了南阳赛格电子城有限公司，并与之签订了卧龙综合保税区智能终端供应链平台以及智能终端电子产业链合作协议。与香港兄弟电子控股集团有限公司签订了机器人和无人机高端产业园项目，为综保区封关运行奠定了坚实基础。

5. 加速电商发展

一是电商企业持续增加。2016 年，全市网商发展到 6.3 万家，注册电商企业近 3000 家，直接从业人员 10 万余人。

二是电商园区快速建设。目前，南阳高新区电商创业基地、卧龙跨境电商园区及西峡、内乡等 11 个电子商务园区投入运营，总面积约 45 万平方米。

三是覆盖市、县、乡、村四级电子商务服务体系和物流快递网络初步形成。目前已建成 36 个市级推广的电商平台、18 个县级电商运营服务中心、

315 个乡镇服务站、3679 个村服务点、2575 个城镇社区门店。注册物流企业 322 家，注册快递企业 680 多家，服务电商间接从业人员 40 万，累计上缴税收 3 亿多元。

四是示范创建工作取得新成绩。镇平县成功获批为国家第三批电商进农村示范试点县；方城、社旗、西峡被确定为省级电子商务进农村示范县。西峡、内乡等 6 个县区电商园区被评为市级电商示范园区，33 家电商企业被评为市级电商示范企业。全年全市共培训电商实用型人才 1.7 万余人。

6. 外贸回稳向好

2016 年，在国际需求持续低迷，外贸进出口严重流失的严峻形势下，全市进出口实绩企业比上年增加 27 家，达到 275 家，其中进出口超千万美元企业达到 48 家。全市外贸克服困难，回稳向好，进出口总量处于全省第一方阵，农产品出口继续保持全省农产品出口第一。南阳推动出台促外贸政策。在认真落实国家、省稳增长促外贸系列政策措施的同时，南阳市起草了《促进外贸稳增长的若干政策措施》，报请市政府常委会议研究；同时支持鼓励各县区出台相关外贸政策措施，有效地吸引了外贸出口资金回流。加大调研指导力度。建立了领导联系分包县区商务运行工作制度，召开外贸工作专题会议 5 次，组织商务、海关、商检等部门开展了外贸服务月、政策宣讲会等活动，帮助企业解决实际问题。

7. 企业走出去步伐加快

积极践行国家战略，充分发挥产业比较优势，加强服务和引导，支持骨干企业进军国际市场，全市有 6 家企业走出国门投资，对外投资提前超额完成省定目标任务。河南省万家园旅游健康养老产业集团在澳大利亚墨尔本市投资 6000 万美元建立了澳大利亚华侨城。河南大光彩商业服务有限公司在澳大利亚悉尼市投资 2000 万澳元设立了光彩投资集团有限公司，投资房地产开发，为南阳企业“走出去”开辟了新领域。

8. 大力搞活内贸流通

一是抓谋划设计。南阳市起草了《中心城区商业网点规划（2015～2020）年》和《区域性商贸中心建设工作计划》。

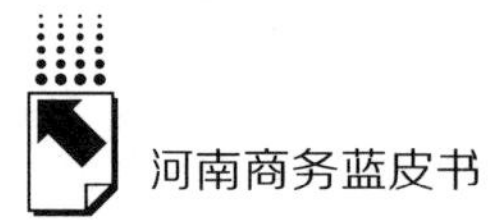

二是抓重大支撑项目的引进。围绕建设豫、鄂、陕区域性商贸中心及物流中心，重点谋划引进红星美凯龙南阳商业综合体与红星美凯龙家居项目、大连万达商业综合体项目、南阳华耀城项目、大商集团南阳商业综合体项目，每个项目投资均在10亿元以上。

三是抓本地龙头企业培育。重点谋划实施促进商贸流通业发展“三个一百”行动计划，在全市选取100家支柱型流通企业、100家特色服务企业、100家电子商务类企业进行重点扶持。截至2016年底，南阳市已筛选确定南阳市万德隆商贸有限公司、南阳市东森医药物流有限公司、南阳中商农产品批发市场等273家重点商贸流通企业建立台账，下发了《南阳市商务局推进“三个一百”行动计划工作方案》。

四是抓大众消费热点。举办全市消费促进月活动，助推了消费结构的升级。牵头开展了文明餐桌活动，加强对拍卖、典当、再生资源回收，二手车市场的管理，推进居家养老、育儿月嫂、家居保洁等家政服务工作。积极鼓励发展品牌，目前南阳市拥有“河南老字号”品牌企业7家。

三　2017年商务发展形势与展望

2017年，世界经济形势不容乐观，美国政策的调整、反全球化趋势、欧洲内部政治冲突、难民危机、英国脱欧进程等问题，导致世界经济不稳定性增强，预计2017年全球贸易量增速在2.5%上下。[①] 从国内来看，经济增速换挡，新旧动能转换，民间投资和制造业投资乏力，金融等领域存在着风险隐患。预计2017年南阳市经济增长仍将面临下行压力，但南阳市商务发展依然处于重要的战略机遇期，基础和条件更加坚实和有利，“一带一路”、京津冀协同发展、长江经济带三大国家战略深入实施，南水北调中线通水，更有利于南阳市深化与京津地区合作、对接沪杭广深等沿海发达地区，以及

① 张宇燕主编《世界经济黄皮书：2017年世界经济形势分析与预测》，社会科学文献出版社，2017。

武汉、西安、襄阳、洛阳等周边地区。新常态下产业转移趋势近期不会改变，新业态、新技术发展迅猛，为南阳市承接产业转移、抢占新的产业发展制高点创造了有利条件。郑万铁路、宁西铁路二线、蒙华铁路、内乡煤电运一体化等重大项目开工建设，综合保税区封关运行，宁西高铁的谋划，周南高速公路的开工建设，既有利于增强投资拉动，又有利于提升综合承载保障能力，为长远发展增创新优势。从内贸流通来看，创新驱动发展战略深入实施，"大众创业、万众创新"全面推进，市场活力进一步释放，为内贸流通发展提供新动力，现代服务业比重进一步提高，服务消费成为消费结构升级的重点，为内贸流通转型升级提供了有力的支撑。国务院批复促进中部崛起规划，支持郑州建设国家中心城市；市六次党代会提出南阳建设中部地区区域性商贸中心、物流中心等一系列规划策略，为南阳市商务发展提出了新任务。

基于以上分析，预计2017年，全市社会消费品零售总额增长11%，实际利用外资增长5%，实际到位省外资金增长7%，货物贸易进出口保持稳定，服务贸易进出口增长12%，境外直接投资增长10%，电子商务交易额增长50%。

四　发展对策

1. 对标国家发展战略，主动融入"一带一路"建设

一是加强对"一带一路"沿线国家和地区的研究。编制参与建设"一带一路"重点合作国别目录、重点产业目录以及对外投资合作国法律法规及政策等指南，为企业参与"一带一路"建设提供理论指导和风险防范提示，更好地服务企业。

二是主动融入"一带一路"建设。重点区域放在欧洲，兼顾中亚等其他地区。以南阳欧洲工业园为载体，加强与欧洲的产业合作，推动南阳市优势企业在欧洲开展跨国并购，吸引欧洲中小企业投资。对中亚、南亚等地区，在巩固传统贸易关系的基础上，推动南阳市冶金、纺织、建材等优势成

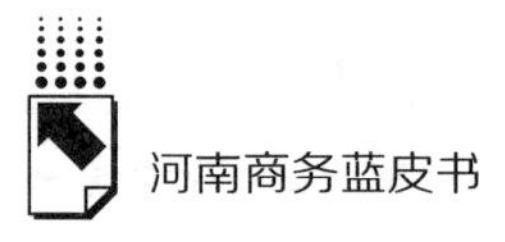

熟产业向外转移，进一步加大国际市场开拓力度。在中东扩大石油装备出口，推进服务贸易出口。

三是推动优势产业境外发展。引导推动农业、装备制造、资源加工、旅游、文化等优势企业“抱团出海”，拓展新的发展空间。

四是优化国际友好城市布局。推进西班牙瓦伦西亚市、澳大利亚维多利亚州与南阳市建立对等城市之间友好往来，争取再缔结 1～2 个国际友好城市。

五是支持涉外社团参与“一带一路”建设。由贸促会总牵头，联合农业、工信、科技、旅游、教育、文广、卫计委等多个职能部门，加强与涉外社团组织的联系与沟通，以政府合作论坛、东盟博览会、欧亚博览会等重大活动为载体，广泛开展城市外交、民间外交，利用华侨华人独特优势，鼓励全方位参与“一带一路”建设，为企业提供协助服务。

六是推动投资贸易便利化。南阳商贸部门密切与南阳海关、进出口检验检疫局等部门的互动交流，推动南阳海关加快建设国际贸易“单一窗口”，全面优化关检合作“三个一”机制，实现关检“三互”，为企业提供通关便利，为企业便捷通关营造良好环境。

2. 坚持开放发展理念，持续实施开放招商战略

对外开放方面。一是拓展开放空间。南阳融入“一带一路”建设，加快推进欧洲工业园建设。融入京津冀协同发展战略，抓住京宛对口协作平台，对接京津冀，在高科技产业、科教卫生、文化旅游等方面全方位加强合作。积极参与区域合作，推动中西部经济技术协作区发展，参与汉江生态经济带建设。支持优势企业“走出去”，积极开展国际国内大型企业合作。二是提升开放平台。完善提升综保区功能，积极对接中国（河南）自由贸易区，谋划打造铁路、航空一类口岸，加强大通关建设。推动外贸转型升级，加快出口基地建设。推进国家级、省级经济技术开发区创建工作，培育新的开放平台。三是积极组织参加国家级、省级各类对外开放经贸洽谈活动。积极组织参加中博会、豫洽会、厦洽会、东盟博览会、亚欧博览会、高交会等经贸活动。积极筹办好自办平台，办好世界月季洲际大会、南阳玉雕节暨国际玉文化博览会等重大节会。四是优化开放环境。简政放权，推动“请进来”与“走出去”审批便利化，正确处理好“亲、清”的政商关系，形成亲商、扶商、安商的良好投资氛围。

招商引资方面，南阳商贸部门认真落实《2017年开放招商行动计划》，深入实施开放招商“35313”工程。“3”即围绕高效生态经济示范市、豫鄂陕省级区域性中心城市、中原创新创业活力城建设定位招商引资，围绕特色优势招商引资，围绕产业链条招商引资。“5”即充分利用综合保税区、经济技术开发区、产业集聚区、区域性商贸物流中心及节会活动五个开放平台。“3”即瞄准京津冀、长三角、珠三角三个重点区域，探索建立常态化的协作机制，吸引产业转移。“1”即落实中心城区招商引资联席会议制度，扎实推进中心城区一体化招商。“3”即每个县区要围绕主导产业，确定3个重大招商引资项目，落实责任，重抓重推。

3. 两轮驱动，实现电子商务新突破

国内电子商务方面。一是完善电商扶持政策。南阳市调整并落实《电子商务发展三年行动计划》，出台支持电子商务创业创新的政策措施；设立市级电子商务发展专项资金；支持市县（区）电子商务工作领导小组各成员部门制定电子商务产业配套扶持政策，形成全方位支持电子商务发展的政策体系。二是抓好电商园区建设。在中心城区筹划建设市级电子商务创业孵化基地、电子商务物流产业园和生鲜农产品电商产业园的同时，指导各县区做好园区规划建设。筹划建设电子商务大数据中心和物流云平台，整合电商、物流等资源，为南阳市电商产业提供技术支撑。三是开展电商精准扶贫。做好生鲜农产品上线，加强与杭州最田网络等企业的合作，支持农产品按照“六统一”的模式，发展生态农业，促进增产增收。将发展农产品电商与扶贫开发相结合，为贫困群众学习电商、应用电商创造便利条件，带动贫困村脱贫致富。四是加快推进电子商务在生产性领域的应用。加大已引进电商企业落地工作，引导传统工贸企业通过应用“互联网+”模式，开展网络营销，鼓励企业借助第三方电商交易平台或自建电商平台，把更多的产品推向市场。五是做好电子商务人才的引进和培养工作。引进一批处于电子商务发展前沿、运行和管理经验丰富的优秀人才和团队，强化对电子商务人才的培训，注重发挥社会培训机构的作用，加强与高校的战略合作，全方位培训电商从业人员。六是引进一批电商运营服务型企业。将招引电子商务企业，特别是电商运营服务企业纳入招商引资目标，强力落实。七是加强示范创建。重点打造高新区电子商务创业基地、卧龙跨境电商产业园、南阳电子商务创业创新孵化园等园区，争创国家级、省级电子商务示范园区。推进唐河县、镇平县国家级电子商务进农村综合示范县建设，支持其他县区争创国家级、省级电子商务进农村综合示范县。开展市级电子商务先进县、示范乡镇、示范村创建活动，形成完善的示范创建体系。

跨境电商方面，南阳市出台并实施《跨境电商综试区南阳拓展区建设实施方案》《南阳拓展区建设三年行动计划（2017～2019年）》和相关配套措施，为跨境电商的发展提供政策支持。加强部门协作和政策衔接，加快“三大平台、七大体系”建设，打造跨境电子商务完整的产业链和生态圈。

4. 多措并举，确保对外贸易稳中向好

一是落实好外贸政策。南阳市认真贯彻落实国务院《关于促进外贸回稳向好的若干意见》，结合南阳市实际，出台并实施《南阳市促进外贸稳定增长的若干政策措施》，发挥政策引导作用。二是简政放权于各县区。推动县区申请出口备案权限下放，率先在全省实施出口备案权限下放到县区，方便出口企业办理。三是抓好主体培育。持续壮大外贸队伍，坚持多元化方针，扶持国有企业、民营企业、外资企业发展对外贸易，保持齐头并进。加快培育外贸龙头企业，支持外贸综合服务企业发展。四是稳定外贸出口。大力开拓国际市场，积极组织、鼓励企业参加河南省“千企百展”活动，实施国际市场开拓“双百计划”，收集、发布100个境内外展会信息，组织100家左右企业有针对性地参加广交会、高交会等境内外知名展会，深度挖掘传统市场，大力开拓新兴市场；加快培育出口自主品牌；支持中心城区出口发展。五是促进外贸进口。扩大机电产品、先进技术和资源类商品、原材料产品进口，促进一般消费品进口，开展保税产品进口。六是培育外贸发展新动能。坚定不移调结构，着力推进外贸领域供给侧结构性改革，加快加工贸易转型升级、创新发展，积极承接加工贸易梯度转移；壮大装备制造、电子信息等高附加值行业出口，建立境外营销服务保障体系，提升贸易价值链，提高出口的质量效益；积极推进发展跨境电子商务、外贸综合服务企业等外贸发展新业态和海外仓等外贸发展新模式，培育外贸发展新动能，为外贸发展蓄势加力。七是加强外贸转型升级基地建设。重点抓好政策扶持、协调服务、考核管理。八是大力发展服务贸易。举办服务外包项目对接活动，扩大服务外包规模，扶持一批“专、精、特、新”的创新型服务外包企业。完善提升高新区省级服务外包示范园区建设水平，发挥示范带动效应，再创建一批新的省级服务外包示范园区。推动文化创意、动漫游戏等新型文化服务出口和软件、技术进出口，培育一批中医药服务贸易出口骨干企业。

5. 创新发展，提升流通发展的质量和效率

一是要做好内贸流通体制改革发展省级综合试点的收尾和总结工作，力争形成一些在全省可推广的经验。二是建设法制化的营商环境。强化商务监管，认真做好加油站（点）、二手车市场等商贸特殊领域行业监管，积极推动监管工作下移，逐步建立涵盖市、县、乡、村4级流通领域市场监管综合执法体系。加强商务诚信建设，建立黑名单制度。支持行业商协会加强行业自律。开展各项专项整治活动，打击侵权假冒。健全执法队伍，提高综合素质和业务水平。加快完善12312举报投诉服务网络，完善案件受理及转交督办机制和流程，提升服务水平。三是积极建设区域性商贸中心。强化调研，认真谋划，加强与校方、企业、协会、新闻媒体的互动合作，组织开展区域性商贸中心建设论坛等活动，大张旗鼓地宣传南阳市区域商贸中心建设，营造舆论氛围，争取多方支持，共谋区域性商贸中心建设，制定并报请市政府出台《南阳市区域性商贸中心建设实施意见》。四是推进商贸流通业发展“三个一百”行动计划的落实。对筛选出的273家重点企业加强指导、服务和评估。建立有效的运行分析制度，做好各项数据统计、分析工作，建立常态化的运行统计分析制度。

B.38
2016 ~2017年商丘市商务发展回顾与展望

薛 涛　常晓峰　曹 磊*

摘　要：　2016 年，面对复杂多变的外部形势和经济下行压力，商丘市商务工作坚持以扩大对外开放和繁荣商贸流通为重点，按照“持续求进，好中求快”总基调，凝心聚力，攻坚克难，积极应对商务发展中的困难和挑战，保持了各项商务事业平稳较好的发展。

关键词：　商丘市　开放型经济　电子商务

一　2016年商丘市商务发展指标完成情况

（1）实际利用省外资金 582.9 亿元，占省定目标任务的 101.1%，同比增长 8.1%，规模居全省第 3 位，占目标比例和增幅均居全省第 8 位。

（2）实际利用外资 32604 万美元，占省定目标任务的 100.4%，同比增长 5.4%，占目标比例居全省第 8 位，增幅居全省第 7 位。

（3）货物进出口完成 24622 万美元，同比下降 18.1%，其中出口 22798 万美元，同比下降 14.4%，进口 3441 万美元，同比下降 47%。

（4）对外直接投资 6800 万美元，外派劳务 656 人。

---

* 薛涛、常晓峰、曹磊，商丘市商务局。

（5）社会消费品零售总额完成754亿元，占省定目标任务的101%，同比增长12.8%，增幅居全省第1位。

二　2016年主要工作措施及成效

1. 开放招商深入推进，开放型经济快速发展

（1）领导带头招商。市委及市政府主要领导、各专题招商组组长及各县（区）主要负责人积极带队外出开展招商活动，主要领导全年共开展外出招商86批次，成功签约了投资规模10亿元以上的亿仁鞋业项目、南通家纺产业园项目等。通过开展专业小分队招商、驻地招商等，商丘市成功引进了澳柯玛冷藏车、特步鞋业园、赛琪体育工业园、富士康富锦电子产业园、民生热电、万达广场等一批重点招商项目，推动了主导产业的发展壮大。全年落地投资规模亿元以上项目103个，其中3亿元以上项目50个，较上年增长11%，5亿元以上项目31个，引进世界500强企业和上市公司投资项目11个，其中世界500强企业6家。

（2）机制不断完善。市政府每月20号左右召开全市招商引资工作推进会议；市委常委会每季度听取全市招商引资工作汇报；四大班子领导每季度进行一次产业集聚区建设观摩巡视，进行无记名打分，并将结果运用到全年奖惩兑现上；市开放招商领导小组办公室每季度实地查看一次招商项目建设进度情况，对招商项目、省外资金、利用外资完成情况进行通报，根据督查情况，不定期召开招商引资促进会、现场会等，有力地推进了招商引资工作的开展；实行项目落地“五个一、两不接触”工作机制（一个项目、一名牵头领导、一套班子服务、一个部门负责、一套实施方案，项目手续办理由服务单位全程代办，投资商不与审批单位直接接触，征地不与农民直接接触）。多措并举，确保了落地项目有形象、带动强、效果好。

（3）活动推动有力。2016年商丘市重点参加了第十届河南投洽会、第十三届东盟博览会、第五届亚欧博览会等重大招商活动，共签约项目27个，总投资177.6亿元。商丘市精心组织好华商节招商活动，商务部门邀请客商

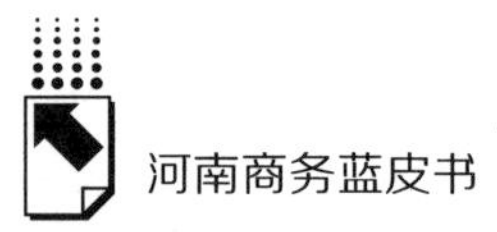

1200余名，集中举行重点项目建设动员会奠基项目31个，总投资176.8亿元，集中签约项目102个，总投资399亿元，举办了商丘市承接产业转移成果展，取得了良好效果。

（4）外贸积极应对。面对国内整体外贸下滑形势严峻，进出口目标压力较大的现状，商丘先后6次召开由各县区商务局和部分外贸企业参加的外贸调研分析会、工作推进会等会议，组织业务人员到企业开展政策宣讲和督导调研，实地解决企业遇到的困难和问题，进出口由上半年的大幅下滑到下半年降幅逐月收窄。全年培育出口超500万美元的企业14家，进出口超1000万美元的企业3家，有进出口实绩的企业达到189家。商丘市商务部门充分利用广交会等贸易平台，助力外贸企业展示国际形象，两届广交会共有59家企业参展，申请展位98个，创历史之最。2016年5月底，与武汉网来云商合作，启动了跨境电商项目服务中心项目，建立了商丘市产品的境外宣传平台。

（5）外经领域实现突破。商丘市贵友集团在吉尔吉斯斯坦投资建设的亚洲之星农业产业合作区于2016年8月4日被商务部和财政部确认为境外经济贸易合作区，成为河南省首家国家级境外经济贸易合作区。商丘市商务部门组织外经企业参加了泰国投资说明会、京交会、非洲投资洽谈会、亚欧博览会等国际及国内重要展会，为企业“走出去”搭建平台。

2. 内贸管理水平提升，拉动消费效果明显

（1）电子商务发展迅猛。2016年全市电子商务交易额六十多亿元，网上零售额近30亿元，跨境电商交易额近3亿美元。商丘市人民政府颁布了《关于印发商丘市跨境电子商务三年行动计划（2016～2018年）的通知》（商政〔2016〕26号），对未来三年跨境电商发展提前谋划。加快电子商务产业园区建设，已建成电子商务产业园区9个，入驻电商企业200余家，吸纳社会就业8000余人，带动20个行业发展。推动电子商务示范性创建，省商务厅认定商丘市电商企业244家，创建省级示范企业11家，市级示范企业33家，省级示范基地2家，柘城县成为继睢县之后商丘市第二个全国电子商务进农村示范县。电子商务进农村工作深入开展，已建成农村电子商务综合服务网店2900多个，实现营业额3亿元，覆盖全市70%的行政村。

（2）农产品流通稳步推进。商丘市利用便利的交通优势和传统优势，积极培育和扶持大型农产品流通企业，力推商丘农产品中心批发市场和睢县农副产品综合批发市场基础设施建设项目，推荐鑫鑫养殖等三家企业为省级农产品流通骨干网建设项目承办企业，不断地完善商丘市农产品流通基础设施。

（3）供需衔接更加有效。商务部门指导流通企业和大型批发市场组织适销对路货源，重点加强生活必需品供应，全力保障市场活力。在重要节日期间组织开展了“年货大街”、消费促进月等促消费活动。

（4）市场环境规范有序。围绕成品油、互联网、食品药品、烟草等领域商务部门积极开展打击侵权假冒专项整治行动，取得了显著成效；进一步规范成品油、酒类流通、报废汽车回收拆解等市场秩序，全力维护公平有序的市场环境；组织开展市场供应和食品安全检查工作，积极参加食品安全宣传周活动，确保消费者吃上放心餐、喝上放心酒、用上放心油；狠抓商务领域安全生产，全年没有发生重大安全事故。

3. 全力投入大气污染防治，攻坚战成效显著

自2016年7月开始，商丘市不断加大大气污染防治工作力度，商务部门联合有关职能部门狠抓成品油市场专项整治工作，先后召开大气污染防治成品油市场专项整治现场会、协调会、汇报会、促进会等会议二十余次，在专项整治期间全市共出动执法车辆1040辆次，排查加油站（点）1711家次，下发整改通知871份；查处证照均无加油站（点）507座，证照不全加油站（点）428座；查封非法加油站266家，拆除非法加油站555家；全市完成油气回收装置且通过环保部门验收加油站237家。新批农村及偏远地区加油站（点）235个，有效保障了农村生产生活用油需求。抓好国五标准油品升级，成立专项督导检查组抽查加油站240家，抽取检验油品434批次，已出检验报告166批次，合格154批次，不合格12批次，合格率92.8%。商丘市商务部门与215家民营加油站（点）签订了油品质量承诺书。督促报废汽车回收企业提高拆解速度，加快黄标车、老旧车的淘汰进度，做好自身防尘降尘工作，2016 年共回收拆解黄标车、老旧车 5357 辆。

三 2017年商务发展对策

1. 转变方式，着力提升招商水平

（1）抓好产业招商。着力实施市五次党代会提出的“两翼齐飞”总体思路，商丘市商务部门围绕食品加工、纺织服装、制冷、超硬材料等主导和特色产业的产业升级、规模壮大、结构调整、产业链补充，制订招商计划，绘制招商图谱，开展好有针对性的产业招商活动。深入研究世界 500 强、中国 500 强、行业龙头、跨国集团、上市公司等重点企业产业布局和投资方向，绘制招商路线图，组织专业小分队一对一、点对点上门招商，加快推进商丘市产业发展与国内外重点企业、重点产业的对接融合。

（2）抓好项目质量提升。把招商项目“合同履约率、资金到位率、建成投产率”作为推进招商工作的重点，定期进行督查落实。对洽谈和签约的项目，逐一登记备案，明确专责领导和专职人员跟踪对接，力争实现在谈项目早签约，签约项目早开工，开工项目早投产。对产业集聚区内长期空置厂房及闲置土地进行排查清理，积极开展二次招商。下大力气招引“国字号”、龙头骨干企业，上市公司的研发中心，企业总部，交易中心等入驻商丘，通过由纯生产型向研发生产型转变，实现招商引资由量到质的提高。

（3）抓好境外资金引进。加大对韩国、中国港澳台和东南亚等商丘市外资主要来源地的招商，积极组织开展境外招商活动，努力签约引进一批外资项目和资金，增强外资储备。按照商务部《外资企业设立及变更备案管理暂行办法》规定，商丘市商务部门积极做好外商投资备案制度改革的各项工作，确保吸收外资工作的平衡过渡，为外商投资者提供更加优化的投资环境。

2. 创新举措，着力培育外经贸竞争优势

（1）狠抓外贸政策落实。联合海关、商检、外汇等有关部门，组成服务小组开展“送政策进企业、送服务下基层”活动，深入企业、深入一线，为企业解答政策疑问，指导企业用足用活外经贸发展扶持政策。认真落实国家扶持外贸发展的各项资金和政策，使更多的企业在技术更新改造、扩大生产规模、开拓国际市场、提高产品质量、提升产品知名度等方面获得支持。

（2）充分发挥出口基地带动作用。充分发挥出口基地的示范作用和品牌效应，增强外贸发展的主动力。依托商丘市五金工量具出口基地和打火机、金刚石、制冷等特色产业，加大招商引资力度，引进相关外向型企业和项目，壮大产业集群，完善产业链条，提高进出口能力，实现承接产业转移与扩大对外贸易的良性互动。

（3）积极扩大进口。落实好国家、省进口贴息政策，促进先进技术设备、关键零部件和紧缺资源型产品的进口。抓住商丘保税物流中心封关运营的机遇，发挥其通关效率高、货物流通时间短、企业成本低的优势，辐射带动周边区域企业进入，提升商丘市外贸总量。

（4）进一步加快“走出去”步伐。围绕“一带一路”重点国别，推动优势企业开展对外直接投资、对外承包工程以及对外劳务合作，努力以对外直接投资、对外承包工程项目带动设备出口和外派劳务；服务好贵友集团在吉尔吉斯斯坦的亚洲之星农业产业园区建设；健全对外投资合作政策促进体系，组织银企对接活动，争取国家政策资金和金融信贷支持；推进对外劳务合作市场清理整顿工作，保护外派劳务人员的合法权益；健全对“走出去”企业的风险防范机制，搞好境外投资合作制度化建设。

3.强化引导，着力挖掘消费潜力

（1）有效降低流通成本。持续推动内贸流通现代化，培育发展新模式、新业态。鼓励商丘市传统实体零售创新转型，推动线上线下融合发展。鼓励流通企业扩大连锁经营规模，引导中小流通企业通过联合采购、平台集聚、共同配送等方式提高组织化程度，推动供应链整合创新、协同发展。进一步加强商丘市农产品现代流通网络建设，形成流通链条和扩大覆盖面，加快推进鲜活农产品流通网络建设，建立高效、通畅、安全的农产品现代流通体系。

（2）强化供需衔接。发挥好内贸流通供需衔接作用，把市场信号传递给供给侧，探索建立市场运行监测新的指标体系，扩大信息采集范围，健全信息采集网络，提高数据的准确性、及时性，更好引导消费需求。完善生活必需品应急保供预案，提升市场应急保供能力。引导流通企业增强品牌意识，积极申报“中华老字号”和“河南老字号”。积极开展消费促进活动，组织消费促进月活动，利用汽车、家电等产品展销会大力培育消费热点。指导餐饮、家政服务等行业协会开展自律、行业管理工作，出台促进转型发展相关意见，推动行业健康、持续发展。

（3）助推电商产业发展。做好电商企业备案、认定工作。依托睢县、柘城县两个全国电商进农村示范县，推进电商进农村工作，积极开展电商进农村示范县的培育推荐工作。严格执行《商丘市跨境电子商务三年行动计划》，以商丘保税物流中心为依托，从政策、园区建设和电商企业入驻等方面，全方位做好跨境电商综合试验区服务保障工作，努力实现行动计划目标任务。

4. 加强监管，着力规范市场秩序

（1）强化商务综合执法职能。进一步梳理执法职责，整合执法职能，规范执法行为，强化执法协作，建立行政管理职能和行政执法职能既相对分离又衔接配合的商务综合执法新体制。加强监管执法队伍建设，充实基层一线力量。

（2）加强重点领域的监管。继续开展商务领域大气污染防治成品油市场的专项整治工作，加强成品油市场管控，对发现取缔不到位、拆除不到位、死灰复燃的，严格追究相关县（区）和部门监管责任。探索建立黑加油站取缔长效机制；建立黑加油站责任分包台账；建立黑加油站定期巡查等制度。搞好成品油升级和报废汽车回收拆解工作；开展散装水泥、典当、拍卖、商业预付卡、大宗商品现货交易等领域集中整治活动；切实抓好商务领域安全生产，确保全年不发生重大责任事故。

B.39
2016~2017年信阳市商务发展回顾与展望

余东海　龚学军*

摘　要： 2016年信阳市商务工作在省商务厅的具体指导下，认真贯彻中央、省委、市委经济工作会议精神，坚持准确站位，积极担当，各项工作扎实有序推进，取得了一系列积极成效，为全市经济社会跨越发展做出了积极贡献。

关键词： 信阳市　电子商务　内贸流通

一　2016年信阳市商务发展指标完成情况及特点

1. 全市利用外资取得新成绩

2016年，全市实际利用外资49634万美元，同比增长5.4%，完成年度目标100.8%，增幅和目标完成比均居全省第3位，高于全省平均水平0.6个百分点，较上年高出3个百分点。全市吸收外资呈现四个特点。

一是现有外资企业再投资成为吸收外资主要途径。通过商务部外商投资审批系统确认的外资只有45万美元，而绝大部分吸收外资目标是通过现有外商投资企业新增设备等再投资实现的。

二是外资来源地主要集中在香港、澳门和台湾地区。根据全市外资企业联合年报和存量调查结果，参加年报的外资企业36家，其中22家

* 余东海、龚学军，信阳市商务局。

企业属于港、澳、台资（或合资合作企业），到位外资也基本来源于上述地区。

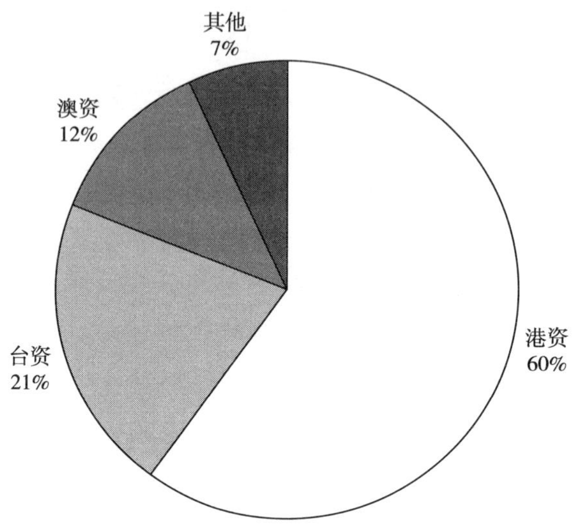

图1　吸收外资主要来源地

资料来源：信阳市商务局。（下同）

三是制造业吸收外资快速增长。目前36家外资企业中，采掘和制造业25家，占69%；第三产业5家，仅占14%。直接利用外资中第一产业投资分布在种植业、畜牧业领域；第二产业以采掘和制造业为主，分布在电子、服装、矿产品等领域；第三产业主要投在批发和零售业等领域。制造业仍然是吸引外资的主要领域，制造业吸收外商直接投资39012.3万美元，占第二产业投资的98.2%，占全市实际利用外资额的78.6%（见表1）。

表1　主要制造业利用外资及其占第二产业比重

单位：万美元，%

制造业种类	引进外资额	占第二产业比重
家居、家具	3760	9
电子器件	8600	21.6
医药	2916	7.3
农副产品加工	2460	6.1

续表

制造业种类	引进外资额	占第二产业比重
纺织服装	11670	29
汽车零部件	8700	21.9

四是县区全部完成省定目标任务。潢川县新批外商投资企业1个。在全市实际利用外资金额中，光山县实际利用外资额最多，为4610万美元；另外依次为平桥区、潢川县、淮滨县、浉河区，其实际利用外资额分别为4545万美元、4524万美元、4470万美元、4384万美元，这五个县区是拉动全市实际利用外资额增长的主要力量。

2. 到位省外资金增幅和目标完成比均居全省第1位，招商效果越来越明显

2016年，全市引进省外资金工作呈现较好发展态势。实际到位省外资金211.7亿元，同比增长8.7%，完成年度目标101.6%，增幅和目标完成比均居全省第1位。

表2　2016年河南省引进省外资金增幅和目标完成比排名前六位的省辖市

单位：亿元，%

单　位	累计	同比增长	目标额	占目标比例
信　阳	211.7	8.7	208.3	101.6
驻马店	241.6	8.6	238.0	101.5
鹤　壁	283.8	8.6	279.7	101.5
濮　阳	210.8	8.5	207.9	101.4
许　昌	441.0	8.4	435.3	101.3
安　阳	563.7	8.3	557.1	101.2

一是广东等发达地区资金到位比重较高。据统计，注入全市省外资金来源地广东、北京、江苏、上海、福建位居前五位，分别占到位资金总额的33.6%、17.5%、13.7%、10.2%、7.3%。

二是产业集聚区引进省外资金占一半以上。全市产业集聚区新落地省外资金项目80个，合同利用省外资金280.2亿元，实际到位资金126.2亿元，占全市引进省外实际到位资金总量的59.6%。

三是引进省外资金均衡。各县区引进省外资金同比增幅均超过7.7%，8个县区增幅超过9%。潢川县、羊山新区、信阳高新区到位资金排在全市前三位，分别为21.5亿元、21亿元、20亿元，另外是浉河区、平桥区到位资金均为19.8亿元。9个县区招引项目174个，占全市引资项目的88%。其中淮滨县、商城县引进省外资金项目数最多，分别为32个、22个。

3. 进出口依然复苏乏力

2016年，全市进出口总额实现48105.3万美元，同比下降17.77%。其中：出口实现24336.6万美元，同比下降26.7%；进口实现23768.7万美元，同比下降6%。主要特点包括以下几方面。

一是进出口、出口降幅进一步收窄。第四季度全市进出口额同比下降5.8%，比上半年收窄1.6个百分点。出口额同比下降26.7%，比上半年收窄1.9个百分点。大部分重点企业出口大幅下降。比如工业城华隆矿产公司、天扬光电科技公司、信阳同合车轮有限公司出口分别下降100%、99.6%、96.8%；因河南省对欧盟出口受限，华英集团从山东（不受限）出口增大，华英农业发展股份有限公司累计出口357.8万美元，同比下降65.5%。

二是进口小幅增长，增幅居全省第6位。进口贸易中，安钢集团信阳钢铁有限公司（以下简称信钢公司）一家独大局面没有改变。多年来，信钢公司进口一直占全市进口90%以上，但随着黄国粮业、陆骐电子、舜宇光学等企业进口增长，其占比逐步回落至79%。受国际铁矿石价格持续下降影响，信钢公司进口连续下滑。

三是药业行业、机械电子行业、纺织服装行业进出口保持增长，农副产品加工行业进出口降幅有所扩大。全市药业实现进出口额3000万美元，同比增长6.4%。机械电子行业实现进出口额3025万美元，同比增长26.6%。纺织服装行业实现进出口额8160万美元，同比增长7.7%。

四是孵化工作成效显著，新增实绩企业成为外贸进出口新的增长点。通过政策宣讲、业务培训、对口帮扶，信阳商务局帮助企业解决报关、报检、资金、人才等问题，已累计新增进出口实绩企业11家，完成进出口额6452万美元，占全市进出口总额的13%，拉动全市外贸进出口增长7.1个百分点。

五是供货出口转自营出口成效逐步显现。通过开拓国际市场和跨境电商平台，5家供货企业实现向自营出口突破，如平桥超越服饰河南有限公司自营出口174.1万美元，新县丰食源食品科技有限公司自营出口203万美元，羊山富利源家居有限公司自营出口85.2万美元。

4. 消费保持持续增长

全市社会消费品零售总额实现810.88亿元，增长11.5%，居全省第10位，较全省平均水平高0.2个百分点，较上年同期高0.5个百分点。主要特点包括以下几方面。

一是社会消费品零售总额增幅持续加大。第四季度全市社会消费品零售总额同比增长12.8%，较三季度、上半年分别提高0.1个、0.6个百分点。电子商务交易额67.3亿元，同比增长31%；仅“双十一”当天，日发送包裹量突破166万单，直接或间接完成网络销售额6.55亿元。

二是限上企业大幅增加，零售额增幅持续加大。2016年全市新增限额以上企业243家，总数达809家，限额以上企业社会消费品零售额实现331.6亿元，同比增长15.9%，较三季度、上半年分别提高0.4个、1.1个百分点。

三是农村市场消费增长快于城镇市场。全市城镇消费市场累计实现社会消费品零售总额268亿元，同比增长12.8%，占全市社会消费品零售总额的33.1%；全市乡村消费市场实现社会消费品零售额293.4亿元，同比增长13.2%，较城镇市场高出0.4个百分点，占全市社会消费品零售总额的36.2%。

四是居民生活必需品消费持续较快增长。全市限额以上企业粮油食品类商品实现销售额118.4亿元，同比增长27.5%，高于平均增速11.6个百分点；烟酒及饮料类商品实现销售额214.4亿元，同比增长22.5%，高于平均增速6.6个百分点；日用品类商品实现销售额13.7亿元，同比增长21.7%，高于平均增速5.8个百分点。

二　2016年采取的主要措施

1. 开放招商水平不断提升

一是提升“四一两化”。商务局以市委、市政府两办名义印发了开展“四一两化”提升年活动的通知，各县区和市直相关单位高度重视，落实“一把手”工程，开展“一对一”对接，突出引资、引技、引智、引平台相结合，着力推动招商引资上规模、上层次、上水平。信阳市商务局先后组团参加了第十届投洽会等一系列招商对接活动。二是突出招大引强。为抢抓国家证监会资本市场扶贫政策机遇，信阳市商务局提请市政府组织开展招大引强专项行动，印发了行动方案和《致广大企业家的一封公开信》，谋划了6场集中对接洽谈活动。截至目前，全市共对接大型企业126家，拟签约项目19个。三是完善推进机制。研究起草了《信阳市招商引资项目引荐人奖励办法》《信阳市招商引资工作差旅费接待费支出规定》，积极建立健全激励机制和保障机制。进一步完善信息交流机制，开通了全市对外开放资讯平台。四是优化投资环境。积极复制推广上海自贸区制度创新经验，协调申建信阳保税物流中心（Bi 型）等开放口岸，大力支持产业集聚区载体建设。组织外资企业上网参加联合年报，完成进度列全省第2位。主动深入外来投资企业调研，认真倾听意见建议，全市连续五年保持外商零投诉。

2. 对外经贸优势加快积蓄

一是加强指导培训。信阳市商务局经常深入外贸企业开展针对性调研，编印了外贸企业服务手册和办事流程图，免费发放至企业。联合海关等部门成功举办了全市外贸业务培训班，为企业提供“一站式”解决方案。多次举办跨境电商企业上线辅导班，培养壮大外贸人才队伍。二是促进自营转化。联合县区着力推动扩大自营出口份额，引导企业构建自主营销体系和品牌，目前已有6家企业实现从供货出口转为自营出口。三是助力开拓市场。全市首家跨境电商综合平台上线运行，首批30家企业入驻平台，分别在境外8个知名电商平台登录。四是加强部门联动。加强与海关、商检等部门的对接联系，协调加快内陆直通式海关建设，实施关检合作“三个一”机制。五是增强对外合作后劲。积极推动新县德龙玩具有限公司在美国达成项目合作，首期投资500万美元，密切跟踪浉河区河南豫象荣业科技有限公司与缅甸合作农业种植、羊山新区信阳安装工程有限责任公司与新西兰建筑设备服务合作及淮滨县河南金鹰丝绸纺织有限公司在加拿大设厂3个项目，总投资额1600万美元。

3. 内贸流通环境持续优化

一是综合拟定政策。信阳商务局组织起草并提请市政府印发了《信阳市推进国内贸易流通现代化建设法治化营商环境实施方案》，明确了内贸流通提质增效、助力供给侧结构性改革的发展方向。二是争取上级支持。信阳市积极申建国家农产品冷链流通标准化示范试点城市，进一步提升全市全国农产品流通骨干网络节点地位。成功创建两批4家省级品牌消费集聚区。三是净化市场环境。充分发挥牵头协调作用，强力开展大气污染防治成品油市场专项整治，同时注重打建结合，积极规划建设农村及偏远地区加油站198座，目前获得省厅批复并开工建设42座。积极联合公安部门，全面推进黄标车淘汰和报废汽车拆解，截至目前，全市两家报废回收拆解企业、5家回收网点共完成黄标车及老旧汽车拆解5200余辆，同比增长超过300%。积极牵头30个市直部门有效开展了打击侵犯知识产权和假冒伪劣工作，重点开展了互联网领域侵权假冒行为专项治理等专项行动，全市的主要做法和典型经验被商务部充分肯定并予以宣传推广。

4. 电子商务动能充分释放

一是扎实开展认定备案。新增电商认定备案企业64家，累计达383家，总量居全省第二。二是深化农村电商建设。加快推进光山县电商进农村综合示范工程，22个乡镇服务站全面建立，167个村淘服务点已覆盖50%以上的行政村。成功申报新县、潢川县、商城县为省级电商进农村综合示范县，县区数量占全省1/6。三是及早发力跨境电商。成立了由市政府主要领导亲自挂帅的跨境电商领导小组，围绕“三大平台、七大体系”建设，制订了全市总体工作方案并获省跨境办批准实施，该方案成为继郑州之后第二个批准实施的省辖市方案。四是持续开展示范创建。扎实做好第四批省级、第三批市级电商示范企业及示范基地创建，新创建市级示范企业8家、示范基地1家，推动文新信阳毛尖网销、光山羽绒电商创业基地2个项目纳入省级扶持项目盘子。五是积极培育本土企业。引导支持鄂豫皖一日达、润氏电商、鼎盛电商、网营科技等一批企业营销规模突破亿元，“双十一”当天，全市电商销售额达65.5亿元，其中跨境电商销售额为255.8万元，累计快递物流发单超过166万票。六是精心孵化实用人才。全市各级各类电商培训达20000人次以上。

三 2017年商务发展形势

2017年，国内外经济发展环境复杂严峻，在经济周期性和结构性矛盾交织下，部分领域风险逐步积累，未来经济下行压力将不断加大。但全省一系列稳增长政策的效果正在持续显现，随着供给侧结构性改革深入推进，新动能继续加速孕育，特别是国家级跨境电商建设全面启动，都将为经济持续平稳增长提供有力支撑，预计2017年全市商务指标将保持在合理增长区间。

（1）外资增长后劲乏力。我国经济发展进入新常态后，国家调整吸引外资政策，过去靠各级政府减税让利的优惠政策吸引外资的能力弱化，外资企业相对于内资企业的竞争优势不再明显。同时，周边国家以其较低的人力资源成本优势吸引投资能力增强，国际国内共同因素导致引进外资的增长速度放缓。在全市的突出表现是近两年新批外资数量呈下降趋势，2016年新批外商直接投资企业3家，2017年新批1家。根据国家发改委和商务部改革新政，对绝大多数外资项目不再审批，而是改为备案制，以后地级市新批外资企业会越来越少。上述诸多因素致使利用外资增长乏力。同时，外资结构不尽合理，外商投资多集中在第二产业，农业和服务业吸收外资规模小、增长慢。境外招商渠道单一，外资主要来源渠道局限于现有企业依商招商，引进外资以港澳台资为主，对境外其他发达经济体招商引资工作办法不多、途径不广。

（2）产业转移难度加大。一方面，国际区域竞争加剧，欧美国家“产业回归”和东南亚地区劳动力等要素成本相对低廉，对招商引资造成双重挤压；另一方面，国内实行内外资企业普遍国民待遇，加之经济发展进入新常态，企业投资意愿和能力下降，或因市场预期、股东调整、投资方改变投资计划等原因，项目落地和资金到位受到影响。要素保障能力弱与项目落地急之间的矛盾较为突出，特别是征地拆迁难度较大、手续办理时间较长，影响了项目进展，导致一批签约项目落地慢、推进慢。项目融资方面，有些招商项目融资能力还远远不能满足项目建设的需求，可用于抵押的土地、资产等自身融资条件和金融机构要求的条件不对称。

（3）外贸增长仍面临下行压力。目前，国际经济处于危机后深度调整阶段，世界经济增长动力不足，国际金融市场面临挑战，“中国制造”的传统比较优势逐步削弱，对外贸易发展受到来自新兴国家与发达国家的双重制约，传统劳动密集型产品与以机械设备为代表的投资品出口存在不同程度下降，与周边发展中国家相比，信阳在工资成本、环境成本等方面明显不占优势。与此同时，信阳市高端装备、智能制造等出口产品面临来自发达国家的竞争，仍难以迅速占领国际市场，短期内新的外贸增长点尚未形成。

（4）消费需求将稳中略降。2017 年，支撑消费增长的因素主要有：一是旅游、休闲、文化、体育、教育等个性化、多元化新兴消费模式和消费热点比较活跃。二是社会保障体系不断完善、保障水平逐步提高以及社保覆盖面不断拓宽，有助于消除居民消费后顾之忧。河南省持续上调企业退休人员基本养老金发放标准、城市低保平均保障标准、失业保险金发放标准等；农村社会保障制度进一步完善，相继提高农村低保标准、五保集中供养标准、新农村合作医疗补助标准等。三是多项行动计划的加快实施有助于优化消费环境，促进消费升级。随着“十大扩消费行动”和消费品工业“三品”（增品种、提品质、创品牌）专项行动的深入实施，居民消费的升级将加快。但同时，影响甚至是抑制消费增长的因素也较多：一是居民消费与宏观经济走势高度正相关，经济下行压力会抑制消费增长；二是居民收入增速放缓影响居民消费能力；三是消费供需错位，适合中产阶级与新生代消费者的高品质、个性化商品供给不足，导致高端消费外流；四是养老、健康、旅游休闲等产业发展缓慢，不利于潜在消费能力释放。综合各方因素，预计 2017 年信阳市社会消费品零售总额将增长 11.5% 左右。

四　发展对策

1. 持续推动开放招商

一是抓机遇，招大引强。抢抓国家发挥资本市场作用服务脱贫攻坚新政给老区招商引资带来的重大政策机遇，瞄准目标企业，围绕主导产业，立足全市后备企业，积极开展招大引强专项行动，有力掀起招商引资新热潮，力争引进一批上市企业和具有上市潜力的优质企业，以及规模大、辐射广、支撑强的优势项目，为实力信阳建设添砖加瓦。二是创方式，提高质量。围绕主导产业，瞄准重点区域，发挥县区小分队主力军作用，积极开展“一对一”精准招商；持续推进驻地招商，争取关联企业抱团转移；积极借力以商招商和商协会招商，实现招一个、引一串、带一片；积极探索代理招商、中介招商和委托招商。同时，创新推介渠道，积极利用 U 盘、网站、“掌上豫商”等“两微一端”发布招商项目，广泛寻求投资合作。三是传导压力，营造氛围。进一步形成领导带头、部门牵头、各方齐头并进的招商格局，坚持大员上阵，加大行业招商力度，激励全社会招商。强化“四个一”招商项目推进责任机制，加大开放招商工作情况通报力度，定期不定期开展招商引资综合督导和“三率”专项督导，营造上下重视招商、研究招商、支持招商的浓厚氛围。

2. 着力促进外贸外经

一是加强培训，提升能力。定期组织各县区及企业开展集中培训，会同各相关职能部门，邀请第三方专家，讲授进出口各环节业务知识，为企业提供一站式解决方案，提升企业把握外贸形势、开拓国际市场、加快转型升级的能力。积极宣讲解读促进外贸发展的一系列政策措施，引导企业树立回稳信心，熟悉、应用和分享政策，努力做大做强。二是加强创新，培育优势。

以发展跨境电商为着力点，积极引领外贸新业态、新模式落地成长，助推外贸供给侧改革。大力引进出口潜力大、产业链条长、带动能力强的出口型项目，引导和支持企业开展自营出口。积极培育茶叶、电子信息、家具、羽毛羽绒等出口基地，加快形成集群化、品牌化、全链条竞争新优势，提升全市主导产业外向度。三是加强协调，优化服务。建立健全县区外贸目标责任制，推动县区抓好保存量、创增量、促转化，不断扩大自营出口。全面复制推广自贸区创新经验，认真落实“放、管、服”，持续推动海关跨区域合作、关检协作，简化优化审批监管，切实降低企业成本，合力提升贸易便利化水平。四是坚持项目带动，扩大对外合作。以项目为主要抓手，推动“走出去”规模和质量双提升。

3. 深入推进内贸流通

一是以创建促提升。围绕流通标准化、集约化、信息化建设，跟踪申建国家级冷链流通标准化建设试点示范市，加快建设国家级农产品流通骨干网络节点市，努力打造区域性农产品流通枢纽。扎实开展“平安商场”创建，坚持典型引路，不断扩大创建面和达标面，提升商业企业文明经营、诚信经营、安全经营水平。组织实施“绿色商场”创建，建设生态商圈，引导绿色消费，提升商业行业可持续发展能力。积极开展“老字号”企业创建，持续开展品牌消费集聚区创建，优化商品供给，扩大品质消费，提升实体商业发展优势。二是以载体促消费。持续开展消费促进月、农产品网上购销对接会、诚信兴商宣传月暨信用消费进万家等一系列促消费活动。全面推进中心城区综合商圈、乡镇商贸服务中心、社区商业终端建设，鼓励实体企业开展线上促销。

4. 加快发展电子商务

一是促进产业电商。进一步扩大电商普及应用，引导电商向第一、第二、第三产业全面渗透，突出电商与工业产业融合，精心培育阿里巴巴产业带等线上平台，推动各产业各行业在线上线下互动并进。二是深化农村电商。复制推广光山县国家级电商进农村综合示范经验，进一步构建县乡村电商综合服务体系。以潢川县、商城县、新县成功申建省级电商进农村综合示范县为契机，积极推动阿里巴巴、京东、苏宁等知名电商平台加快向各县区覆盖，延伸农村电商供应链和价值链，促进工业品下行和农产品上行双向流通。三是推动跨境电商。扎实开展全市跨境电商综合试验区建设，围绕“三大平台、七大体系”，及早开通市级国际贸易“单一窗口”，协调推进跨境电商产业园区建设，积极建立和完善跨境电商信息共享、金融服务、智能物流、信用管理、质量安全、统计监测和风险防控体系。四是引导集聚电商。努力提升金牛物流产业园、羊山核心商务区和各县区各具特色的电商产业孵化园建设水平，通过政府引导、专业招商、特色集聚等方式，重点引进国内外知名电商企业及行业50强来信阳设立区域总部。五是加速人才孵化。进一步完善“政、校、企、协”四位一体电商人才培养机制，进一步加强与人才办、残联合作开展农村实用人才和特殊群体培训。

5. 深化商贸国企改革

围绕国企改革一系列新政策新要求新举措，信阳市进一步细化完善商贸国有企业改革总体实施方案，针对每个企业不同情况、不同困难，量身定制“一企一策”专案，积极通过破产出清、重组并购、资产转让、整体打包出让等多种途径，综合施策，对症下药，做到成熟一个、改革一个，与辖区、企业和职工共同努力，寻求国企改革实质性突破，实现资产处置、职工安置和信访稳定“三同步”。

B.40
2016～2017年周口市商务发展回顾与展望

王振中　徐洪超　赵文学*

摘　要： 2016年，周口市商务局面对复杂的国内外环境和对外贸易的不利形势，坚持开放带动战略不动摇，进一步强化措施、完善机制、持续加力，在全国外贸进出口负增长的情况下，周口市却实现了逆势快速增长，实际利用外资、引进省外资金和社会消费品零售总额持续增长，商务领域供给侧改革持续深化，电子商务发展迅速，商务工作保持良好稳定发展态势，为全市经济稳增长保态势提供了强有力的支撑。

关键词： 周口市　“四增三新一实”

一　2016年周口市商务发展指标完成情况

2016年，周口市商务工作继续保持良好发展态势，呈现“四增三新一实”的可喜局面。

（1）“四增”：一是对外贸易逆势增长。全市全年外贸进出口累计完成7.9亿美元，完成省定目标的105.7%，同比增长13.1%，高于全国14个百分点、全省16.5个百分点，增幅居全省第3位。在南阳、商丘、驻马店、

* 王振中、徐洪超、赵文学，周口市商务局。

信阳、周口五市中，周口市进出口增幅居第1位，进出口总额居第2位。二是实际利用外资快速增长。全市全年新批外商投资企业6家，合同外资17258万美元；实际吸收外资完成51668万美元，同比增长5.3%，完成省定目标51505万美元的100.3%，完成进度居全省第12位、黄淮四市第3位，提前一个月完成全年目标任务。三是引进省外资金持续增长。全市全年实际到位省外资金达453.5亿元，同比增幅7.7%，完成省政府下达全市年度目标450.4亿元的100.7%。全市全年实际到位资金居全省第9位，黄淮四市第2位。四是市场销售稳步增长。全年全市实现社会消费品零售总额突破1000亿元，达到1094.09亿元，同比增长12.2%，高于全省0.3个百分点。其中，限额以上单位消费品零售额321.04亿元，同比增长13.4%，高于全省2.5个百分点。

（2）“三新”：一是重大项目招商取得新成效。全市全年新签约亿元以上项目155个，总投资903.2亿元。二是对外经济合作迈出新步伐。黄泛区实业有限公司在哈萨克斯坦和乌克兰投资建设的经贸园区项目进展顺利。新增备案境外投资企业1家，全市境外投资企业达到16家，注册资本合计达2410.7万美元，总投资合计达10246.5万美元，形成了全市农业快速“走出去”的新态势。三是电子商务发展实现新突破。全市全年电子商务交易额突破200亿元，达到226亿元，是2015年全年交易额57亿元的近4倍，其中网络零售额达67亿元。全市已有3家电子商务产业园投入运营，入驻电商企业七十余家。183家电子商务企业获得河南省电子商务企业证书，6家企业被评为“河南省电子商务示范企业”。国家级、省级电子商务进农村示范县2个，占全省总数的1/4。

（3）“一实”：商务领域大气污染防治攻坚战取得扎实成效。全市全年报废汽车回收拆解企业共回收报废车3699辆，其中黄标车2591辆；全市现有成品油批发经营资格企业4户，其中中石化油库1座、中石油油库1座、民营油库2座，已全部完成油气回收改造；经省商务厅核发，全市登记在册的加油站495座（含双品种加油点），已全部安装油气回收装置，圆满完成市政府下达的目标任务。

二 2016年采取的主要措施

1. 拓宽开放招商领域，创新方法机制，优化服务环境

（1）开放招商领域进一步拓宽。坚持对内对外开放并举、“走出去”与“引进来”相结合，进一步拓宽开放招商领域，引进项目涉及现代农业、先进制造业、现代服务业、城市基础设施、社会事业等经济社会各个领域，有力地推动了第一、第二、第三产业协调发展。

（2）招商方法方式进一步创新。在具体招商工作中，周口市商务局做到了“三个更加注重”。一是更加注重突出招商重点。积极围绕周口资源优势和主导产业，紧盯沿海产业转移趋势明显、与本市产业互补性强的重点区域，大力开展产业集群招商、产业链招商，承接了一批纺织服装、食品加工、电子信息等产业集群项目，主导产业比重进一步提升。二是更加注重专业化定向化招商。全市组建了36支专业招商小分队，116名专业招商队员在沿海发达地区开展驻地专业招商。三是更加注重大项目引进。全市围绕产业集聚区主导产业和服务业“两区”重点产业，谋划和重点推进的重大招商项目166个，实行一个项目一个领导牵头、一个团队跟进的办法，努力推动招大引强。全市全年新签约建业绿色基地、上亿商贸综合体等10亿元以上项目19个。

（3）开放招商实效进一步提升。建立完善开放招商上下联动、分级负责、合力推进机制，增强工作合力。建立完善项目推进机制，狠抓项目跟踪落实。坚持签约项目台账管理，明确责任单位、责任人，制订推进计划，落实进度要求，全程跟踪服务，推动项目落地。在上半年省政府招商引资工作督查中，本市招商引资项目合同履约率、资金到位率、项目开工率“三率”考核均位于全省先进位次。

2. 扎实工作，多策并举，推进外贸进出口逆势大幅增长

一是高度关注重点企业、重点商品进出口。认真落实全市重点进出口企业联系制度，及时全面了解重点企业、重点商品进出口动态，帮助解决企业进出口工作中存在的困难和问题，防止重点企业进出口大起大落，积极保持重点企业进出口稳定持续增长。当前尤其要关注全球金融危机造成的外部需求不振、企业出口订单减少，对外贸出口的影响，及早采取针对性措施，积极应对。

二是大力引进出口型项目，培育新的出口增长点。把承接产业转移作为扩大出口最现实、最便捷的途径，坚定不移地抓引进出口型项目，积极承接产业转移。继续积极推进招商引资、境外投资与扩大外贸出口的相互融合和良性互动。大力引进出口带动能力强的较大出口型项目落户扎根本市，推动对外贸易大发展。

三是不断强化出口基地建设，夯实外贸大发展的基础。结合周口市优势产业，培育一批产业集聚度高、产品竞争优势明显，产业链长、关联度高、带动力强的出口产业基地和出口产业集群，逐步培养一批有国际竞争力、有自主知识产权的出口品牌企业，变产业优势为出口优势，增强出口后劲，夯实外贸跨越式发展的基础，积极扩大出口。

3. 全面推进，借力发展，大力发展电子商务

一是加快推进电子商务产业园建设。周口市西华县电子商务产业园、亿星科技电子商务孵化园、沈丘县电子商务产业园均已投入运营，入驻电商企业七十余家；川汇区电子商务产业园基本建成；沈丘县移联网信豫东电子商务产业园正在加紧建设中；项城、淮阳、郸城等地电子商务园区正在积极筹划。二是积极开展电子商务主体招商活动。西华成为豫东率先与阿里巴巴集团“农村淘宝”项目合作的第一县。此后扶沟、太康两县也与阿里巴巴集团签订了战略合作协议。京东集团已成功落户郸城、沈丘、项城；“苏宁易购周口特色馆”已完成前期筹建工作；阿里巴巴跨境电商豫东南运营中心已正式开业运营。阿里巴巴、京东、苏宁、卖货郎等大型电子商务平台企业落户周口，将有力带动周口市电子商务发展步入新阶段。三是强力推动电子商务进农村工程建设。西华农村淘宝项目已于 2015 年 10 月启动，首批 100 个农村服务站运营效果良好。在 2016 年夏秋农产品购销对接会上，周口市再创新佳绩，实现了上报购销信息量位居全省第三，成交量位居全省第五的好成绩。同时，全市扎实开展了电子商务示范工程创建工作，积极探索电子商务人才培养模式，建立健全电子商务统计体系，有力地推动了全市电子商务的高速发展。

三 2017年商务发展展望

2017年，是党的十九大召开之年，是落实市四次党代会的关键一年，商务发展面临的各方面形势依然严峻复杂，不稳定、不确定因素显著增加。全球经济尚在缓慢复苏，但部分国家贸易保护主义和逆全球化抬头，主要经济体国内政策、地缘政治冲突等变动因素大，造成经济总体走势不明朗。从国内来看，经济长期向好的方向没有改变，但经济增长内生动力不足，需求结构升级和产能过剩矛盾突出，中国处于新常态还将持续一个过程。从全省来看，全省经济运行总体平稳的态势没有变，支撑经济社会发展的条件没有变，省内消费市场空间广阔，投资需求巨大。从全市来看，市四次党代会提出坚定不移实施周口崛起方略，全市经济社会发展速度持续高于全省平均水平。做好2017年商务工作，困难与希望同在，机遇与挑战并存，既要积极应对复杂局面，又要准确把握形势变化，坚定信心，攻坚克难，牢牢把握工作主动权，确保行稳致远。预计，2017年全市外贸进出口总额增长7%；社会消费品零售总额增长11%；实际利用外商直接投资增长6%；实际到位省外资金增长7%；货物贸易保持稳定；服务贸易增长12%；对外承包工程及劳务合作完成营业额增长8%；对外直接投资保持稳定；跨境电商交易额增长25%；电子商务交易额增长28%，网络零售额增长30%以上。

四 对策建议

1.持续加大开放招商力度

坚持以招商引资为主线，围绕主导产业发展和产业集群培育，以产业集聚为重点，准确把握产业发展趋势和产业转移规律，突出区域性对接、

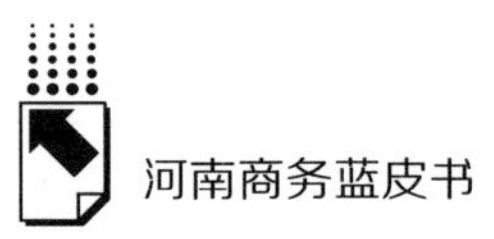

专题性推介、集群式引进，突出引龙头、建基地、抓延链，大力开展驻地招商、以商招商、精准招商等多种形式招商，提高招商引资的针对性和实效性。

2. 保持对外贸易稳定增长

一是抓龙头，促进重点企业进出口稳定增长。二是抓市场，推动外贸多元化发展。三是抓培育，增强对外贸易后劲。

3. 大力发展电子商务

按照商务部“互联网 + 流通”行动计划的要求和省、市政府关于加快电子商务发展的工作部署，2017 年的工作思路是“三进”“一建”“三重点”。“三进”：一是进农村，二是进企业，三是进社区。“一建”：建平台。“三重点”：一是重点抓跨境，二是重点抓基地（园区），三是重点抓示范。

4. 提升商贸流通业发展活力

进一步推进农产品流通和农村市场体系建设工作，繁荣农村市场。加快实施品牌消费聚集区发展工程，积极申报省级品牌消费聚集区。认真组织开展知识产权保护、医药流通市场等重点领域的专项整治，加大市场监管力度，营造公平竞争、放心消费的市场环境，维护良好的市场秩序。健全市场监测网络，完善重要商品预测预警机制，完善生活必需品市场供应应急预案，建立健全重要商品储备制度，提高市场调控能力。

B.41
2016～2017年驻马店市商务发展回顾与展望

余嘉平　解东升*

摘　要：2016年，驻马店市按照全省商务工作会议精神和市委、市政府工作部署，坚持大招商，一举求多效，始终把开放招商放在各项工作的重中之重强力推进；多措并举，努力保持外贸平稳增长；加强市场监管，进一步扩大消费，保持商务工作良好的发展态势。本文对2016年全市商务发展情况进行了总结回顾，对2017年商务发展进行了分析预测，提出了对策建议。

关键词：驻马店市　开放招商　内贸流通

一　2016年驻马店市商务发展指标完成情况

1. 实际利用境外资金

2016年，全市新批外商投资企业7家，合同利用外资34806万美元，同比增长-37.44%，完成目标任务的66.9%；实际利用外资38659万美元，同比增长5.2%，完成年目标的100.2%（见图1）。

实际利用外资主要来源地为香港地区，实际利用外资36174万美元，占比93.6%，另外的来源地为新加坡，实际利用外资2485万美元，占比6.4%。

* 余嘉平、解东升，驻马店市商务局。

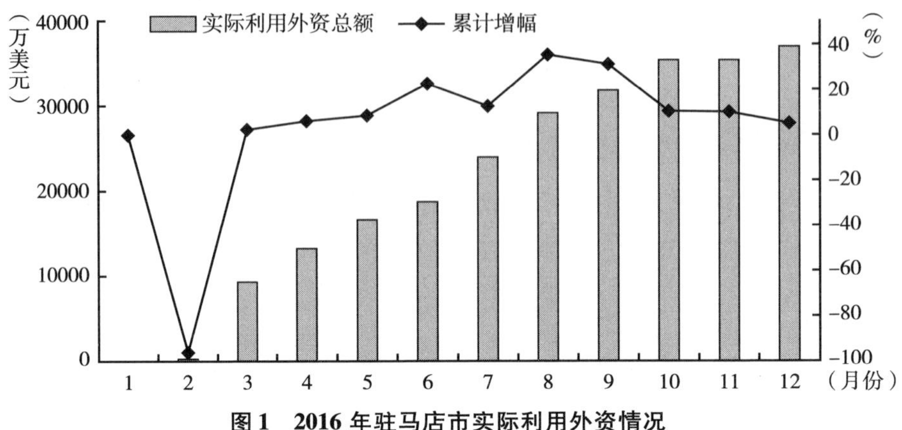

图1　2016年驻马店市实际利用外资情况

资料来源：驻马店市商务局。

利用外资产业分布情况，第一产业外商投资实际利用外资额2470万美元，占比6.4%；第二产业33596万美元，占比86.9%；第三产业2593万美元，占比6.7%。

2. 引进省外资金

2016年，全市引进省外资金项目229个，实际到位省外资金241.6亿元，同比增长8.6%，完成目标任务的101.5%，增幅居全省第2位、黄淮四市第1位（见图2）。

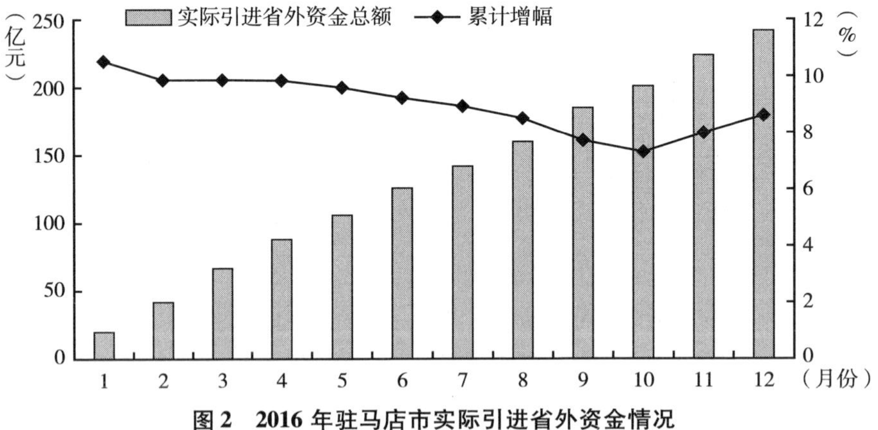

图2　2016年驻马店市实际引进省外资金情况

资料来源：驻马店市商务局。

主要投资来源地为珠三角、长三角和京津冀地区，其中：珠三角地区投资项目42个，到位资金58.2亿元，占全市累计到位省外资金的24.1%；长三角地区投资项目66个，到位资金79.8亿元，占比33.1%；京津冀地区投资项目69个，到位资金85.8亿元，占比35.5%（见表1）。

表1　驻马店市省外资金主要来源地

引进省外资金主要来源地	资金项目数(个)	到位资金数(亿元)	占全市比重(%)
珠三角地区	42	58.2	24.1
长三角地区	66	79.8	33.1
京津冀地区	69	85.8	35.5

资料来源：驻马店市商务局。

主要投资行业方面，工业项目90个，实际到位省外资金79亿元，占比32.7%；建筑业项目42个，实际到位资金65.5亿元，占比27.1%；服务业项目30个，实际到位资金28.5亿元，占比11.8%（见表2）。

表2　驻马店市引进省外资金投资行业

主要行业种类	引进项目数(个)	到位资金(亿元)	占全市比重(%)
工　业	90	79	32.7
建筑业	42	65.5	27.1
服务业	30	28.5	11.8

资料来源：驻马店市商务局。

引进省外资金产业分布情况，第一产业项目35个，实际到位资金43.8亿元，占比18.1%；第二产业项目147个，实际到位资金147.5亿元，占比61.1%；第三产业项目47个，实际到位资金50.3亿元，占比20.8%。

3. 引进市外资金

2016年，驻马店市招商引资实际到位市外资金558亿元，占年目标550亿元的101.5%。

4. 进出口贸易

2016 年，驻马店市进出口贸易完成 45813 万美元，占年目标的 95.4%，同比增长 3.0%，增长幅度高于全省 6.5 个百分点，居全省第 4 位，其中出口完成 41095 万美元，同比增长 4.2%。出口产品以假发、服装、抗生素、食用菌、饮料添加剂等为主（见表 3）。出口对象主要集中在越南、美国、中国香港、南非、印度等国家和地区（见表 4）。

表 3　2016 年驻马店市主要商品出口情况

单位：万美元，%

商品种类	出口额	占比
假　发	8029	20
服　装	5808	15
抗生素	4681	12
食用菌	3743	10
饮料添加剂	2490	6

资料来源：驻马店市商务局。

表 4　2016 年驻马店市出口五大国别

单位：万美元，%

主要贸易伙伴	出口额	占比
越　　南	5496	14
美　　国	5153	13
中国香港	4082	10
南　　非	2032	5
印　　度	1698	4

资料来源：驻马店市商务局。

5. 社会消费品零售总额

2016 年，全市社会消费品零售总额 786.37 亿元，同比增长 12.5%，增幅位居全省第 4（见图 3）。

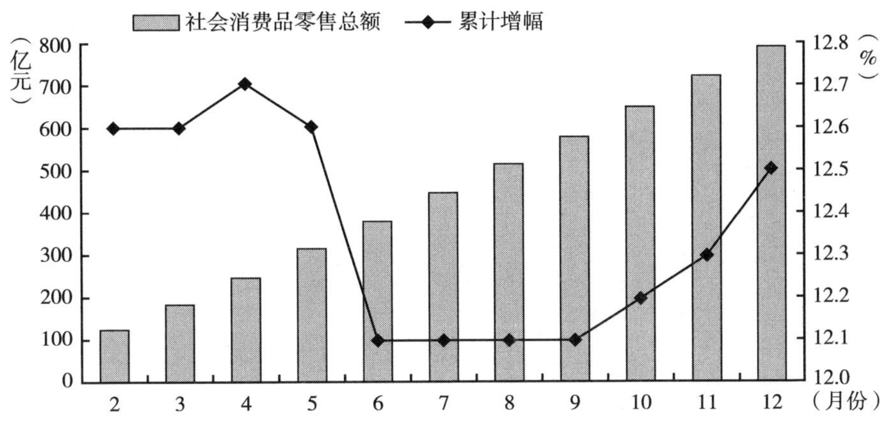

图3　2016 年全市社会消费品零售总额及累计增幅

资料来源：驻马店市统计局。

二　2016年采取的主要措施

1. 突出抓好开放招商工作

（1）统筹谋划，强力推进开放招商工作。一是市委、市政府制订下发了《2016 年驻马店市开放招商行动计划》和《市政府办公室转发市发改委等 15 个市直部门对外开放工作专项方案的通知》，市招商引资工作领导小组办公室印发了《2016 年度招商引资目标任务分解的通知》等一系列政策文件。二是召开了全市开放招商工作会议，动员全市力量强力推进开放招商，努力推动全市开放招商工作再上新台阶。三是积极完善招商引资支持政策。市政府印发了《支持农民工返乡创业的实施意见》，积极开展返乡创业服务活动。

（2）招大引强，积极引进龙头企业。驻马店市商务部门紧紧盯住中外 500 强和行业领军企业，加强研究分析，积极洽谈对接，引进了一批基地型和龙头型项目，如华润集团、双星集团等多家知名集团。全年共签约 182 个亿元以上项目，合同总投资额 1012.5 亿元，其中，37 个 5 亿～10 亿元项目，合同总投资额 232.6 亿元；39 个 10 亿元以上项目，合同总投资额 568.4 亿元。

（3）招新引先，努力招引新兴产业。驻马店市商务局把战略性新兴产业和新兴业态招商作为产业集聚区“区中园”建设的重要抓手，紧紧围绕新能源、新材料、电子信息等战略性新兴产业，积极招商，取得了明显成效。引进了诸如驿城区德威电缆、银泰电动汽车、金龙沃诚电动汽车、经济开发区市电子商务产业园等项目。

2. 努力保持外经外贸持续增长

一是积极参与“一带一路”建设，全市对外直接投资和对外承包工程均取得新突破。对外直接投资协议额 1.102 亿美元，同比增长 4171.3%。对外承包工程营业额 1080 万美元，同比增长 8%。对外劳务输出共 700 余人次，同比增长 17.6%。二是专门召开全市促外贸、稳增长工作会议，分析形势，查找问题，明确任务，制定措施。三是积极落实促外贸、稳增长相关政策，驻马店市研究制定了《外经贸发展专项资金管理办法》，设立了全市外经贸发展专项资金。四是积极完善出口支持政策，研究出台了《关于促进加工贸易创新发展的实施意见》等文件。五是积极发展跨境电商，大力培育金凤牧业、金平服装等传统出口企业开展跨境电商，2016 年全市跨境电商出口额达 4678 万美元。

3. 着力推动内贸流通稳步发展

一是积极实施内贸流通网络建设。驻马店市出台了《推进国内贸易流通现代化建设法制化营商环境的实施意见》和《国内贸易流通体制改革发展综合试点工作实施方案》，着力建设城乡一体现代化流通体系。二是组织申报省级品牌消费聚集区、“河南老字号”。河南省王勿桥醋业、独臂张烧鸡餐饮被认定为“河南老字号”。三是全市市场监测和商务预报工作取得全省第 2 位，受到省商务厅好评。四是市场监管工作成效明显。全年，12312 热线共接收举报投诉 253 件，受理 251 件，办结 251 件，立案查处侵权假冒案件 1198 件，办结 1167 件。五是成品油市场专项整治取得实效。自专项整治活动开展以来，全市共出动执法人员 1000 多人次、排查加油站点 1621

座，受理举报55起，下发整改通知书900多份，查处无证加油站点690座、证照不全加油站点500座，拆除182座，治安拘留497人，刑事拘留25人。六是全市加油站油气回收改造圆满收官。4座油库全部改造完成；335座加油站中有327座完成改造任务，另有8座因道路扩建被拆除。七是全市黄标车、老旧汽车回收拆解顺利推进。共回收老旧汽车6390台，其中黄标车5077台；已拆解5441台，其中拆解黄标车4121台。八是电子商务发展迅速。2016年全市电子商务交易额246.3亿元，同比增长33.7%；网络零售额52.7亿元，同比增长39.5%。建成运营电子商务产业园7个，乡镇服务站260个，乡镇社区门店1000多个。获得河南省电子商务企业认定备案的企业共有255家，获得河南省电子商务示范企业称号的企业达7家，市电子商务产业园获河南省电子商务示范基地称号。平舆、上蔡两县被认定为省电子商务进农村综合示范县。

三　对策建议

2017年驻马店市商务发展面临着复杂严峻的形势，不确定、不稳定因素日趋增多，国内经济产能过剩和需求结构升级矛盾突出，经济增长内生动力不足，但我国经济长期向好的基本面没有改变，全市经济平稳运行的态势没有变，投资需求增大，消费空间广阔，做好2017年商务工作，机遇与挑战并存，困难与希望同在。预计，2017年全市货物进出口总量保持稳定；服务贸易9846万美元；跨境电商交易额50000万元；实际利用外资38659万美元；实际到位省外资金同比增长7%；对外承包工程及劳务合作完成营业额同比增长8%；电子商务交易额同比增长30%，网络零售额同比增长30%以上；社会消费品零售总额同比增长12%。

1. 扎实做好开放招商工作

一是提高重大活动招商实效。积极参加国家和省组织的重大活动，努力提高招商实效。二是抓好招大引强工作。紧盯行业龙头领军企业，着力在招大引强和产业链组团引进上求突破。积极发挥龙头企业带动作用，着力促进主导产业纵向链接，横向配套，不断提升集群整体竞争力。三是抓好签约项目落实，进一步提高项目的履约率、开工率、资金到位率。

2. 积极谋划重大项目

针对全市产业发展现状，以招大引强为出发点，重点围绕主城区装备制造、电子信息、商贸流通、食品加工、医药、卫生等领域进行研讨和分析，梳理包装对全市经济发展有较大影响的重点招商项目。

3. 积极培育外贸增长新动能

一是切实落实好政策措施。认真贯彻落实《国务院关于促进外贸回稳向好的若干意见》等要求，用足用好国家和河南省商务促进资金等支持政策，充分发挥全市外经贸发展专项资金的引导作用，扩大进出口。二是紧盯重点企业。大力培育外贸龙头企业，鼓励企业培育创建自主品牌，扩大品牌商品出口。三是大力开拓市场。加快开拓“一带一路”沿线市场，加强与沿线国家的贸易往来，寻求贸易投资合作机会。四是着力培育出口增长点。积极发展加工贸易和服务贸易，大力发展跨境电子商务，培育新的出口增长点。

4. 着力扩内需促消费

一是认真贯彻落实《驻马店市人民政府关于推进国内贸易流通现代化建设法制化营商环境的实施意见》和《驻马店市国内贸易流通体制改革发展综合试点工作实施方案》精神，着力构建城乡一体的现代化流通体系。二是着力改善民生，培育消费热点，不断提升城镇居民生活服务水平。三是加快发展电子商务。积极推进电子商务进农村、进社区和淘宝村建设，大力实施“互联网 + 精准扶贫”，推动电子商务在农村和社区的应用和发展。

B.42

2016～2017年济源市商务发展回顾与展望

翟娟娟　郝长红*

摘　要：　2016年，在省委、省政府和省商务厅的正确领导下，济源市紧紧围绕“五位一体”总体布局和“四个全面”战略布局，主动适应经济发展新常态，扎实做好商务领域稳增长、促改革、调结构、惠民生等各项工作，为全市经济社会发展做出了积极贡献，先后荣获“2016年区域合作先进单位”“全省市场监管标准化建设达标单位”等荣誉称号。

关键词：　济源市　招商引资　商贸流通

一　2016年济源市商务发展指标完成情况

（1）引进省外资金提质增效。2016年，引进省外资金189.6亿元，占省定目标的100.3%，同比增长7.3%。

（2）实际利用外资稳中向好。2016年，实际利用外资33610万美元，占省定目标的100.4%，同比增长5.4%。

（3）外贸进出口逆势上扬。2016年，外贸进出口完成15.16亿美元，占省定目标的106.1%，居全省第4位。

---

* 翟娟娟、郝长红，济源市商务局。

（4）社会消费品零售总额发展平稳。2016 年，社会消费品零售总额完成 152.9 亿元，占省定目标的 100.1%，同比增长 12.2%。

二 2016年采取的主要措施

1. 上下联动、精准发力，招商引资势头强劲

一是精心谋划明思路。科学谋划了“6 + 2”全产业链条，全力打造新能源电动车、手机及智能终端、现代化工、全域旅游、“互联网 +”、现代服务业等六大领域，推动传统优势产业改造提升，大力培育战略性新兴产业，科学制订各产业链招商行动计划，积极开展“一对一”叩门招商、“点对点”项目对接。二是大员上阵引龙头。市级领导带头对接美国国际贸易促进会、深圳天瑞汇丰、中原银行等一批龙头企业布局济源。三是巧借平台促合作。务实参加河南投洽会、厦洽会、豫商大会等重大招商活动，先后签约了美国江森蓄电池等一批重大项目。尤其是第十届投洽会期间，济源市签约对外合作项目 56 个，投资总额达 213.53 亿元。举办济源文化旅游暨重点产业推介会，广泛推介，深化合作。四是创新机制提效能。济源市制定出台《招商引资专项经费管理暂行办法》《2016 年全市招商引资工作考核办法》等一系列制度措施，营造良好的开放招商环境。公开聘请政治经济发展顾问 105 名，为招商工作提供全方位的信息咨询。树立高效服务理念，帮助企业代办手续 26 起，解决问题三十余起。

2. 培育主体、开拓市场，外向型经济平稳发展

一是注重宣传引导。商务部门积极应对进出口严峻形势，召开企业座谈会、工作推进会，分析研判市场形势，帮助企业解决发展中的问题和困难。全年新增外贸进出口备案企业 31 家，金利集团成功入围 2016 年中国民营企业外贸 500 强。二是主动超前服务。为中原特钢、清水源等企业办理一般原产地证明 268 份。豫光金铅、金利金铅银精矿加工贸易和豫光金铅铜精矿加工贸易成功获批。三是开拓国际市场。组织华森贸易、嘉兴贸易、博鑫能源等企业参加广交会、高交会、亚欧博览会，企业拓展发展空间的意愿明显增强。四是强化平台建设。2016 年河南出入境检验检疫局济源办事处正式揭牌成立。玉川产业集聚区申创省级经济技术开发区、虎岭经济技术开发区申创国家级经济技术开发区。坤鑫物流有限公司“两仓”申建工作积极推进。

3. 扩大消费、普惠民生，商贸流通提质增效

一是努力提升消费品质。大润发成功申创河南省品牌消费集聚区、信尧城市广场积极申创河南省绿色商场。围绕济源市全域旅游战略，相关部门制订“名街名店名菜名吃”专项活动方案，挖掘地方餐饮特色，传承美食文化，培育餐饮品牌。二是全力保障市场供应。认真做好市场运行日常监测，及时发布和上报市场波动、价格变动等信息，确保市场平稳供应。节假日和特殊时段实时监测，及时调控市场供需。推广使用散装水泥 285 万吨，博翔建材有限公司成功申创河南省农村散装水泥示范点。三是着力提升运行质效。将批零住餐等社会消费品零售总额指标列入全市目标考核体系，加强调度督导，强化统计分析，2016 年全市新增入库企业 29 家，内贸运行质量不断提升。

4. 突出重点、彰显特色，电商发展风生水起

一是外引内育，助推电商上档升级。成功引进航投臻品、保税国际 O2O 线下直购中心等电商企业。通过省厅认定的电商企业 77 家，在资本市场挂牌上市电商企业 3 家。济源市电子商务产业园被评为省级电子商务示范基地，济源市暖煌电器有限公司荣获省级电子商务示范企业称号。二是抢抓机遇，大力发展跨境电商。规划建设跨境电子商务产业园和进出口基地，争创河南省跨境电子商务示范园区。举办外贸新思路高峰论坛，引领传统外贸企业转型发展。2016 年全市跨境电子商务交易额 6971 万美元，开展跨境电商业务的企业新增 17 家。三是转型升级，激发创业创新活力。实体企业纷纷转型，中原云工、“云书网”“全合网”“化工购”等本土电商平台运行良好，商贸集团开展跨境 E 贸易，万洋、乐华等进出口企业在京东、天猫等平台开展网络营销，全市电子商务发展态势迅猛，全民发展电商的氛围日益浓厚。四是注重培训，培育电商专业人才。依托职业中专、大学生村官培训基地、老 A 电商等培训机构，全年开展电商培训二十余场次，共输出电商专业人才200余名；开展“淘宝卖家课堂”“电商直通车”送知识下乡等各类培训三十余场次，受训人员达到3000余人次。

5. 创新实践、加强监管，市场秩序规范有序

一是强化市场监管。探索推进服务型执法，采取提醒、引导、规劝、约谈等方式，加强对成品油、典当、拍卖、酒类流通、单用途商业预付卡等经营活动的监管。持续加强市场监管体系标准化建设，连续四年入选“全省商务领域市场监管达标示范单位”。济源市成功举办2016年全省商务系统服务型行政执法现场观摩会，市商务局荣获“河南省服务型行政执法示范点”称号。二是打击侵权假冒。商务、农牧、质检等部门联合开展专项行动，共查处侵权假冒行政案件136起，结案119起，涉案金额超1.2亿元，捣毁制售假冒窝点4个，办结信息公示率达100%。在全省打击侵权假冒工作绩效考核中，济源市名列前茅。三是全力以赴打好大气污染防治攻坚战。扎实开展成品油市场专项整治行动，查封黑加油站（点）7家，拆除16家，关停4家。回收黄标车和老旧车1848辆，拆解1842辆。四是积极推进商务领域信用体系建设。深入开展“诚信经营示范店”创建活动，评选出槐仙商贸、百货大楼等8家“诚信经营示范店”。

三　2016年商务发展指标预测及形势分析

当前国内经济出现越来越明显的分化走势，凡是能主动适应新常态，重视创新和质量效益的地区、行业和企业，就能脱颖而出、充满活力；反之，就会举步维艰、被动苦熬。这种形势决定了今后的经济工作必须从供给侧发力，而处于经济一线的商务工作更应如此，要紧紧围绕推进供给侧结构性改革的主线来寻求对策，破解难题，培育新优势，打造新动能。具体要重点把握好三个方面。

（1）准确把握内贸流通新形势新变化，进一步增强推进供给侧结构性改革的自觉性。首先是发展智慧流通、绿色流通，降低流通成本、提升流通效率。其次是大力发展家政服务、农村生活服务等居民消费的新兴领域，为居民提供更多更好的优质服务产品，弥补服务供给的短板。最后是及时传递市场信号，引导“供需衔接”，引导生产企业以销定产，提升产品质量、档次、功能，避免重复建设、产能过剩。

（2）准确把握对外贸易新形势新变化，正确处理稳增长和调结构的关系。一要做大做强传统优势产业的出口，努力稳增长，争取合理较快的增长速度，奋力追赶外贸强市；二要着力优化产品结构、市场结构、主体结构、贸易方式结构，向全球产业链、价值链中高端攀升；三要引导进出口企业转型升级，主动培育以技术、品牌、质量、服务为核心的竞争新优势，尤其是跨境电子商务，力争成为出口的重要增长点。

（3）准确把握双向投资新形势新变化，进一步明确工作方向和要求。从根本上转变思路，更好地发挥市场优势、资源优势、区位优势、交通优势、产业优势，由打造政策洼地转为打造制度高地，靠制度、靠环境、靠服务吸引外来投资。以积极融入河南自贸试验区建设为契机，营造法治化、制度化、便利化营商环境，吸引国内外500强企业入驻。鼓励支持企业通过投资并购等方式，获得资源、品牌、技术、市场，提高企业在全球价值链、产业链、供应链中的地位。

2017年要全面贯彻党的十八大和十八届三中、四中、五中、六中全会精神，认真落实市第十二次党代会、市委经济工作会议和全省商务工作会议各项部署，坚持稳中求进工作总基调，牢固树立和贯彻落实新发展理念，坚持以提高发展质量和效益为中心，以推进供给侧结构性改革为主线，以打造内陆开放高地为统领，以深化创新驱动为动力，全力做好商务领域稳增长、促改革、调结构、惠民生、防风险工作，保持国内外贸易和国际经济合作各项业务平稳健康发展。力争全市社会消费品零售总额增长11%；货物贸易保持稳定；服务贸易增长12%；跨境电商交易额增长25%；实际利用外资质量提高，规模与上年持平；实际到位省外资金增长7%；对外承包工程及劳务合作完成营业额增长8%，对外直接投资保持稳定；电子商务交易额增长28%，网络零售额增长30%以上。

四　发展对策

1. 转方式创优势，提升开放招商质量

一是把握招商重点。依托现代服务和智慧城市、全域旅游和城乡建设开发、有色金属和装备制造、新能源电动车和现代化工、农业及农副产品深加工等五大领域，大力实施龙头引进计划，积极承接产业链关键环节和发展配套企业，有的放矢地开展招商引资。二是转变招商方式。突出集群招商，围绕产业强链、延链、补链，壮大产业规模。强化专业招商，积极探索开展股权招商、并购招商等新模式，以市场换投资、换技术、换产业、换发展。三是创新体制机制。全面落实招商引资联席办公会议制度；优化和创新招商引资机制。四是搭建开放平台。积极对接河南自贸区洛阳片区，加快筹建河南出入境检验检疫济源办事处，推进河南坤鑫物流有限公司“两仓”建设。积极帮助玉川产业集聚区申创省级经济开发区；鼓励虎岭经济技术开发区不断做大做强，为创建国家级经济技术开发区积极创造条件。五是优化营商环境。建立高效服务机制，实行项目审批与审批部门“两不接触”，促进重大项目尽快落地；完善外来投资投诉处理机制，加强外商投诉和权益保护工作；严格落实招商引资扶持政策，打造招商引资制度高地，营造法制化、国际化、便利化营商环境。

2. 降成本补短板，促进内贸流通创新发展

一是加强基础设施建设。统筹规划城乡商业网点的功能和布局，加快实施特色商业街区示范建设工程，引导建业步行街、健康路儿童用品专业街、新济路二手车交易一条街等特色商业街区创新发展。加强城市商业综合体、购物中心等大型商业设施建设，培育骨干冷链物流企业，打通农产品流通“最先一公里”，补齐流通公共服务短板。二是全面提升供给质量。鼓励流通企业增强品牌意识，争创“中华老字号”“河南老字号”“济源老字号”、品牌消费集聚区。引导境内外资金投向电子商务、生活性服务业等领域，开拓高端和个性化生活服务消费市场。三是有效促进供需衔接。积极发展流通新业态新方式，推动供给创新，促进多元化供给与多样化需求更好对接。完善生活必需品应急保供预案，提升市场应急保供能力。创新汽车流通模式，活跃二手车市场交易，扩大全链条汽车消费。引导流通企业扩大绿色商品采购和销售，增加绿色消费供给。加快预拌混凝土、预拌砂浆、水泥预制件一体化的绿色产业体系建设，推动散装水泥健康有序发展。

3. 稳增长调结构，培育外贸竞争优势

一是做强做大加工贸易。积极承接加工贸易产业转移，巩固壮大电解铅、白银、特优钢、石油钻具等传统优势产品出口，重点推进生物医药、精细化工、装备制造关键零部件等产品出口，引导加工贸易向产业链高端延伸。落实国家、省进口贴息政策，促进先进技术设备、关键零部件和紧缺资源型产品进口。二是创新发展服务贸易。贯彻落实国家、省有关促进服务贸易发展政策，积极引进服务贸易龙头骨干企业和全流程外贸综合服务企业。进一步巩固提升旅游、交通运输等传统服务贸易优势，培育文化创意、信息技术等新兴服务贸易。三是加强对外投资合作。抢抓“一带一路”发展机遇，支持济源市铅锌加工、矿山设备、钢铁制造、水处理剂等领域优势企业，合作开发境外资源，鼓励企业回运境外资源原材料。加快推进河南春林冶金在塔吉克斯坦的塔中产业园、隆江冶金在老挝的铅锌冶炼设备生产等项目建设，鼓励清水源在美国尽快开展业务。为济源“走出去”企业强化境外安全风险评估和安全预警机制。

4. 抓重点育典型，推动电子商务长足发展

一是大力发展跨境电商。积极融入郑州跨境电商综合试验区，谋划建设跨境电子商务产业园和进出口基地。鼓励传统企业“上网触电”，积极开展跨境电商业务，充分利用阿里巴巴、敦煌网、亚马逊等大型电商平台进行推广，用“互联网＋外贸”的方式实现优进优出。二是加速电商产业集聚。重点推进电子商务产业园集聚发展壮大，加快园区基础设施及配套设施的完善，引导和支持电子商务企业入驻园区抱团发展，加快形成电商产业集群式效应。三是持续推进电商示范创建。鼓励传统企业转型发展电子商务，扎实做好电商企业备案工作。深化电子商务示范企业创建工作，再认定一批电商示范企业，积极培育创建省级示范基地、示范企业。加强电商各层次人才培养，加快电商提质升级。四是扎实推进电商进农村、进社区。积极对接“农村淘宝”项目，组织线上线下农产品对接，打造济源本土特色农产品品牌和农村电子商务产业链。在全市范围内确定1~2个基础条件好的社区，整合线上线下资源，建成覆盖居民“衣、食、住、行、娱”等社区电商服务网点，形成便利快捷的社区消费服务网络，并积极争创省级电子商务示范社区。

5. 强监管严执法，创优经济发展环境

一是深化综合监管执法改革。进一步梳理执法职责，整合执法职能，规范执法行为，强化执法协作，探索建立商务综合监管执法新体制。各镇（街道）、集聚（开发）区要建立专（兼）职商务监管员队伍，协助商务部门开展商务执法工作。积极探索“互联网+商务监管执法”，形成集举报投诉、移动执法、网上办公等多网合一的监管执法运行管理模式。二是统筹打击侵权假冒工作。强化行政执法与刑事司法衔接，加强跨部门跨区域执法协作，以推进机关事业单位办公软件正版化为突破口，以互联网、农村和城乡结合部、重大节日期间为重点领域，重要部位，重大节点，开展集中整治、专项检查、联合惩戒，保持打击侵权假冒违法犯罪活动的高压态势。三是加强重点领域监管。持续开展商务领域大气污染防治攻坚战，加强成品油市场管控，严防黑加油站死灰复燃，搞好成品油升级和报废汽车回收拆解工作。开展散装水泥、典当、拍卖、二手车、报废汽车、单用途商业预付卡等领域整治活动。

❖ 皮书起源 ❖

“皮书”起源于十七、十八世纪的英国，主要指官方或社会组织正式发表的重要文件或报告，多以“白皮书”命名。在中国，“皮书”这一概念被社会广泛接受，并被成功运作、发展成为一种全新的出版形态，则源于中国社会科学院社会科学文献出版社。

❖ 皮书定义 ❖

皮书是对中国与世界发展状况和热点问题进行年度监测，以专业的角度、专家的视野和实证研究方法，针对某一领域或区域现状与发展态势展开分析和预测，具备原创性、实证性、专业性、连续性、前沿性、时效性等特点的公开出版物，由一系列权威研究报告组成。

❖ 皮书作者 ❖

皮书系列的作者以中国社会科学院、著名高校、地方社会科学院的研究人员为主，多为国内一流研究机构的权威专家学者，他们的看法和观点代表了学界对中国与世界的现实和未来最高水平的解读与分析。

❖ 皮书荣誉 ❖

皮书系列已成为社会科学文献出版社的著名图书品牌和中国社会科学院的知名学术品牌。2016 年，皮书系列正式列入“十三五”国家重点出版规划项目；2012~2016 年，重点皮书列入中国社会科学院承担的国家哲学社会科学创新工程项目；2017 年，55 种院外皮书使用“中国社会科学院创新工程学术出版项目”标识。

权威报告·热点资讯·特色资源

皮书数据库

ANNUAL REPORT(YEARBOOK) DATABASE

当代中国与世界发展高端智库平台

所获荣誉

- 2016年，入选“国家‘十三五’电子出版物出版规划骨干工程”
- 2015年，荣获“搜索中国正能量 点赞2015”“创新中国科技创新奖”
- 2013年，荣获“中国出版政府奖·网络出版物奖”提名奖
- 连续多年荣获中国数字出版博览会“数字出版·优秀品牌”奖

WWW.PISHU.COM.CN

成为会员

通过网址www.pishu.com.cn或使用手机扫描二维码进入皮书数据库网站，进行手机号码验证或邮箱验证即可成为皮书数据库会员（建议通过手机号码快速验证注册）。

会员福利

- 使用手机号码首次注册会员可直接获得100元体验金，不需充值即可购买和查看数据库内容（仅限使用手机号码快速注册）。
- 已注册用户购书后可免费获赠100元皮书数据库充值卡。刮开充值卡涂层获取充值密码，登录并进入“会员中心”—“在线充值”—“充值卡充值”，充值成功后即可购买和查看数据库内容。

社会科学文献出版社 SOCIAL SCIENCES ACADEMIC PRESS (CHINA) 皮书系列

卡号：178673631988

密码：

数据库服务热线：400-008-6695
数据库服务QQ：2475522410
数据库服务邮箱：database@ssap.cn
图书销售热线：010-59367070/7028
图书服务QQ：1265056568
图书服务邮箱：duzhe@ssap.cn

S 子库介绍

Sub-Database Introduction

中国经济发展数据库

涵盖宏观经济、农业经济、工业经济、产业经济、财政金融、交通旅游、商业贸易、劳动经济、企业经济、房地产经济、城市经济、区域经济等领域，为用户实时了解经济运行态势、 把握经济发展规律、 洞察经济形势、 做出经济决策提供参考和依据。

中国社会发展数据库

全面整合国内外有关中国社会发展的统计数据、 深度分析报告、 专家解读和热点资讯构建而成的专业学术数据库。涉及宗教、社会、人口、政治、外交、法律、文化、教育、体育、文学艺术、医药卫生、资源环境等多个领域。

中国行业发展数据库

以中国国民经济行业分类为依据，跟踪分析国民经济各行业市场运行状况和政策导向，提供行业发展最前沿的资讯，为用户投资、从业及各种经济决策提供理论基础和实践指导。内容涵盖农业，能源与矿产业，交通运输业，制造业，金融业，房地产业，租赁和商务服务业，科学研究，环境和公共设施管理，居民服务业，教育，卫生和社会保障，文化、体育和娱乐业等 100 余个行业。

中国区域发展数据库

对特定区域内的经济、社会、文化、法治、资源环境等领域的现状与发展情况进行分析和预测。涵盖中部、西部、东北、西北等地区，长三角、珠三角、黄三角、京津冀、环渤海、合肥经济圈、长株潭城市群、关中—天水经济区、海峡经济区等区域经济体和城市圈，北京、上海、浙江、河南、陕西等 34 个省份及中国台湾地区 。

中国文化传媒数据库

包括文化事业、文化产业、宗教、群众文化、图书馆事业、博物馆事业、档案事业、语言文字、文学、历史地理、新闻传播、广播电视、出版事业、艺术、电影、娱乐等多个子库。

世界经济与国际关系数据库

以皮书系列中涉及世界经济与国际关系的研究成果为基础，全面整合国内外有关世界经济与国际关系的统计数据、深度分析报告、专家解读和热点资讯构建而成的专业学术数据库。包括世界经济、国际政治、世界文化与科技、全球性问题、国际组织与国际法、区域研究等多个子库。

法律声明

“皮书系列”（含蓝皮书、绿皮书、黄皮书）之品牌由社会科学文献出版社最早使用并持续至今，现已被中国图书市场所熟知。“皮书系列”的LOGO（）与“经济蓝皮书”“社会蓝皮书”均已在中华人民共和国国家工商行政管理总局商标局登记注册。“皮书系列”图书的注册商标专用权及封面设计、版式设计的著作权均为社会科学文献出版社所有。未经社会科学文献出版社书面授权许可，任何使用与“皮书系列”图书注册商标、封面设计、版式设计相同或者近似的文字、图形或其组合的行为均系侵权行为。

经作者授权，本书的专有出版权及信息网络传播权为社会科学文献出版社享有。未经社会科学文献出版社书面授权许可，任何就本书内容的复制、发行或以数字形式进行网络传播的行为均系侵权行为。

社会科学文献出版社将通过法律途径追究上述侵权行为的法律责任，维护自身合法权益。

欢迎社会各界人士对侵犯社会科学文献出版社上述权利的侵权行为进行举报。电话：010－59367121，电子邮箱：fawubu@ssap.cn。

社会科学文献出版社